和田敦彦
Wada Atsuhiko

越境する書物

Books Across Borders : *The Past and Present of Readers' Circumstances*

変容する読書環境のなかで

新曜社

目次　越境する書物——変容する読書環境のなかで

第Ⅱ部　書物と読者をつなぐもの

装幀——難波園子

凡例

・組織、人名などの英語の固有名は、本文では適宜日本語に訳した名称を用いることとした。人名などの原綴りについては、索引に併記することとした。

・組織や制度などの英語の固有名について、本書で用いた訳語、および略号は巻末に一覧で付すこととした。

・註では、英語による文献は英語で、日本語による文献は日本語で書誌を記すこととした。

・本書では一般刊行物以外の記録文書（手紙、報告書、メモ、パンフレット類）を多く用いている。註では書誌情報として、これらには制作者や作成年月日とともに、所蔵機関、部署名を、個人所蔵の場合には所蔵者名を付すこととした。

・記録文書を含めて、用いた文献でタイトル、年代のないものは［　］で著者が補足した。また、著者名のない文書類には、著者名として、その文書を制作、または所蔵している大学や機関名を［　］で付した。

・文献、および聞取りによる記録は、訳者名を記している場合を除き、著者の訳による。

序章　書物と場所の歴史学

1　なぜ書物がそこにあるのか

そこに本がある、ということは当たり前とはほど遠い「出来事」である。その本はいつ、誰によって、どうやってもたらされたのだろうか。そしてまたそのような疑問を明らかにすることに、どのような意味があるのだろうか。本がある、ということはそれらを購入する理由があり、資金の流れがあり、書物を運ぶルートがあり、さらにはそれら手に入れた書物を整理し、使うノウハウがあるということである。私たちは書物を前にして日頃これらのことをそれほど意識しない。だが、もしも海外で目にした書架に日本語の書物が並んでいたとしたら、こうした疑問が湧かないだろうか。あるいはもしもそこに一〇万冊、あるいは二〇万冊を超える日本語の書物があったとしたら。

現在、米国内だけでも一〇万冊以上の日本語の書物を抱える日本語図書館は数多い（図1）。その文献数については、米国内のアジア文献図書館を中心に構成される東アジア図書館協会（CEAL）が、インターネット上で公開している。(1) これらの図書館は単に数多くの図書を所蔵しているのみではなく、日本語文献のマイクロフィルムやデジタルデータの提供、過去の新聞や学術雑誌を含めた情報を日々提供している。むろんこれらの図書が、最初から海外にあったわけではない。ある地域、例えば日本について理解するためには、その地域の人々が、そ

図書館	中国語図書	日本語図書	韓国語図書
ブリティッシュ・コロンビア大学	310,398	156,374	29,497
カリフォルニア大学バークレー校	502,375	385,461	91,275
カリフォルニア大学ロサンゼルス校	310,382	191,049	51,653
シカゴ大学	442,246	223,652	65,703
コロンビア大学	402,871	296,414	81,659
コーネル大学	388,864	155,813	12,932
ハーバード大学（イェンチン）	722,403	317,024	145,083
ハワイ大学	159,554	133,054	64,208
米議会図書館	1,040,051	1,178,380	268,445
ミシガン大学	424,042	300,384	32,523
オハイオ州立大学	145,048	120,387	6,537
ピッツバーグ大学	267,170	125,536	11,081
プリンストン大学	499,401	193,568	20,348
スタンフォード大学	340,440	204,893	35,653
トロント大学	253,152	176,889	43,242
ワシントン大学（シアトル）	273,773	147,662	98,592
イエール大学	489,984	265,253	13,582

図1　日本語・中国語・韓国語の図書数（2009年度）北米における10万冊以上の日本語図書を所蔵する図書館。数字は図書冊数で，雑誌やマイクロフィルムは含まない。

の地域の言語で考え、書き、蓄積してきた書物を網羅的に、体系的に集める必要がある。だからこそ米国内に、日本語文献の図書館が作られてきたわけだが、当然とも思えるこの考えを国境を越えて実現するには、想像を超える困難を伴う。

　これら海外の図書館では海の向こうの日本語文献を、選定、購入、輸送しなくてはならないし、どういった本がどれだけ出版されているか、それがどこで手にはいるのかといった情報も必要だ。そして集めた文献を異なる文化圏で整理し、分類し、提供する仕組みや場所、予算も必要である。それらの文献を実際に使う教育や研究プログラムとの連携も考えなくてはならない。膨大な資金と時間と労力をもって作られてきたこれらの日本語図書館も、その歴史をひもといてみれば、最初はたいてい一握りの人々と、小さな書架からはじまっている。

　米国内で、いかにしてこれらの日本語蔵書が生まれ、変化してきたのか。なぜ、どのような人々が関わってきたのか。それら蔵書の成立や変化には、国家間の政治的、経済的な要因がどう関わってきたのか。本書のもととなった調査は、これらの疑問からはじまっている。

　この問いは、同時により大きな問いへ、つまり書物の移動を通してどのようなことが見えてくるのか、書物がそこにあるということの背景に、何をとらえることができるのか、という問いに結びついている。私たちが書物を読む環境、そして書物と私たち読者との関係はどのように出来てきたのだろうか。そのことを問うことにいかなる意味があるのだろうか。以下、本書で明らかにしていく通り、ある蔵書が出来上がっていく歴史を含め、書物の場所や移動は、読書の歴史を考えるうえで欠くことのできない問題なのである。

蔵書が出来上がる歴史は、単にある書物をいつ、誰が購入したというような単純な問題ではなく、情報や知の体系が歴史的に生まれてくる複雑なプロセスである。そしてどのような学問であれ、このプロセスから自由ではない。文学も、歴史学も、医学も、それぞれの領域の土台となる文献やデータが蓄積される仕組みや、それらを利用する制度に大きく影響を受けている。どのような学問領域であれ、それまでの情報の蓄積、共有、分析といった環境を抜きにして成り立たないのは当然のことである。

とはいえ、書物の流通や収集、所蔵、管理といった問題は、一見、二次的で副次的な問題として捉えられがちだ。例えば文学研究といえば誰しもが書物に書かれた「中身」の研究、小説や詩の表現についての研究をイメージする。そしてその「中身」を書いた作家の思想や生涯の研究も盛んである。だが、その小説や詩集がどこに、誰によって運ばれたのかという問いは、文学研究のあまり本質的な問いとは見なされない。哲学にしても、重視されるのは哲学者や、その哲学であって、その書物があった場所や書物をもたらした者ではない。だが果たしてそれでいいのだろうか。書物の場所を問うことは、奇妙な周辺的な問いであってこれらの研究と関わりのない事象なのだろうか。いやむしろ、この問いのなかには、それぞれの学問領域にとってこれまで見過ごされてきた重要な問題が数知れずひそんでいるのではないだろうか。

いかに重要な書物であれ、その書物が読者に届かなければ何の力も持たない。検閲、発禁や閲覧、所有制限のように、意図的に書物の流れが統制される場合にはこうした問題は意識にのぼりやすいが、そうでなくともさまざまな流通手段やインフラ、経済的な諸条件のなかで書物の流れは常に制限や統制を受けている。書物の流通環境や読書環境の制約から完全に自由な読者などありはしないのは当然のことだ。私たちは「自由に」読んでいるわけではないのだ。

　書物の場所を問い、その流れを追うという問題意識の根底には、私たちがいかに読み、書く行為と関わってきたのか、そして関わっていくのか、という問いが横たわっている。その問いは、現在私たちがどのような書物を、どのような形で手に取るのかという行為そのものに向けられた問いであり、私たちの情報環境自体を歴史的にとらえなおす契機、端緒ともなるだろう。書物の場所や移動を問うという本書のねらいはそこにある。

　もっとも、こうしたやや抽象的なレベルの意義もさることながら、書物の流通をめぐる国際関係を追っていくことで、実に多岐にわたる事象を具体的に明らかにできることも強調しておかねばならないだろう。それは本書の各章で詳細に述べてゆくことでもあるが、例えば日本語の書物の購入や所蔵は、米国内での日本学や日本語教育の発生、展開と結びついているし、それはまた日米間の政治的、経済的な関係性をうかびあがらせる有効な手だてともなる。また、蔵書の歴史をたどっていけば、米国内での日本人や日系人コミュニティがそこに関わりあってきた歴史も見えてくる。日米の図書館や図書館学の歴史はもとより、あらゆる学問、政治領域にわたってさまざまな人々、機関が、国境を越えて書物と関わりあいながら織りなしてきた出来事がそこからは浮かび上がってくるのだ。

　私はこうした問題意識のもとで、書物の流れや読書環境の変化について研究する作業を行なってきたが、その研究の一環として、主に日米間の書物の流れを歴史的に明らかにしていく調査をしてきた。二〇〇五年に、米コロンビア大学を拠点として約一年にわたって米国内各地の日本語蔵書の調査を行ない、その後もいくどかの短期的な海外調査を積み重ねてきた。その調査をもとに、米国内の各地の日本語蔵書の成立や変化、そこに関わるさまざまな要因やそこから見えてくる主要な問題について、二〇〇七年に『書物の日米関係』としてひとまずまとめることとなった(2)。本書は基本的な問題意識をその延長上におきつつも、その後の調査をふまえて研究方法や関係史料の可能性について、さらに考察を進めていったものである。

書物の国際流通を歴史的に、それをとりまく状況との関係のもとでとらえるという作業は、いまだ先行する研究があまりないのが現状である。そのため、『書物の日米関係』では、まずは米国内の日本語蔵書の形成を、なるべく広く、通史的に扱うことに重点をおいた。そこでは、米国内の個々の日本語蔵書の歴史は明らかにすることができたが、それら日本の書物を送り出した日本国内の販売機関や、その間に立った組織や人々をどう追っていけばよいのかが、大きな課題として残されていた。ある蔵書の歴史を追うのは資料的にも骨が折れるが、それら書物をもたらした人や機関を追うのはいっそうやっかいな作業である。しかし、それゆえにそこから見えてくるものも大きい。越境する書物の流れを追い、書物の場所を問うことの可能性と意味を、本書では具体的な資料をもとに明らかにしていく。この点についてもう少し詳しくふれながら、本書の全体の構成について説明しておこう。

2　リテラシーの歴史とは

前節では、書物がなぜそこにあるのか、という問いの重要性について述べたが、果たしてこの問いは現在でもなお有効なのだろうか。私たちは、書物が「そこ」に「ある」ということが、もはや自明ではない読書環境に生きているのではないだろうか。

携帯情報端末を通してインターネット上の書物を読むことはもはや珍しくもないが、それらは「書物」と言えるのだろうか、言えるとしてもどこに「ある」のだろうか。端末のディスプレイ上か、それらを提供しているサーバーのうちにあるのか、あるいは、複製されるもととなった書物の場所に「ある」と言えるのだろうか。

もはや書物がいつ、どこにあったか、などということ自体があまり意味を持たないのではないか、という見方もあろう。そのような過去の問題を掘り起こすよりも、今、どれだけの人々に、どれだけ読みやすくデジタルデータを含めて提供することができるか、その方策を考える方が、よほど「現在の読書環境」にとって意味のあることではないのだろうか。

よほど意味のある？　何より？　私たちの過去の書物との関係を明らかにすることより？　しかし、私たちは果たして過去の書物との関係を知っているのだろうか。たとえ海の向こうの書物が手元の端末で閲覧できる状況になろうとも、書物が占めている「場所」の問題がなくなったわけではない。ただその問題が、問いにくく、見えにくくなっているだけなのだ。今の新たな読書環境によって、私たちと書物の関係はどう変わったのか、何を失い、何を手に入れたのか。それを知るためには、過去の書物との関係を明らかにするしかない。考えてもみてほしい。自分が何を持っているかを知らない人に、その人が何を失ったかを問うても答えられようはずもない。ましてや、新しく手に入れたものが、失ったものよりもよかったなどと言えようはずがない。

先の「現在の読書環境」という言葉は、こうした歴史的なまなざしを抑圧しているだけではない。現在の読書環境自体が、実際にはさまざまな差異を抱えていることをも無視している。つい三年ほど前のことだが『ニューヨーク・タイムズ』に、人気《ひとけ》のない湿地帯をロバに乗って移動する一人の男性の写真が掲載されていた。彼は「Biblioburro」という看板を抱え、その後ろに荷を載せたさらに一頭のロバが続く。場所は南米コロンビアの内陸部にあるラグロリアで、この小規模な「移動図書館」は一〇年間、毎週末、内戦で疲弊したこの地域をまわりながら、さまざまな書物をもたらしてきたという。

何も南米の事例を持ち出すまでもないが、自身をとりまく情報環境こそが先端である、世界標準であると見なすことほど危険なことはないし、それを無条件に肯定するほど愚かなことはない。書物と場所の問題はこれまでもあったし、あり続けるし、それを問うことの重要性が減じることはない。それはまた私たちの生きていく世界と不可分に関わっている。

ロバに乗ったこの人物は、小学教師として勤めるかたわら、書物が生徒を変える力を目の当たりにしてこの活動を始めている。ある時には山賊に目を付けられて木に縛られ、金銭を持っていなかったために本を持って行かれたこともあったという。(3) 持って行かれた本が、その力で山賊を変えてゆくことになったのかどうかは定かではないが、書物はこうした善意や暴力の流れにまきこまれながら流れていく。まわりの人々にひそやかな力を及ぼしながら。逆にいえば、その書物の動きや流れを歴史的にときほぐしていけば、書物を取り巻いていたさまざまな抗争や利害関係を明かしていくことも可能となってゆく。

私が書物の収集や所蔵、管理の歴史からとらえたいのは、単に蔵書の変化ではなく、人種や国家の境界を越えて書物や情報がやり取りされる際に働く力関係であり、その歴史である。それは読者と書物の関係史であり、読者の環境史といってもよい領域である。私は、こうした問題をとらえるために「リテラシー史」という概念、用語を用いてきた。簡単にいえば、読書の環境や読み書く能力の変化、およびその要因をとらえる研究である。そしてこうした問題意識や関心を共有する人々と、共同でこの問題領域を考える研究会を作り、会誌の刊行も行なっている。むろん本書で焦点をあてている日米間の書物流通や受容の問題に限らず、日本国内での書物や読書の歴史、そして関係史料の保存や公開にも関心を向けている。(4) 米国における日本語蔵書や読書環境の資料収集や調査は、こうした研究を進めていくために私が力を入れてきたテーマの一つの大きな柱ともなっている。(5)

3　本書の構成

さて、本書は、二部構成をとっている。第一部では、米国における日本語蔵書の形成や歴史について、これまでに自身で明らかにしてきた点を振り返りながら、書物の所蔵や流通から、どのような問題が見えてくるのかを具体的に述べている。扱う問題は占領期に日本で接収された文献から、現在のグーグルや国立国会図書館の進める書籍デジタル化プロジェクトまで含まれるが、これら現在の目の前の問題が、これまでの書物の日米関係の歴史をぬきにしてはとらえられないことを示していきたい。あわせて、越境する書物の場所や流れを追っていくことから見えてくる問題の広がりが提示できれば、と思う。

第二部は、前節で述べた新たな課題に取り組んだものである。書物がそこにある、ということは、そこに書物を送り出し、もたらした人や組織があるということである。越境する書物を支えるそれらの存在に焦点をあててみたい。すでに述べたように、本書での問いは米国の日本語蔵書の問題にとどまらない。第二部の最終章では、カナダの日本語蔵書史を取り上げ、そこからどういったことが見えてくるのか、をとらえている。第二部はこのように、第一部での方法から、さらに調査対象、資料の幅を広げる試みとなっている。米国における日本語蔵書の歴史は、私自身これまでその図書館の過去文書や、大学史料室の文書などを資料のベースとしてきたが、書籍の出版、流通業にたずさわった企業の資料や、海外との文化交流の支援機関の資料など、これまで用いられることのなかった一次資料を数多く生かしながら検討している。

以下、各章の具体的な展開について素描しておこう。前述したように、第一部は日本の書物の流通や移動を歴史的に追っていくことで何が問えるのか、見えてくるのか、という点を論じている。こうした書物の大規模な動きを作り上げた出来事、そして人々や機関を扱う。第一章では戦時期以降、奇しくもそれらの多くの場面に関わることとなった一人の人物を追っていく。それによって、日米間で書物が越境していくこととなったその主要な要因や経緯を素描し、そこから見えてくる問題点を具体的に示していくこともできるだろう。第二章では、日本の書物の大規模な移動が見られる占領期に特に焦点をあてることとした。この時期は、日本の歴史上もっとも多くの日本の書物が海外に流れていった時期でもある。そしてまた、国家間の対立や利害関係がきわめて大きくそこに作用している点で、越境する書物を問う意義や意味がより鮮明に見えてくる時期でもある。第三章で扱うのは、これら書物の移動とは別種の移動、あるいは越境・拡散の新たな形である書物の複製やデジタルデータの流通についてである。占領期が越境する日本の「物理的な」書物の最大の移動期であるなら、近年の書籍のデジタル化やネットワークを介したその流通は、別の形での書物の最大の移動期を作り出している。こうした状況に対して、書物の場所を歴史的に問うということの有効性を明らかにしたい。

第二部は、第一部での問題意識や方法を、より拡張することを試みていく。日米間の書物と読者の関係や、その変化を歴史的に追うということに変わりはない。しかし、第二部では、個々の蔵書の歴史やそれについての資料が中心ではない。むしろ、それらの書物の移動の仲立ちとなった人々や組織が中心である。書物の移動を支え、流通させていった人々や機関が果たした役割をとらえられるよう、日本学の調査機関や支援組織、さらには書籍の輸出や販売にたずさわる企業など、各章ごとに重点的に取り上げて描き出していくこととなる。

具体的には、第四章では、戦前、一九三三年に全米規模でなされた日本学、日本語蔵書調査を取り上げている。なぜ、誰が、どのようにそれを行なったのか、そしてそれは日本の書物やリテラシーの形成といかに関わっていたのだろうか。第五章では戦前、米国に日本語図書館を作ろうと活動した角田《つのだ》柳作《りゅうさく》の活動を追う。第六章では、国際文化振興会と国際文化会館を取り上げる。これら国際間の文化交流の仲立ちとなった組織は、どのような形で日本の書物とその移動に関わってきたのだろうか。これら組織と書物との関わりはまた、文化と政治とが截然と分かちがたい領域にあることをも示してくれることとなろう。

第七章で扱うのはチャールズ・Ｅ・タトル出版である。日米間の書物の輸出入、翻訳権売買、英語による日本関係図書の出版事業など、越境する書物のさまざまな局面に関わっていったタトルの軌跡を追う。その試みは、日本語蔵書の成立や変化を軸とした自身のこれまでのアプローチを大きく転回させ、その可能性を広げていくものでもある。第八章では、米国のみでなく、カナダの日本語蔵書も取り上げる。しかしそれは単に調査対象を広げるだけではなく、越境する書物のうちに、日本、米国、カナダという、より輻輳した国家間の関係が深く刻まれていることを見出していく試みとなろう。そして最後の章で、本書で明らかにしてきた点をまとめ、そのアプローチの有効性、可能性を改めて検証することとする。

本書を作るにあたっては、数多くの組織、人々に取材し、協力や資料提供をあおいでいる。書物の流れについて明らかにする資料、あるいは書物の仲立ちとなった人々や機関についての資料は、書物になるどころかいまだ充分に収集、保存や調査の対象とさえなっていない場合がしばしばある。本書は新たな研究方法、調査方法の提案、実践であるとともに、これまで顧みられなかったそうした資料に新たな意味、価値を見出していく試みでもある。これら協力機関、人々のすべてをあげることはとうていできないが、主な協力者については巻末に掲げることとした。本書はこれらの人々の存在によって出来上がったものである。

第Ⅰ部　越境する書物

第一章　書物の場所と移動の歴史――書物の日米関係から

1　越境する書物の背景

米国において日本語蔵書が生まれてくるプロセスのうちには、書物の移動や増加といった単純な問題にとどまらない、非常に広範な要因が関わっている。蔵書の歴史は、単にいつ、どのような書物を購入したというだけの歴史ではない。それは日本についての情報を、誰が、何のために必要とし、どのように用いていくのか、といった問題とつながっており、日米関係、さらにはアジアを含む多国間の政治・経済的な関係に大きく影響されてもいる。書物の流れを追うことは、同時にその背景となっている国家、組織や人々の間での利害関係や対立、偏見、軋轢をも浮き彫りにしていくことを可能にする。そして私たちの読むという行為は、そうした力関係のなかで歴史的に作り上げられていくのである。本書のねらいは、私たちのこの読書という行為に刻まれた諸々の力関係を、書物の場所やその流れのなかから見出していくことにある。

本章では、一人の人物の軌跡をたどりながら、書物の日米関係にはらまれた問題をたどっていくこととしたい。日米間での書物の大規模な移動やその歴史には、多くの人々や組織、事象が関わっており、それらは確かにさまざまな時代、地域に散在しているのだが、一見ばらばらな点に見えるそれらの人々や事象も、実際にはどこかでつながり、関係しあっている。それら散在する点を、固有の一人物の生涯という時間、場所につなぎあわせてみたい。それはまた、これまでに明らかにしてきた書物を通した日米関係の歴史を単に素描するにとどまらず、具体的な個人の視点や経験からとらえ直した「歴史」ともなってくれるはずだ。書物の流通の歴史は、これら越境した人々や書物がそれぞれに抱える貴重な固有の経験によって織りなされたものでもある。

ここで取り上げるのは、フォレスト・R・ピッツである。詳しくは次節以降で述べるが、一九二四年コロラド州グランド・ジャンクションに生まれ、第二次大戦時に海軍に入り、海軍日本語学校で学んでいる。除隊後、ミシガン大学の大学院でアジア研究、特に地理学領域での研究をはじめ、日本での調査活動を経てオレゴン大学に職を得、その後一九六四年にピッツバーグ大学地理学教授、翌六五年にはハワイ大学に移り、八九年まで教鞭をとっていた。現在は退職してカリフォルニア州サンタローザに住んでいる。

図２　フォレスト・ピッツ　2007年，著者による撮影。

彼を紹介してくれたのはコロラド大学の大学アーカイブズ（大学史資料室）で文書管理にあたっているデヴィット・ヘイズだった。コロラド大学は第二次大戦中に米海軍の日本語学校がおかれた大学である。この海軍日本語学校出身者たちは、対日戦のみならず、戦後の日米関係のなかで政治から文化まであらゆる領域で重要な役割を果たしていくこととなる。川端康成『雪国』の翻訳をはじめとして日本でもよく知られているエドワード・サイデンステッカーや、日本研究者として著名なドナルド・キーンもこの学校の出身である。

日本の書物の問題は、そもそもそれらの日本語を読む能力やその養成の問題、海外の言語教育や日本学の形成、さらには日本についての知識や情報がどのように海外で作り上げられていったのか、という問いとも不可分である。コロラド大学の大学アーカイブズでは、この日本語学校に関わる資料類の収集、保

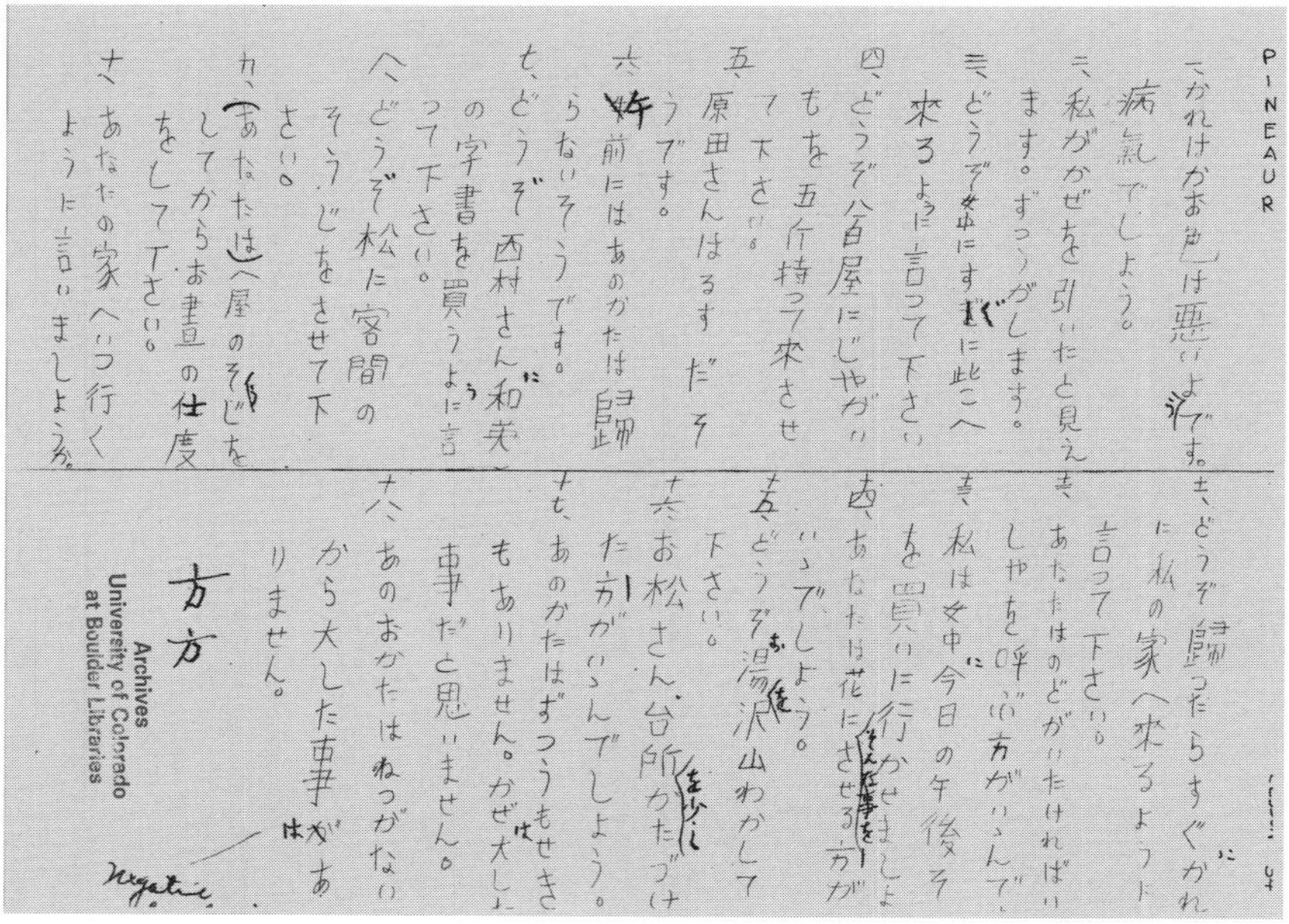

図３　遺された答案　ロジャー・ピノーの当時の答案。ピノーは米海軍日本語学校資料の保存プロジェクトを準備した人物でもある。Roger Pineau Collection, Courtesy of Archives, University of Colorado at Boulder Libraries.

存、整理プロジェクトを進めてきている。(1) ヘイズは、そのプロジェクトの責任者である。この大学アーカイブズは、日米関係史から見ても、あるいは日本学や日本語教育の歴史にとっても非常にユニークな史料や情報を含んでいるが、あまり日本では知られていなかった。私はヘイズに協力し、その日本版サイトを作成、公開してきた。(2)

戦後の米国内の日本語蔵書史をとらえるうえでも、そのなかで大きな役割を果たした人物のファイルを数多くかかえるこのアーカイブズは不可欠な存在である。図3に示したのは、自身海軍日本語学校出身で、このアーカイブズの資料収集にも尽力したロジャー・ピノーの寄贈資料であり、戦時期に彼が書いた答案の一部である。コロラド大学のこの資料収集、保存プロジェクトで、ヘイズらはコース創設に関わる文書類や使用教材の保存、公開を進めながら、この日本語学校出身者たちを探し、連絡をとり、彼／彼女たちの消息や記憶を機関誌『インタープリター』として刊行している。今回の調査対象となったフォレスト・ピッツとも連絡をとりあっており、ヘイズを通して紹介してもらうこととなった。ピッツからは、二〇〇六年以来メールや手紙を通して情報や資料の提供をうけてきたが、二〇〇七年三月にサンタローザで私自身が三日間にわたって直接聞取り調査を行なった。

2　読者は作られる――米海軍日本語学校

ピッツは一九四四年三月、コロラドの米海軍日本語学校で学び始めることとなった。その折のことを彼はこう語る。

先生たちはおもに日系の二世の人たちだと思います。沖縄出身の人もいて「です」を「でぃす」のように発音したり、時に混乱することもありました。田中、中曽根、岡村菊江といった人たちで、彼らは教員ではなくて、いろんな仕事についていた普通の人たちでした。最初はひたすら読む練習で、「舌切り雀」のような「長沼テキスト」の最初の文章などを使って教わりました。私にとってははじめて出会った日本人たちだったわけですが、皆とても熱心に教えてくれました。いい先生たちでした。私たちの上達は遅かったですが…(3)

コロラド大学は一九四二年に海軍との間で契約を結び、海軍日本語学校の教員と生徒を受け入れはじめる。この教育課程は、そもそも一九四一年にカリフォルニア大学バークレー校と、ハーバード大学とで試行的にはじまっている。(4)海軍は全米から優秀な学生をスカウトしてこれらのコースで学ばせ、両校の成果を検討したうえでカリフォルニア大学の教育プログラムに一本化していく。だが翌四二年二月、大統領令九〇六六号によって、太平洋岸の日本人は移動させられることとなり、教員に日系人をかかえるこのコース自体も、西海岸では維持が困難になってしまう。そこで、内陸部のコロラド大学に、先のカリフォルニアの日本語教育プログラムのスタッフと生徒ごと移動していくわけである。陸軍日本語学校も、同年カリフォルニアのプレシディオから、内陸部のミネソタのキャンプ・サベージに移っていく[5]。

日本の書物を読むにも集めるにも、日本語の読み書きができなくてははじまらない。海外における日本語蔵書の歴史は、日本語を教え、学ぶ場の歴史と切り離すことができない。当時の調査によれば日米開戦当時、二〇万人の米海軍士官のうちで肝心の対戦国の言語である日本語が使える士官はたった一五人ほどという状況であった[6]。戦時期には軍と多くの大学とが提携し、言語と地域研究の一環として位置づけられた「陸軍各科専門教育計画」（ＡＳＴＰ）として、集約的な言語教育コースの計画も展開されていった。言語学者であり、後にミシガン大学でアジア研究所を立ち上げる中心人物ともなるロバート・ホールは、これら教育方法が、戦前に米国学術団体評議会（ＡＣＬＳ）が言語学者と進めてきた集中的語学教育計画（ＩＬＰ）をベースにしていることを強調している[7]。当時は、言語学、人類学の理論的な成果を応用することで、言語教育の方法論が大きく変わっていく時期でもあった。

人類学者のハーバート・パッシンは、日本占領期には民間情報教育局（ＣＩＥ）で世論・社会調査部の部長として活動した人物だが、自身その出身である軍の日本語学校の影響力について次のように記している。

正確な数をつかむことはできないが私の推算では、卒業生の約五分の一が学究生活に入り、そのほとんどが日本を研究対象としている。つまり、二つの日本語学校が約四〇〇〇人の学者を送り出し、そのうち少なくとも二五〇人が、程度の差はあれ、日本と関わったことになる。これらの人々の著述を合計すると、著書二〇〇〇冊以上、論文だけでも数万篇になる。それほど多くの本や論文が書かれたことが祝福すべきことなのか忌むべきことなのかはともかくとして、数世代にわたる日本専門家や数万の研究者、そして政策決定者から一般大衆に至るまで、多大な影響を与えたことは明らかである。(8)

パッシンのこの見積もりはかなり大まかなものではあるが、米陸海軍の日本語学校の教員、生徒は、実際に戦後の日米関係のなかで学術、実業、外交など、広範な領域で活動していく。これらのなかには、後に米国内の大規模な日本語蔵書の購入や管理、運営に直接関わっていく人々も多い。スタンフォード大学で教鞭をとりつつ占領期に大規模な日本語図書や文書の収集に関わったイケ・ノブタカや、カリフォルニア大学ロサンゼルス校の初代アジア図書館長となるリチャード・ルドルフ、カリフォルニア大学バークレー校から、占領期の日本に図書購入目的で派遣されるエリザベス・マッキンノンらはこの教育プログラムの教員出身である。生徒たちもまた、コロンビア大学アジア図書館のフィリップ・ヤンポルスキー、カリフォルニア大学バークレイ校のチャールズ・ハミルトンなど、戦後の日本語図書館の運営で大きな役割を果たしている。(9) ただ、重要なのは実際の図書館関係者を作り出したということではなく、戦後の日本研究に関わる広範な人材を生み出すことで、日本についての書物を読み、書く人々を作り出していったことである。つまり、日本の書物の読者や読書環境自体を直接、間接に作り出していったのである。

蔵書の歴史は、単なる書物の所蔵、購入記録の集積ではない。「はじめに」で述べた通り、それは書物とそれを用い、扱う人たちとの関係の歴史であり、書物を求め、利用する人々と書物との相互作用の歴史である。こうした読者との相互作用のなかで、蔵書は変化し、はぐくまれていく。つまり、なぜ書物がそこにあるのか、という問いかけは、書物と、それを読む人々や集める人々がどのように作り出され、関わりあってきたのか、という歴史を考え、明らかにしていくことにもつながっていくのである。蔵書の歴史は、こうしたリテラシーの歴史を明らかにしていくうえでの貴重な位置を占めているのである。

書物がどこにあるのか、という場所の問題はまた、その書物をいかに読むのか、という読者の解釈とも深くつながっている。私たちは書物を読む場合、それを読む場所に知らぬ間に大きく依存しているのだ。アーザル・ナフィーシーは「テヘランで『ロリータ』を読む私たちを想像してほしい」と書いている。(10) ナボコフのこの小説が、ロリータという少女に執着する中年男の物語ではなく、イスラムの女性たちの人生が何者かに収奪されていく物語としても読まれるように、小説は、誰が、どこで読むかに応じて異なる意味合いをもっていく。私はここで何も解釈は人それぞれなどということを言いたいわけではない。そうした言い方は、むしろ私たちの読むという行為への問いを抑圧し、無関心を助長するだけだ。

重要なのは、異なる場所で異なる読み方が生まれることに関心を向けること、なのである。それは私たちが今、ここでその書物を読んでいることが「当たり前」ではないことを考えるための最良の方法の一つである。そしてまた私たち読者の「今、ここ」を拘束しているさまざまな力関係を見つけるための方策でもある。私たちの読書環境が当たり前だと考えることは、私たちの周りの情報環境を支配している力に無関心、無防備であることにほかならない。書物の場所を考えること、それはまた、こうした読者の場所とそこで生み出される読者や解釈をとらえ直すことをも可能にする。

読者や読み方は自明のものではなく作られるものである。書物と読者の関係史からは、その具体的な様相をとらえることもできる。コロラド大学の海軍日本語学校資料は、その意味でも非常にユニークで示唆的な資料と言えるだろう。テキストのみでなく、膨大な数のテストやその答案、副教材、生徒による文集などをもこのアーカイブズは収集、保存している。(11) 米陸軍の戦時期日本語教育については、具体的な研究もあるが、海軍の日本語教育プログラムについてはいまだ具体的な研究がなされていない。

3　戦時期の日本語教育と教科書

先に引いたフォレスト・ピッツの言葉のなかには「長沼テキスト」のことが出てきた。これは長沼直兄《なおえ》が作成した日本語教育用テキスト『標準日本語読本』のことである。[12]長沼は、英語教育を専門とするハロルド・パーマーと出会い、日本語教育の途に入っていく。パーマーは日本の英語教育を刷新するためにロンドン大学から文部省顧問として一九二二（大正一一）年に来日したが、その推挙で、長沼は翌二三年から米国大使館で日本語を教えることとなった。[13]そして、日本語を教えるための教材を作る必要にせまられる。

基礎的な日本語を教えるためには、例えば小学生用の国語教科書を用いればよいと思うかもしれない。しかし、日本語を母語とする人々に日本語を教える国語教育と、日本語を母語としない外国人のために日本語を教える日本語教育とは、似て非なるものである。外国語としての日本語を教える際に、たとえば戦前の小学生向けの国定教科書『国語読本』を用いるわけにはいかない。そもそも『国語読本』は日常的な日本語の基本語彙や知識を欠いた読者を想定して作られたものではないからである。

海軍日本語学校では、ハーバード大学とカリフォルニア大学バークレー校での試行を検討したうえで、後者の教育プログラムを採用したわけだが、前者のハーバード大学では、長沼テキストではなく、独自に開発した日本語テキストを用いていた。しかし、海軍側では、ハーバード大学側のテキストの使用を認めず、長沼テキストを用いたバークレー校の教育プログラムを採用、発展させていった。[14]長沼テキストの方がより教材として適していると判断されたのだが、それはなぜなのだろうか。

今日、コロラド大学のアーカイブズには、双方の大学で用いられた日本語教材が保存されているが、それらを比較すると理由は明らかである。ハーバード大学の教科書作成にあたったのは、セルゲイ・エリセーエフである。

彼は、夏目漱石が「エリセフ君はペテルブルグ大学で僕の「門」を教へてゐる」と書いているように、[15] 日本の帝国大学で学び、当時の外国人としてはずばぬけた日本の文学、文化の理解者であった。しかし、すぐれた小説が必ずしも日本語を学ぶためのすぐれた教材とはならないように、すぐれた日本文学の研究者が、必ずしも効果的で実用的な日本語教材を作成するとはかぎらない。

そもそも入門段階のテキストに並んでいる教材の例文からしても、ハーバード大学のテキストには「雪月花と云ふ本を買つた」「古事記を読んで其の中から面白い話を書き取る」「高く買つた珍本を電車に忘れた」「雨月物語を買つた本屋です」といった雅趣あふれる文例が並んでおり、明らかに日本の文化、特に文学に対する文献研究を前提としたテキストである。[16] 国文学者の久松潜一は、エリセーエフがかつてハーバード大学で朝鮮総督府編『小学読本』を用いて教育していたことも書き残しており、日本語教育の教材として当時の日本の国語教科書をモデルとしていたこともうかがえる。[17]

一方、長沼の方は、当時の成人の日本人が日常的によく使う言葉を集めて、実用的な言語教材を作ろうとしていた。当時の基本語彙収集の苦心について、彼は後に述懐している。

さて日本語のコースを作ろうとすると、どうしてよいかわからない。第一は語彙の問題だが、成人用語彙の調査などのなかった時だったので参考になるような文献はない。[18]

こうした状況にあって、長沼は英語教育の言語教材を参考にしつつ基本語彙を選び、漢字にしても帝国議会の速記録の漢字頻度、朝日新聞社の漢字表、築地活版所のポイント活字重要字表などを参考にして、初学者用の必修漢字リストを作り上げていく。長沼は、「文学作品は立派なものだが教材としては語彙の習得という点でいろいろの困難を生ずるから困る」[19] と別の機会にも述べており、小説を読むことよりも、日常の言語使用を目的として、実際のデータに基づいた「使える」日本語テキストを作っていたのであり、海軍日本語学校の目的にもかなっていたわけである。

戦前に日本で作成された長沼テキストは、戦時期には米国海軍のみならず、複製されて米国内で広く日本語教育に用いられることとなる。一方、作成した長沼の方は、日本の占領地を含めたアジア地域での日本語教育の振興を担う。一九四一年に文部省に日本語教育振興会が設置され、長沼は国語学者の西尾実とともにその推進役として参加し、日本語教材の作成や中国、南方地域への派遣教員の講習事業を展開していく[20]。

戦争状態にある日米双方の日本語教育に長沼は大きな関わりをもったわけだが、興味深いのは、この関わりが戦後にまでとぎれずつながっていることである。この日本語教育振興会は、敗戦の一九四五年に解散するが、同年秋に連合国軍総司令部（ＧＨＱ）から日本語講習の委嘱を受け、実際に講習会を開催しており、同年の事業報告からは事業補助金として五万円が配分されていることがうかがえる。この日本語教育振興会はその後、言語文化研究所となる。その変遷については、すでに同研究所史料をもとにその過程が明らかにされている[21]。長沼直兄はこの機関の中心となり、ＧＨＱ第八軍の言語顧問として米軍の日本語教育に協力していく。この財団法人言語文化研究所と附属する日本語学校は、現在の東京日本語学校（財団法人長沼スクール）である。長沼の日本語教授法や教材は、戦時期の日本語教育振興会で開発されていった湯沢幸吉郎らの日本語教育手法とともに、現在の日本語教育を構成する流れの一つをなしている[22]。読者や読書環境がいかに作られてきたのか、という問いは書物の日米関係をとらえる上で大事な要素だが、それはまた日本語教育、その方法史や果たしてきた役割を照らし出していく可能性をも持っているのである。

ピッツの言にもあるが、コロラドの海軍日本語学校では、教育経験のない日系人が数多く日本語教育にたずさわっていた[23]。日本との戦争状態にあるアメリカのこの地で、彼／彼女らはいかにこの日本語テキストを読んでいたのだろうか。そしてアメリカ人の士官たちはどのように読んだのだろうか。

実践的な語彙や用法を重視したこの日本語テキストにしても、同時に歴史、文化、政治情報を含んでいるのは当然であり、文学作品もまた含まれている。使用語彙による選択でもあろうが、菊池寛の戯曲「父帰る」や「時の氏神」が『標準日本語読本』巻二および巻三に収録されている。[24] 芥川龍之介や江口渙《きよし》ら、雑誌『新思潮』の同人たちが「父帰る」の上演で涙を流したことはよく知られているが、[25] この地でもまた誰かの涙を誘ったのだろうか。借金を作り、情婦とともに家を出た父親が、二十年後に成人した子どもや母親たちのもとにおちぶれた姿でもどり、拒絶にあう物語だが、日本を長く離れたコロラドの日系人教員たちにとって、その父親、そしてその父親を責める長男は誰と重ね合わせられたのだろうか。その台詞をたどたどしく口にする米国人を目の前にしながら。

あるいは「時の氏神」で、夫に不満をもちながらも職業をもって自立できない妻たちを、学んでいた女性士官たちはどう受け止めたのだろうか。残された多くの答案やノートを通して、コロラドで菊池寛を読む戦時期の米軍士官や日系人たちを想像していくことのなかから、私たちの読書環境の歴史を考えるための手がかりが数多く見出せよう。

これらのテキストを通して思い描かれた日本の情景や日本人たちに、兵士たちはやがて戦地で、そして占領地としての日本で出会うこととなる。だがピッツの場合、そうした機会はすぐにはやってこなかった。一九四四年の三月から彼は日本語コースで学び始めるのだが、その四月、コロラドのボルダーにあったこの海軍日本語学校は、日本語ばかりではなく中国北京語、マレー語、ロシア語をも教える海軍東洋言語学校となっていく。[26] 翌一九四五年、新たに日本語のみの言語コースがオクラホマのスティル・ウォーターに設立され、七月にそこにピッツは移されることとなった。そして日本語を学びはじめて一年半がたとうとするこの年の八月、戦争は終わりを迎える。日本語コースを終えたピッツは、日本ではなくワシントンに向かうこととなった。そこで待っていたのは、占領地日本から送られてきた膨大な量の日本語文献だった。彼の話を追ってゆこう。

4　戦争と書物接収――ワシントン文書センター

私はおもに地図を訳していました。バイカル湖やウラジオストック、シベリア東部といった地域の日本語で作成された地図です。それらを訳していたわけです。バートランド・ラッセルを御存じでしょう？　哲学者の。彼の息子のジョン・ラッセルですが、彼が私の机の向かい側で作業をしていました。彼はロンドンの大学で日本語を学び、当時は英国海軍にいて作業に参加していました。[27]

ピッツはボルダーの海軍日本語学校で一五ヶ月の日本語教育を終えた後、一九四六年六月から、ワシントンにあるワシントン文書センター（ＷＤＣ）で勤務することとなる。そこには日本から送られてきたおびただしい量の文献が集められており、それらの内容を分析・翻訳・要約してリスト化する作業を行なうこととなった。こうした外国語文献を通した情報収集を担う機関は軍の組織にいくつかあったが、一九四三年に陸海軍合同で設立されたワシントン文書センターは、終戦の年に日本語文献を統括的に扱う組織となった。[28]占領下の日本では、連合国軍通訳翻訳局（ＡＴＩＳ）が、国際戦争裁判にそなえて日本での陸海軍関係の文書をはじめ、植民地支配に関する文書や文献の収集を行ない、それらは連合国軍総司令部を経てワシントンのワシントン文書センター図書館に移送された。[29]ただ、現実にはこの接収には大量の一般図書も含まれており、当初は極東地域の文献を網羅的に集めた図書館を作る計画があったことが、当時の文書からうかがえる。[30]

戦後、極東での中国、ソビエト連邦をはじめとする共産圏の国々に対し、日本は米国にとっての重要な軍事拠点となる可能性をもっていた。したがって日本や東アジアに関する日本文献や情報は、戦略的に高い価値をもって位置づけられることとなる。また、日本は現在の朝鮮、中国やロシアの一部を領土化していたために、日本語文献はそれら地域の詳細な調査データを実際に含んでもいた。ピッツが扱っている文献類はそれにあたる。大規模な書物の移動、流通をとらえてゆくことによって、こうした国家間の利害関係、安全保障をめぐる力関係をもうきぼりにしていくことが可能となる。

このワシントン文書センターには、文書とともに書籍も数多く送られている。書籍については、米議会図書館に移管されることとなったが、書籍のみでも概数で四〇万点にのぼっていることが、当時の米議会図書館の文書からはうかがえる。

一九四五年から五〇年にかけて、四〇万点の文献がＷＤＣから米議会図書館へ移送された。このうち三万冊は一九四九年の「整理計画」で代表を送り込んできた米国内の各地大学に送られた。一万五千冊の技術系の基本文献は軍を通して琉球大学に送り返された。残りの部分のうち一五万冊はおそらくは重複図書で、五万冊は古くて歴史資料としてしか利用価値のない自然科学、技術系の図書であろう。この試算がある程度正しければ、残りの一六万五千冊がこの資料群（ＷＤＣコレクション、括弧内は引用者）の重要部分と言える。[31]

一方ワシントン文書センターでは、先に述べたように、集められた文献をもとに大量の報告書を作成している。具体的に示すために、その報告書の一つ『ＷＤＣサマリー』を見てみよう。[32]仮綴じで表紙にはタイトル、号数、日付が記され、刊行は陸軍省（後に国防総省に統合）参謀本部情報部と海軍情報部（ＯＮＩ）となっている。開くと簡単な説明書きがあり、以下の文献は日本から送られてきた日本語文献であり、出てきた文献の抄訳または全訳が必要な場合には、文献に付されている管理番号（ＷＤＣナンバー）で同センターに請求するよう、記されている。そして、米太平洋陸軍（ＡＦＰＡＣ）に五部、ＡＴＩＳに五部、中央太平洋陸軍（ＡＦＭＩＤＰＡＣ）に二部と、このレポートの配布先、配布部数の一覧が続く。

この一九四六年八月二日の『WDCサマリー』三号は一九一部が配布されている。そして本文は英文による文献の簡単な説明が続く。この冊子の最初の文献、WDCナンバー「24425」は中支那振興と系列会社の事業報告である。一九三九年に上海に設置された中支那振興は、日中戦争期に華中の産業開発戦略の拠点として、日本の占領地政策の中核となって電気、通信、運輸と幅広い事業に出資していた法人である。[33]このように、日本語による文献、各種報告書や文書類を集め、簡単な説明を英語で付してリスト化して軍を中心とした各部署に配布していた。そして各部署は、必要な情報と判断すればより細かい訳を求め、そうした要請に応じてワシントン文書センターは文献番号によってその文献を再度取り出し、より細かい情報を提供する。ワシントン文書センターは、こうしたいわば、日本についての情報センターのような役割を担っていた。

これら文書作成の業務は、ワシントン文書センターから中央情報グループ（CIG）に、そして一九四七年には中央情報局、いわゆるCIAに吸収されていくことになるが、作成元の表記が変わったのみで、レポートの体裁や書式は大して変化していない。[34]

この機関によって接収された膨大な文書や図書は、その後、さまざまな組織や人の手を経てあるものは日本へと戻り、あるものは廃棄され、あるものは今も米国内で流通している。そして先にも述べたように、これらの流れ、越境する書物の動きから、それらの文献を動かしている複雑な力関係をときほぐしていくことが可能なのである。この接収資料の行方については、次章でより詳しく扱うが、ここではその接収資料の返還をめぐるやりとりにしばらくスポットをあてることで、そこからどういった問題が見えてくるかを考えてみたい。

これまでに述べた占領期の接収文献は、基本的に図書は米議会図書館に送られ、文書については米国の国立公文書記録管理室（NARS）へと送られた。[35]それらのうち、文書についてては、一九五八年に海軍関係の文書を中心に二万二〇〇〇点あまりが日本に返還され、また、米議会図書館に送られた図書にまざっていた文書類についても、一九七三年から七四年にかけて、二七〇〇点が返還されている。一方で接収された図書の方は、戦前に内務省が検閲のために差し押さえていた図書の一部が、一九七六年から一〇六二冊返還されている[36]。むろん資料自体が勝手に戻ってくるわけではなく、そこにはさまざまなやりとりや要因が関わっている。

5　書物返還の政治学

接収公文書返還の経緯や、それに関する記事については自身でも返還運動を進めた福島鋳郎《じゅうろう》が丹念にまとめている[37]。また、図書の返還はごく部分的にしかなされていないが、その経緯は、返還時に国立国会図書館の収書部長であった外垣《とがき》豊重が記している[38]。これら文献の動きをとらえるとき、そこから示唆されることは数多い。これらの記録と、米議会図書館に残されている当時の国立国会図書館と米議会図書館とのやりとり、記録類を検討するとき、書物やさまざまな文献の場所と私たちの関係を考えるための貴重な手がかりも見えてくる。

戦時期における文献の「接収」や「押収」といった言葉を用いる場合に、不当に奪われたというバイアスがかかって用いられることは多く、またそれは根拠のないわけでもない。しかしながら、こと文献の接収に関する限り、現実に返還の経緯をたどってみた場合、重要なのはそれを返還するかどうかではなく、また誰が所有するかということでもないことが見えてくる。

そもそも日本で、資料の返還運動が盛り上がっていく経緯を見てみると、戦前、戦時期の思想的な空白を埋めようという運動でもあったことがわかる。戦前から占領期にかけての思想統制のなかで、日の目を見ることのなかった小説や思想、さらには統制の実態が、押収されていった資料を取り戻すことで明らかになるはずだ、とする見方である。

特に旧陸海軍関係あるいは内務省、特に警保局関係、あるいは占領下の言論弾圧資料、こういった非常に重要な資料でございます。したがって、これはこの国政、立法の上から見ましても、あるいは日本史の研究の上から見ましても、あるいは過去の忌まわしい侵略戦争の実態を突きとめる意味からしましても、非常に国家的な重要文書だと思うのであります。(39)

国会で共産党の塚田大願《たいがん》がこう追及し、『赤旗』が「米軍接収の文献、資料、返せ」と報じ(40)、他のメディアもそれを取り上げていくのはこうした理由による。そこで求められているのは、返還そのものよりも「国民に一般公開する」ということ、それによってこの記憶の空白を埋めることなのである。

実際の文献接収の範囲は膨大であり、戦前の日本における「危険思想」から、戦時期の対戦国から見た「危険思想」まで、すなわち共産主義から戦時期の軍国主義、国家主義思想に類する図書まで幅広い。戦時期、あるいは戦前の軍国主義や国家主義思想を喧伝すると見られた書物群は、占領期にはGHQから「危険思想」として、一九四六年から四八年にかけて実際にリスト化されて文部省に集められていくが、このリストについては今日残っている『連合国軍総司令部から没収を命ぜられた宣伝用刊行物総目録』からもうかがうことができる(41)。集められた文献は、ワシントン文書センターを経由して米議会図書館に移され、当時の米議会図書館では日本語蔵書の重要な一部としてとらえられてもいた(42)。したがって、戦前・戦中に弾圧を受けてきた左翼側ばかりでなく、戦前の国家、国民との連続性を価値づけ、奉じる保守系の人々においても、ともにこれら資料が接収されたがゆえの「記憶の断絶」が語られるわけである(43)。

思想の左右両翼を問わず、接収文献をめぐって書物や情報環境の歴史に「断絶」、「空白」を意識し、それを埋めようとする活動がなされてきた。重要なのはむろんこの空白を勝手に捏造することではなく、この「空白」、「断絶」を意識することである。資料が誰に属するかが最終的に問題なのではなく、公開された資料をもとにこの空白を埋めることが問題なのである。このことは、資料が国境を越えて容易に公開・閲覧される手段が一般化した今日では特に重要である。

接収資料の所有権がどちらに属するか、という議論は、当時、平行線をたどっている。参議院で先の質問を行なった塚田大願や、翌年の衆議院の外務委員会で接収資料について意見を述べた同じく共産党の寺前巌《いわお》にしても、[44]ともに「陸戦法第五三条」、すなわちハーグ陸戦条約を返還の根拠にしている。占領地では作戦上必要なもの以外の財産、物資などを勝手に押収してはならないとするものだが、一方で日本は一九五一年のサンフランシスコ平和条約の第一九条「戦争請求権の放棄」で、戦争やそれにともなった行動、つまり占領時の事物の接収に対して返還を求める権利を放棄している。また、米議会図書館内でも、当時日本文献の責任者であった黒田良信は、館長のローレンス・マンフォードに対して、「米軍が日本の軍関係の機関からの文献接収を行なったことの合法性について、疑問を呈するような法的な機関は米国内には存在しない」と書き送っている。[45]黒田はまた、国会図書館の収書部長松下健一に対しても、「WDCが日本から持ち帰った図書文書は占領軍による日本の軍事力破壊や特高警察制度の解体を目的とする正当な強権の発動の一環」で、大学や公共施設からの接収ではないので米国側に返還の法的な義務はない、と書き送っている。[46]

にもかかわらず先に述べたように、一九五八年に米政府が日本に大量の接収文献を返還しているのはなぜだろうか。黒田は、これはあくまで法的な措置ではなく、日本との友好関係維持のため、そしてまた米国内での所蔵スペースや管理業務の負担、さらには米国内で利用・研究する人間がそもそもあまりいないといった諸事情によるものと説明している。現実に日本からの接収文献の管理や維持は、米議会図書館にとっては非常な重荷でもあった。米議会図書館のみではなく、当時の米国内の日本語図書館では、目録作成や文献管理のためのスタッフが不足していた。英語圏での図書館司書の能力に加え、日本語能力やアジア地域に関する一定の知識を備えたスタッフの養成は、この時期の北米のアジア図書館のなかで大きな課題となっていた。[47]この問題は、本書でもこれ以降いくどかふれることとなる。こうした膨大な文献の整理には、多大な予算と時間が必要なのである。

したがって、もしもこれらの文献を、スペースをとらず、管理も容易なマイクロフィルムにすることができるなら、あるいはその費用を日本側が負担してくれるなら、むしろ返還は米議会図書館にとって望ましいことであった。ただしあくまで返還の義務はないとする立場から、米議会図書館では「交換」として扱われている。一九七四年に、接収文献の一部、すなわち戦前に日本で検閲、発禁対象となった図書が返還されるが、この場合も米議会図書館に、日本側の予算によって作成したそれら文献のマイクロフィルムを収め、米国はその「交換」として、もとの文献類を日本に送るという形をとった[48]。ただ、接収された図書は、その時点のまとまりで残っている場合もあれば、その後にさまざまな形で入ってきた文献と混ざり、それぞれの書架に分散し、目録として組み入れられている場合もあり、再度それらを抜き出してひとかたまりにすることは極めて難しい。それが接収文献の「交換」をより大規模に行なえない実質的な理由であった。

それに先立つ一九六七年からその後数年間に、同じく米議会図書館に収められていた日本映画が返還されているが、これもまた同様に米議会図書館は「交換」として扱っている。返還の折衝にあたった福間敏矩《としのり》は「米側では、返還という表現をきらい、米国国会図書館所蔵の日本映画フィルムと、日本側で作成したその16ミリコピーとの交換という形をとることにな」ったと述べているが[49]、これはこれまで述べたような米議会図書館側の立場によるものであり、「返還」という表現を避けているのは、返還が前例となるのをおそれたからである[50]。

交換という形をとりつつ返還するという米議会図書館の決定には、こうした実質的な管理上の理由とともに、日本の政治状況に対する分析や認識も多分に影響していた。先の米議会図書館の黒田良信はこうしたなか、同館アジア部長のウォーレン・ツネイシに対して、次のように書き送っている。

> 先日の一九七二年十二月の選挙で、共産党が議席を三から三八に増やして与党に次ぐ勢力となり、与党自民党は数の上で議会で影響力が弱まっています。外務大臣が、接収文献に対する共産党側の意見を無視できず、

このことについて米政府に友好上の要請の形をとったのはこうした政治的な状況によります。(51)

こうして、蔵書の移動、書物の接収や返還、交換の動きをとらえる研究によって、その背景にある国家間の利害関係やそこにはたらく政治的・経済的な力関係を見いだしていくことが可能になる。そしてまた、それゆえに生じる読書環境の空白や断絶を見つけ、意識していくことも可能になる。ここで「接収文献」というもの自体が、読者が自らをとりまく情報環境に制約や空白を意識することではじめて存在するものだと言ってもよい。

さて、ピッツに話をもどすと、彼はワシントン文書センターで、一九四六年の十一月まで勤務した後、軍から離れている。建物にこもって報告書作成を繰り返す毎日に嫌気がさしたということもあるが、再度勉強をしたいという思いが強くなったのだ。そこで、彼は除隊の後、その際に支給された資金をもとに、大学にもどって学ぶこととする。デンバーでひとまず商学を学んだ後、翌一九四七年にカリフォルニア大学バークレー校の地理学の夏期セミナーに参加する。そこに教えに来ていたのがミシガン大学のロバート・B・ホールである。(52)ホールは地理学者であったが、戦前からしばしば来日して日本の各界の人物とも親しく、東海道を自ら徒歩旅行したこともあったという。また「彼は戦前にもいわゆる「極東研究」の研究者として全米で広く認知されており、アジア学会の前身である極東学会が一九四一年六月に組織される際にも、積極的にたずさわった一人」であった。(53)ホールは一九四七年にミシガン大学に設置された日本研究所の初代所長となるのだが、ピッツが日本語を学んでいたことを知ると、新たにできるその研究所に来るよう誘ったのである。ピッツはそこで研究するうちに、はからずも日本からワシントン文書センターに送られた接収文献に、再度関わりをもつこととなる。

6　米議会図書館における接収図書

私は妻と一緒にワシントンのアパートに移り、一週間に五日間、米議会図書館で作業をしました。地下の窓もないところでしたが、冷房はありました。本の詰まった大きな郵便袋が並んでいて、一袋ずつあけては作業を進めていきました。バークレー（カリフォルニア大学）のライブラリアンだったチャールズ・ハミルトンを覚えています。彼とよく食事に行きました。彼はボルダーではサイデンステッカーと同じクラスではなかったでしょうか。よくその友達の話をしていましたから。(54)

ミシガン大学の大学院に学んでいたピッツは、大学からの派遣で、一九四九年の夏に再度ワシントンに向かい、ここに記した作業に従事することとなった。この作業は、すでにふれたワシントン文書センターが接収した文献である。これらの文献は、書籍や雑誌以外にも、各種報告書や歴史史料などの文書を含んだものだったが、このうち文書以外の図書については、米議会図書館に移され、管理されることとなった。しかし、先に述べたようにその数は四〇万点にも及んでおり、それらの整理はとうてい米議会図書館の手にはおえなかった。戦前の米議会図書館は米国内でも最大の日本語蔵書を管理していたが、それでもせいぜい総数で三万冊程度であった。(55)

一気にふえた日本語図書を整理するため、米議会図書館は、一九四九年五月、全米の大学に向けて、日本語文献を扱えるスタッフを派遣するよう呼びかけている。(56) しかしそれらスタッフを米議会図書館で雇用する予算があるわけではない。報酬は現物支給、つまり図書を整理して重複図書が見つかれば、それを母校に持っていってよい、という条件で、各大学が費用を負担してスタッフを派遣するよう求めたわけである。この計画にはミシガン大学、ノースウェスタン大学、カリフォルニア大学バークレー校、イエール大学、コロンビア大学が参加を表明する。前節でふれたようにミシガン大学は、日本研究所の立ち上げの時期にあたっており、各大学の日本語蔵書の状況を調べながら、主要な領域の日本語図書の文献リスト作りや情報収集を進めていた。

例えば政治学を研究していたミシガン大学のロバート・ウォードは、ちょうどこの一年前の一九四八年夏、米議会図書館、コロンビア大学、イエール大学、そしてハーバード大学にそれぞれ一週間滞在して、日本語蔵書の状態を詳しく調査するとともに、近代の政治学関連の日本語文献目録を作成し、先のロバート・ホールに調査結果を報告している(57)。当時ミシガン大学では、政治学や言語学、人類学といった学問領域での日本語図書の英語版目録を作成するプロジェクトを進めており(58)、それと並行して日本語蔵書の入手の準備も進めていた。日本語の図書がただ大量にあれば日本語図書館ができるというわけではない。それぞれの学問領域で十分な研究ができるためには、その基礎文献をまんべんなく集める必要がある。そのことを十分意識したうえでのプロジェクトだった。ミ

こうした段階にあったミシガン大学にとっては、米議会図書館の申し出はまさにタイムリーなものだった。ミシガン大学の図書館長であったワーナー・ライスと、当時の米議会図書館アジア部長エドウィン・ビールとの間の書簡から、一九四九年七月からはじまったこの計画を通して、十月段階で一万六七六六冊が重複図書として見つかり、各大学に送られることとなったことがわかる(59)。この計画はその年の十二月末まで続けられ、三万冊に及ぶ日本語図書が重複図書として取り出され、これらの大学図書館に流れていくこととなった。

ミシガン大学では、ピッツを含めた三名のスタッフを送り込んでいるが、当時この日本語図書整理計画に関わった大学は、いずれも日本語蔵書を伸張させるためにしのぎを削っていた。この整理計画にたずさわった人々のうちには、当然、これら各大学のその後の日本語蔵書の構築・運営に深く関わっていった人々も含まれている。ピッツの話に出てくるカリフォルニア大学バークレー校のチャールズ・ハミルトンや、コロンビア大学のフィリップ・ヤンポルスキー、甲斐美和もそうである。また甲斐はピッツと同じく、著者の調査に応じて直接この折の作業の模様を語ってくれた人物でもある。

蔵書は、多くの書物をただ所蔵しているというだけでは役に立たない。どういった書物が、どこに、どれだけあるのか、という情報を提供できてはじめて読者に使える蔵書となる。そのため、蔵書の歴史は、同時にそれらと読み手とをいかに効果的に結びつけていくか、という技術の歴史でもある。リテラシーの歴史を検討していくことによって見えてくるのは、単なる書物の販売史や収蔵史ではないし、読者の言語能力やその教育環境の歴史でもない。書物と読者の間をつなぐ仕組みやそのプロセスの変化も、リテラシーの歴史からとらえることが可能となるのだ。

米議会図書館の接収文献の場合、各大学に渡った図書については、その後の各大学での整理、目録化を経てさらに学内での重複分が他大学との交換図書となり、米国内の読者に渡っていくこととなる。とはいえ、各大学に送られたこれら重複文献を除いても、まだ膨大な数の書物が米議会図書館には残っていたため、一九五〇年以降も精力的に米議会の目録化は進められる。これら文献の主要な部分は、ワシントン文書センター（ＷＤＣ）によって収集されたためにＷＤＣコレクションと呼ばれ、そのうちの韓国文献、満州文献、日本の共産主義関連文献、日本の社会主義運動関連文献の目録が、冊子体でいちはやく作られている。[60]これらは特定領域の文献のみに焦点をしぼって作られたものだが、当時の冷戦構造を反映して共産圏への強い関心や危機意識に裏づけられたものである。また、これらの目録は図書館で実際に用いられる正式の目録というよりは、この領域の文献一覧としての性格が強い。とはいえ一九六〇年の文書のなかで米議会図書館日本部の黒田良信は、この冊子に出てくる特定の文献を請求されても、それを見つけることさえおぼつかない状況にあると述べている。

こうした過去の膨大な文献に加え、新たな図書の収集やレファレンスサービスも行なわねばならず、人手がとうてい足りない状況であった。[61]こうしたなかで六〇年代にはＷＤＣコレクションの目録作成作業は、二度にわたって中断を余儀なくされている。接収文献のうち、文書以外の図書のみが米議会図書館に移されたと述べたが、実際に整理する過程で、そこに混ざっている多くの文書類も見つかっていく。さらにそれら文書類の目録作成となると、通常業務の範囲内ではとうてい進められない。

これら資料の目録が出来たのはごく最近のことである。一九七一年、それまでハーバード大学イエンチン図書館で一〇年にわたって日本語文献を担当していた吉村敬子《よしこ》が米議会図書館に移る。彼女はそこで、しばしば業務時間外の時間を利用して、これら文書類の目録を作成していたという。この作業は退職後も続き、五冊に及ぶその目録がようやく完成し、二〇〇九年に刊行される。四〇年近くに及ぶ粘り強い作業の成果である。[62] この米議会図書館のWDCコレクションについては、その寄贈や返還といった動きも含め、複雑な経緯があり、それら書物の移動から見えてくる問題も多いので、次章であらためて取り上げることとしたい。

ピッツを派遣したミシガン大学、そして派遣を要請した米議会図書館、いずれもがその後膨大な時間と予算を費やしていくのは、図書の収集もさることながら、それを整理、目録化することで「使える」ようにする作業のためである。図書の入手は一瞬でも、この作業には長い時間と専門的な知識が必要だ。書物の場所と移動の歴史は、同時に読み手と書物との出会い方、関わり方の歴史でもある。そしてそこからはまた、そのように書物と読者の間をつなぐために生きた人々の歴史も見えてくる。いかに蔵書を整理・管理してきたのか、という情報は、実際にそれらの図書を用いていく場合に有用な情報となるのはもちろんだが、こうした読者と書物との関わり方の歴史を映し出すものなのだ。書物の場所や移動、それら書物と読者との関わり方を問うリテラシー史の方法は、こうした点に関心を向けている。

ピッツは日本語図書の収集・整理にも関わりつつ、ミシガン大学で学んでいたわけだが、彼にもようやく日本を訪れる機会がやってくる。ミシガン大学は戦争直後から日本学研究コースを立ち上げ、博士課程をも含めた教育・研究機関をも構想していた。しかし、修士課程ならまだしも、さまざまな領域での日本に関する博士論文の作成には、日本での資料や情報収集、フィールドワークを抜きにしては難しい。そのため、ミシガン大学は日本の岡山に研究所を作り、そこに博士論文を作成する学生たちを送ることになる。一九五〇年、日本はまだ連合国軍の占領下にあった。そしてこの岡山の研究所が、ミシガン大学の日本語図書の購入に大きな役割を果たすことになる。

7　日本占領下での図書収集

多くのスタッフが一九五一年に岡山にやってきました。後にインディアナ大学の学長になったサットンは地方自治のことを調べてましたし、ココリスは経済学、シガーは歴史学、彼はのちに確かワシントンで結構有名な高官になりました。ロバート・スミスはコーネル大学出身で、彼の先生はホールの友人です。彼は新池《にいいけ》ではなく来栖《くるす》で調査していました。それにダグラス・エアーと私。この六人で二週間、瀬戸内海の村を旅しながら調査したこともあります。一六から二〇ヵ所の村で。二手にわかれて二つの村を午前中に調査し、午後は互いに調査する村を交代して調査にあたりました。(63)

ミシガン大学日本研究所岡山分室は、ロバート・B・ホールを初代所長として、一九五〇年四月に岡山市の南《みなみ》方《がた》で活動をはじめる。ここにあげたように、人類学、経済学、地理学、政治学など、さまざまな領域の専門研究者が協力しあいながら、ある地域を集約的に、総合的に研究するスタイルをとっている。一つの村を取り上げて、特に重点的に調査が行なわれたが、それが岡山県の都窪《つくぼ》郡加茂村にあった新池である。新池では、当時の小学校教員だった平松光三郎《みつさぶろう》が窓口となり、村民とホールら研究所員との間の信頼関係を築き上げていった。岡山県庁や岡山大学とも連携し、刺激を受けた日本側でもこうした研究への関心を高め、瀬戸内海総合研究会が立ち上げられている。(64)ミシガン大学は、五五年に研究所を閉室するまでに多くの教員、研究者を派遣するが、この成果は一九五九年に『ビレッジ・ジャパン』という大部の本となってシカゴ大学出版局から刊行される。(65)ホールはこの本が刊行された頃にはアジア財団の長を勤めていたが、平松とは丁寧な手紙のやりとりを続けていた。アジア財団の副長で、やはり岡山分室で研究に参加したジェームズ・ココリスは「(平松)先生がこの本を受けとられる方々のリストの一番はじめに来る方です」と平松に書き送っている。(66) ピッツもまた、こうしたフィールドワークでの蓄積をもとに日本を紹介する本『JAPAN』を刊行し、この本は最近まで復刻されて刊行されてもいた(67)(図5)。

このミシガン大学日本研究所岡山分室は、同時に日本の図書を蒐集・購入する出先機関の役割を担ってもいた。米国内の民間の大学図書館にとって、占領期の日本の書店との具体的な商取引は難しく、情報も限られている状況にあったが、日本語文献に意欲的な大学は、図書購入のための人員を直接送り込んでいる。(68) スタンフォード大学は東京にオフィスをおいて文書類を含めた日本文献の大規模な購入を行ない、カリフォルニア大学バークレー校もスタッフを派遣して一〇万冊規模の三井コレクションの購入取引を成立させる。プランゲ文庫で有名なゴードン・プランゲも、やはり母校から委託されて日本での図書購入を行なっている。体系的に日本文献を収集し始めたミシガン大学にとって、岡山分室が購入の重要な役割を担ったのは当然である。

書物と読者との関わりを歴史的にとらえようとするリテラシー史の観点からは、これまで述べた日本語能力の養成や日本語図書の整理・管理は重要な問題となるが、こうした書物の買い入れや入手にも、むろん蔵書の形成や読書環境の変化について考えるうえでのさまざまな手がかりが含まれている。特に大規模な日本語書物の購入・入手やそれによる書物の移動が集中した占領期は、本書がテーマとする越境する書物の問題をとらえるうえで、貴重な事例を数多く提供してくれる時期である。したがって、第二章では、特にこの時期に焦点をあてることで、本書の問題意識や方法の有効性についてより具体的に考えていきたい。

研究所の中心メンバーは、奈良で正倉院の戦後最初の開館式典に招かれたり、京都で復活した時代祭を見た

▲図４　岡山時代のフォレスト・ピッツ　日本研究所岡山分室にいた頃のピッツ夫妻。研究スタッフと村人との仲介，調整をつとめていた平松光三郎夫妻と。（平松家所蔵）

◀図５　『JAPAN』　当時の日本の写真をふんだんに使って教育用に作られている。その後多くの改訂版が作成された。

りしました。そのうちの三人、教員のビアズリー、ウォードとそれに私とで、四国の北部にあった私立の鎌田図書館へ文献、文書類を選びに行き、それらを購入して、アナーバーに送ったのですが、それが現在のアジア図書館のすばらしい蔵書のおおもとなのです。(69)

ピッツらミシガン大学のメンバーが訪れた「四国の北部」とは、香川県の坂出市《さかいで》である。そこでミシガン大学は私設の文庫、鎌田図書館から二万冊以上の図書を購入する。いったいこの鎌田図書館とは何なのだろうか。当時日本語図書館を書誌的な観点から慎重に構想していたミシガン大学は、各領域にまたがる基礎的な研究文献を備えることを目的としており、よほどバランスのとれた蔵書でなくては一括購入に踏み切るとは思えない。

実はこの鎌田図書館――正確には鎌田共済図書館という――は、大正の設立から終戦にいたるまで、四国で極めて高度な図書館活動を展開していた図書館である。一九一八（大正七）年に地元の篤志家である鎌田勝太郎によって地域の慈善、育英事業を目指して生まれた鎌田共済会は、その事業の柱として鎌田共済図書館を一九二二（大正一一）年に設立する。日比谷図書館の今沢慈海《じかい》や岡内清太らの協力のもと、当時の図書館学の知見を大きく取り入れて構想された。建築には竹中工務店があたり、先端的な読書環境を作るために一三万五千円という多額の資金が投じられたという。(70)全冊開架式の児童室や婦人読書室を備えたこの図書館は、当初一万冊、児童図書一〇〇〇冊程度の蔵書で開館したが、一九三〇（昭和五）年には蔵書は二万五〇〇〇冊を超え、年間利用者の延べ人数は五万人を優に超えていた。(71)

当時、図書館を一部知識人のためではなく、階層を超えて知を民衆化するための重要な存在としてとらえる論調が『図書館雑誌』をはじめとして中央の雑誌メディアで散見される。(72)鎌田共済図書館は、そうした考え方を実践し、都市と地方、あるいは職業、経済階層による読書の格差を解消し、広く読書を普及するための多様な活動を展開している。開館の翌年からは巡回文庫も作り、郡内の学校や工場四四ヶ所を回って図書を貸し出すサービ

スを始めている。(73)

新刊図書の充実につとめるだけではなく、当初からそれらを解説つきの目録として印刷し、学校や銀行などに配布していたが、一九二四(大正一三)年九月からは隔月で機関誌『鎌田共済図書館雑誌』の刊行をはじめ、図書の利用状況を報じるとともに、「図書館は学者や学生などの専有物ではない」とする論が展開されている。(74)婦人読書室を備えていたことはすでに述べたが、女性の利用者に向けて積極的な呼びかけも行なっていた。(75)

鎌田共済図書館が注目されるのはまた、読者、利用者を積極的に組織化する活動を展開していた点である。同図書館の主事野田宮逸《ぐういつ》は、「読書の民衆化と読者会の経過を顧みて」と題する論文で、図書館に親しんでもらうための読書会を地域に呼びかけて組織し、その読書会は「四百六十五名に達し十二地方にわたる」という盛り上がりをみせたという。(76)一九三三(昭和八)年には隣接する農村からの要望で、農村の作った組合に図書を館外貸し出しする「青年読書組合」の取り組みを始めている。(77)戦争のさなかの一九四二年にあっても、閲覧人数は巡回文庫をあわせれば四万七千人、閲覧図書ののべ冊数は五万五千冊にのぼっている。

もう一つ重要な点は、「郷土文献の蒐集は地方図書館の任務」として、初期から郷土史料の収集や整理を意識的に行なっていたことである。(78)その地域で書かれ、読まれてきたものとその地域の読者とをつなぐこと、読者を作り出すとともに、かつての読者とのつながりを築いていくことをめざしたのである。一方で、こうした活発な読者とのネットワークは、戦時期には国体観念養成の効果的な場として機能していくことにもなる。

ミシガン大学が購入したのは、この図書館の蔵書であった。この図書館が五万冊を超える蔵書を作り上げていったことは述べた通りだが、このうちの二万冊をミシガン大学が購入したと見られる。現在は図書館ではなく鎌田共済郷土博物館となっており、活発な地域住民の読書の場であったかつてのおもかげはない。しかし、たとえ蔵書を部分的に失ったとしても、そこで読み、すごした読者の歴史までが失われるわけではない。書物がなくなっても、読者と書物とが関わりあった歴史はなくならない。書物がそこにある、ということへの問いは、一方で書物がもはやそこにはないということ、すなわち失われた蔵書や読書空間への問いにさえつながっていく。書物がそこにない以上その痕跡をたどることは難しいが、書物の流通や所蔵の歴史には、こうした空白を埋めていく可能性も確かにあるのである。

ピッツは一九五一年の一月半ばから翌年三月まで岡山で調査を行なった後、アメリカに帰国する。アジアの地域研究では、彼はこの後、沖縄、そして韓国へとフィールドを移して研究を続けていくこととなる。

8　書物と場所の政治学

さて、本章では、日本学にたずさわったフォレスト・ピッツの軌跡をたどりながら、同時に彼の関わった人や組織を追ってきた。そして、米国の日本語蔵書の歴史や、日米間の書物の移動を通して、どのような問題が問えるのか、どういったことが見えてくるのか、という点を具体的に述べてきた。それは、米国で増えていく日本語蔵書の大きな流れを見るとともに、書物の場所、行方を追っていくこと、そしてそこに働いたさまざまな要因をとらえていくという方法の有効性や意味をわかりやすく示すためである。

本章の最初の問題設定で述べたように、書物の場所をめぐる問題が、単なる図書購入や所蔵の有無といった問題に止まらないことは、いろいろな角度から示してきた通りである。その問題は海外における日本学や日本語教育の展開、書物の接収、被接収機関やその利用者である読者の歴史、あるいは書物を接収・購入する手段や目的、さらにはそれら書物の整理・管理の目的や方法まで、私たちの読書環境を形作る諸々の問題につらなっている。そこにはまた書物の入手や販売に関わった人々の意図を超えて、国際間の政治や経済状況が幾層にも折り重なり合いながら作用してもいる。

例えばピッツは、自分は政治にはあまり関心がなかった、純粋に言語や地理学に関心をもっていた、と私に語っていた。だが、彼のその後の軌跡をたどってみれば、意識するしないは別として、きわめて政治的な流れのなかで研究を展開していたことは明らかである。彼は日本から帰国した翌五三年、沖縄をフィールドとした調査に参加している。占領政策の一環として構成されていた琉球列島科学調査団（ＳＩＲＩ）の調査であり、ピッツは地理学者として参加している。米軍と沖縄住民の緊張関係の分析が、プロジェクト全体の目的であった[79]。彼が行なったのは古座《こざ》の米軍人相手の娼婦街で、日本人を含めたアジア人娼婦からの聞取り調査である。

また、一九六〇年にはピッツは韓国で調査にあたり、その実績から、ハワイ大学の韓国研究所に迎えられることとなる。オレゴン大学のビジネス・コースが企画したこの韓国の調査に、彼は一九六一年の五月まで参加している。資金を提供したのは、米国務省の設立した発展途上国の経済支援の独立官庁である米国国際開発庁（ＵＳＡＩＤ）である[80]。韓国の李承晩《イスンマン》政権から張勉《チャンミョン》政権にかけての経済発展策を支援することを目的とし、ちょうど四・一六革命を経て五・一六軍事政変に至る時期であった。ピッツはアメリカに帰国する途上の日本で、朴正熙《パクチョンヒ》によるクーデターの報に接したという。

また、先に出てきたホールが長を勤めていたアジア財団にしても、六二年には支援する日本での研究が共産圏に対する戦略的な研究の役割を担いかねない点が問題化している[81]。アジア財団やフォード財団が、現代中国を対象として大規模な助成を日本で展開したためである。六七年には民間の組織や財団へのＣＩＡからの資金供与が明るみに出て米国内外で問題化していく[82]。アジア財団は、その初期からＣＩＡの助成を受け、六〇年には年間予算約六〇万ドル、毎年一七〇から一八〇の機関や個人に助成を行なっている[83]。アジア、極東地域を対象とする「学術」研究は、戦前、戦後を通して常に政治的な役割を多かれ少なかれ帯びざるを得なかったのだ。

こうした国家間の対立や政治的な力関係が、書物の流れや場所の問題と絶えず密接に関わってくることは、本書でもたびたび取り上げることとなるだろう。純粋な学問的関心というものはあり得ない。それは単にその関心を抱いた当事者が、これらの政治性を意識しない、直視しないというだけのことである。ピッツは、日本、沖縄、韓国と、この時期の国家的な緊張の縁を移動しながら研究を続けていった。その軌跡と書物の移動にまつわる力関係が連動していることもまた、本書の研究が関心を向けている点なのである。

第二章　書物の戦争・書物の戦後──流れとしての占領期接収文献

1　書物の戦場

連合国軍総司令部の参謀第二部歴史セクションにつとめていたゴードン・W・プランゲは、一九四八年十一月二十八日、自分が勤務していたメリーランド大学の学長ハリー・C・バードにあてて次のような手紙をしたためている。

メリーランド大学こそが（これらの文献を収蔵する）最適の場所だとウィロビーを説得することが私の仕事なのです。この手紙に折り返し、この地での「書物戦争」を勝ち抜くための弾薬をお送り頂けることを願っております。(1)

プランゲは、自分がメリーランド大学のために入手したいと思っていたこれらの文献を、ミシガン大学、ハーバード大学、シカゴ大学、コロンビア大学、イエール大学といった名だたる大学もまた欲しがっていることをここでふれている。ここで焦点となっている文献類は、今日メリーランド大学所蔵となっているプランゲ・コレクションにあたる。

ではここで言及されている「書物戦争」（Battle of the Books）とはいったいどういったものなのか。そしてどのような「弾薬」（Ammunition）をプランゲは求め、実際に受け取っていたのだろうか。

このことついては後にふれるが、本章で中心となるのは、日本で占領下に接収された文献類が、どのような経緯で米国にわたり、そしてその後どうなって今日に至っているのか、である。こうした接収文献の流通を、その後の管理を含めた歴史的な「流れ」とともにとらえていきたい。

前章では、戦前から戦後にかけて書物の日米関係に大きな役割を果たした機関や出来事を素描しながら、こうした書物の動きやその背景、要因をとらえ、描き出すことの意味、可能性についてさまざまな角度から示しておいた。そのなかでもいくどか占領期の接収文献には言及したが、ここでは、おもにその動きに焦点をあて、蔵書の接収、移動、分散などの文献の動きや流れをとらえていく。歴史的にみて占領期は、日本語図書が大量に国境を越えていく特徴的な時期にあたる。これまでにも占領期に米国に渡った日本語文献についての研究は積み重ねられているが、それら文献のその後の行方、流れをも含めて、あとづけ、まとめる研究は十分なされていない。

もっとも、膨大なテクストが国境を越えていくという事例からすれば、デジタル化されたデータとして日常的に文献が始終国を越えて流通する現在もまた、書物の移動についてきわめて重要な出来事が起こっているとも言えよう。こうした書籍のデジタル化とその流通に関する問題は、次の第三章でより細かく論じることにする。

この章でまず述べるのは、アメリカの大学が行なった占領期日本での書物収集において、どういった入手経路があったのか、という点である。その経路をいくつか具体的に取り上げながら、流通ルートの多様性について述べておきたい。次に、先のプランゲの手紙がふれていた、この時期のアメリカ各大学の日本語図書への関心、収集活動を概観しておくこととする。こうした情報を通して、メリーランド大学のこのコレクション入手を、当時のより大きな書籍流通の文脈のなかに置き直してとらえることができるだろう。そして、同時期のもう一つの大規模な書物の移動、すなわち、米議会図書館に送られていく接収文献を見ていくこととしたい。後にも詳しくふれるが、前者のプランゲ・コレクションが、文献入手時の形をほぼ留めている一方、後者については米国に渡った後、複雑な文献の流れを作り出しているためである。蔵書はただそこにあるだけではなく、それ自体、販売、交換、寄贈、返還、複製、分散を経て変化していく生き物のようなものである。そうした蔵書の生成、変化の歴史を追うことを通して何が見えてくるのか。そしてそれは読書の歴史を考えるリテラシー史という観点のなかで、どのような意味を持つのだろうか。それが、この章で論じたい点である。

したがってここでは、それぞれの書物の作者や、書かれている内容よりも、接収文献を一つのまとまり、あるいはそこから枝わかれしたいくつかの情報のまとまりとしてとらえる方法をとる。こうしたアプローチがなぜ必要なのだろうか。個々の文献をいかに読むか、読むとはどういうことか、といった議論を展開することも重要ではあるが、それ以前に、そもそもその書物がどこにあり、どこで読めるのかという基本情報が不十分では、そうした議論は不毛なものとなりかねない。また、私たちの読んでいる書物が、特定の人々によって削られたり、改変されたり、存在そのものを抹消されたりしていたとしたら、私たちが「読んでいる」その土台そのものが揺らいでしまう。こうした私たちの読書環境を批判的に、歴史的にとらえる際に、占領期の接収文献がたどった運命はまさに格好の手がかりとなってくれる。というのも、以下で述べるように、占領期の日本から接収された文献は、戦前・戦中の日本国内での検閲・発禁図書と、占領期の連合国軍による検閲・統制文献と、両方の検閲文献を含んでいるからである。

2　ふたつの検閲

占領期の日本において、日本語図書、雑誌などが大規模に接収され、米国内に移送された経路は、大きく分ければ二つのルートがある。一つは連合国軍総司令部（ＳＣＡＰ／ＧＨＱ）の民間検閲支隊（ＣＣＤ）に検閲のために各出版もとから提出され、収蔵されていた民間検閲支隊（ＣＣＤ）図書館の文献類が、参謀第二部歴史セクションのゴードン・プランゲを通してメリーランド大学に送られていったルートである。もう一つは、ワシントン文書センター（ＷＤＣ）によって収集された文献が、米国議会図書館、および国立公文書記録管理局へと送られていったルートである。

前者はいわゆるプランゲ・コレクションとして知られているものであり、そこからは占領軍によってなされた検閲の実態をとらえることができる。一方後者だが、前章でも少しふれたように、占領軍は、陸海軍関係の施設や植民地の研究機関をはじめ、日本の戦争遂行に深く関わった機関について文献接収の対象としていた。戦前の思想統制に関わった出版警察関係の機関や資料、ことにその中心となった内務省もむろんその対象となっている。したがって、内務省が戦前行なっていた検閲に関係する資料や、検閲対象として集めた文献が、米国に接収されることとなったわけである。

戦前の検閲制度は、新聞・雑誌については一八八七（明治二〇）年の新聞紙条例、それに代わった一九〇九（明治四二）年の新聞紙法に、単行書などの出版物については一八九三（明治二六）年制定の出版法にのっとったものである。[2] その制度下では、書物を出版する場合には、三日前に製本二部を添えて内務省に届け出ることとなっていた。これらの書物に対し、「安寧秩序ヲ妨害」したとされるケースと「風俗ヲ壊乱」したケースについては、発売・頒布を禁止する処置がとられた。具体的には、前者は皇室や君主制の批判、あるいは共産主義や無政府主義の宣伝といった事項、後者は性、性愛や残忍な事項などが含まれるが、[3] どこまでがその取締りの範囲となるかは、取り締まる側の目的、状況に応じて大きく変わってもいる。

これらの検閲の実態については、『出版警察関係資料集成』や『言論統制文献資料集成』など、戦前の出版警察資料が数多く復刻された今日、かなり細かく知られるところとなった。[4] 具体的な発禁のタイトルや事由については『出版警察報』や『思想月報』でたどることができるし、禁止された単行本を内務省がまとめた『禁止単行本目録』も復刻されている[5]。

さて、内務省に検閲のために提出された書籍だが、これらはその後どこにどう動いていったのだろうか。発禁処分を受けた本については、内務省内の書庫に当初保存されていたが、関東大震災で焼失して以降、帝国図書館に一部は保管されるようになった[6]。とはいえ、実際に所蔵されている図書は、処分をうけた発禁図書のうちの六割に満たない[7]。これらは国会図書館に引き継がれているが、内務省で管理されていた分については、終戦後、連合国軍によって接収されることとなる。

検閲のために内務省に提出された本は、発行を許可された場合でも返却されなかった。ではこれらの図書はどうなったのだろう。提出された二部のうち、検閲した正本は内務省で管理され、もう一部の副本はやはり帝国図書館(明治三〇年までは東京書籍館、東京府書籍館、東京図書館)に収められていた。ただ、内務省側でもこれらの図書すべてを保管していたわけではなく、実際には駿河台図書館(現在の千代田図書館)をはじめとした市立図書館に「内務省委託本」としてかなりの量の払い下げを行なっている[8]。以上のうち、内務省が保管していた分については、発禁本同様、連合国軍の接収の対象となった。

一方で、占領期には、連合国軍によって検閲がなされていた。一九四五年九月十九日に出されたプレスコードにより、連合国軍に対する批判など、占領政策に差し障りのある事項が検閲の対象となった。その検閲の実態については、松浦総三《そうぞう》や江藤淳をはじめ、多くの研究が積み上げられてきてもいる[9]。これら占領期に検閲対象となった新聞、雑誌については、マイクロ資料の形で国内でも閲覧が可能であり、また、容易に記事検索ができる[10]。これらの雑誌は削除すべき箇所が記され、その理由についての英文の文書を伴っているものも多い。具体的な例で説明するなら、例えば雑誌『ワールド』では、前章でふれたミシガン大学日本研究所を占領期に訪問した記事が掲載されているが、国際的な時事雑誌でもあり、マーシャル・プランへの批判や分断された朝鮮の占領政策への不審、あるいはアジア諸国の独立運動とナショナリズムの高揚に関する記述や米国の軍事力分析に関する記述まで、さまざまな箇所が削除を求められていることが添付文書からうかがえる(11)。

プランゲ・コレクションの単行本については、全部というわけではないが、児童書、教育書の目録化、デジタル化が進められ、それら書籍の目録データについては日本国内でも参照が可能な環境ができてきている。ただ、それらの内容の閲覧については、その他の領域の単行本と同様、所蔵しているメリーランド大学でなくては閲覧ができないのが現状である。

このように接収資料が、その後どこでどうなっているのか、を理解することは、私たちが受けてきた検閲や、それによって何が読めなかったのか、今それがどれだけ読めるようになったのか、ということを理解することに深くつながっている。それはまた私たちの読む環境の制限や制約を考えることにもつながってゆくだろう。「自分たちがそのなかで呼吸しているはずの言語空間が、奇妙に閉ざされ、かつ奇妙に拘束されているというもどかしさ(12)」を感じざるを得ない状況は、決して過去の検閲制度下のものではなく、これら書物の場所や流れについて無関心なかぎり、私たちを取り巻いて、今、ここにもあり続けるのである。

3 占領期各大学の資料収集

本章の冒頭で「書物戦争」について書き送っていたプランゲは、一九四三年から軍務につき、参謀第二部のチャールズ・ウィロビーのもとで勤務し、一九四七年には参謀第二部の戦史編纂、いわゆる『マッカーサー・レポート』作成の企画部長となっている(13)。プランゲが、民間検閲局図書館の図書入手に動き始めるのは一九四八年頃からだが、彼のいう「書物戦争」、つまり当時の米国の各大学の日本、あるいは日本語文献への関心と具体的な収集活動はどのようなものだったのだろうか。ここでは、当時日本で大規模な図書購入活動を展開していたミシガン大学、スタンフォード大学、カリフォルニア大学バークレー校についてみていきたい。

前章でもふれたように、ミシガン大学はロバート・ホールのもとで戦後いちはやく日本研究所を設立する。ホールの日本研究推進に対する活動は戦前にさかのぼり、開戦前にも日本の国際文化振興会（ＫＢＳ）や、米議会図書館の日本部と積極的に情報交換を行なっていた。こうしたこともあり、一九四二年に陸軍日本語学校がミシガン大学におかれることとなる。これは日系二世を中心として前年プレシディオ（カリフォルニア州）に設置された軍事情報部言語学校を引き継ぐものであったが、ミシガンで教育対象となっていたのは基本的に白人であった。(14)

また、ミシガン大学では一九四四年の七月から日本占領を想定して占領地の民政官養成のための教育コース（ＣＡＴ）を設置している。これらの実績に基づいて、日本研究所はカーネギー財団から一二万五千ドルの支援を受けて一九四七年に立ち上げられた。設置の翌年、陸軍日本語学校をはじめ、ミシガン大学の日本語教育の中心となっていたジョゼフ・ヤマギワ（山極越海）は、米国図書館協会や研究図書館協会を通して、全米に向けて日本語図書収集についての調整、情報交換のための機関設立を呼びかけている。(15)

その後、ミシガン大学が、岡山に日本研究所岡山分室を設置していくのは先に見たとおりである。すなわち、この時点において、ミシガン大学の場合、日本語図書の収集ルートを開拓し、日本について研究・教育プログラムを展開しており、かつ、日本語図書の書誌コントロール、すなわちそれらの目録作成や管理についても全米に向けて積極的な働きかけを行なっていたわけである。

ではスタンフォード大学のフーバー図書館の場合はどうであろうか。占領下の日本における理想的な図書収集の方法は、日本への直接的な人員派遣であり、ミシガン大学の場合であれば日本研究所岡山分室が図書収集に役だっていたわけだが、スタンフォード大学は、より徹底した日本語文献の収集体制をとっている。日本に図書収集の目的で支所を設置したのである。フーバー図書館東京オフィスがそれであり、マネージャーとなるのは、先の海軍日本語学校の教員でもあった東内《ひがしうち》良雄である。(16)

このオフィスは、連合国軍総司令部（ＳＣＡＰ）天然資源局の長であったヒューバート・シェンクの監督下に設置されていた。シェンクはスタンフォード大学の地理学教授だった人物であり、東京オフィスは、こうしたＳＣＡＰ内の大学関係者の助力を得ながら、図書情報を収集してゆく。このオフィスが活動を開始するのは一九四七年であり、当初は大学の歴史学教授であるハロルド・フィッシャーのもとで、中国語図書の司書であるメアリー・ライトが、東京の東内に指示を与えている。一方、東京側でも、シェンクを中心に図書収集のための委員会が構成される。その報告書には図書の交換・購入の様子が細かく記されている。

活動五年目をむかえた東京オフィスは、一九五〇年前半期で約二百箱、一五トンに及ぶＳＣＡＰ、政府刊行物、その他の出版物をスタンフォード大学に送った。一九四五年十一月にＳＣＡＰと陸軍省の認可を得てオフィスが活動を開始してから、この発送でちょうど一二〇〇箱を送り出したことになる。(17)

スタンフォード大学は一九四九年に、海軍日本語学校の教員出身であったイケ・ノブタカを新たに日本語図書の専門司書として雇う一方、フーバー研究所所長のハロルド・フィッシャーが、東海岸のいくつかの大学によびかけて、日本語図書の収集方針の調整、意見交換の場を作るよう提唱し、そのための活動を開始している。(18)日本語図書の収集にあたって他大学との購入の重複や無用な競争をさけるとともに、収集に関する情報交換をはかるためである。つまりこの時点で、スタンフォード大学ではすでに日本語図書専門の司書を雇い、さらに専門の図書収集エージェントを使いながら、明確な図書収集方針を作っていた。他大学との購入調整をはかりながら図書収集体制を整えていたのである。

カリフォルニア大学バークレー校もまた、この時期に活発な日本語図書の購入に動いた大学である。一九四七年に東アジア図書館を設立し、アジア図書の専門司書として戦前から日本や中国での教育・研究歴のあったエリザベス・ハフを雇用している。当時から日本語図書を含めてすでにアジア関係図書で七万七〇〇〇冊を所蔵していたこの大学の場合、広く日本語図書を集めるというよりも、明確に焦点をしぼった図書収集に重点をおいている。西海岸の大学が所蔵する日本語図書や日本学カリキュラムを検討し、大学相互に意見交換を行なったうえで、この大学が収集の中心としたのは文学、特に古典文学であった。

スタンフォード大学の場合と同じく、現地で図書収集のために書店や図書館、蔵書家たちと交渉にあたるエージェントを雇用する。ここで雇われたのがエリザベス・マッキンノンであり、やはり海軍日本語学校の教員出身である。彼女はまとまったコレクションの購入を成功させた。一九四八年から四九年にかけて、村上濱吉《はまきち》によって収集された三万冊規模の近代文学コレクションである村上コレクションの購入、そして四九年から五〇年にかけて成立させた、三井コレクションの購入である。これは戸越の三井文庫からの購入であり、一〇万冊規模のコレクションであった。当時の図書館副館長ダグラス・ブライアントは、学長のゴードン・スプロールにあてて次のように書いている。

あなた（学長）からトルーマン大統領を通してマッカーサー将軍へ、あるいは直接マッカーサー将軍に、私たちが図書（三井コレクション）購入のために派遣したエージェントに必要な便宜をはかるよう要請してください。購入にあたるデンゼル・カー教授とマッキンノンは、入国許可が下りたらすぐに日本に派遣しましょう。私は国務省と商務省に必要な手続きをとっています。(19)

ここからもうかがえるとおり、それぞれの大学は、その人脈を駆使して軍や政府に働きかけながら、全学規模のプロジェクトとして日本語図書の収集を進めていた。

積極的に日本語図書をこの時期収集し、かつその収集を成功させたこれら大学の特徴はどういうところにあったのだろうか。見てきたとおり、これらの大学は、それぞれに日本語図書の独自の収集ルートを作り上げている。図書収集のために日本語図書に詳しい専門の司書を雇い、日本国内で図書収集のネットワークを作り上げ、図書情報を収集するエージェントまで雇用する。本国側では図書の収集方針を練り、他大学と競合しないよう収集領域を相談しあって購入方針を整えている。また、既存の日本学や日本語教育カリキュラムを維持し、拡大するプログラムと連動させながら、外部資金の導入をはかりつつ日本学関係のスタッフやカリキュラムの充実をはかっている。そうしたなかに日本語図書収集も位置づけられ、資金投入がなされているわけである。日本やアジアを扱う専門の研究機関や図書館がこうして構築、増強されていった。

4　輻輳する接収ルート

占領期において、さまざまな機関が日本語文献の購入のために手を尽くしていた状況を概観してきたが、そうした背景のなかで、接収文献は米国へと運ばれていくわけである。先に述べたように、この接収文献の流れには、大きく二つの流れ、すなわち連合国軍総司令部（ＳＣＡＰ／ＧＨＱ）に検閲のために提出された文献類がメリーランド大学に持ち込まれていく流れと、ワシントン文書センター（ＷＤＣ）を経由して米議会図書館や国立公文書記録管理局へと送られていく流れとがあった。

前者の文献は、いわゆるプランゲ・コレクションとして知られているものであり、一九五〇年からメリーランド大学への搬送がはじまっている。[20] 図書、パンフレットが約七万一〇〇〇タイトル、[21] 雑誌が約一万四〇〇〇タイトル、新聞一万八〇〇〇タイトルの他、地図やポスター、写真類も同コレクションには収められている。[22] これに対して、後者のルートで送られていった文献は、米議会図書館ではワシントン文書センター・コレクション、略してＷＤＣコレクションと呼ばれており、一九四六年からワシントン文書センターから米議会図書館に移管がはじまっている。その規模は当初は図書、雑誌を中心に二七万冊の規模であったという。[23] ただし、後に見るように米議会図書館の所蔵する占領期の被接収文献は、正確にはすべてワシントン文書センターが関わったとは言い難い文献も含まれているので、この時期に受け入れた日本語図書・雑誌類をWDCコレクションと総称するのは、あまり正確とは言えない。

大まかにいえば、プランゲ・コレクションは占領期に検閲対象となった占領当時の出版物によって成り立っているのに対して、後者のWDCコレクションは戦前戦中の文献が中心である。ワシントン文書センターは幅広く日本情報を集め、ワシントンの各機関に情報提供する目的をもって構想されていたため、接収した文献は特定の分野、時期に特に重点がおかれているというわけではない。[24] だが、陸海軍関係機関の所蔵図書が豊富に含まれている。図書接収を担った連合国軍通訳翻訳局（ATIS）は、日本での資料接収の際に大学や図書館を対象にすることは禁じられていたが、軍の学校や研究所は軍事施設として資料接収の対象となったためである。[25]

したがって被接収文献は、大まかには戦前文献からなるWDCコレクション、占領期の刊行物からなるプランゲ・コレクションととらえることができる。しかしながら、実際にはそれほど単純ではない。プランゲ・コレクションは戦前の刊行物をも含み、米議会図書館もまた、戦前の刊行物ばかりではなく、占領期に発行された三五〇〇タイトルを超える日本語雑誌類を含んでいるからである。これはなぜなのだろうか。

その理由は、プランゲ・コレクションの場合、プランゲ自身が民間検閲支隊（CCD）図書館の図書入手に並行して、それ以外でも手に入る日本語文献を積極的に手に入れようと動いていたためである。プランゲは軍務に就く前にはメリーランド大学で教鞭をとっており、軍を離れた後も同大学に戻ることが学長のハリー・バードとの間で了解されていた。このバードと緊密に連絡をとりながら、プランゲは日本で手に入る文献情報を収集している。彼らの間でかわされた書簡から、CCD図書館の文献を送る前年の八月以来、国際軍事法廷の資料や、参謀第二部の図書室の五千点にのぼる書籍類をプランゲが送っていることがわかる。[26] また、同じ書簡で文部省から無償で得た四五〇〇冊の図書について彼はふれている。これは、一九四六年から四八年にかけてＳＣＡＰの指令のもとで接収された教化宣伝用刊行物にあたる。すなわち一九二八年以降四五年までに刊行された軍国主義、民族主義的な著作物である。(27) こうした理由で、プランゲ・コレクションは、戦前の特色ある刊行物をも若干含むこととなった。

一方、米議会図書館に送られた接収図書に、占領期発行の図書・雑誌が多数含まれているのはなぜなのか。これらの雑誌の刊行期間は占領の全期間にわたっている。これは一九四五年から四九年までの事前検閲の行なわれた間の出版物が中心となるプランゲ・コレクションとも異なる特徴でもある。雑誌の整理にあたった星美恵はこの米議会図書館の雑誌もまた、先のワシントン文書センターが何らかの形で関与していたのではないか、とみている。(28) ただ、ワシントン文書センター自体は一九四七年二月の段階で中央情報グループ（ＣＩＧ）に吸収され、さらに、同年中央情報局（ＣＩＡ）に組織が代わるため、この時期にわたって存続してはいない。しかしながら、四七年以降も、ＣＩＡの外国文書課は日本の各種文献からの抜粋翻訳、リスト作成の作業を行なっており、そのリストも今日残されていることから、正確にはこの外国文書課で扱った文献類が含まれている可能性はある。(29) だが表紙に鉛筆書きで部数が記され、二部セットで残されていた雑誌類も多く、民間検閲支隊（ＣＣＤ）に提出された出版物、特に事後検閲に移行した後の刊行物も多いと見られる。(30)

このように、文献の流通経路、そして経緯は、当然のことながらそれら資料全体に、どういった資料が、なぜ含まれているのか、ということと密接に関わりあう。もしもこうした書物の流通経路を単純化し、無視するなら、私たちはそこにある文献の存在を理解できないばかりか、それらの文献がそこにあることを予想すらできないこととなろう。それをいかに読むか、といったことを考える以前に。

5　プランゲ・コレクションの入手

前節で取り上げた二つの流れのうち、まずプランゲ・コレクションの入手ルートについて見ていきたい。この時期の各大学が日本語文献の入手・活用に向けた体制を整えつつあったことは先に述べた。ひるがえってメリーランド大学を考える場合、当時こうした体制が整っていたとは言い難い。日本学や日本研究についてのスタッフやカリキュラムなどの実績をもったこれらの大学とは遠くへだたっていた。プランゲにしても西洋史の教員であり、日本学の強力な教育プログラムも、日本語文献を積極的に整理・活用するための人材がいるわけでもない。にもかかわらずメリーランド大学がこの規模の日本語文献を入手できた理由はどこにあるのか。

ミシガン大学やスタンフォード大学といった強力な競争相手の存在も大きいが、メリーランド大学が大規模な日本語図書コレクションを受け入れるにあたっての障害はそればかりではなかった。プランゲが入手することとなる文献類の中心は、検閲のために提出された出版物であり、公けの財産といえるわけだが、そもそもそれらを特定の大学に利する形で送ることができるのかどうか、という所有権の問題もあった。

それが可能だとしても、他にも問題は山積していた。図書だけでも七万冊規模の、しかも雑誌や新聞類を多数含むこれら文献の受け入れ体制をどう整えるのか、そしてそれを整備してゆく予算や人手をいかに確保してゆくのか。また、占領地から本国への搬送に関わる煩雑な手続きや経費をどうすればよいのか。搬送に手間取り、これらの文献についての情報が広がれば、より受け入れ条件の整った大学や図書館が文献の受け入れ先として名乗りを上げてくる可能性も高まる。

メリーランド大学は、こうした数々の障害をいかにして乗り越えたのだろうか。ここではまず、受け入れ側のメリーランド大学の対応について見ていく。メリーランド大学学長のハリー・バードは、日本で働くプランゲと実に頻繁に手紙のやりとりを行なっており、それらの書簡からは二人の間に強固な信頼関係があったことがうかがえる。

プランゲの手紙からは、バードが熱狂的なマッカーサー支持派であり、かつアジア政策の面でも日本の再軍備、蔣介石支援といった点でプランゲと非常に近い意見をもっていたことがわかる。

日本の再軍備、そして蔣介石と台湾の五〇万人の国民党軍を活用するというあなた（バード）の意見も、まったくもってその通りです。アメリカの豊かな資源、技術とリーダーシップをもってことを進めれば、私たちは日本という強靭なくさびをアジアに打ち込むとができることでしょう。(31)

マッカーサー解任（一九五一年）の際には、プランゲは「アメリカの歴史上もっとも不名誉なこと」とマッカーサーに書き送り、バードもまたプランゲに向けて「火星から核攻撃を受けるよりも信じがたい」と述べている。(32)こうした考え方のもとで、バードは軍務に服するプランゲを極力バックアップしており、軍が求めるだけそこにとどまること、そして戻ったときは給与を含めてよりよい待遇をもって採用することを伝えている。

第二に、もしあと六ヶ月、あるいは一年、大学から離れて軍にとどまるように求められたなら、なんとしてもそこにとどまって仕事を完遂してください。

（中略）

このことはくれぐれも私たちの間の内々の話にしておいてください。というのもまだゲヴィーア以外にはこのことは話していないし、君や誰かに話したとゲヴィーアに知られたくもないからなのですが。戻ってきた暁には君が経験したこともないような、すばらしいポストにつく機会が出てくることでしょう。(33)

ゲヴィーアはプランゲの属していた西洋史講座の長にあたるが、その頭越しに取り交わされているこれら書簡からは、なかば個人的ともいえるバードとプランゲとの間に作られていた信頼関係がうかがえ、そこでの緊密な情報交換が、コレクション入手の際の迅速かつ柔軟な受け入れ側の対応を可能としたと言える。

一方、プランゲの側では、CCD図書館の文献を中心としたいわばCCDコレクションをメリーランド大学に一括して送るための活動を行なっていた。冒頭で取り上げた書簡には、ウィロビーを説得するためのプランゲの数多くの努力が見られる。すでに四九年の八月から、参謀第二部での機密解除となった報告書やパンフレット類、東京裁判に関する資料類をプランゲはメリーランド大学に送りはじめていたが、[34]どういった文献をどの図書館に送るか、という最終的な判断はウィロビーの裁量にかかっていたことも述べている。[35]そしてまた、三年にわたってウィロビーとともに働いてきたこと、そして互いに信頼・尊敬をもって関係を作り上げてきており、CCDコレクションのメリーランドへの一括寄贈にもかなり望みがもてることを述べている。つまりプランゲは、この文献の行く末を決めることのできる交渉相手とともに力をあわせて働く場にいたわけであり、意見交換を常日頃から行なえる立場にあった。このことが彼の文献入手を決定的に有利にしたのだ。

さて、冒頭の手紙に出てくる、メリーランド大学への資料寄贈に同意してもらうための「弾薬」の内容とは、ウィロビーに示す具体的な条件のことであり、学長バードに向けて以下のような要請がなされていた。すなわち、これらコレクションを一括して分散させずにコレクションとして管理すること、「ウィロビー日本文献コレクション」と名付けること、また日本文献調査の専門図書室を設けて、ウィロビー読書室と名付けること、といった点であり、これに近い将来の構想を示しながらウィロビーの説得にあたったようだ。また、これらの文献とともにプランゲが生涯メリーランド大学に留まり、コレクションの管理にあたることをウィロビーに約束してもいる。

こうした説得の結果、一九四九年の十二月にはメリーランド大学を送り先として選ぶことが決まった。

この手紙は、私の先に述べたCCD文献を、ウィロビー将軍がメリーランド大学に送ることを最終決定したことを公式にお知らせするものです。私はできる限り早くこれらの文献の搬送にとりかかります。(36)

ただ、このような大規模な文献の入手には、その管理・維持にも膨大な費用がかかることは明らかであり、たとえ寄贈となるにせよ、大学側の受け入れ決定には文献自体のより客観的な評価が必要であった。この意味で無視できないのが、プランゲの部署のライブラリアンであったルイ・ドールの存在である。彼は陸軍日本語学校出身であり、ミシガン大学で歴史学の博士号を取得し、なおかつ図書館学をも修めており、これら日本語文献についての正確な評価ばかりか、その管理や維持も行なえた。(37) そしてまた、プランゲのセクションでともに働いてきた間柄でもあった。ドールはこのコレクションが古書価格で七万五千から一〇万ドルの価値があり、かつ現在市場から消えている貴重な文献で、入手自体がきわめて困難なものであると評価している。(38)

メリーランド大学にとってもう一つ幸運だったのは、ウィロビーの裁量でこの膨大な量の文献搬送を、アメリカ西海岸まで軍が無償で行なってくれたことだった。すでに四八年段階で、プランゲが参謀第二部や連合国軍総司令部の文書・報告書類をメリーランド大学に送れるようウィロビーと協議した時から、そうした文献類の搬送は軍が行なっていたが、CCDコレクション全体も同様に扱ってもらえることとなったわけである。(39) したがってプランゲは、規模は異なるがそれまでの搬送作業の延長上で、入手が決まるやいなやすぐさま搬送作業に取りかかることができたわけである。決定がなされた翌月、すなわち五〇年の一月三日にはすでに一万七八七六冊の日本語図書を含むCCDコレクションの第一便が送り出されている。(40)

この年の五月には、スタンフォード大学フーバー図書館のハロルド・フィッシャーが来日し、マッカーサーやウィロビーとも会合する。歴史セクションにも訪れ、プランゲと会っている。(41) プランゲにとっては、現代の文献、しかも革命や戦争に関した雑誌や文書の収集に重点をおいているフーバー図書館は、もっともおそれていた競争相手であった。[42] プランゲにとって幸運だったのは、前年の十二月に文献の正式な寄贈先決定がなされており、米国内への搬送がすでに始まっていたことである。

フーバー図書館のフィッシャーとの会談後、プランゲはウィロビーのオフィスを訪れ、二時間にわたって話し合っている。そのうえで、CCDコレクションをまとめてメリーランド大学に送るという決定に変わりはないことを改めて確認した旨をバードに書き送っている。[43]

だがもう一つ大きな疑問点が残る。それは、これら文献をどのように活用するのか、あるいは活用してゆくカリキュラムや構想を大学側がどう提示するのか、という点である。日本学やアジア研究のスタッフに特にめぐまれていたわけではない大学で、これらを生かす構想をどう示すのか。ここでプランゲが構想するのが「軍事学」である。つまり戦史・戦略・戦術・諜報といった軍事研究についての高等教育コースを独立研究科の形で設置するというのだ。これについて、実際にプランゲはマッカーサーをはじめ、将軍クラスの人々にその構想を述べて好感触を得てもいた。[44]

6　膨大な文献を前に

占領期にはこのように文献の大移動が起こったわけだが、これら膨大な文献は、その所蔵機関で長期間にわたって頭を悩ませる大きな問題ともなっていく。大量の日本語文献はその活用以前に整理や維持段階でとほうもない時間と費用が必要となる。その点で、日本語文献を扱うスタッフに十分恵まれていたとは言い難いメリーランド大学にとっては、入手後に多くの問題をかかえることになった。プランゲが送った五〇〇箱を超える量のこれらの文献が開封されるのは、メリーランド大学に届いてからさらに一〇年も後のことであった。

プランゲ・コレクションの場合、現在でもかわらず一括してメリーランド大学に所蔵されている。雑誌や新聞はマイクロ化が完了しており、国立国会図書館をはじめとしてそれらのマイクロ資料を購入した大学で閲覧が可能となっているのは周知の通りである。単行本に関しても、二〇〇五年より国立国会図書館と協力して児童図書八千冊のマイクロ化がはじまり、すでに国際児童図書館ではデジタル化された図書の部分的な公開も行なわれている。いずれは他の領域の単行図書についても目録が整備されるとともに、マイクロ化、デジタル化やその公開がはかられるだろう。(45)

これに対して、接収後の流れがややこしいのは米議会図書館の蔵書の方である。もともとワシントン文書センターの被接収文献は、図書や雑誌と文書とに分かれ、前者の図書や雑誌類が米議会図書館に送られた。後者の文書については、旧陸海軍関係の文書約二万三〇〇〇冊分が一九五八年に返還され、防衛庁戦史室（現在の防衛省防衛研究所）におさめられ、現在に至っている。(46)これらについては同戦史室で目録と現物にあたれる他、アジア歴史情報センターによるデジタル化とその公開がかなり進んでいる。

問題はこのうちの前者、すなわち米議会図書館へ送られた被接収文献類である。ワシントン文書センター（WDC）経由で、その整理シートや処理記号が本に付されているものも多い。(47)それゆえにWDCコレクションと一括して呼ばれているが、実際には民間検閲支隊（CCD）経由と思われる占領期の発行図書、雑誌も数多く含む。また、連合国軍の各部署で用いられていた図書、雑誌類が最終的に米議会図書館にたどりついた場合もあろうし、戦時期に米国内の日系人組織や個人から入手した図書も混在している。(48)また、すでに一九四八年には日本の帝国図書館（同年六月からは国立国会図書館）による政府刊行物の交換業務が日米間ではじまっており、(49)寄贈や交換による入手分も含まれていると思われる。ワシントン文書センターから米議会図書館に移された文献類のみでも二七万点と言われるこれらの接収文献は、実際には図書、雑誌類ばかりではなく、文書も多く含んだ多様な構成であり、かつ、そのうちのどの部分がどうなったか、といった情報も複雑である。したがって、これら米議会図書館へと流れていった文献類に焦点をあて、その全体像をわかりやすく描いてみることとしたい。

このＷＤＣコレクションの整理には、結局、接収後五〇年にわたる長い時間がかかることとなる。当初、整理作業は早いペースで進められた。前章でふれたように、一九四九年には全米の大学に協力をよびかけ、各大学から派遣された日本語文献を扱えるスタッフによって整理を進めてもいた。だが、米議会図書館に起こった日本語図書の変化は、きわめて規模の大きいものであった。それまでの蔵書が、戦後から一九六〇年にかけてどのように変化していったかを、当時の資料をもとに示せば図のようになる[50]（図４）。いっきに数倍に増えていく日本語蔵書は、とうてい処理できる範囲を超えていた[51]。

これら数多くの資料を前に、一九五〇年代から六〇年にかけては精力的に整理も進められた。接収資料が、日本についての文献ばかりではなく、中国やソ連に関して、戦時期に日本が中国大陸で行なっていた各種の調査データを豊富に含んでいることは当時から十分に意識されていた。特に南満州鉄道株式会社、いわゆる満鉄の作成資料は、米議会図書館でも六〇年までに、目録を刊行したり、独自の整理プランを立ち上げて整理を進めてもいるし、実際に当時でも他機関からの問合わせ、閲覧申し込みも少なくなかった。これら接収文献は、一九〇六（明治三九）年に設立された満鉄の東京支社や東亜研究所の所蔵していた資料である。満鉄は設立の翌年には本社を東京から大連に移し、やがて大連図書館や奉天図書館に見られる大規模な図書館を整備していく。その活動は、終戦まで刊行され、近年復刻された満鉄大連図書館の館報『書香』からもうかがえるが、東京支社にも東亜経済調査局、満州及朝鮮地理調査部が設けられ、独自の資料群をもっていた[52]。当時、米議会図書館日本部でこの資料の整理にあたっていた清水治は、やはりＷＤＣコレクションの書誌調査を行なっていたロジャ

年次	蔵書数	増加数
1946	70,000	—
1947	98,500	28,500
1948	121,500	23,000
1949	150,000	28,500
1950	345,000	195,000
1951	354,700	9,700
1952	363,879	10,179
1953	375,398	10,519
1954	387,620	12,222
1955	398,670	11,050
1956	404,569	5,899
1957	413,166	8,597
1958	418,541	7,165
1959	422,553	4,012
1960	439,593	22,556

図４　米議会図書館の日本語蔵書数　戦後の日本語図書の急激な増加がわかる。担当職員の数は３名から７名に増えている。

ー・スヴェリンゲンの言をひきつつ、「こうしたことに鑑みれば米議会図書館の現代中国に関する調査資料やそれに類する資料、それらは主に満鉄の東京図書館からのものだが、鉄のカーテンの向こう側を知るには最良の資料と言える」と報告書に記している。(53)

しかし一九六〇年代に入っても、WDCコレクションのうち二〇万点について未処理の状態のままだったうえ、目録作成の方針も戦前、戦後で統一されておらず、これらを統一された目録に統合する必要にもせまられていた。(54)また、六〇年代の後半になると、この満鉄関係の資料は、リアルタイムの情報というよりはすでに過去の歴史資料となりつつあり、六七年に米国務省はこれら文献の日本への返還を米議会図書館側に打診してもいる。(55)こうしたなか、WDCコレクションの整理作業は一九六三年、六七年といくどか休止し、規模も縮小されながら継続していったのである。(56)一方、日本では研究者らの働きかけもあって、次第に返還運動が高まっていくことについては、先に述べた通りである。

これら米議会図書館の資料は、返還された資料を含めてその所蔵場所や移動について後述するが、資料がどこにあろうと、そこには必ずこれらを目録化する作業がともなうということを認識しておくことはきわめて重要である。それがともなわなくては資料の評価も、資料への要求そのものも生まれない。WDCコレクションの場合も長期にわたって整理が進められ、現在では図書や雑誌については、米議会図書館のオンライン・データベースであるLCOCで検索が可能である。(57)ただ、このなかには図書以外の文書、雑誌類など、多様な種類の文献が含まれてもいる。これら多様な文献についての目録としては、米議会図書館で長くWDCコレクションの目録作成にあたってきた吉村敬子《よしこ》による目録が一九九二年、九四年、そして二〇〇九年に刊行され、その全貌がようやくとらえられるようになった。(58)

吉村については前章でもふれたが、一九六〇年からハーバード大学のイエンチン図書館で日本語図書の目録作成にあたっており、七一年からは米議会図書館の目録作成のセクションに移った。八一年には同図書館のアジア部でレファレンス、図書の収集や目録作成の業務にあたっていた。特に八一年からこの被接収文献の目録作成に取り組み、九八年に退職した後もその作成や校訂を個人的に続けて、二〇〇九年に完成・公開に至ったのである。この目録作成は業務として行なったものでもなければ、命令でも、ましてや営利のためでもなかった。書物や資料と読者とがつながっていく間には、こうした人々の隠れた活動がある。それは書物を書くという行為に劣らない重要な行為なのである。

7　接収文献のその後――占領期刊行物

米議会図書館に移された接収文献のその後をたどっているのだが、それをわかりやすく説明するためには、これら文献をその内容によって分けるのではなく、それらがどこでどうなったのか、によって分類した方がよいだろう。つまり、資料を、それがどこにどう動いたか、そして今どのようにすれば探せるのか、読めるのか（目録の有無やマイクロ化など）に応じて分けてみたい。この分類を表にして示すと図5のようになる。

こうしていくつかの群に分けることができる。各群の名称は最初から特定のまとまりをもった群ばかりではなく、何段階かの目録化や返還、マイクロ化を経る過程で出来あがったまとまりであり、名称や付した番号はあくまで説明のための便宜的なものである。

先に述べたように、米議会図書館のＷＤＣコレクションには、占領期の出版物が数多く含まれている。つまりプランゲ・コレクションに収められている文献と同時期の出版物である。しかも、その所蔵出版物にはプランゲ・コレクションが所蔵していないものが数多く含まれている。それらはまた、日本国内でも所蔵の確認できないものでもある。

プランゲ・コレクションには、児童図書、教育用図書が数多く含まれており、それらを集成した目録と複製作

分類番号		名　称	分　量	マイクロ化	目　録	所蔵場所移動情報	補　足
1	1	占領期発行児童文学図書	1116 タイトル	未	LCOC	LC 所蔵	
	2	占領期発行児童雑誌	219 タイトル，1814 冊	未	LCOC	LC 所蔵	
	3	占領期発行児童用教科書	665 タイトル	未	LCOC	LC 所蔵	
2	1	占領期発行図書	1555 タイトル	未	LCOC	LC 所蔵	
	2	占領期発行雑誌	3547 タイトル，517 リール	98 年マイクロ化済	吉村目録（2006）／LCOC	LC 所蔵	
3	1	内務省検閲図書	933 タイトル，1066 冊	75 から 78 年マイクロ化済	吉村目録（1992）／LCOC	1976–78 年，日本返還	国会未所蔵分
	2	内務省検閲図書	434 タイトル，439 冊，32 リール	97 年マイクロ化済	吉村目録（2002）／LCOC	LC 所蔵	
	3	内務省検閲図書	2000 冊	未	LCOC	LC 所蔵	
	4	内務省検閲雑誌	10 タイトル，512 冊，31 リール	68 年マイクロ化済	吉村目録（1992）／LCOC	LC 所蔵	
	5	内務省検閲雑誌	352 タイトル，228 リール	76 から 80 年マイクロ化済	吉村目録（1994）／LCOC	LC 所蔵	
	6	内務省検閲雑誌	755 タイトル，976 冊，44 リール	90 年代マイクロ化済	吉村目録（1994）／LCOC	LC 所蔵	
	7	内務省検閲雑誌	103 タイトル	99 年マイクロ化済	吉村目録（2002）／LCOC	LC 所蔵	追加発見分
4		旧陸海軍関係資料	5748 件	未	田中目録（1995）	LC 所蔵	
5	1	戦前，戦中発行図書		未	LCOC	LC 所蔵	
	2	戦前，戦中発行雑誌		一部マイクロ化	吉村（1992–2006）／LCOC	LC 所蔵	6 タイトル，546 冊，37 リール
6		未整理雑誌類	1500 冊	未	LCOC（80%）	LC 所蔵	
7	1	文書	2200 タイトル，21597 冊，129 リール	67 から 73 年マイクロ化済み	吉村目録（1992）／	1973 年，日本へ返還（国立公文書館）	350 リール（5–1 を含む）中 226 リール分目録化
	2	文書	2716 タイトル，168 リール	63 年から 06 年マイクロ化済	吉村目録（2002），（2006）	LC 所蔵	追加発見分
	3	未整理文書類		未		LC 所蔵	
8	1	重複図書，雑誌	30000 冊	未	OCLC など	1949 年–50 年米各地大学へ	
	2	重複図書，雑誌	6000 から 7000 点	未		1955 年，琉球大学へ	1960 年の情報もあり
	3	重複図書，雑誌		未		米各地大学へ	
	4	破棄分		未		不明	

図 5　米議会図書館の占領期被接収文献　被接収文献をその後の処理の違いに応じて分けて示した。（LC：米議会図書館，LCOC：米議会図書館オンライン目録）

業が、文献全体のなかで優先的に行なわれてきた。WDCコレクションの場合にも、米議会図書館に児童図書コレクションの専門部署があったことも関係して、それ以外の被接収文献とは別に処理されてきた。[59] 図中の分類番号1－1から1－3の図書は、占領期発行の児童文学図書、教科書や教育用図書、児童用学習書などである。これらはマイクロ化はなされていないが、すべて米議会図書館のオンライン目録（LCOC）で検索が可能であり、冊数もそこから抽出したものである。占領期発行の各学年ごとの教科書や副読本、手引書をはじめ、学習雑誌の豊富なサンプルを含んでいる。現在も米議会図書館に所蔵されており、プランゲ・コレクション、および国会図書館所蔵の占領期発行児童図書、雑誌類との照合、連携作業が今後必要となるだろう。

ただ、米議会図書館のこれら書誌情報には注意すべき点がある。これらの図書類は、実は書誌データを作成する作業を簡略化するために、一冊ごとのデータをとるのではなく、似通ったテーマの複数の図書を、一件のデータとして記録しているのだ。

図6にデータの具体例を掲げたが、例えばこの場合、占領期に発行された童謡名曲集や振付け集二五冊を、一括して「占領期の音楽関係出版物　童謡遊技振付集」という一件のタイトルで括っている。[60] こうすることで、二五冊の一冊一冊の書誌情報をとる作業、つまり著者、出版社、出版地や出版年などの詳細な情報をとる作業を簡略化しているわけである。このように、複数の異なる図書が、一見一つの図書、あるいは叢書であるかのようなデータとなっている。これは、他のWDC文献についても同様である。ちなみに、ここであげた出版物はいずれもプランゲ・コレクションの目録には含まれていない文献である。

児童書ばかりではなく、教育関係図書や参考書にも、今日の日本ではまず入手できない文献類がまとまって保管されていることには驚かされる。実際、学習参考書や問題集は、図書館に長期保存されるケースはまれであり、かつ占領期の出版物となるとなおさらである。具体例をあげるなら、「占領期出版物　大学入試参考書」には、やはり一件のタイトルのもとに五七冊の図書が含まれている。[61]『新制大学入試必勝案内』、『新制大学国語入試問

[1] AK 歌のおけいこ・楽しい朝／海沼実作曲；加藤省吾作詞；賀來琢磨振付
[2] AK 歌のおけいこ・楽しい朝／加藤省吾作詩；海沼実作曲；加藤夏子振付
[3] ビクター童謡振付集／ビクター文芸部編；島田豊振付
[4] 童謡名曲集／五條珠美振付
[5] 童謡名曲集／石井小波振付
[6] 童謡名曲集／賀來琢磨振付
[7] 童謡名曲集／印牧季雄振付
[8–10] 学校遊戯：文部省検定済教科書「しょうがくおんがく」による／島田豊・島田正男振付（3巻：1 低学年用；2 中学年用；3 高学年用）
[11–12] キング童謡傑作集／キング文芸部編；賀来琢磨振付
[13] 子供の踊り，その九／島田正男振付
[14] こどもの楽しい歌遊び：幼児の集団遊び歌曲集／厚生省兒童局，副島ハマ編
[15] 子供たちの楽しい歌・振付集／森爽著；東京都保育研究会撰曲
[16] みどりの丘へ：新興童謡樂譜／加藤省吾作詩；海沼實作曲；加藤夏子振付
[17] みかんの花咲く丘：新興童謡樂譜／加藤省吾作詩；海沼實作曲；加藤夏子振付
[18] 中山晋平童謡集，第 1 集／清水和歌振付
[19–20] 中山晋平童謡集，第 2–3 集／島田豊振付
[21] ラジオ振付童謡集，第 2 篇／賀來琢磨振付（ゆびきりげんまん／詩・サトウハチロー；曲・弘田竜太郎；まね雀／詩・米山愛紫；曲・本多鉄麿）
[22] たのしいあそび／東京都保育研究會遊戯部會編
[23] うたとゆうぎ，春の巻／戸倉ハル・天野蝶・一宮道子共著
[24] うたとゆうぎ，こどものこよみ／戸倉ハル・天野蝶・一宮道子共著
[25] やさしいリズム遊び and 行進曲／玉山英光作曲；賀來琢磨振付

図 6　占領期出版物の目録事例「占領期の音楽関係出版物　童謡遊技振付集」という 1 件の項目にこれらの複数の文献が含まれている。（米議会図書館）

題集』などの書名が見られる。占領期に出版された新制大学の受験用図書は、旧制高校の蔵書をひきついだ大学にもしばしば見られるものではあるが、これほどまとまった事例を国内で見出すことは現在では不可能である。これら参考図書は、単に受験情報というよりも今日からみれば教育史における貴重な情報を含んでおり、教育の大きな変動期における受験や階層意識の変化をとらえるうえで見逃せない資料群とも言えるだろう。

これらの所蔵資料に関して、もう一つ重要な点は、これら資料が物理的にも同一の書架に置かれている、ということだ。先述のごとく複数の異なる資料に一つの管理番号があてられていることからわかるように、これらは同一場所にまとめて保管されている。少なくとも著者が調査にあたっていた二〇〇九年時点では、前述の児童書や教育図書は同じ場所に置かれていた。つまり一括したマイクロ化や移動が行なえる状況にあったということであり、今後の国立国会図書館をはじめとした関係機関や研究者たちの活動によってはデジタル化や移管の可能性もあるとい

うことである。

ＷＤＣコレクションには、児童図書、教育関係図書以外の占領期の刊行物もまた豊富に含まれている。２－１群、２－２群がこれにあたる。前者は図書であり、後者は雑誌である。これら図書についても先の占領期の児童図書同様、オンラインの目録データに入っている。後者は占領期の発行雑誌であり、児童・学習雑誌以外のもの

書名	出版社／団体名	プランゲ未所蔵巻号
ＡＢＣ文化	名古屋 ABC	1(4)
アベック	アベック社	2(1)，3(3)
あぶら	油糧懇話会	1(5)，2(2)
あひる	昭和電工川崎工場保険課	1, 7
アイデア	上下文化研究会	3
愛生	長嶋愛生園慰安会	4(6)，'63（Jan）
愛善苑	瑞光社	5(4-5)
アジア経済旬報	中国研究所貿易委員会	55-115, 117-121, 123-131
アジア経済資料	中国研究所貿易委員会	19-36
アジア問題月報	アジア問題研究所	3
アカハタ通信	赤旗編集局	1
赤穂青年	赤穂青年会文化部	1
明	佐賀県中央公民館	3(1-2)
あけぼの	下川根村立家山小学校	6
明けゆく人	奈良県民生部同和問題研究所	1-2
安芸労働	高知県安芸労政事務所	1
あきた	秋田川柳社	2(7)
▽Ｐ:「川柳あきた」（秋田川柳会）（1(1)-3(2) 所蔵（2(7)欠））と同誌か		
秋田鉱山専門学校地下資源開発研究所報告	秋田鉱山専門学校地下資源開発研究所	1
アメリカ化学特許集録	技報堂	1
安全衛生	日本安全協会	3(7)
安全ニュース	緑十字協会	2(7)
安全と衛生	産業労働福利協会	9(6)
青葉	青葉文芸会	1(2)
青森県立農事試験場彙報	青森県立農事試験場	15
青虹	青虹社	22(4, 6)
アパ・ルーム	日本基督教団出版事業部	2
新しい学校	興文館	3(5, 9-10, 12)
新しい教室	中興出版	4(11-12)，5(1-6)，6(1-3)
新しい窓	台東区役所文化課	5
新しい農業	農民教育協会	6(8)
新しい生活	厚生大臣官房総務課　厚生時報社	5(1, 5)，6(1)
新しい世界	日本共産党	23
新しい小学校	興文社	2(1, 4, 6)
新しき村	新しき村出版部	1(7)

図７　プランゲ文庫との相違　米議会図書館所蔵の占領期発行雑誌で，プランゲ文庫の所蔵の有無を示したデータの一部。巻号は巻数（号数）で示した。

である。これらの雑誌は、すべてマイクロ化が完了しており、国立国会図書館でも閲覧可能である。また、目録としては、二〇〇九年に刊行された吉村の目録にまとめられている。先述したように占領期全体にまたがっている点がプランゲ・コレクションと異なっており、相互の照合作業もなされている(62)。表にしてかかげたのは照合したデータの表のごく一部だが、ここからわかるように、プランゲ・コレクションに含まれていない雑誌や巻号も多い（図7）。雑誌のタイトル数は吉村の二〇〇六年の目録に、図書のタイトル数についてはＬＣＯＣによった(63)。現物については米議会図書館が所蔵している。

8　接収資料のその後――戦前検閲図書

以上の文献は占領期の刊行物だが、実際に米議会図書館の被接収文献の多くを占めるのは、やはり戦前・戦中期の図書である。本章で述べたように、これら図書には内務省に検閲のために提出された書籍類が数多く含まれている。これらのうちには発禁となった図書も、ならなかった図書も含まれる。戦前における発禁図書は、内務省とそれ以外の図書館に分散保管されていたことは先述した通りである。このうち、内務省以外で保管していた部分については国立国会図書館が引き継いでおり、内務省保管分が占領軍による接収の対象となった。その発禁図書は国会図書館でも所蔵していない図書が多く含まれていたため、戦後、これらの発禁図書の返還を求めることとなった。返還を求めるには、まず書名がわからなくてはならない。当時は現在のように目録化がなされておらず、むろんオンラインでそれらを検索できるわけでもない。国会図書館は先にあげた『禁止単行本目録』と上野図書館の『発売禁止・閲覧制限図書函号目録』を照合し、関東大震災以降の図書のうち、国会図書館が所蔵していない図書をリストアップして、これら発禁図書の返還を求めた(64)。一九七三年のことである。関東大震災以降、内務省が発禁図書の一部を保管し、もう一部を上野図書館に送り、上野図書館がその図書を閲覧禁止の特別な書庫で管理したが、その際の目録が『発売禁止・閲覧制限図書函号目録』である。[65]

一八三六冊にのぼるそのリストをもとに、米議会図書館の黒田良信はＷＤＣコレクションのなかからこれら図書を探し出し、このうち七八一冊を見つけ出す。[66] リストにはない二四四冊がその過程で新たに見つかり、それらを加えた一〇二五冊が日本に返還されることとなった。むろん、前章で細かく述べた通り、実際には「返還」ではなく、それを日本側が日本の負担でマイクロ版を作成し、それを米議会図書館に収め、その「交換」として日本にそれらの書物を送ったということである。一九七六年から七九年にかけてこれらは日本に「返還」された。図５の３－１群がこれにあたるわけである。

では具体的には、これら発禁本にはどのような図書が含まれているのだろうか。これらの図書は現在では国立国会図書館に所蔵されているため、閲覧は容易にできるうえ、近年ではほぼマイクロ化されているほか、デジタル化されているものも多く、著作権上国会図書館内に限定されてはいるものの、同館内でデジタル資料として容易に閲覧できる。これら返還された発禁図書は、吉村の一九九二年の目録で一覧できるが、国会図書館での請求記号に特徴があるため、容易に国会図書館のオンライン・データからも一覧を抽出することができる。[67]

これら発禁図書のうち、一九三六年の刊行分をタイトル順に並べかえ、最初の三〇件のタイトルを示してみよう（図８）。一見してわかるのはその多様な広がりである。発禁図書については、左翼出版物がイメージされがちであり、むろんそれが大きな部分を占めるのは確かだが、実際には神道以外の宗教著作、特に大本教をはじめとする新興宗教や、心霊、神秘主義関係の著書も多い。例えば平田篤胤を称する天狗の霊の写真を冒頭にかかげた『霊界の研究』は、霊界からの「聞き取り」により霊界の階級、状態を調査した明道会という宗派の著作だが、氏神信仰を明治神宮や伊勢神宮よりも上位において叙述したものである。[68]

一方で神道の分派や国粋主義的な著作も少なくない。『皇道翼賛のために』や『軍部を罵倒する国賊大阪朝日新聞を葬れ』といった著作は、左翼思想によるものではなく、むしろ極端な右翼思想のゆえに取締りの対象とな

タイトル	補　足	責任表示	出版地	出版者	出版年月
百万人の哄笑：諷刺詩集		世田三郎著	東京	時局新聞社	昭和 11.5
蒼白いヒロイズム	謄写版	中村鬼十郎著	甲府	郷土社	昭和 11.1
新しい形態の組織へ	「昭和パンフ」特輯第1号		[New York]	[国際通信社]	[昭和 11.1]
危し！祖国日本：太平洋の大激戦		津乃田菊雄著	東京	東亜書房	昭和 11.4
嵐を衝いて				あけぼの社	[昭和 11]
生きた活動の為に	国際通信パンフレット		[New York]	[国際通信社]	昭和 11.6
維新魂．第1輯	維新寮報告書		東京	維新寮	昭和 11.10
易より観たる広田内閣：各大臣の運命予言	謄写版	小林宜園著	東京	運命大学院	昭和 11.4
奥戸足百・影山正治両君獄中吟詠歌集出版後援会要綱並作品抜抄	謄写版		東京	奥戸足百・影山正治両君獄中吟詠歌集出版後援会	昭和 11.9
教のかがみ		清水英範著；日の本教会本部編	[広島]	日の本教本部	昭和 11.3
改悪されたる肥料統制法案	表紙書名：農民の敵広田内閣	高幣常一著	長田村（和歌山県那賀郡）	飛躍塾出版部	昭和 11.5
戒厳令下の青年将校：二・二六事件の全貌を観る		小林忠次郎著	大阪	大阪時事新報社	昭和 11.3
外国新聞に現はれた二・二六実相			東京	半座商会	昭和 11.7
革新と現状維持の対立激化の非常時：日本の政局展望 調停的内閣の存続裡に革新勢力の主体結成化への一年	謄写版		東京	日本政治経済研究所	昭和 11.4
神皇命之道		安田銕之助述	東京	明徳会出版部	昭和 11.5
神能伊吹	和装	敷田年治著	田布施町（山口県）	神道天行居	昭和 11.3
議会戦を控へて	国際通信；第3巻第4号		[New York]	[国際通信社]	[昭和 11.4]
危機に立つ国際政局	社会大衆党パンフレット；第8輯		東京	社会大衆党出版部	昭和 11.1
九星奥儀秘伝：運命開拓 変化活断	和装　|　初版：大正13年12月刊	高島易断所本部神宮館編	東京	高島易断所本部神宮館	昭和 11.1
近代支那農村の崩壊と農民闘争		田中忠夫著	東京	泰山房	昭和 11.12
近代日本政治史：日本に於けるミリタリズム及びファシズムの発展を通して見た	日本研究叢書；5	O. タニン，E. ヨハン共著；松原宏，森喜一共訳	東京	叢文閣	昭和 11.4
軍部の非常時認識と多事広田内閣の将来		高橋盛人著	東京	明教書院	昭和 11.3
芸者生活打明け話	秋雨楼座談会記録；第4輯		福島	帝都日々新聞福島県支局	昭和 11.4
激動期の日本		西村栄一著	大阪	新正堂書店	昭和 11.5
皇国国民主義：神聖政府とは何ぞや		ト部直輔著	東京	東風閣東京事務所	昭和 11.3
皇室御系図		高畠康明著	東京	世界大祖国史期成会	[昭和 11]
国体法人神聖大日本道神興会			福岡	国体法人神聖大日本道神興会準備会	昭和 11.11
国家革新案		尾崎行雄著	東京	国民経済新報社出版部	昭和 11.9
誤謬悟得概要：天体運行科学宗教教育政治．後編	表紙書名：尊皇敬神大日本帝国 後編	古谷音松編	東京	古谷長春堂	昭和 11.10
時代思想の顕現せる天理教と大本教		内田良平著	東京	黒竜会	昭和 11.2

図8　国会図書館に移された発禁図書　1936年刊行の図書をタイトル順に30件，リスト化した（国立国会図書館）。

ったものだ。[69] また、『広島県水平運動史』のようなものも発禁に含まれる。身分制を温存する「国粋・反動保守」への批判が、当時の経済階層、特に富裕層への批判を含んだ左傾化として警戒されていたためであり、現に昭和初期の水平社全国大会では共産党や労農党のポスターが掲げられ、その正否をめぐった内部での対立も生まれていた。[70]

「安寧秩序ヲ妨害」するとされた事例にはこうした幅広い著作が含まれるが、一方で「風俗ヲ壊乱」するとされる事例も、今日からみれば非常に重要な問題を幅広く含んでいる。ミシェル・フーコーを持ち出すまでもなく、猥雑さや性に関わる表現の規制は、何を異常とし、何を正常とするか、という私たちの規範や、さらにはそのような「異常」を差別したり取り締まったりする支配・統制の仕組みがどのように生まれてくるのか、ということを考える上で重要な資料でもある。資料群に含まれる文献でいえば、『性欲の実際と其善用』や『妊娠調節』など、「自慰」や「性愛」、「妊娠」に関わる言説は、こうした書籍を通じた規範の内面化や浸透をとらえる構築主義的な研究においても欠かせない。[71]

ただ、こうした性の言説への歴史社会学的なアプローチでは、しばしばこれら書物の流通というファクターが考慮されていない。現在国会図書館で閲覧できるからといって、過去に流通していたとは必ずしもいえない。例えば『セクシュアリティの歴史社会学』は、この種の研究書では調査の対象範囲が広く、かつ自らの用いる資料への批判的な目をもった研究ではあるが、それでも検閲や発禁という流通上のファクターはあまり重視されていない。[72] 性の言説の広がりと影響は、むしろこうした言説が、複数の異なる流通範囲をもち、それらが互いに影響し合うようなモデルとしてとらえるべきではないだろうか。

さて、これらは日本へと返還され、かつて広くは読まれなかったが、現在日本で読むことができるようになった書物である。むろん、返還されていない内務省検閲図書も存在する。これが図5の3-2群、3-3群である。発禁図書は正本一部が内務省に、副本一部が上野図書館に保管されることとなっていた。上野図書館の発禁図書を引き継いだ国会図書館は、したがって発禁図書もかなり所蔵していたわけである。だが、先に述べたように、国会図書館が七〇年代に返還を求めたのは、当時国会図書館が所蔵していなかった発禁図書に限られている。ということは、発禁図書のうちでも以下のものは米議会図書館に残されていることになる。

・発禁図書のうち、国立国会図書館がその副本をもっていたもの
・発禁図書のうち、返還請求時に作成した図書リストからもれたもの
・発禁図書のうち、返還請求したが見つからなかったもの

これらの発禁図書類が3-2群および3-3群にあたり、現在も米議会図書館に所蔵されている。これを分けているのは、前者がすでにマイクロ化を終了して吉村の目録が作成されているのに対し、後者はいまだにマイクロ化がなされていないからである。吉村によればマイクロ化されていないものはまだ二〇〇〇冊ほどあり、現在も作業がなされないままとなっている。(73) これらは戦前の検閲をうけた図書の正本にあたり、検閲官の書き込み類も記された貴重な文献類であり、今後の日本の研究機関や研究者、および米議会図書館との協力のもとに、マイクロ化、あるいはデジタル化や情報の共有が必要だ。例えば一九三六(昭和十一)年にナウカ社から発行された『唯物論と経験批判論序説』は発禁図書であり、国内では国立国会図書館が現在一部所蔵している。(74) しかし、米議会図書館の所蔵している同書には、検閲者の印や検閲事由についてのコメントが書籍の見返し部分に記されている。幸いこうした発禁のコメントのある図書について、すべてではないが、米議会図書館でオンライン目録作成の際に気のついた場合には、目録の記載項目のなかにその旨が記載されており、こうしたコメントつきの図書を見つける際の手がかりとして活用できるようになっている。(75)

図書ではなく、内務省による発禁など処分をうけた検閲雑誌は、3-4群から、後の整理の過程で見つかった

分の3－7群までである。これらについては何段階かのマイクロ化を経てきたために、群の数も多くなっているが、すべてマイクロ化が終了し、吉村による目録も作成されているし、オンライン目録でもタイトル検索が可能である。これらは米議会図書館に所蔵されているが、国立国会図書館にもマイクロフィルム、目録ともに所蔵されており、閲覧が可能となっている。

9　接収資料のその後——陸海軍関係資料など

米議会図書館のWDCコレクションが、日本の戦争遂行に関係した機関、施設からの接収文献が中心となっていることは述べてきた通りであり、それゆえにこのコレクションには旧陸海軍関係の資料が豊富に含まれている。これらのうち田中宏巳が整理し、『占領接収旧陸海軍資料総目録』の形で目録化した旧陸海軍関係の図書、冊子、報告書類が第3群である。[76] 田中の目録は陸海軍やそれ以外の省庁関係の文献も含めて五七四八件に及ぶ資料を目録化した労作だが、それを参照すると、図書ばかりではなく、相当な点数の文書、パンフレット、報告書類が含まれていることがわかる。『応用現地戦術の参考』といった軍学校の参考書や『外国兵器諸元調査表』のような手書きガリ刷りの調査報告、『皇朝兵史』のような明治期の和綴じ本から手書きの『陣中手帳』まで、形式も多岐にわたっている。

これらの資料は米議会図書館の一カ所にまとめておかれているのだが、この目録に所載の文献、例えば『海軍衛生学』や『海軍衛生制度史』を米議会図書館のオンライン目録で検索しても出てこない。これはなぜだろうか。これらの文献については、田中が目録を作成して以降、米議会図書館では独自に目録化、データ入力をする作業を行なっていないためである。オンライン目録では見えないが、このタイトルで請求すれば、米議会図書館では、田中の目録にある整理番号によって棚から探しだし、請求に応えてくれる。これは、この文献群が先にふれたような多様な形式をもった文書群で、目録化する作業が米議会図書館では人的にも経済的にも困難であること、そしてまたこれらが一箇所に置かれており、請求に対しては現在のような方式でも比較的容易に応じることができるためである。ただ、この田中の目録は九二年段階までに整理した部分であり、これ以外にも旧陸海軍関係の刊行物は多数ある。これらは米議会図書館で目録がその後作成された分であり、オンラインでの目録データとなっている。それは、先の図5でいえば次の5−1群のなかに含まれているものである。

WDCコレクションには、戦前・戦中に内務省へ検閲のために提出された図書が含まれるわけだが、そこには、むろん発禁となった図書もあれば、発禁とならなかった図書も含まれている。発禁となった図書はこれまでに述べてきたが、それ以外の検閲図書、雑誌類が5−1群、5−2群である。また、陸海軍関係文献のうちで、田中の目録に収められていないものもここに含まれる。戦前・戦中発行の図書、雑誌類であり、小冊子や報告書の類も含み、米議会図書館所蔵の被接収文献のうちではもっとも大きな群に属する。これらの文献は膨大な量に達し、目録化作業は九六年までに終わったが、九三年から九六年にかけて目録化されたものだけでも六万冊に及ぶ。むろんそれまでにも目録化が進められてきており、正確な総冊数はわからない。また、米議会図書館は被接収文献以外に、戦前にも日本の図書、雑誌を収集してきており、それらと統合されて現在ではオンライン目録から検索が可能となっている。また、5−2群の戦前・戦中発行の雑誌に関しては、一部マイクロ化もなされている。

これらは戦前に検閲を経て発禁とはならなかった文献であるが、発禁とならない場合でも、実際には検閲の際のコメントが付されている場合も少なくない。例えば一九三五（昭和一〇）年に南郊社から刊行された『日本の人口問題』だが、米議会図書館の版の場合、図9に示したように見返し部分にこれまでの検閲の経緯、すなわち削除された箇所の情報も付されている。(77) 検閲のプロセスをとらえるうえでも、また、戦前の書物のもともとの形をとらえるうえでも、こうした情報が有用なのは言うまでもあるまい。その他、6群は未整理の雑誌類にあたる。被接収文献のうち、図書および雑誌については、ほぼ目録化が終了している。ただ、満州関係の報告書、雑誌類が一五〇〇冊程度整理し残されているが、これについても八割がた目録入力作業が終わっており、近い将来にはすべてがオンラインでの目録情報として提供されることとなろう。

以上は図書、雑誌類だが、米議会図書館にはまた、各種の文書類が被接収文献として送られている。このことは、先の第5群であげた旧陸海軍関係資料中にかなりの文書類が含まれていることからもわかる。占領期にワシントン文書センターが接収した文献のうち、図書は米議会図書館に、それ以外の各種文書類は今日の米国立公文書記録管理局（NARA）に送られたが、実際には多くの文書が図書に交じって米議会図書館にも送られていたのである。これらの文書は、図書の整理が進むにしたがって選別・整理され、その内容も明らかになってきた。

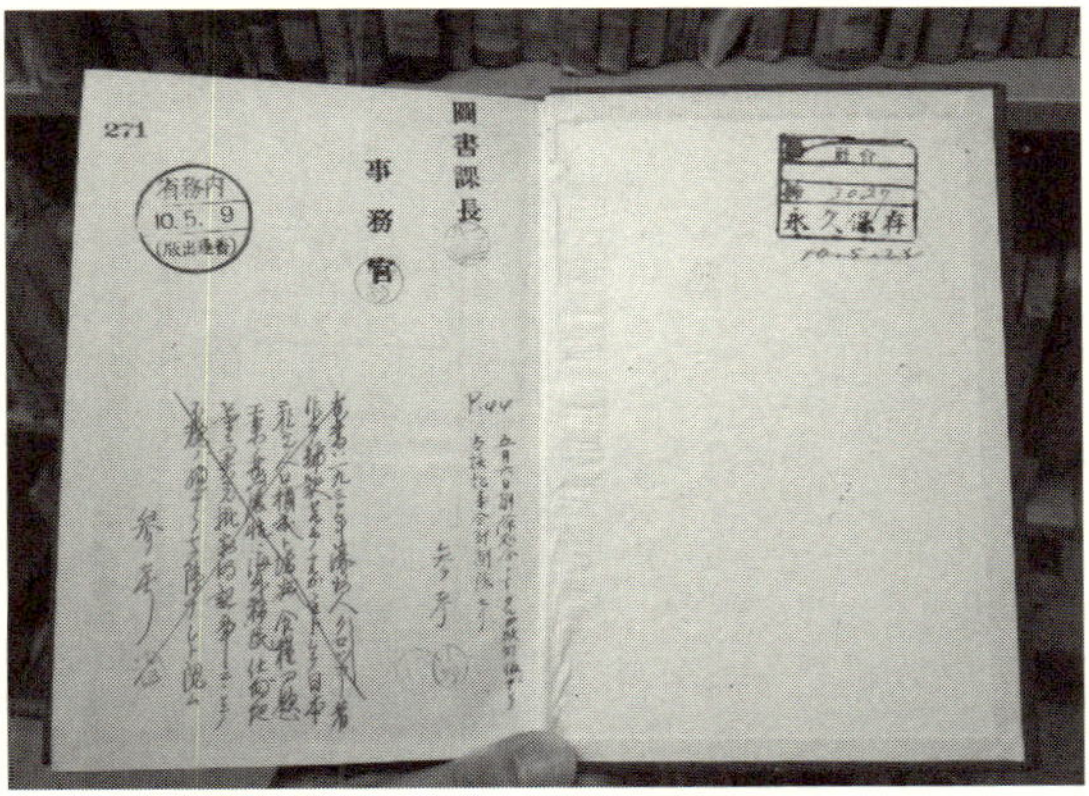

図9　検閲を経た図書　内務省本がまとまって書架に置かれている。検閲担当者の署名や書き込みがなされている。（米議会図書館所蔵）

第7群はこれらの文書類にあたる。

まず7－1群だが、これはかなり早い時期に見つかった文書類である。旧軍関係のほか、内閣や各省関係文書からなるこの文書は、日本からの返還要求のもと、米議会図書館より一九七三年末から翌年にかけて返還され、一五〇箱、二二〇〇点が国立公文書館に納められることとなった[78]。返還にあたって米議会図書館では部分的にマイクロ化し、吉村による目録も作成されている。これらは国立公文書館が現在所蔵しており、同館によるオンラインでの目録情報（国立公文書館デジタルアーカイブ）が提供されている他、アジア歴史資料センターでは、これら文書のデジタル化、オンライン上での公開を積極的に進めており、かなりアクセスしやすくなった群といえる。これらの資料は、内務省や出版警察関係の貴重資料も豊富に含んでおり、全三〇巻からなる『特高警察関

係資料集成』にもこの返還文書は数多く収録されることとなった。(79)

ただ、こうした文書は図書の整理作業が進むにつれて、次第にそのなかから見つかり、選別されていった資料である。そして図書の整理作業は戦後から最近まで長期にわたってなされたため、作業につれてその後見つかっていった資料も少なくない。これらは米議会図書館にあり、いまだその情報が十分知られていない部分にあたる。7－2群はこれら追加発見された分の文書類にあたる。さいわい、これらについては吉村による目録が作成され、かつマイクロ化がなされている。特にこの7－2群については、図書や雑誌と異なり、米議会図書館でのオンライン目録では情報が提供されていなかった部分にあたるが、先述した吉村の目録の刊行によってその研究が可能になった。

被接収文献のうちでも図書や雑誌はほぼ整理の完了した米議会図書館だが、文書については、まだ未整理の分がかなりある。これが7－3群である。著者が調査にあたった折には、書架にしてほぼ一列分ほどあり、数千点にのぼると思われた。ただ、米議会図書館の日本部は基本的に図書や雑誌を整理する機能はもっていても、文書類について専門スタッフを抱えているわけではない。そのため現実には、これまで文書や特殊な刊行物の目録作成に長く関わってきたスタッフが、退職後にボランティアで作業にあたっているような状況である。したがってこれらについても、日本側からの積極的な協力、調査が望まれる。

以上は米議会図書館、または日本にその所在が確認可能な部分にあたる。これ以外の群として、廃棄された分、重複図書として他大学、図書館に移管された分がある。廃棄された部分については、その量、内容ともに定かではない。このうち8－1群は比較的早い時期になされた整理によって出てきた重複図書にあたる。これは一九四九年に行なわれた日本語図書整理計画によって見つかった分であり、約三万冊が各地大学に移されている。これは米国内の複数大学から、日本語図書に詳しいスタッフが派遣されてなされたプロジェクトであり、前章でフォレスト・ピッツが参加したのはこのプロジェクトである。(80)

これら重複図書、雑誌については、各大学の目録データベースに組み込まれている。ただし、各大学のそれ以外の日本語蔵書と見分けることは難しい。また、ノースウェスタン大学への移管図書のように、特定の外国語(すなわち日本語)図書のオンライン化が進んでいない場合には、オンラインでの検索は無理である。

こうした重複図書の他大学への売却、寄贈はその後も何度かなされているはずだが(8-2群、8-3群)、その規模、冊数に関しては定かでない。[81]スタンフォード大学では七〇年代に日本語図書の重複図書を米議会図書館から複数回購入したことが記録されている。[82]また、例えばデューク大学にはワシントン文書センターの処理番号のついた陸軍大学校の蔵書があり、こうした重複図書は他大学へも流れていったことがうかがえる。[83]これ以外に、8-4群のような廃棄された部分もあるという。例えば古い時期の理系雑誌などは、あまり所蔵しておく意味がないと判断されて廃棄されたというが、その分量に関してははっきりしない。

10 流れとしての接収文献

以上、見てきたように、米議会図書館の場合、日本で接収された文献はさまざまな経路をへて長期にわたって整理されてきたこと、そしてその資料群によっては移動、目録化、マイクロ化、デジタル化が何段階かに分かれて行なわれてきたことから、書誌的なデータや所蔵情報、読者のアクセスの仕方によって分かれ、複雑化している。そうした扱われ方の違いによって、資料全体の構成や特徴を述べてきたわけだが、こうした資料の場所、流れについての情報が共有されなければ、この章の最初で述べたように、そもそもある書物や記録があったか、なかったかというごく基本的なことからしてわからなくなるのだ。文献の所在や移動、流通の経緯に関わる情報が、何を見、何を知ることができるのか、という私たちの情報環境の基盤といかに強く結びついてくるかが、これまでの議論からもわかろうかと思う。繰り返しになるが、書物は、どこにどのような書物があるかがわからなければ研究そのものの基盤がなりたたないし、問題の所在もわからない。

被接収文献に対して提起できる問題点は多岐にわたるが、米議会図書館の被接収文献について、より具体的にどういったことが望まれるかを簡略にまとめておこう。まず占領期の図書や雑誌について、プランゲ・コレクションをはじめとした同時期の文献群とともにとらえ、かつ情報をより共有化してゆく必要がある。特に米議会図書館の教育関係図書、児童図書、教科書類は文学、教育をはじめ、さまざまな領域で大きな意味をもってくることは必至である。

また、戦前の発禁など、処分対象となった図書については、マイクロ化されていない分の調査、あるいはそのマイクロ化、デジタル化への外部からの協力や支援が必要となるだろう。これらにどの領域の図書がどの程度含まれているかは明確ではない。実際にはこの検閲図書のマイクロ化は、ある程度、ジャンルに分けて行なわれたという。したがって残されている図書もある程度はまとまった領域のものではあろうが、具体的な特徴はわからない。しかし、実際はまずそれ自体を情報としてはっきりさせる必要があり、また言説研究や文化研究がさかんになされてきた今日では、どのような領域の文献であれ、それらを必要とする研究の可能性は十分あるだろう。

また、すでにマイクロ化がなされている部分についての認知度を高め、積極的に研究や調査に活用する必要もある。特に、マイクロ化されている部分については、すでに述べたようにオンラインでの目録、タイトル検索が可能になっており、タイトルの確認や書き込みの有無といった情報の入手は非常に容易になってきている。

米議会図書館の未整理文書についての整理、協力体制に対しても、何らかのプロジェクトが立てられるべきであろう。むろんこれを単独の領域のみで行なうことは困難なことであろうが。整理済み文書については吉村の目録の刊行によって大きく前進したと言えるだろう。目録所載の未返還文書中には、一九四〇（昭和一五）年四月の「九江領事館警察署　官内状況」、同四月十五日の「南昌警察署　館内状況」をはじめ、「特殊慰安所」が軍から警察へと移管される前後の慰安所に関する報告や情報も含まれているし、さらに占領初期の進駐米兵による強姦事件に関する内務省保安課長の報告と、それに付随して「米兵慰安所ヲ急設スルコト」を求める文書なども見られる。日本に進駐する占領軍向けに政府主導で作られた進駐軍特殊慰安施設（ＲＡＡ）の関連史料である。[84]これらは今なお継続して私たちが抱える問題をはらんでいるが、これら文書の位置づけについても急がねばなるまい。

ここで、書物や文書の移動、流通情報を取り上げ、それらを総体としてとらえるアプローチの必要性を述べるとともに、その実践を行なってきた。しかし、こうしたアプローチの可能性は、単に実質的な所蔵情報や利用情報を提示するというのみにとどまらない。私自身はこうした書物の場所やその移動、そしてそれらと読み手の関係史をとらえたい。そうしたいわば情報環境の歴史をリテラシー史研究という言葉で表現している。また、そこに文学・文化研究が展開してゆく一つの可能性を見てもいる。

書物の場所や流通に関する歴史情報やその資料は、これまで重視されてきたとは言い難い。たとえば米議会図書館から日本に返還された資料は保存、公開はなされているものの、返還資料の受け入れ自体に関する文書のたぐいは、防衛省防衛研究所でも国立公文書館の専門官でもその所在がわからないのが現状である。こうした蔵書や文書の流通情報を歴史的にとらえるのはどの領域の仕事になるのだろうか。歴史学だろうか、文学研究だろうか、図書館学だろうか、社会学だろうか。言うまでもなく重要なのは、どこのテリトリーにその問題が属するかではなく、どの領域であれ問題意識を共有するものが積極的にその問題に取り組み、その成果をできるだけ広い領域に向けて発信してゆくことである。

この章では、占領期の接収文献に焦点をあてながら、その後の動き、流れをとらえてきた。こうした書物の場所、そして流れについての情報を追いつつ、それがいかに私たちの読書環境をとらえるうえで有用かについても述べてきた。それは私たちが読める書物、読めない書物のありかを示すとともに、読めると思いこんでいる書物のうちにある読めない部分をも指し示してくれる貴重な情報なのである。すなわち、私たちの読む環境の土台、基盤自体に関わるものといえるだろう。それゆえにリテラシーの歴史をとらえようとする本書の問題意識のなかでは、非常に重要な問題として位置づけているわけである。

本章でも指摘してきたように、これら接収文献は、今日、その目録情報の電子化、そしてインターネット上でのその公開によって大きく私たちとの関わり方を変化させてきている。目録情報ばかりではなく、書籍や資料そのものの電子化や公開もここ数年で大きく進んできている。大規模な返還といった接収資料の現物の移動はないが、これらデジタルデータの流通、共有は、占領期の出版物をはじめとして、これまでアクセスしにくかった資料群をより探しやすい、読みやすい環境に作りかえつつある。こうした状況を背景として、プランゲ・コレクションに関する研究やアンソロジーといった関連出版物も近年次々と刊行されている。その一方で、これらの資料や目録の電子化をめぐる新たな問題もそこには派生している。

これまでの章で述べてきた、書物の場所をめぐる諸問題に対しても、こうしたデジタル化は大きな関係をもっている。読者と書物との関係や距離を大きく変えることとなるからである。次章では、このデジタル化の問題に焦点をあて、この新たな読書環境が（それが読書と呼べるかどうかをも含めて）、海外の日本語蔵書をはじめとした国境を越えた書物と読者の関係にどのように関わってくるのかを見ていきたい。

第三章　今そこにある書物――書籍デジタル化をめぐる新たな闘争

1　これは書物ではない

書物のデジタル化、そしてその公開を考える際、デジタル化された書物がそのもととなった書物とは別種のテクストである、ということは強調しておいた方がよいだろう。いかに精細なページの画像をともなおうとも、あるいはそのページ画像があたかも紙の重みをたたえているかのように微妙なしなりや質感を感じさせてめくられようとも、このテクストはもとの書物とはまったく別物の異本＝ヴァリアントとしてとらえるべきだ。

例えば教科書書肆として知られる金港堂から一八九〇（明治二三）年に刊行された三上参次・高津鍬三郎著『日本文学史』は、著作権保護期間も終わっており、誰しもがオンラインで読むことができる。国立国会図書館が作成したデジタルライブラリ「近代デジタルライブラリ」がもとにしている書物は、同書の一八九〇年の初版である。一方、別のデジタルライブラリ、例えば「インターネットアーカイブ」がデジタル化して提供しているのは一九〇〇（明治三三）年の第七版で、コロンビア大学の日本語蔵書を用いたものであり、モントリオールの日本大使館の寄贈図書という来歴が蔵書印からうかがえる。(1) しかしこれらはまた初版とも第七版とも呼べない、新たな別の版としか言いようのないものなのである。それまでとは全く異なる読者層に公開され、しかも比較にならないほど広範囲で錯綜した流通経路を経て広がっていく、あるいは遍在していく新たな版といえる。そしてまた、ネットワークと端末を通してディスプレイで見、キーボードやマウスでめくる（それがめくるという行為と本当に呼べるかどうかは別として）読書体験をともなった新たな版なのである。かといってもはや新刊書とも言えないので、「新生書」とでも言うべきだろうか。

異なるのはそればかりではない。場合によっては目次や、本文のすべてがテキスト文書として、つまり利用する側が容易にコピーや検索の対象としてその本文を利用できるような機能を付加された「版」であることも珍しくない。現に国立国会図書館が提供している「近代デジタルライブラリ」では目次情報が、グーグルの提供する「グーグルブックス」では本文情報がテキストとして備わっている。(2) これら「新生書」はここ数年急速に増加しており、それはすなわち文学史上、あるいは出版史上類を見ないような大規模な変化が起こっているということに他ならない。数百万冊単位の新たな書物が、それもこれまでにない広範な流通範囲を伴った書物がごく短期間に生まれているのだから。

おそらくこのことが将来的に及ぼす影響を正確に想像できる者は誰もいない。私たちの思考は、そもそもこれまでの情報環境で涵養されてきたものであり、それら思考の環境そのものが根本から変わっていったその先は想像の枠を超えてしまう。現在のこの情報環境を安易に書物や図書館の比喩、アナロジーでとらえたり批判したりすることには無理があるばかりでなく、多くの錯誤を伴う危険さえもある。だがそれでもなお、書物や図書館の歴史は、新たな情報環境を考えるための経験や事例に満ちてもいる。また、私たちの想像を超えるからといって、超えた先の未来に対して現在の私たちの責任がない、ということではむろんない。

ここ数年のこれら「新生書」（とここではとりあえず言っておくが）の増加をとらえるとき、やはりその目玉となっているのはグーグルの行なった書籍の大規模なデジタル化であろう。グーグルは二〇〇四年、ハーバード大学図書館、ミシガン大学やオックスフォード大学図書館をはじめとする五つの図書館と、それら蔵書のデジタル化と公開に向けた取り組みを始めた。これら図書館はグーグルに蔵書を提供し、グーグルがそれら蔵書を無償でデジタル化し、図書館はそれらデジタルデータを手に入れ、活用できることとなった。

一方グーグルはこれらのデジタルデータをもとに、翌二〇〇五年から著作権の切れた書籍の全文をオンラインで公開し始める。しかしながら、グーグルによるこれらの図書のデジタル化作業は、著作権の切れていない図書をも含む七〇〇万冊規模のものであり、それを違法として同年著作者や編集者がグーグルを訴えることとなった。その後、計画にはカリフォルニア大学をはじめいくつかの大学が参加、日本からは二〇〇七年に慶應義塾大学が参加し、現在では三〇近い機関が提携している。(3)

特定の企業が日本語図書の大規模なデジタル化、公開を一方的に進めるという事態が進行するなか、日本では二〇〇九年、国立国会図書館に前年の一〇〇倍近い補正予算が組まれ、同図書館で大規模なデジタル化作業が進められることとなった。著作権の切れていない図書を国立国会図書館が複製、デジタル化することができるよう著作権法の改正も同年なされた。国家レベルでのデジタル化事業が、グーグルの事業に対抗するように立ち上げられてきたわけである。

いずれの問題も、細かくは後に再度取り上げることとなるが、この章で特に考えていきたいのは、こうした複製され、遍在する書物と読者との関係である。それは読書環境や読者の大規模な変容であると同時に、「書物」や「文献」という概念そのもののとらえなおしを求めるものである。だが、それは逆に私たちが自明のものとしてきた書物と読者の関係史が見えてくる好機でもある。こうした私たちの知の基盤、情報の基盤が揺るがない限り、読書という行為を意識することは難しいからだ。

また、これら複製され、遍在する書物の出現は、本書で特に関心を向けている書物の場所や移動、越境という問題にも深く関わっている。日本から米国へ渡った書物の歴史をとらえる際に、寄贈図書は非常に大きな役割を果たしている。近年の大規模な事例では、二〇〇三年にピッツバーグ大学に寄贈された六万五〇〇〇冊の規模の寄贈がある。(4)私は以前三井住友銀行の金融経済研究所が行なったこの寄贈について論じた際に、日本語図書の戦後の寄贈としては最大級のものと書いたのだが、それはあくまで書物という形をとったものにかぎった場合であった。実際には、それにさかのぼる一九九一年、日興証券がハーバード大学に、三井海上火災（旧大正海上火災）がケンブリッジ大学に、それぞれ一六万冊の日本語図書を寄贈している。ただしこれは、日本の書物のマイクロフィルム版なのである。

むろん、マイクロフィルム版による書物も、大きな書物の移動と読書環境の変貌に結びつくことは言うまでもない。私には当時この異なるタイプの寄贈や書物の移動を十分議論のなかに組み込み得なかったが、複製され、遍在する書物を扱うこの章で、改めてこの問題に取り組んでみたい。

インターネットを介して提供される今日のデジタルライブラリと、読者に手渡されるマイクロフィルムとではまったく次元が異なるように思われるかもしれない。しかしながら、後に見るように、両者はその制作の過程をとらえた場合、実は多くの問題を共有してもいる。後に述べる国立国会図書館の明治期図書マイクロ化事業の場合、同館が現在作成している「近代デジタルライブラリ」には撮影画像が用いられているが、こうした実質的な関係を含め、マイクロフィルム版の作成には今日の書籍デジタル化と共通する問題が数多く含まれてもいる。

この章では大規模な日本の書物の複製、頒布、すなわちマイクロ化プロジェクトやデジタル化の事例をとり上げる。複製された、遍在する書物の作り出した新たな読書環境を学んでいくための手がかりとして、それらの事例を検討する。そのねらいは、私たちの読む環境の史的変化を具体的にとらえること、そして、そのなかでの私たちの読書という行為を批判的に見つめ直していくことである。

このことは同時に、私たちをとりまく現在の情報環境への関心と深く結びついている。現在の教育・研究環境は、理工学系に限らず人文科学領域においても、デジタル化された電子ジャーナルや書籍のデータベースを無視しては成り立たない。そして、そうした情報基盤を、誰が、どのようにデザインし、販売し、所有するのかという問題は、今日すべての学術機関に共通する大きな課題となっている。

とはいえ、まず個別的、具体的な書物のデジタル化の事例を歴史的にとらえる必要がある。どこにあるどのような書物を、誰に向けて、どういった手順で複製していくのか。書物や出版文化をめぐる抽象的な議論は、しばしばこうした差異を無視してしまうがゆえに、結果として短絡的な結論に結びつきかねない。そこで、ここではまず国会図書館所蔵明治期図書マイクロ化計画、そして早稲田大学図書館の古典籍総合データベース、最後にグーグルブックス図書館プロジェクトを取り上げる。いずれも現在日本の図書を世界に向けて公開している大規模なデジタルライブラリである。

2　明治期刊行図書のマイクロ化

一九八〇年代の末に、一七万冊に及ぶ明治期の書物が約一年半の間に一挙に複製された。それは日本の出版史上における一つの極めて大きな出来事だったはずだが、そうした認識がほとんど共有されていないことにこの問題のとらえがたさがある。これまでにも述べたが、デジタル化された書物がもとの書物と異なる版であるように、マイクロ化された書物もまた新たな版と言える。つまりこの時期に、一七万冊の新たな「版」の書物が出現したわけである。いったいなぜ、どのようにしてそれは可能になったのか。言うまでもなくこの規模の書籍の複製は世界的にも史上類を見ない事業であり、かつ、現在のデジタルライブラリとも多くの接点をもっているということからも、歴史的な転換点と言うことができる。

この大規模な複製事業が進められたのは、当時紙の劣化・酸化によって書物が失われていくということが深刻な問題として意識されていたからである。本の酸化については、すでに当時国際的な関心事ともなっており、オランダのハーグに本部をもつ国際図書館連盟（ＩＦＬＡ）が一九八六年には本の保存・修復を中核プログラムとして、資料保存のための国際的なネットワークの構築を呼びかけているが、日本でも八二年には酸性紙問題について翻訳・紹介がなされ、メディアでも取り上げられて関心を引いていた(5)。一九八七年の国立公文書館法の成立

とあいまって、図書館や出版界を中心に本の保存に向けた取り組みが本格化している。(6)

日本の場合、十九世紀半ばから、和紙に代わって木材パルプを原料とし、印刷インクのにじみ止めとして硫酸アルミニウムを用いる洋紙が広く用いられることとなる。しかしこうした質の洋紙はそこから生じる酸によって紙自体が劣化し、崩壊してしまう。この時期の劣化調査でも、一八九〇年代を中心とする前後三〇年間に刊行された資料の劣化がはげしく、国内図書館でも三割近い書籍がはげしい劣化の状態にあることが報告されている。(7)皮肉なことに、近代の刊行物の方が古典籍よりも保存環境によっては早く劣化して読めなくなる危険性がある。また人災や天災で書籍が損なわれる危険もある。したがって先にふれたＩＦＬＡは、書籍の原型の保存を進めるとともに、その保存原則として、資料のマイクロフィルムなどへの移し替えを提案している。(8)

こうした背景もあり、明治期の所蔵資料を多数抱えていた早稲田大学図書館は、大規模な明治期資料のマイクロ化プロジェクトを始めている。一九八七年には明治期資料マイクロ化事業室が立ち上げられ、九〇年までに三五〇〇冊の書籍をマイクロ化している。重視すべきは、この事業が単に自館の蔵書の複製を企図していたのではなく、他の図書館にも呼びかけ、明治期刊行図書全体のマイクロ化・保存を試みた計画だったことである。マイクロ化を行なった図書は国立国会図書館の所蔵とも重複する部分が多く、無駄を避けるためにも互いに重複しない図書をマイクロ化し、それらを集めて集成することを目標として国会図書館側に協力を呼びかけてもいた。

国会図書館側でも、これに先立って明治期刊行図書のマイクロ化を計画していたが、大規模なマイクロ化には膨大な予算が必要だ。国会図書館では当時年間総予算一三八億円のうち、マイクロ事業にあてられていた予算は二二〇〇万円ほどにすぎず、この大規模なマイクロ化事業のために一七億円に及ぶ特別予算を請求したものの認められなかった。(9)

こうしたなか、書籍の輸入や販売を手がけていた丸善は、その一二〇周年記念事業として、この国立国会図書館の明治期刊行図書マイクロ化事業に関心を向ける。丸善側が一〇億円を出資してこの事業を請負い、複製したマイクロ資料を売り出す計画を打ち出していく。一九八七年五月に丸善は国会図書館にその旨を打診し、その年七月にはそのためのプロジェクト・チームが丸善で編成され、作業の検討や書庫内の調査、関係機関との話し合いが進められることとなる。

二年後の八九年八月、丸善と国会図書館の間で明治期刊行図書のマイクロ複製について合意がなされ、覚書がかわされる。実際に撮影が開始されるのはこの年九月のことである。(10) 同じ計画を進めていた早稲田大学図書館側はこれに対していくどか批判している。国会図書館が、所蔵する明治期刊行図書のマイクロ化を短期間で一気に完成させれば、それらとの重複資料も含む明治期刊行図書のマイクロ化を時間をかけて行なってきた早稲田大学図書館の事業は継続する意味がなくなってしまうからだ。また、国会図書館側の計画があくまで自館蔵書のみの複製という閉鎖性をもっていたこともある。(11) さらに、一七万冊という分量に対して、二年から三年でその複製を作るという事業は、当時の常識からして拙速にすぎるように思えたということもあった。(12)

この国立国会図書館のプロジェクトのあらましをまとめるなら、一九八九年九月から九一年三月まで、国立国会図書館、丸善、そして富士フイルムの三者の協力体制のもとで進められた。マイクロ化した総冊数一七万冊、撮影コマ数一七二〇万コマ、和装、洋装、巻物や大型本といった多様な形態の図書を含む、世界最大規模の未曾有のマイクロ化プロジェクトだった。ちなみにこの作業で扱われたもっとも大きな図書は九〇センチ四方、逆にもっとも小さな図書は四センチ四方の豆本であったという。(13) そればかりか、国会図書館では、一般閲覧者の閲覧を止めるわけにもゆかないので、この膨大な書籍を別の場所に移動して撮影しながら、利用者の閲覧を並行して可能にするような工夫も必要とされた。

困難はこうした技術的な面ばかりではない。このプロジェクトに対しては国会図書館内部からも疑問視する声があった。国会図書館の蔵書は、あくまで国有財産なので、特定企業がそこに独占的に立ち入って蔵書を複製したり、商業利用したりすることの是非が問題となった。当時の国会図書館の組合側からは、丸善からの資金提供を好機とするあまり、企業側のプランに引きずられないこと、国会図書館自体の蔵書保存プランをしっかり立てて、そのなかに今回の事業を位置づけるべきといった警告もなされている。(14)

多くの難題をかかえるなか、具体的にどのようにしてこれら膨大な書籍は複製されたのだろうか。そこでどのような問題が起こったのだろうか。ここでは、この膨大な書籍が複製、再生されていったプロセスを追っていく。複製された書物という存在は、決して自明のものではない。それができた経緯を丹念にたどることが、書物のメディアとしての限界や特徴をとらえるためのよい手がかりとなるだろう。この章の最初に述べたように、こうした書物の作られるプロセスを知ることが、私たちの読む環境や書物を自明視せずにとらえなおすリテラシー史の有効なアプローチの一つなのである。

一七万冊に及ぶこれらの書物が撮影されたのは、国会図書館の本館最上層にあたる第一七層、約二千平方メートルの空間でである。(15)窓一つないそのなかで作業に従事した人々は、自らを「地上のモグラ」と呼んでいた。

3　複製という商品

国会図書館の明治期刊行図書のマイクロ化計画は、いくつもの難題を背負っていた。大量の図書を短期間で複製していくわけだが、それらは破損、紛失が生じれば代替のきかない書物であり、撮影のために動かした図書を戻す場所を間違えただけで、その図書を探し出すのはまず不可能となってしまう。このプロジェクトには、コストダウンをはかるために多くの非正規雇用労働者が参加することになったが、そこでは高い作業の精度と書物への配慮が同時に求められることとなる。そして、マイクロフィルムといえば判読しがたく、画質が悪いというそれまでの印象を払拭していくという技術的な課題もあった。この書物の流れ、作業する人々、マイクロ化の技術という難点をいかにクリアしていったかを実際に追ってみよう。

工程や品質、労務管理や機材、システム開発にあたったのは富士フイルムだった。プロジェクトのスタッフは総員約一二〇名で、図書のデータ入力や移動にパートスタッフが七〇名、撮影オペレータが三〇名、そして全体の管理スタッフと著作権調査にあたった丸善のスタッフから成っていた(16)。

このマイクロ化事業で、まず最初に行なわれた作業は何だろうか。それは撮影でも書籍の移動でもなく、冊子体の五巻本の目録『明治期刊行図書目録』の書誌データをすべてパソコンにデータ入力するという作業だった(17)。そのデータをもとに一冊ごとに対応したバーコードつきの図書カードとして打ち出し、以降の図書の動きを管理している。バーコードをもとに毎日リアルタイムでその書籍の作業状況が記録され、その書物がどこでどういう状態にあるかを逐一把握できるシステムを作っていったわけである。

それとともに、著作権処理が進められている。著作物をマイクロフィルム化し、販売するには、まずそれらの著作権者の了解が必要である。日本の場合、ある著作を出版する側がその著作権者を捜し出し、その許諾をとるという形をとる。著者の死後五〇年経過していればその必要はないが、まず一七万冊の図書について、著者の生死、所在を調べ、十分調べてもわからない場合には、その調査経緯とともに文化庁に裁定をあおぎ、補償金を支払った上でやっと複製作業を含めた利用が可能となる。

実際の撮影の流れを大まかに述べれば、工程全体を管理できるよう事前に図書目録の内容をパソコンに入力したうえで、目録順に図書検索用のカードを打ち出しておく。それをもとに図書を順に探して取り出し、代本板をかわりに入れ、取り出した本の形態による選別を行なう。落丁や劣化の状態を検査し、必要なものは下のページが写らないように間紙《あいし》をページの間にはさみ、撮影する。現像とフィルム検査は館外で行ない、検査が完了すれば図書をもとの書架へもどし、代本板を回収する、というサイクルである。

このような作業を国会図書館内で行なうのである。作業を館外で行なうことも検討されたが、その場合には運搬や梱包の際の破損や紛失のリスクが生じ、時間もかかる。また作業中の図書を利用者の貸出希望に応じて貸し

図10　コンバージョンセンター（模型）　手前が図書保管室，中央にコントロールセンターが置かれ，奥が図書の選別，撮影準備，撮影区画。（野中治所蔵）

出し、また作業の流れに戻すには、館内の方がはるかに機能的だ。こうした理由から、国会図書館の内部に、企業のワークスペースと労働者を一時的に受け入れる施設が作られた。こうして、図書館の第一七層に、マイクロ・コンバージョンセンターが作られることとなった(18)（図10）。

　さて、マイクロ資料といえば画像が荒く、見づらい印象が当時としては一般的だったが、保存を目的としたこのプロジェクトでは、劣化しない、しかも読みやすい画質が追求されている。機材は古書撮影用の機材を改良し、撮影倍率の幅を広げるとともに厚みのある図書にも対応できるような工夫が施された。マイクロフィルムは変退色をおさえ、画面上のムラをおさえるための処理手法が新たに用いられ、撮影画像は、数度のチェックを受けさせて見づらいものはすべて再撮影に回すようにし、きびしい品質管理を徹底させていく。プロジェクトの指揮にあたっていた野中治が「大規模マイクロシステムまたマイクロ出版のイメージを一新した」と述べているのも決して言い過ぎではあるまい(19)。その撮影の出来は、今ではインターネット上で誰でも容易に確認できる。現在公開されている国立国会図書館の近代デジタルライブラリの多くの画像は、書籍自体をスキャンして作成したのではなく、このマイクロフィルムをデジタル化したものだからである。

　このプロジェクトで重要なのは、企業側がマイクロフィルムの作成を、オリジナルに劣るもの、あるいはオリジナルの代替物としてではなく、潜在的なニーズを抱えた新たな商品、新たな書物として意識し、かつ売り出していったという点である。劣化していくのはオリジナルの方であり、複製の方がよりオリジナルに近いという、言葉にすれば奇妙な事態が大規模に進行していた。場所をとらず、所蔵や輸送も容易で、さらなる複製も可能な永続的なメディアとして、マイクロフィルム化事業の商品価値を積極的に売り出していったわけである。

企業ベースでのベンチャーとして、経営工学を取り入れた効果的、効率的な工程として作業を設計し、品質管理でのOA化を徹底的に進めており、その後の大規模な書物の複製事業の工程モデルとなるものであった。それはまた書物の稀少性やモノとしての唯一性という価値を、情報としての永続性や可変性という別の価値軸へと大胆に移行させていくプロジェクトでもあったわけである。[20] 一セットを一億五千万円という高価格で販売することができたのは、この新たな価値を積極的にメディアを通して押し出していった戦略による。

4　誰が写していたのか

新たな書物を大量に作りだしていったこの事業の特徴はまた、一二〇人もの非正規雇用労働者を集中的に雇用し、低コストで作業を行なったこと、そしてまた、経営工学の管理手法を生かしながら効率的な生産ラインをデザインしていった点にある。作業現場には三一台のカメラが設置され、一日平均二〇〇〇コマ、四〇〇〇頁が撮影された。一日平均で約一万二〇〇〇頁を撮影していたことになる。ただ、先に述べたように、国会図書館の内側に入り、かつ稀少な書籍を扱ううえでは、国会図書館の職員に等しい職業倫理が求められることとなる。それが可能だったのはどうしてだろう。「地上のモグラ」たちの作業を支えていたものは一体何だったのか。

第一に、この仕事の意義、意味を共有していたことが大きいだろう。作業チームのなかで作成された、その名のとおり、『地上のモグラ』という小さな新聞からそのことがうかがえる（図11）。作業場は積極的にメディアにオープンにし、見学者用のプロモーション・ビデオを作成して、書物を保存すること、残していくことの重要性を伝える工夫をしている。テレビや新聞メディアの取材や、この事業の反響、さらには国内外から見学に訪れた

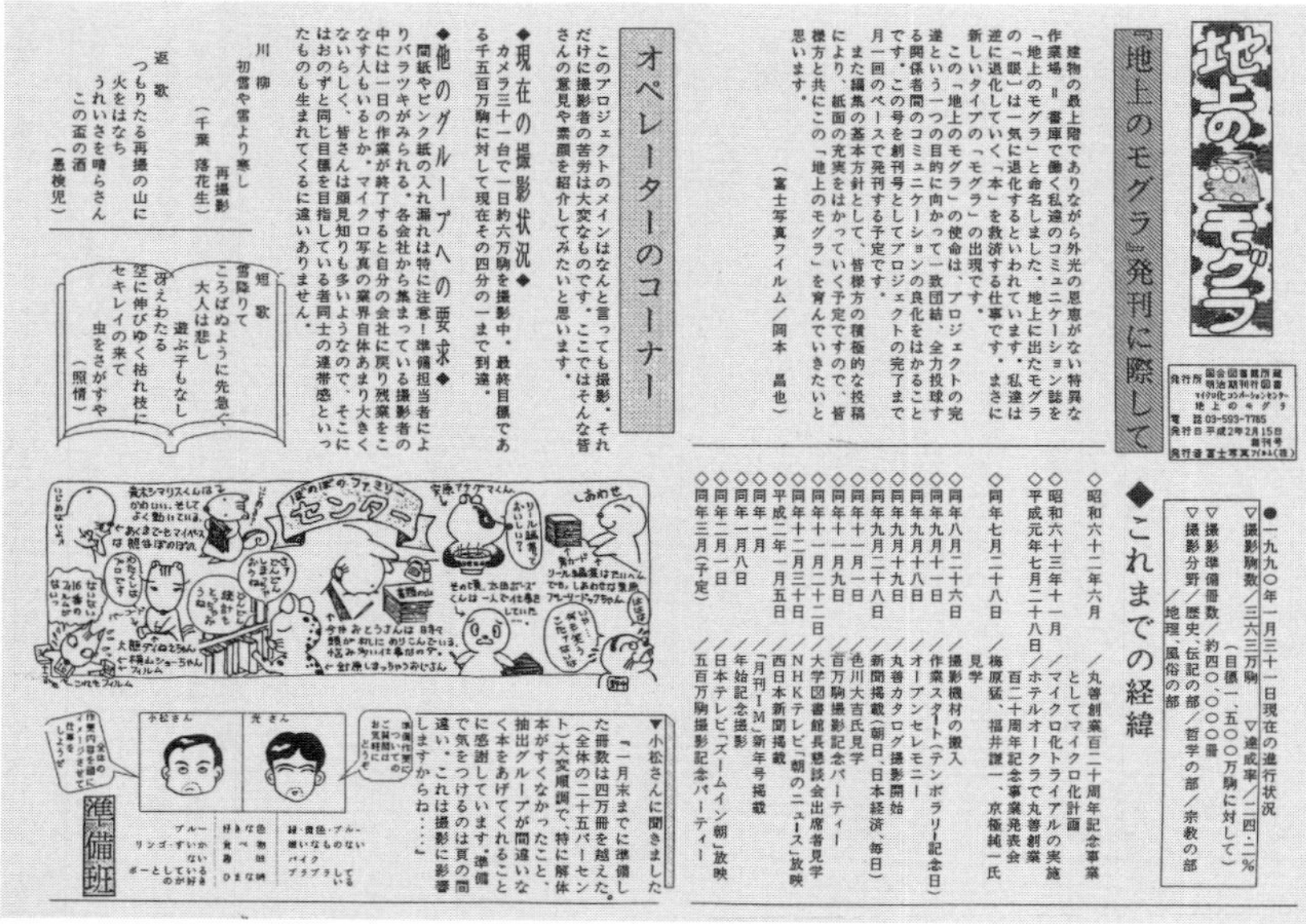
地上のモグラ

発行所 国会図書館所蔵 明治期刊行図書 マイクロ化コンバージョンセンター 地上のモグラ
電話 03-593-7765
発行日 平成2年2月15日 創刊号
発行者 富士写真フイルム(株)

『地上のモグラ』発刊に際して

建物の最上階でありながら外光の恩恵がない特異な作業場"書庫で働く私達のコミュニケーション誌を「地上のモグラ」と命名しました。地上に出たモグラの「眼」は一気に退化するといわれています。私達は逆に退化していく「本」を救済する仕事です。まさに新しいタイプの「モグラ」の出現です。
この「地上のモグラ」の使命は、プロジェクトの完遂という一つの目的に向かって一致団結、全力投球する関係者間のコミュニケーションの良化をはかることです。この号を創刊号としてプロジェクトの完了まで月一回のペースで発刊する予定です。
また編集の基本方針として、皆様方の積極的な投稿により、紙面の充実をはかっていく予定ですので、皆様方と共にこの「地上のモグラ」を育んでいきたいと思います。
(富士写真フイルム／岡本　晶也)

◆これまでの経緯

●一九九〇年一月三十一日現在の進行状況
▽撮影駒数／三六三万駒　▽達成率／二四・二%
(目標一,五〇〇万駒に対して)
▽撮影準備冊数／約四〇,〇〇〇冊
▽撮影分野／歴史、伝記の部／哲学の部／宗教の部／地理、風俗の部

◇昭和六十二年六月　／丸善創業百二十周年記念事業としてマイクロ化計画
◇昭和六十三年十一月　／マイクロ化トライアルの実施
◇平成元年七月二十八日／ホテルオークラで丸善創業百二十周年記念事業発表会
◇同年七月二十八日　／梅原猛、福井謙一、京極純一氏見学
◇同年八月二十六日　／撮影機材の搬入
◇同年九月十一日　／作業スタート(テンポラリー記念日)
◇同年九月十八日　／オープンセレモニー
◇同年九月十九日　／丸善カタログ撮影開始
◇同年九月二十八日　／新聞掲載(朝日、日本経済、毎日)
◇同年十一月一日　／色川大吉氏見学
◇同年十一月九日　／百万駒撮影記念パーティー
◇同年十一月二十二日　／大学図書館長懇談会出席者見学
◇同年十二月三十日　／NHKテレビ「朝のニュース」放映
◇平成二年一月五日　／西日本新聞掲載
◇同年一月　／「月刊IM」新年号掲載
◇同年一月八日　／年始記念撮影
◇同年二月一日　／日本テレビ「ズームイン朝」放映
◇同年三月(予定)　／五百万駒撮影記念パーティー

オペレーターのコーナー

このプロジェクトのメインはなんと言っても撮影。それだけに撮影者の苦労は大変なものです。ここではそんな皆さんの意見や要望を紹介してみたいと思います。

◆現在の撮影状況◆
カメラ三十一台で一日約六万駒を撮影中。最終目標である千五百万駒に対して現在その四分の一まで到達。

◆他のグループへの要求◆
間紙やピンク紙の入れ漏れは特に注意！準備担当者によりバラツキがみられる。各会社から集まっている撮影者の中には一日の作業が終了すると自分の会社に戻り残業をこなす人もいるとか。マイクロ写真の業界自体あまり大きくないらしく、皆さんは顔見知りも多いようなので、そこにはおのずと同じ目標を目指している者同士の連帯感といったものも生まれてくるに違いありません。

川柳
初雪や雪より寒し　再撮影
(千葉　落花生)

返歌
つもりたる再撮の山に
火をはなち
うれいさを晴らさん
この盃の酒
(愚検児)

短歌
雪降りて
ころばぬように先急ぐ
大人は悲し
遊ぶ子もなし
冴えわたる
空に伸びゆく枯れ枝に
セキレイの来て
虫をさがすや
(照情)

▼小松さんに聞きました
"一月末までに準備した冊数は四万冊を越えた。(全体の二十五パーセント)大変順調で、特に解体本がすくなかったこと、抽出グループが間違いなく本をあげてくれることに感謝しています。準備で気をつけるのは頁の間違い。これは撮影に影響しますからね……"

準備班

	小松さん	光さん
好きな色	ブルー	緑・黄色・ブルー
食べ物	リンゴ・すいか	嫌いなものない
趣味	ない	バイク
ひまな時	ボーとしているのが好き	ブラブラしている

図 11　『地上のモグラ』創刊号　1990 年 2 月にコンバージョンセンターで作成，発行された。作業の進捗状況以外に，作業にあたった多くの人々が小文を寄せている。

人々が、ひたむきに複製作業にあたる人々に感銘を受けていたことなどが記されている。作業工程で書籍が破損したり紛失したりするのは稀なことであった。それどころか、作業の副産物といえようが、明治期の図書八万冊を集めておかれていた書庫では、書架と書架のすき間に落ちて実質的に提供できなくなっていた図書が一万冊以上も見つかったという[21]。

このプロジェクトは作業の進行状況の詳細を、参加企業に向けた定期報告で常に公開しながら進められており、新聞、テレビの取材も積極的に広報に利用している。一九九〇年十二月末までの段階で見学者は国内外あわせて一四二五名にのぼり、月に一〇〇人にのぼるこれらの見学者には国内外の大学や研究機関、企業、官公庁など多様な人々が含まれている[22]。これは、後に取り上げるグーグルの行なったプロジェクトと大きく異なっている点である。グーグルは、その作業の経過や現場や作業にあたっているスタッフの情報を徹底的に外部にもらさない方針をとっていたからである。

コンバージョンセンターの運営側は、短期雇用を含めたスタッフたちに、文化財を保存し、書物を残していくこのプロジェクトの意義を理解し、それに力を尽くしたとの誇りを持つよう呼びかけている。(23) むろんプロジェクトの意義に異存はないが、もしそうであれば一時的な雇用で終わらせるのではなく長期的なスタッフ養成と部署を国立国会図書館側を含めて構想するべきだっただろう。

ただ、関わった運営スタッフへのインタビューや見学者たちの言からは、実際に一二〇人ものパートタイマーたちがきわめて質の高い仕事をしていたことがうかがえる。プロジェクト管理者側とはまた別に、おそらくは「本を写す」という行為の価値を、作業する人々もまた共有していたということなのだろう。本を写す、という行為は、一見単純な労働ではあるが、もともとは書物を作り、伝え、所有し、あるいは受け渡すための基本的な方法でもあり、重要な文化的な営みなのである。写す時間と労力が極端に軽減されたために、その行為の意味は近年大きく変容したが。

近年の電子機器の普及と複製、印刷技術の流通、一般化によって、本を写すという行為自体の意味は大きく変わってきた。誰もが、書物を読むよりもはるかに速くそれを写し、所有し、さらには移すことができるようになったとき、書物を写すという行為の崇高さは失われる。写すコスト（労力、時間）が読むコストをはるかに下回るとき、重要なのはもはや書物（コンテンツ）ではなく、むしろ写された書物を蓄え、探し、見せるための技術（検索）の方である。

とはいえ、「私たちは、遠い昔に、一切教などを遺した無名の写経生の末裔です」(24) と言う「地上のモグラ」たちにとって、この撮影や一連の工程は、賃金のための労働というよりも書物を後生に伝えるための「行《ぎょう》」のように思えるときもあったのかもしれない。

5　書物の変容

この「書物」は、一八ヶ月という短い時間で当初予定していた撮影作業を終了し、九一年に『国立国会図書館所蔵明治期刊行図書マイクロ版集成』（以降、『マイクロ版集成』）として発売される。マイクロフィルムは一万五五三六リールに及び、フルセットで一億五千万円だが、「文学」、「哲学」など二四の分野に分かれ、分野ごとの分売も可能な形で売り出された。すでに作成段階から名古屋市や福岡市の大学図書館や公立図書館が購入を検討、決定しており、中央と地方との読書環境の格差をうめるための有効な道として検討もはじめられていた。[25] そして発売一年のうちにフルセットでの購入希望は横浜市の中央図書館、名古屋の愛知文化会館、神戸の関西学院大学、国際日本文化研究センター、東京の大東文化大学、明星大学や創価大学などの一〇の機関からあり、部分セットの購入も全国各地の機関からなされている。[26]

つまり、一九九〇年代初頭、日本では明治期の刊行図書一六万冊が一〇セット、つまり一六〇万冊以上の規模の明治期図書が全国的に流通していったわけであり、明治期刊行図書と読者との関係はいっきにこの段階で変わっていったといってよいだろう。また、この大規模なマイクロフィルムは、海外の日本研究者にとっても当時垂涎の的だったと言ってよい。日本研究や日本語蔵書を充実させる研究機関の数多い北米においても、当時一六万冊を超える規模の日本語蔵書を所蔵しているのは米議会図書館を除けばミシガン大学、カリフォルニア大学バークレー校、コロンビア大学、ハーバード大学の四つだけであった。

とはいえ、さすがにどこの大学でも日本の文献、しかも明治期刊行図書のみでこれほどの予算を組むことは困難であった。折しも日米間の貿易摩擦が顕在化し、円高ドル安の経済環境にあった時期でもあった。そこで、海外への日本語図書販売を手がけていた丸善は、海外の日本研究機関と連絡をとりあい、日本の企業に向けて、こ

寄付講座の対象大学	助成企業	寄付講座の対象大学	助成企業
マサチューセッツ工科大学	ＫＤＤ	ハーバード大学	鹿島建設
	ＮＥＣ		武田薬品
	ＮＴＴ		日本興業銀行
	ＴＤＫ	ニューヨーク大学	東京放送
	朝日放送		野村証券
	川崎製鉄	スタンフォード大学	大林組
	京セラ		キャノンＵＳＡ
	キリンビール		三和銀行
	新日鉄		日本興業銀行
	第一勧銀		日立アメリカ
	東芝		松下電器
	トヨタ	カリフォルニア大学	日立化成
	野村証券		ファナック
	福武書店		三菱銀行
	富士通	ペンシルヴァニア大学	村田製作所
	松下電器	ノースカロライナ州立大学	神戸製鋼
	三井グループ	ミネソタ大学	清水建設
	三菱銀行	オクラホマ大学	旭硝子
	三菱グループ	パデュー大学	ＮＥＣ
ミシガン大学	トヨタ	バンダービルト大学	第一製薬
コロンビア大学	三菱信託銀行		

図 11　日本企業による助成　1989 年時点で，日本企業の助成によって講座が設けられていた米国内の各大学。

のコレクションの学術機関への寄贈を呼びかける方策をとる。

丸善は一九九一年、日本企業向けに社会貢献の一環としてこの寄贈を呼びかける提案書を作成し、頒布している。そこでは、一九八八年に内閣総理大臣の求めによって構成され、作成された「国際文化交流に関する懇談会」報告書を引きつつ、折からの日米間の経済摩擦を解消していくためにも、対日理解の促進のためにも「日本文化全般の情報・資料の迅速かつ多量の供給」が求められていることを訴えている。そしてそのための不可欠の活動として、海外の日本研究に対する協力を位置づけているわけである。また、日米経済摩擦とともに、八五年以降の円高ドル安が米国内の図書館・研究機関の日本図書購入予算をここ数年で実質的に半減させていることにも注意を促している。[27] さらに、この『明治期マイクロ版集成』の寄付については、日本を含めたアジア地域の学会としては最大規模のアジア学会（ＡＡＳ）で寄贈先を公募し、その審査を公開することも約されている。[28]

図11に示すように、日本企業による米国大学への資金提供や、それをベースにして開かれている講座は当時でも少なくなかった[29]。しかしながら、日本企業からの寄付は、その使用が特定分野での利用に限定されているケースも多かった。つまり、工業、経済、行政やマスコミに偏っており、文学や歴史、芸術、哲学など、すぐには経済効果を生み出さない分野への寄付は少ないのが当時の実情であった[30]。

さて、そのアジア学会は五〇周年を迎えた一九九一年に、ニューオリンズで開催されるが、中心的なパネルで明治期の書籍が取り上げられたのは、この寄贈公募企画の一環である。コロンビア大学のドナルド・キーンやキャロル・グラックらが後押しし、日本からは色川大吉が報告者として参加している[31]。そこで、このマイクロフィルムの紹介とともに、日本企業にその寄贈を呼びかけ、寄贈先の公募が進められている。

むろん各大学はこぞってこの公募に名乗りをあげた。例えば西海岸ではシアトルのワシントン大学やカリフォルニア大学バークレー校が応募している。バークレー校は当時すでに二八万七〇〇〇冊の日本語図書を所蔵し、三井コレクションや、近代文学の初版本を中心とした村上コレクションがそこには含まれている。この時期には『マイクロ版集成』とは別の明治期マイクロ版資料、早稲田大学所蔵の明治期の刊行物をマイクロ化した『明治期刊行物集成』をも購入しており、このマイクロ資料の寄贈が実現すれば近代の日本語文献については海外でもっとも完備した蔵書ともなる。日本研究や日本語蔵書ではトップクラスのコロンビア大学やハーバード大学も、むろん寄贈を求めている。

これらの大学は、いずれも図書寄贈が実現すれば、専用の図書閲覧スペースや寄贈者の記念プレートの作成、メディアへの広報といった条件をあげているほか、いかに自身の図書館が他大学に対してもそれらをサービスできるかをアピールしている。自分たちだけが利するのではなく、米国内全体への貢献を訴えるわけである。他大学への貸出しはもちろん、そのために寄贈図書を全米のオンライン目録のデータとして作成し、反映させること、あるいはその資料を利用しにくる研究者のための補助金制度も提案されている[32]。

なかでも注目すべきは、オハイオ州立大学の応募である。オハイオ州立大学は比較的新しい日本語蔵書であり、現在では一〇万冊を超える規模に成長しているが、当時は五万冊程度の中規模の蔵書であった。そのオハイオ州立大学とシカゴ大学が、この『マイクロ版集成』の応募にあたって、共同のプランを作ったのだ。寄贈が実現すれば、互いに得意な分野のマイクロフィルムを分けあって所蔵する協定を結び、いわば共闘したわけである。しかし、より重要なのはオハイオ州立大学が、この時点で現在の「近代デジタルライブラリ」と類似したシステムでの資料提供を提案している点である。

オハイオ州立大学は、第八章でも詳しく扱うが、当時は米国内でも先端的な情報環境を図書館を通して提供しており、インターネットを介してデジタル画像をファイル転送し、他大学でプリントアウトが可能なシステムをいちはやく構築している。提案されたプランによれば、一度デジタル化した画像は蓄積され、後の利用にも供するようにするという。この明治期資料のマイクロフィルム購入にしても、全米の大学の各地からのアクセス、閲覧を無償で可能にすることを売りにしての応募なのである。すでにオハイオ州立大学では、この技術で農学関係文書のデジタル化と提供を一年間行なった実績を持っていた(33)。

これは複製されたマイクロ資料の利用範囲を一気に広げる画期的な提案ではあるが、同時に、一セットをある大学が所有すれば他大学は購入する必要がなくなり、一億五千万円のこのマイクロ資料自体の価値を暴落させる可能性をもつものでもあった。あるいはこの提案の段階で、いずれはこうしたネットワークを介しての図書利用によって、マイクロ資料そのものの所有や購入は必要なくなるという予測もすでに生まれつつあったと考えてもよいだろう。

この資料寄贈の公募の結果として、損保大手の大正海上火災が『マイクロ版集成』を英ケンブリッジ大学に寄贈すると発表し、また日興証券も米ハーバード大学に贈ることとなった(34)。日本語蔵書は、ケンブリッジ大学では一気に三倍に、ハーバード大学でも倍増することとなった。当初の計画では、米国内の複数の研究機関に寄贈がなされることが見込まれていたが、結果的には米国ではハーバード大学のみへの寄贈にとどまってしまった。そのせいもあってか丸善は九五年に無料貸与の形でコロンビア大学にこのコレクションを送っている。[35]

一九九四年五月六日から八日にかけて、ハーバード大学のライシャワー研究所主催で明治研究学会が開催された。これは、九一年の日興証券による『マイクロ版集成』寄贈の記念イベントである。七ヶ国、百人あまりの発表者が参加している。オープニング・セッションには「「明治」はどのような時代であったのか」というテーマのもと、歴史学者の色川大吉、プリンストン大学のマリウス・ジャンセンらが参加していた。[36] こうして明治期刊行図書一六万冊が、米国の研究機関で閲覧可能な環境が生まれたわけであり、このことは海外の日本語図書と読者の関係を一新する一つの出来事と言えるだろう。

ここではこの大規模なマイクロフィルムの流通・購入について論じたわけだが、なかでも強調すべきは、複製がオリジナルよりもすぐれた新たな「商品」となっていったこと、そしてまた、その商品を受け入れる環境が、さらなるその複製、ネットワークを介した共有というこの商品価値そのものを揺るがすような環境にすでに移行しつつあったということである。

6　データベース・リテラシー

丸善はこの明治期刊行図書のプロジェクトの後、その作成工程のノウハウを生かし、さらに昭和初期から戦中期にかけての図書、『国立国会図書館蔵書目録（昭和元～二四年三月）』の「社会科学編」部分にあたる図書、三万八〇〇〇点、五万冊の撮影、デジタル化をも完成させる。[37]

これらの複製をもとに、国立国会図書館は、オハイオ州立大学での提案にあったような、電子図書館機能を用いた新たな計画に乗り出していく。この明治期刊行図書のマイクロフィルム化プロジェクトから数年後の一九九三年、通産省は補正予算として、電子図書館事業を含む情報化の推進政策に一七億五千万円を割当てられている。これをもとに、通産省のもとにあった情報処理振興事業団（ＩＰＡ）が具体的な電子図書館システムの構築をはじめる。関西館の設立を構想していた国立国会図書館との共同作業のもと、電子図書館事業は進められていくことになる。だが、問題はその電子図書館で提供するデジタル資料をどこで、どう作るかであった。

電子図書館の実証実験のための資料電子化作業は九四年十二月にはじまり、半年で八〇〇万点にのぼる画像データの蓄積が可能になったという。(38) ちなみに後に国立国会図書館長となる長尾真が『電子図書館』を刊行したのもこの年である。さて、高い精度で生産管理された一七〇〇万点を超える撮影済みの明治期刊行物マイクロデータは、まさにこの電子図書館の核になっていった。ＩＰＡ情報基盤センターが慶應義塾大学湘南藤沢キャンパスに建設され、九五年十月には実際の利用実験が開始されている。そして明治期刊行物が近代デジタルライブラリとして公開されるのは、国会図書館の関西館が開館する二〇〇二年であり、マイクロ資料は、デジタルライブラリとして再び日の目をあびることとなるわけである。

明治期刊行図書をデジタル化し、公開するメリットはそれだけではない。デジタルライブラリには、単に書籍の画像だけではなく、それを探すための書誌情報もまた電子化されている必要があるのだが、この点からも『マイクロ版集成』は都合がよかった。このマイクロ化プロジェクトが、まず冊子体の目録からデータ入力を行なっていたことを思い出してほしい。

また、デジタル版の作成、公開にあたっては著作権処理が必要だが、丸善では『マイクロ版集成』の制作にあたって、この一六万点についての著作権調査をすでに行なっており、その記録やノウハウを生かすことができた。とはいえ、著作権調査は実は一度すればよいというのではなく、デジタル化とその公開を前提とした調査があらためて求められる。「近代デジタルライブラリ」の場合、二〇〇〇年から二〇〇五年にかけてこの調査が行なわれ、ホームページ上での公開調査も交えて著作権確認の作業が進められていった。時代をさかのぼる明治期図書の著者の場合、著作権の有無が判明せずに文化庁の裁定を求めるケースも多く、「近代デジタルライブラリ」の場合、裁定を必要とした著者は全体の七割に及んだという。(39)

かつて高額な商品として販売されたマイクロ資料は、こうして現在私たちに無償で閲覧可能な環境が整えられるようになったわけだが、その初期からのユーザーとして、私はこの「近代デジタルライブラリ」をはじめて用いたときの喜びと不安について記さずにはいられない。二〇〇二年にはじまったデジタル版の公開は三万冊規模ではあったが、その構想、規模は未曾有のものだった。折しも、私は東京のめぐまれた読書環境から地方の大学に移ったばかりであり、その地での文献の不足に焦りやいらだちを感じていたときでもあった。当時求められて書いたこのデータベースについての小文で、私はそれが地方の研究者や一般読者にとって極めて有用なツールとなるばかりでなく、研究の方法や基盤そのものをも変えていくことを評価しながらも、同時に強い危惧を抱いたことを記している。

肯定的側面ばかりではなく、研究という側面からいくつかの問題点をデータ公開に関して述べておくなら、何よりも早急に必要なのはこのデータに対するメタデータの公開だろう。今回のデータ公開は、調査の基礎レベルを底上げすると述べたが、それとともに、このデータが調査の「基準」「基礎」と化してしまうおそれもある。しかし、あくまでこのライブラリーは、特定の図書館の蔵書にすぎない。さらには、またそのなかの一部にすぎない。常にライブラリーに入っているものといないものとの位置関係を、国会図書館が所蔵しているものとしていないものとの位置関係を把握することが研究においては重要となる。つまりこのライブラリーの蔵書自体を相対的に位置づける情報をも提供すること。それは、大きな影響力を与えるデータベースを公開した国会図書館の責務でもあろうし、利用する研究者側が考えてゆくべき仕事でもあるだろう。(40)

そのデータベースが大きければ大きいほど、多くの人々に用いられれば用いられるほど、重要になってくるのは、そのデータベース自体の「偏り」であり、空白である。デジタルライブラリや電子ジャーナルの利用がすでに研究や日常でも不可欠となっている現在、こうしたデータベースそのものの成り立ちや限界、リスクを知ること、いわばデータベース・リテラシーを身につけることがきわめて重要なのだ。単にデータベースのデータ内容ばかりではなく、誰がそれらを作り、どういった価格で、どのように提供しているのか、ということにも関心を向けなくてはならない。このことは後にもふれる電子ジャーナルへの図書館の依存とそれらの価格上昇に関する問題、いわゆるシリアルズ・クライシスとも関わってくる。私がここでこの大規模なデジタルライブラリの「成り立ち」について論じているのはこうした問題とつながりあっているためである。

「近代デジタルライブラリ」の公開はまた、図書館の評価が、その図書館を実際に来館する利用者数ではなく、オンラインで公開されているデータにどれだけ人々がアクセスしているのか、によってはかられる新たな評価軸の出現をも示している。図書館という場所が、書籍を所蔵して来館者を待つ場所ではなく、所蔵資料をデジタル化して発信する場所となっていく。

これら公開されたデータベースは、それぞれが固有のデザイン、成り立ち、考え方を具現した一つの「表現」でもある。その成り立ちやデータの見せ方、用い方もさまざまだ。その表現の生まれたプロセスを追うことによって、そのかかえる問題点や限界もはっきりとする。「近代デジタルライブラリ」の場合にしても、大規模で網羅的ではあるが、複数の所蔵機関によって欠けた部分を補い合いながら明治期刊行図書の総合的なデータベースを構想していた同時期の早稲田大学図書館のプロジェクトのような方向性、可能性をうまく受け止められなかったのも確かである。

その早稲田大学の明治期刊行図書マイクロ化計画は、カリフォルニア大学バークレー校を含めた国内、海外の図書館の協力を仰ぎながら一万二八六六点をマイクロ化し、『明治期刊行物集成　文学語学編』として一九九六年に刊行している。[41] 丸善のマイクロ版刊行の五年後のことであった。国立国会図書館側は『マイクロ版集成』の制作から、やがてインターネットを通したその公開に動いていくわけだが、早稲田大学図書館のほうは、それとは異なる大規模な蔵書のデジタル化、公開のプロジェクトへと舵を切っていく。それが、古典籍のデジタルライブラリ制作である。

同じく書物の複製やデジタル化ではあるが、実際には近代に刊行された図書と、近世以前の古典籍とでは、その作成のプロセスや方法において、異なる問題を数多く見出すことができる。したがってここでは、この大規模な古典籍の複製プロジェクトを取り上げ、手がかりとしながら、書籍のデジタル化と読者の問題を考えていくこととしたい。

「古典籍総合データベース」は、二〇〇五年から五年をかけて、早稲田大学図書館が所蔵する約三〇万点に及ぶ古典籍の全体をデジタル化し、データベース化して公開するプロジェクトであり、日本の古典籍のデジタルライブラリとしては現在のところその質や量からいえばもっともすぐれたものだと言えるだろう。[42]

地方や海外の読者にとって、日本語図書のなかで、特に古典籍の利用は近代の図書以上に困難である。むろん海外にも米議会図書館をはじめとして、貴重な日本の古典籍を豊富に所蔵する図書館もあることは確かだが、例外的な事例を除いて、海外の研究図書館にとって古典籍の収集には多くの困難が伴う。それはなぜなのかを、まず論じておきたい。というのも、この困難さにはまた日本の古典籍の特徴がよく現われているからである。

7 古典籍総合データベース

二〇〇九年の十月に角田《つのだ》柳作《りゅうさく》をめぐるシンポジウムが早稲田大学で開催された。角田については第五章で再度取り上げるが、戦前に渡米し、現在のコロンビア大学の日本語図書館の創設に大きく関わった人物である。角田の教え子であったドナルド・キーンはシンポジウムで、戦後兵役を終えて大学にもどってきた学生たちが、日本の思想や文学に関心をもって研究していた光景を回想していた[43]。コロンビア大学では日本の古典文学を勉強したいという学生が多かったが、仏教や思想史関係の図書は多かったものの、文学関係の本は大学に少なかったという。とはいえ、戦前に角田を通してこの大学に寄贈された書物の目録を見ると、宮内省や東京帝室博物館や各地大学から、文学関係をはじめとして貴重な古典籍がかなりの量寄贈されていることがわかる[44]。

ただ、これらは古典籍といっても、現代のように活字で印刷された書物ではなく、くずし字、和装本のスタイルで、現実に初学者が入門用に用いるテクストとしては適さない。これら古典籍は、実際に読まれるということを想定して寄贈・所蔵されていたというより、稀少な古典籍の寄贈や所蔵そのものに価値がおかれていたことを示してもいるだろう。戦前においては、北米の日本語蔵書は、読むための書物というよりも、見るための美術品としてとらえられている場合も多かった。これまでの章で論じたように、日米間の戦争、そして戦後の日米関係はいっきに米国の日本語リテラシーを底上げし、日本関係情報の需要を作り出した。そのことは日本語蔵書の歴史にも明瞭に反映される。例えばコロンビア大学と同じく、戦前に古典籍をはじめとする貴重書の寄贈を日本から受けてきたイエール大学の日本語図書館は、終戦後の図書収集にあたって次のような不満をもらしている。

例えば最近六巻本の木版の平家物語が（購入図書として）届いたが、このようなものは字が読めないばかりか扱うにも、配架するにも、保存するにも手がかかるうえに高価である。注釈までついたよくできた現代の版がよほど安く手にはいるというのに[45]。

つまり大学では、和綴じの古典籍そのものよりも、注釈付の叢書や評釈類を求めており、さらには読みこなすための参考図書の充実が求められているわけである。賞玩するのではなく実際に古典籍を読むことを想定しているからである。

むろんここで言及されている価格の問題も大きい。膨大な新刊図書、既刊図書を購入し、整備しながら、利用者の少ない高価な古典籍を買う余裕はどこの日本語図書館でもありはしない。ある程度の規模の古典籍を所蔵しているのは、イエール大学やコロンビア大学など、戦前にそれらを寄贈された大学か、あるいは占領期のような好条件で一括購入したカリフォルニア大学バークレー校など、ごく例外的な大学なのである。

価格とともに、古典籍購入にはまた古書や古書市場に対する知識や経験、情報が必須である。米議会図書館は海外の図書館としては日本の古典籍の屈指の所蔵機関でもあるが、戦前のその収集がうまくいったのは古書通としても名高い横山重《しげる》が協力していたからである。当時から『三田文学』に「書物捜索」を連載していた横山は、米議会図書館の司書坂西志保と親しかった。(46) 米議会図書館に残された横山の膨大な書簡からは、戦時色の濃くなっていくなか、妥当な価格での書籍の探索・選定から目録の作成、和書を保護する帙《ちつ》の制作、米国への発送に至るまで、彼が献身的に努力していたさまがうかがえる。


一冊一円あたりと申上げたことがあるので、それ以上になってはいけないといふ気がして、やや拘泥しました。で、専ら、市価の安い本、正史、平安朝物語、和歌、合巻、読本、草双紙の類を選びました。それで合計三千何百冊（五百何十帙）で、三千何百円位をエラビましたが、これを製本し、帙をつけても、一冊一円以上、あまり多くならぬやう心掛けました。(47)


当時の古書取引をこと細かに伝える横山の文面からは、戦時下で書物の価格が大きく変動しているなか、妥当な価格で価値ある古典籍を探すことの難しさがよくわかる。

横山は、購入した古書とともにその目録カードを作成して送っていたが、この目録をとるという作業も、海外の日本語図書館にとっては困難な作業であった。古典籍の書誌データの取り方は近代の図書とは異なる。タイトルからして一冊の書物が内題や柱題、尾題と複数のタイトルを持つこともあり、版元や著者情報を示す奥書《おくがき》の形もさまざまである。そのため、これら情報が規格化された近代の書物と違って、その目録は作成者によって作成の方法や精粗が異なることも珍しくない。

三〇万冊の古典籍を抱える早稲田大学図書館にしても、古典籍の目録はこのプロジェクトがはじまる二〇〇四年の段階でも紙の目録カードであり、「良くも悪くも歴代の担当者の個性が反映して、省略や恣意的な記述、あきらかな誤謬も散見」されたという。[48] こうした理由から、日本では図書目録のオンライン化が急速に一般化してきたにもかかわらず、各地の大学図書館ではいまだに所蔵古典籍を目録化、あるいは目録情報の電子化がなされていない場合も多い。

これ以外にも、日本の古典籍はその形態上、そのままでは近代の刊行図書のように縦置きすることが難しいために配架もしにくく、さらには稀少な文献が多いために盗難や破損に対するいっそうの配慮が必要となる。これら多くの購入上のリスクや管理上の難点を抱えている上に、利用者はごく限られている。このように、日本の書物といっても、古典籍には近代の図書とは異なる固有の問題があった。海外の日本語図書館が戦後、古典籍収集に躊躇するのはこうした理由が大きかった。

海外を含めた遠隔地において、幅広い日本の古典籍が読めるという環境が、いかに構築しがたいかを説明してきたが、それはこうした状況がわからなければ、「古典籍総合データベース」プロジェクト自体のもつ実際の意義や役割が伝わらないからである。この「古典籍総合データベース」への学外からのアクセス数は、開始当初には月に二〇万件程度、現在では月に約一二〇万件となっている。[49]

その具体的な特徴は、まずやはり三〇万点という分量にあるだろう。これまでにも所蔵図書のなかでも特に重要な貴重書など、部分的なデジタル化・公開は各地の図書館でなされてきたが、このプロジェクトでは館蔵の古典籍を、基本的にすべて撮影する方針を立てている。ただ、早稲田大学図書館所蔵の古典籍は、むろん古典籍の基本文献をすべてカバーしているというわけではない。古典籍の場合、書物は中央で大量に作られて全国に流通するわけではなく、作成される地域も多様で、部数や流通する範囲も小さいからである。

とはいえ、「早稲田大学図書館所蔵」古典籍データベースではなく、「古典籍総合」データベースという名前を採用していることからもわかるように、ゆくゆくは各地の古典籍を反映したより広範なデジタルライブラリを目指しており、その点では同図書館の行なった明治期刊行図書マイクロ化計画の理念と共通している。「古典籍総合データベース」の構築プロジェクトは二〇〇四年から検討がはじまり、翌年大学理事会の了承をとってプロジェクト室が設置された。二〇〇五年十二月の「洋学（蘭学）コレクション」の公開にはじまって、現在では約八万冊の画像撮影がなされ、うち約四万冊が公開されている。

量もさることながら、画像も三〇〇から六〇〇キロバイトのカラー画像であり、スケールやカラーチャートとともに撮影されており、色や形状も表現できるように配慮されている点は、国立国会図書館の「近代デジタルライブラリ」と大きく異なる。今日では別に高い解像度というわけではないが、拡大や印刷には十分耐える。また、通信回線を経由した利用を考えれば、必ずしも高い解像度の画像が利用しやすいわけではないのは言うまでもない。外部からの利用者制限はなく、ダウンロードや印刷も自由なデータベースである。(50) 目録はオンラインの目録として一般図書目録と統合されており、普通図書と同様に検索の対象となっているほか、グーグルなどの外部の検索エンジンからも書誌データが見つかるようになっている。

では、この「古典籍総合データベース」は、どのようにして作られていったのだろうか。丸善のプロジェクトでも大量の図書の撮影がなされたわけだが、このプロジェクトのはじまったのは二〇〇五年であり、すでに撮影はデジタルカメラに移行しており、複製のコストはかなり軽減されている。年間で約四八万カットに及ぶ撮影は東京都板橋福祉工場が担当した。軽減されたとはいえ、多様な形態をもった資料撮影が困難であることにはかわりない。だが、明治期刊行図書のマイクロ化プロジェクトと決定的に異なる点は、撮影よりもむしろ別のところにある。それはまたこの「古典籍総合データベース」の制作でもっとも注目すべき点であり、かつ困難な点でもある。それは、目録の作成である。

国立国会図書館の場合、目録は冊子体の目録をそのままデータ入力すればよかった。しかし古典籍の場合、先にも述べたが、目録情報自体が十分規格化されておらず、その規格からして新たに作らねばならない。むろんそれにあわせて、古典籍の目録入力を一点ずつしていく必要がある。また、古典籍の書誌情報には何をどこまで記録するかの判断が難しく、判読も難しいため、これまでは歴史学・文学の研究者や古典籍に詳しい人々の手によって細々となされてきた。しかも、このプロジェクトでは、時代やジャンルの異なる三〇万冊にのぼる書誌を数年でとり、データ入力する必要がある。

このプロジェクトで書誌データの実質的な入力作業を担ったのは紀伊國屋書店である。だが、紀伊國屋書店にしてもそのようなスタッフを抱えていたわけではない。図書館ではデータの入力方針、目録の取り方の規則について綿密に紀伊國屋書店側と打合わせを行ない、マニュアル化したうえで、古典籍から目録をとる作業スタッフを「作る」という方針をとっていく。むろん最終的な目録データのチェックは図書館の資料管理課で専門スタッフが行なうが、基本的な書誌作成は、図書館一階の作業スペースで紀伊國屋書店から派遣されたスタッフが、くずし字辞典をわきに置いて古典籍を見ながら直接データ入力をしていく。大量の古典籍の書誌作成業務を、企業と提携して行なう作業工程をデザインし、実現したという点で、そして実際に三〇万点に及ぶその書誌情報を作成し、電子化したという点で、このプロジェクトは画期的であった。すでに二二万冊の古典籍の目録情報が作成されているが、この作業はそれまでは一部の研究者によって細々となされていた作業なのである。また、より詳細な書誌情報が知りたい利用者は、自分でその資料画像を見ればよいわけである。(51)

8　本にたどりつく仕組み

国立国会図書館の大規模なマイクロ化事業について論じたときに、書物を写す技術の一般化によって、写すコストよりも探すことのコストや方法により関心が高まるという点についてふれた。手軽に写すことができれば写した情報の蓄積はふえ、そこから必要な情報を探すことの方が難しくなる。三〇万点の古典籍が世界各地から閲覧可能な環境になったとき、重要なのはそのなかから自分の関心ある情報を含む古典籍を探し、それらを関係づけるための方法である。そのために必要な情報を提供するのが目録なのである。目録の項目や構造は、まさにデジタルライブラリにとっての要《かなめ》といってもよいだろう。目録に欠落や誤りがあれば、たとえ書物があってもそこにたどりつけないことになる。

書物の越境、移動という観点からいえば、モノとしての書物の移動とは言えないが、この「古典籍総合データベース」は、三〇万点に及ぶ日本の古典籍を世界に送り届けることを可能にするものであった。容易に古典籍を読めるという環境を作り上げた点でいえば、海外の特定図書館への図書寄贈よりもはるかに広範な書物の流通を作り出したと言えるだろう。「近代デジタルライブラリ」や「古典籍総合データベース」によって、歴史上かつてないような、日本の書物の新たな「版」が世界中に遍在する環境が生まれている。もはや出版点数や購入・輸入点数ではとうてい書物の影響や出版文化をとらえられないような事態といってもよいだろう。

さきに言及した角田柳作は早稲田大学を出てアメリカに渡り、日本の書物を集めて海外に日本語図書館を作るべく奔走したわけだが、一〇〇年後の今日、その願いは形を変えて大きく前進したということになる。ただ一方で、デジタルデータによる発信とは別に、モノとしての書物を運び、もたらすという行為には、何か固有の意味があったのではないだろうか。

角田のかつての教え子たちは、彼が授業のたびに日本の書物をうずたかく積み上げては文学、思想にわたる幅広い教養のもと、学生たちの関心を熱心に喚起していたと語っていた。つまり、彼は単に書籍を集め、運んだわけではなく、それらを読者と共に読む存在だったのである。膨大な書籍のなかから、相手の関心や理解度にあわせて本を選び出し、関心を育てたのである。今日のように容易に閲覧可能な膨大な量の書物が遍在する状況のなかでは、こうした書物の仲介者の存在や役割は、ますます重要になっていく。この点は、本書の第二部の大きなテーマでもあり、後に詳しく論じていく。

デジタル化された書物データは、もはや特定の所蔵場所にしばられずに遍在し、それゆえ読者にとってはモノとしての距離感、存在感がつかみにくい。デジタルライブラリの書物がどこにあるのか（画面の上か、サーバーのなかか、書庫か、……）という問いに答えはない。その「オリジナル」があるかどうかさえも今日では定かではない。場合によっては劣化や災害で、デジタル化のもととなった書物の方はすでに存在していないかもしれない。こうした不特定の空間にただよう情報は、私たちの具体的な生活空間に安定した場所が占められない。

モノとしての書物は、読者の生活空間においてある場所を占め、それら書物を作り、運び、あるいは売り渡した物理的な痕跡をとどめている。読者固有の経験している空間のなかに安定した場所を占めていなければ、その空間のなかで書かれていることを検証したり、判断したりすることは難しい。その意味では、モノとしての書物は、読者にとってはより経験的な生活空間に根ざした安定したメディアである。むろん情報としての安定性は、情報の信頼性と同一ではない。また、そもそも経験的な空間そのものが不確かな情報に基づいて構成されてもいるので、あくまでこうした安定性は程度の問題でしかない。

先に、現在の情報環境を、これまでの書物の比喩で語り、論じることは、かえって目の前の問題を見えにくくする点についてふれた。しかし、逆にこれまでの書物の存在が、デジタルライブラリの情報の安定性や信頼性を支えていることは確かである。インターネット上の無数にある情報のなかで、デジタル化された書物が他の情報と一線を画することができるのは「書物」というメディア自体の歴史性ゆえである。繰り返しになるが、それは何も書物に書かれていることがより信頼できるということではなく、よりメディアとして安定しているということなのだが。

デジタル化され、遍在する書物を、私たちの生きている空間で、見知っている人や場所のなかにつなぎとめるにはどうすればよいのだろうか。モノとしての書物が存在するということが、そのために役立っているのだが、より積極的には、書物の仲介者の果たす役割が重要となるだろう。書物と読者をつなぐ存在、単なるツールとしての検索手段ではなく、書物を受け渡す存在、信頼のおける仲介者を、デジタルライブラリがどのように実現していくのか、が今後の読書環境の大きな鍵となっていくはずだ。この点については、本章で後に再度ふれることとしたい。

明治期刊行図書のマイクロ化、デジタル化、および古典籍のデジタル化の大規模なプロジェクトを、その作られた経緯をもとにとらえ、そこにはらまれている問題を検討してきたわけだが、これらをふまえた上で、次にグーグルの進めているデジタルライブラリ計画について考えてみたい。

9　グーグルブックス図書館プロジェクト

この章の最初にふれたとおり、グーグルは二〇〇四年、大規模なデジタルライブラリの制作、公開のためのプロジェクトを公表した。当初参加したのはハーバード大学、ミシガン大学、オックスフォード大学、スタンフォード大学の図書館とニューヨーク公共図書館の五機関だった。図書館側は蔵書のスキャニングをグーグルに許可するかわりに、無償でそのデジタルデータを手に入れ、活用できることになっていた。著作権の切れていない図書をも含むグーグルの大規模なデジタル化作業に対して、その事業を違法として翌二〇〇五年に米国著作者協会や出版社がグーグルを訴えることとなった。訴訟が進む一方で、このグーグル図書館プロジェクトにはその後、米国内外でいくつかの大学がさらに参加、日本からは二〇〇七年に慶應義塾大学図書館が参加し、現在では三〇近い図書館と提携して事業が進められている。(52)

二〇〇八年十月には、この訴訟についての和解案が提示された。この訴訟は集団訴訟《クラスアクション》の形式をとっていた。クラスアクションは広範な被害者全体を代表して起こす訴えであり、裁判結果は利害関係者に広く及ぶ。グーグルのこの訴訟の場合、和解の影響は単に訴えた著作者たちのみではなく、米国にある書物のすべての著作者に対して適用される。(53)ハーバード大学やミシガン大学には、米国内でも最大クラスの三〇万冊規模の日本語図書館があるので、日本の著作権者もまたこの和解の対象に否応なく含まれることとなった。和解案は長大なものだが、結果的にはグーグルによる書籍のデジタル化を許容するものであり、しかも何もしなければ和解に応じたこととなり、かといって和解から離脱するには新たに訴えを起こさねばならない。また、公開された和解案本文によると、著作権が切れてはいないが新刊市場で流通していない書籍、つまり絶版本もその対象となっている。

このグーグル図書館プロジェクトについては、当初からプロジェクト自体が英語圏、あるいは米国の出版物や情報の世界標準化を進行させる点や、情報の恣意的な操作につながりかねない点をも含め、ヨーロッパをはじめとして米国内外から批判がなされている。(54)日本語図書を含む大規模なデジタル化、公開のプロジェクトを進めていくというこのグーグルの動きに対して、日本では二〇〇九年に大規模な補正予算が組まれ、国立国会図書館による大規模なデジタル化計画が立ち上げられていくことは、すでに述べた通りである。

こうした流れのなかで、グーグル問題をめぐるパネルやシンポジウムが日本国内でも盛んになされる一方で、日本ペンクラブや日本文芸家協会など、グーグルによる強引な事業の進め方や、著者や出版者とグーグルの間に構想された版権登録機関の役割をめぐって批判や声明もなされていく。(55)二〇〇九年十一月には、この和解案は修正され、和解対象の書籍はアメリカ、カナダ、イギリス、オーストラリアで出版されたものに限られ、日本の書籍は和解の対象からはずれた。それによって米国内での日本の書物のデジタル化の問題は一時棚上げされた形になっている。

グーグルが行なったこのプロジェクトは、現在の出版慣習や法制度に大きな変化をもたらすものであり、これを既存の法制度や慣習から批判するのはたやすい。しかし、では現在の書物の生産、流通、販売の形がよいかといえば、そうとも思えない。著作権の保護についても、どこまでそれを自明視してよいのだろうか。これまでの著作権法自体、それがよりよい著作者の環境作りに結びつくという「仮説」でもあり、その歴史自体をある種の「社会実験」にすぎないと見ることもできる。[56]あるいは村瀬拓男が指摘するように、このプロジェクトは、出版社が絶版のままで重版もせずにその権利だけをとどめておく日本の出版社の商慣行に大きな疑問を投げかけることにもなった。[57]絶版になったまま商品にもならず、手に入りもしない膨大な書物を、私たちの公共の財産として共有していける仕組みを、どう作り上げていけばよいのだろうか。

グーグルのこの壮大なプロジェクトがはらむ問題や可能性は多岐にわたるが、いずれにせよその評価や利害関係は、一般読者、研究者、出版者など、立場によって異なるうえ、今後の法制度や情報環境の変化に応じて異なったものとなっていくだろう。そして私の立場は、書物や読書環境についての批判的な、歴史的なまなざしを喚起することにある。それがリテラシー史研究の立場である。そのために、これまでと同様、このグーグルのプロジェクトについても、実際に作業が進められている現場を取材、調査し、いかに作られているのか、いかなる問題が生じているのか、をとらえていきたい。

多くのシンポジウムや議論が日本国内でなされているなか、私自身それらの議論の場を少なからず目にし、参加したこともあったが、実際にこのプロジェクトが進められている数多くの大学図書館で、日本の書物のデジタル化の現状を具体的に調べるといった手続きはほとんどの場合なされていなかった。また、にもかかわらず米国内の大学図書館でのプロジェクトの現状とは異なる誤った情報が用いられているケースも散見された。

ただ、後にふれるが、こうした誤認の原因はグーグルにもある。図書館蔵書の大規模なデジタル化は、マイクロソフトとの競合関係もあって、グーグルはその作業の具体的な行程や技術、進め方についての情報公開を極端に制限してきた[58]。多くの図書館もこの契約条項に含まれる守秘義務の制約を受けており、情報が大学や大学図書館の内部でさえもごく一部にしか知らされない形で進められてきているからである。

こうしたこともあり、私は二〇〇九年に、このプロジェクトに関わっている大学図書館の日本語蔵書を調査して回った。具体的には、ハーバード大学、ミシガン大学、スタンフォード大学、カリフォルニア大学の各日本語図書館と慶應義塾大学に赴き、担当者の協力を得て調査にあたった。むろん米国内にも賛否両論があり、後にふれるが、グーグルブックスの書籍データの「質」について多くの事例を挙げながら批判したジェフリー・ナンバーグの論が、図書館関係者や研究者の間で注意を引いていた[59]。また、調査して回ってよくわかったが、図書館それぞれにプロジェクトへの対応姿勢は異なり、固有の問題もあり、日本語蔵書のデジタル化に対する立場や取組みも一様とは言い難かった。

さきのナンバーグの批判には、グーグルブックスの撮影画像の質についての批判もあったが、特に批判が向けられていたのはその書誌情報（メタデータ）に対してだった。彼の論は、グーグル和解訴訟をめぐってカリフォルニア大学バークレー校で二〇〇九年の八月に開催された学会報告の要点をまとめたもので、会議資料では誤りについて数多くの具体的な事例が紹介されている[60]。特に出版年についての誤りが多く、グーグルブックスのデータベースから、例えばディケンズの生まれた一八一二年以前の書誌データでチャールズ・ディケンズが一八二件ヒットした事例、キプリングの場合八一件、ウッディ・アレンの場合三二五件もヒットした事例や、一九五〇年以前のデータで「インターネット」が五三七件もヒットした事例をあげて見せている。これらの目録情報の誤りはスキャンした図書を提供した図書館側の目録情報には見出せないことから、グーグルが独自に（しかも不完全な）書誌情報を加えている点を批判している。

また、その書誌情報のなかでグーグルが行なっている分類の誤りについても注意を促している。そもそもグーグルが用いている書物の分類（ＢＩＳＡＣ）は、ブックチェーンや小さな公共図書館の書棚整理や商品管理に用いられるものであり、大規模な図書館が用いる分類ではなく、学術書の分類には適さないとされる(61)。世界的な巨大図書館の蔵書に郊外の書店の分類を押しつけるようなもので、分類の精粗が適さないのである。こうした点は些末に思えるかもしれないが、目録、書誌情報はデジタルライブラリにとっての核であり、それによって引き出せる情報、たどりつける情報は大きく変わってくる。分類の仕方一つで、特定の本を見つからないようにすることは難しいことではない。小説の売られている棚で地図を探す者はいないし、むろん見つかりはしない。

グーグルをはじめとする検索エンジンやデジタルライブラリに対するリテラシー教育は、プロジェクトに参加している大学のみならず、広く図書館や高等教育のかかえる関心ともなっている。だがそれは単なる「探し方」の技術教育であってはならない。探す技術そのものの成り立ちや制約をこそまず知る必要があるのだ。

さて、こうしたなか、まず調査に向かったのはハーバード大学だった(62)。ハーバード大学は、アジア関係の図書館としてイエンチン図書館を抱えている。先の『マイクロ版集成』の寄贈を受けた図書館であるが、それを除いても日本語図書の蔵書でいえば調査当時約三一万冊という規模であり、米国内でもトップクラスの蔵書を誇っている。

10　知の占有と公共性

米国内でのグーグルブックス図書館プロジェクトでは、コアとなるごく少数の図書館の管理スタッフが中心になって計画が進められており、その大学の日本語図書館を含めて各専門図書館長レベルでも、ほとんどプロジェクトの蚊帳の外におかれている。そのため、私の調査では日本語図書館の責任者のみではなく、各大学のグーグルプロジェクト担当者にも協力を求めた。

ハーバード大学は二〇〇四年の当初からグーグルのプロジェクトに参加しており、グーグルとは五年間で八〇万冊から一〇〇万冊をデジタル化する契約であった。この作業は二〇〇八年までに終わったが、契約の更新はしていない。ハーバード大学の場合、最初はこのプロジェクトに入って蔵書の一部をデジタル化したのに、その後実質的にプロジェクトから離脱したことになる。それはなぜだろうか。一〇〇万冊をデジタル化したとはいえ、総蔵書では一六〇〇万冊以上かかえる大学なのである(63)。

ハーバード大学では、ケンブリッジの西一二〇キロほどに位置する遠隔書庫に七〇〇万冊ほどの図書が別置されており、主にこの書庫から著作権の切れた図書を選んで運び出し、近くの作業場で複製していた。ピーク時には週六、七千冊が作業に回っていたというが、利用者からの閲覧希望があれば、持ち出した図書にしても貸出の流れに載せられるよう作業がデザインされていたのは、国立国会図書館の場合と同じである。

つまり、当初からハーバード大学の場合、パブリックドメインと呼ばれる著作権の切れた図書に的をしぼっての部分的なデジタル化であった。また、試行的な色合いも強い。同大学は英語以外の多様な言語の文献を所蔵するが、グーグルとのプロジェクトに対して、イエンチン図書館をはじめとする各専門図書館から、デジタル化してよい図書を募ってもいる。これに対して、イエンチン図書館ではアジア語文献一万冊、そのなかの日本語蔵書としては著作権の切れた二〇〇〇冊をプロジェクトに提供した。つまり、グーグルとのプロジェクトでデジタル化された日本語図書はハーバード大学の場合、著作権の切れた二〇〇〇冊の図書にとどまるわけである。

当初からプロジェクトへの参加に慎重だったハーバード大学が、プロジェクトから離脱していった背景にはいくつかの理由があった。推進していた学長、図書館長の交代も作用しているだろう。もともとこのプロジェクトは発表まできわめて秘密裏に交渉が進められていたが、中心となっていたのは学長のローレンス・サマーズ、そして図書館長のシドニー・バーバ、プロジェクトの実質的な担当箇所となる情報システム室(ＯＳＩ)の長で図書館の副館長も兼ねていたデイル・フレッカーである。経済学者、政治家としても著名なサマーズは二〇〇一年に、かつて教鞭をとっていたハーバード大学の学長となったが、二〇〇六年の学会での講演内容がもとで不信任決議がなされることとなった。(64) 科学や工学の能力において、男性・女性による違いがあるとする仮説がその引き金となっており、翌年にはキャサリン・ファウストが女性として初のハーバード大学学長となっている。

グーグルとのプロジェクトを積極的に推していた学長サマーズの交代にともなって、二〇〇七年七月に新たに図書館長になったのはロバート・ダーントンである。日本でも『猫の大虐殺』をはじめとした翻訳で歴史学者として知られているが、彼はグーグルによるこのプロジェクトに警鐘をならし、注意を喚起する論をメディアで展開する。(65)

広範なアクセスを保証しないで大規模な文献のデジタル化を進めれば、学術雑誌市場で起こったと同じ過ちがより大規模に繰り返されることになるだろう。インターネットは、公共に属する「知」を私有化するための道具になってしまう。(66)

ここで彼がふれている「学術雑誌市場で起こった過ち」とは、今日の日本ばかりか世界中の大学図書館が頭を悩ましている問題である。現在、多くの学術雑誌は、大手企業によってデジタル化され、オンラインのジャーナルとして大学に販売、提供されている。特に理工学系ではこうした電子ジャーナルが主流となっているが、それらデータベースの数的な増加や価格の上昇によって、大学図書館の予算が圧迫され、図書館運営自体を危機的な状況に追い込んでいる。いわゆる「ジャーナルズ・クライシス」と呼ばれる世界的な問題だが、これについてはまた後にふれよう。

ダーントンの議論にもどるなら、図書館は公共のものであり、万人に知をもたらすためのものである。だがその図書館が、書物を特定企業に提供し、それらが複製されて有料で配布されることとなれば、図書館自体がそうした商業化や知の私有、独占に荷担してしまうことになりかねない。世界規模のデジタルライブラリが生まれようとするなか、こうした私企業の利益追求と、公共の利益とを調整する枠組みを考える必要があるとする。それは神の「見えざる手」がしてくれることではなく、私たち（public）がすべきことなのである。

こうしたダーントンの議論は、特に二〇〇八年のグーグルの出した和解案、世界規模で議論を引き起こした先の案の内容をふまえてのものである。この和解案では、書籍を提供した図書館で、複製された書籍のデータを自由に活用しにくい多くの制約が設けられていた。もともと、ハーバード大学はプロジェクト参加当初において、作成された複製データを、保存のためばかりではなく、学内で独自に教育や研究面で幅広く活用することを計画していた。こうしたこともあり、著作権の有効な図書のスキャニングをも含んだ二〇〇八年の和解案が提示された段階で、ハーバード大学はグーグルとのプロジェクトに距離をとるようになるわけである[67]。その一方、むしろプロジェクトに積極的に関わっていった大学もある。それが次に調査に赴いたミシガン大学である[68]。

ハーバード大学はプロジェクトから慎重な距離をとり、契約を更新せず、計画から離れていくが、逆にミシガン大学は積極的にこのプロジェクトを進め、グーグルと新たな契約を取り交わしている。ミシガン大学もまた、米国内では屈指の日本語図書館があり、その日本語蔵書の数は三〇万冊近い。日本研究を体系的に展開してきた大学だけに各専門領域の基本蔵書、研究書をバランスよく収蔵している。ミシガン大学は、蔵書の部分的なデジタル化ではなく、大学の蔵書全体をこのグーグルとのプロジェクトでデジタル化する計画を立てていた。

調査にあたった二〇〇九年段階で、著作権の切れていない図書を含めて、日本語蔵書のデジタル化作業をすでに終えていた。ただし、著作権が切れていない図書に関しては学内、学外ともに公開していない。したがって近世の板本《はんぽん》についてはすでにオンラインでデジタルデータが読めるが、近代の作家、例えば夏目漱石や小宮豊隆の本はミシガン大学の教職員でも本文のデジタル画像は閲覧できない。

先にダーントンの議論にふれたが、そこでは、書籍のデジタル化と公開そのものを否定していたわけではない。書物の保存のうえでも、さらには書物を特定の場所や人々が占有するのではなく広く共有していくためにも、デジタルライブラリはすぐれた可能性をもっている。問題は、それが特定の企業に独占的に私有されること、データそのものと、その公開の仕方やルールが占有されてしまう危険性である。

大事なのは、企業主導ではなく、図書館が自らの書物の複製データをどうするのか、という明確なビジョンを持ち、積極的に保存や公開に向けた方策を模索していくことなのである。ミシガン大学の場合、この問題に対して新たな道を作りだしている点が何よりの特徴である。グーグルによって複製されたデータを独占的に用いられないようにするためには、グーグルのプロジェクトで作成された書籍のデジタルデータを用いて、グーグルブックスとは別にデジタルライブラリを作ればよいのである。あるいはそれが可能なように契約を結んでおけばよいのである。最初の契約をする段階で、ミシガン大学は、このプロジェクトによって作成されグーグルから送られてきたデジタルデータを、他の図書館と共有できるという条項を契約に加えていた(69)。

こうしてグーグルとは別にできた非営利のデジタルライブラリがハーティ・トラストである。もともとはグーグルのプロジェクト以前に、さまざまな大学のデジタル化されたデータを蓄える役割を担っていた機関だが、グーグルプロジェクトでは、蔵書の複製データのバックアップを保存・維持する場となっていく。ここに複数の大学から基金を出資し、学術的なコンソーシアムのような形で二〇〇八年にハーティ・トラストとなった。二五の図書館が提携しあい、互いにデジタルデータを提供し合う世界規模のデジタルライブラリへと急速に成長し、調査に赴いた数ヶ月後の二〇〇九年十一月には、全文検索を含む四六〇万冊のデジタルライブラリとしてプレスリリースを行なった(70)。現在では二八の研究図書館が参加し、書籍のデジタルデータのみでも三八〇万タイトルを所蔵する図書館となっている。また、グーグルブックスの問題点として取り上げた書誌データにしても、図書館の書誌データを正確に反映し、その組織やデータ提供の仕組みを公開している(71)。むろん公開は著作権の切れた書籍に限られている。

企業主導による営利目的ではないデジタルライブラリを作り上げていくための試みとして、その今後の展開に注目したい。とはいえ、この規模のデジタルライブラリの普及が、必ずしも読者が必要な書物を容易に読めるような環境に直結するというわけではないだろう。グーグルやヤフーの提供してきた検索サービスは、有用な情報へのランク付けを含み、膨大なデータからの情報の絞り込みを容易にしてきた。しかし、図書館の書物のページはリンクしあった商用データではなく、そのページごとの重要性やランク付けもあるわけではない。膨大な書物とそのページ情報の蓄積は、たとえ正確な書誌情報に支えられていても、読者を途方にくれさせるものとなりかねない。もしもそこに適切な仲介者、媒介者がいなければ。

11　何をデジタル化するべきか

ミシガン大学での調査の後、向かったのは西海岸のカリフォルニア大学である。カリフォルニア大学は、カリフォルニア大学バークレー校、同ロサンゼルス校など、一〇の大学からなる大学群である。なかでもバークレー校は日本研究の歴史も古く、二十世紀初頭から作り上げてきたその日本語蔵書は三八万冊に及ぶ。また、ロサンゼルス校も戦後まもなく日本語蔵書の構築を進め、現在では二〇万冊近い日本語蔵書を抱えている。これら大学群のなかで書籍のデジタル化に関わる調整役を担っているのはカリフォルニア・デジタルライブラリ（CDL）である。二〇〇四年にこのCDLが中心となってグーグルとのプロジェクト契約を結び、全体で二五〇万冊にも及ぶ大規模なデジタル化計画を進めていた。調査を行なった二〇〇九年九月の段階では既に二一〇万冊のデジタル化が完了していたが、契約の更新についてはまだ決まっていなかった。

ただし、カリフォルニア大学では、バークレー校の日本語図書館もロサンゼルス校の日本語図書館も、グーグルプロジェクトにはいっさい関わっていなかった。そのため、カリフォルニア大学群の大規模なデジタルライブラリのプロジェクトに詳しい図書館スタッフの協力をあおいだ(72)。

カリフォルニア大学にかかわらず、大規模な蔵書のデジタル化プロジェクトはグーグルとの間のみで進められているわけではない。電子資料の保存を目的として設立された米国の非営利団体インターネットアーカイブの活動もよく知られている。二〇〇五年にマイクロソフトはこのインターネットアーカイブと契約を結び、大英図書館をはじめとする世界各地の図書館蔵書のスキャニング作業を行なうプロジェクトを開始した。カリフォルニア大学では、グーグルのみならず、このインターネットアーカイブによるデジタル化も進められてきた。カリフォルニア大学のアジア言語の蔵書では、第一章で取り上げた三井コレクションが著名だが、そのなかに含まれている韓国語文献の浅見コレクションのデジタル化がすでになされており、公開されている。こちらはインターネットアーカイブとの事業である。

グーグルとの作業では、全体計画としては二五〇〇万冊規模のデジタル化が計画されており、日本語図書は約五万七千冊がデジタル化されていた。これらの日本語図書はバークレー校のものでもロサンゼルス校のものでもない。ではこの五万冊はいったいどこの日本語蔵書から複製されたのだろうか。

この日本語図書は、量的にカリフォルニア大学サンディエゴ校の日本語蔵書数とほぼ一致することから、サンディエゴ校の所蔵する日本語図書全体をデジタル化したものとみられる。日本語図書ばかりではなく、中国、韓国語図書を含めたアジア言語の図書もサンディエゴ校を中心にデジタル化を行なっている。サンディエゴ校は大規模なデジタル化計画や、大学群でオンラインの合同カタログの作成などに主導的に関わってきた経緯から選択されたようだが、少なくともカリフォルニア大学群の他の主要なアジア図書館がこの選択に関して相談をうけた形跡はない。カリフォルニア大学のアジア図書館の専門家たちにとっても、この選択の理由や妥当性ははっきりとは説明のつかないものだった。

ここからも、このプロジェクト自体が、図書館全体の主体的な取組みというより、上からの決定済みの施策として行なわれていることがうかがえる。しかし、それは図書館にとってもグーグルにとっても好ましいことではない。グーグルのスキャニングは、特定コレクションのレベルではなく、一定量の蔵書の一括したデジタル化になる。当然、カリフォルニア大学群のなかでの蔵書の重複も生じる。それを調整しながらデジタル化のプランを立てていくには専門図書館、専門領域からの意見やアドバイスをもとにした図書館主導の主体的な構想や取組みが不可欠なのだ。カリフォルニア大学は、先のハーティ・トラストのメンバーでもあり、グーグルから送られてきたデータもハーティ・トラストに送られている。ただ、グーグルとの契約を更新すれば、こうしたデジタルデータの大学側による自由な利用は制約を受けることになる。

いずれにせよ、カリフォルニア大学は、もともと複数の大学からなる蔵書のデジタル化プロジェクトであったため、図書館間、大学間の調整や情報交換の重要性を強く意識しており、その点でハーティ・トラストが担っていく役割の可能性に注目してもいた。

次に向かったのも同じくカリフォルニア州にあるスタンフォード大学である。[73] サーゲイ・ブリンとラリー・ペイジによってグーグルが生み出されていった大学でもある。蔵書全体のデジタル化を計画している点は、ミシガン大学と同様である。スタンフォード大学の場合、図書館長のマイケル・ケラーは積極的なデジタルライブラリの推進派であり、理工学系を中心とした全く紙の書籍のない図書館を計画してきた。[74] そして、八〇〇万冊にのぼる総蔵書のデジタル化を視野に入れて作業が進められている。日本語図書については二〇万冊近い規模の蔵書を抱えているが、そのデジタル化は今のところは着手されていない。だがそれら日本語図書の総デジタル化も計画のなかにはむろん入っている。

積極的な電子化を進める一方、ケラーは以前から本当に有用なデジタルライブラリとは何かを議論している。[75] 既存のウェブサイト検索用のサーチエンジンやこれまでの書誌情報では、とうてい膨大な図書やそのページデータを扱いきれない。利用者が信頼のおける学術情報を、うまく見つけ出すためのプログラムや調査テーマ、用語などの関係を理解できるようにするツール、デジタルライブラリの利用をサポートするシステムや仕組みを作る必要がある。グーグルもデジタルライブラリの一つの選択肢としてとらえるべきであり、今後はデジタルライブラリの使い方をいかに大学で教えるかに取り組んでいくべきであるとする。

ここまで米国内の日本語蔵書のデジタル化がどのように進められているのかを調査、検討してきたわけだが、その後、国内でこのプロジェクトを進めている慶應義塾大学に調査に向かった。慶應義塾大学はこれまで述べてきた大学よりやや遅く、二〇〇七年にグーグルの図書館プロジェクトに参加している。一七〇万冊を超える日本語蔵書があり、前述の北米の図書館と比べて当然のことながら圧倒的に多い日本語図書を所蔵する。(76) グーグルのプロジェクトへの参加は、大学の一五〇年記念事業として計画され、慶應義塾大学図書館(三田メディアセンター)の蔵書のうち、著作権の切れた約一二万冊をデジタル化の対象とした。明治期以前の和装本約九万冊と、明治大正、昭和前期の日本語図書のうちから約三万冊である。(77)

同じくグーグルによるデジタル化とはいえ、海外の大学の場合といくつかの異なる方針がとられている。まず第一に著作権処理の方法である。和装本以外にも約三万冊の近代の図書を含んでいる。近代の図書の場合、日本ではあくまで使用者側が著作権の有無を調べ、文化庁の裁定をあおぎ、保証金を納める形をとる必要があるのは、先の丸善のケースと同様である。グーグル側は米国内では合法であると主張して著作権者の承諾を得ずにスキャニングしているわけだが、まだ裁判で係争中でもあり、図書館側としては著作権の切れていない図書をそのままスキャニングするわけにはゆかない。このため、慶應義塾大学では、一五〇周年事業として独自の予算を組み、図書館側が著作権の有無を確認する作業を行なっていた。手順は、先に取り上げた国立国会図書館が行なってきた著作権処理と同じであり、大きなコストをかけて三万冊の著作権調査を行なったわけである。

近世以前の和装本が多くを占めているのも慶應義塾大学の特徴である。これは、著作権が切れているという点からは安心できるものであった。ただ、この場合にも大きな労力が払われている。グーグルによる書籍データは、一冊につき一件の書誌データをとる形で行なわれる。近世以前の作品の場合、複数の冊子によって構成されるものが珍しくない。例えば早稲田大学図書館所蔵の『芭蕉翁文集』は全五巻よりなる内容を三冊の形態にまとめたものである。図書館の行なう目録作成では、たとえ三冊であっても、データは一つのタイトルのもとで、一つの管理番号があてられる。[78] しかし、グーグル側は、一冊につき一件の管理記号、書誌データを作成する。このため、慶應義塾大学図書館では、一〇冊本なら一〇冊それぞれに新たに物理的に管理番号をつけ、別々の書誌データを作成しなくてはならなかった。古典籍自体の物理的な負担も考え、結局大学では、それら複数冊の書籍を挾むボードを大量に作成し、それで挾み込んだ上で、複数冊分の管理シールをボードに貼る、という方法をとっている。といっても九万冊に及ぶ古書なので、ボードの厚みで所蔵スペースが大きく変わるほどの作業となっていた。

また、スキャニングにあたっての問題点として、グーグル側では図書の折込み部分の撮影はしない方針であったが、日本の近代の洋装本では、地図や図版などに折込みのページがよく用いられている。しかし、グーグルではその部分は規格外として、折込み部を開いての撮影はしていない。このため、慶應義塾大学では、今回のデータを独自のライブラリデータとして活用する場合、この欠けている部分をあらためて撮影、補完したうえで公開する必要があるという。

また、大学内での意見調整も大きな負担となっていた。グーグルによるスキャン作業の工程や現場は原則として非公開であり、大学側の関係者も契約時にきびしい守秘義務を課されている。米国内の大学では、プロジェクトがトップダウン式に進められていたが、日本では教職員側からの作業への要望も多かった。書籍の破損を憂う声から、館蔵資料の一般公開に対する疑問、不安まで、さまざまな声が寄せられ、その対応に追われたという。

12　学術の生命線とフィジカル・アンカー

調査が進み、グーグルブックス図書館プロジェクトへの肯定的、否定的、積極的、消極的なさまざまな意見にふれて、デジタルライブラリと読者との関係が変わっていくなかで、重要な点は何なのかを考えさせられた。デジタルライブラリはすぐれた可能性をもっている。問題は、それが特定の企業に独占的に私有されること、データそのものと、その公開の仕方やルールが占有されてしまう危険性である。

考えてみれば、先にふれた国立国会図書館の明治期文献のマイクロフィルム化に関しても、丸善側が、国立国会図書館による撮影データのデジタル化、さらにはその無償提供を禁じる契約を結ぶことも可能性としてはあり得た。撮影したマイクロフィルムと同一データがオンラインで無償公開されれば、数年前に一億五千万円で販売されたマイクロフィルムの商品価値はなくなってしまうからだ。国会図書館ではなく、丸善や別の企業が、この撮影資料のデジタル化を進め、ちょうど有料の電子ジャーナルのように、アクセス権を販売するような事態もあり得たわけである。

そうなっていれば、現在は無償提供されている「近代デジタルライブラリ」も、国内はもとより海外の大規模な大学はデータベースの購入契約をせざるを得なかっただろう。そしてたとえそれが高額でも、あるいは毎年そのアクセス権が値上げされようとも、図書館は購入を続けるしかない。そのために莫大な図書予算がつぎこまれ、購入の可否によって学術機関には深刻な格差が生まれていくだろう。そしてそれは、すでに現在学術雑誌を中心に世界規模で起こっている事態でもある。

特に商業学術雑誌においては、一九九〇年代後半から出版社の寡占化がすすみ、売上げの占有度は上位の大手五社で六割、上位一二社で実に九九パーセントを占める状況にある。これだけ寡占化の進んだなかで価格の値上げがなされれば、購入する図書館に選択の余地はない。九〇年代には科学技術分野や医学分野での電子ジャーナルの平均価格は倍増しており、他の平均小売り物価の上昇率をはるかに上回っている(79)。

この問題は、日本では九〇年代末、エルゼビア・サイエンス社の円価格問題として顕在化している。オランダに本拠をおくエルゼビアは、現在二五〇〇の学術雑誌のフルテキストを提供する世界でも最大級の学術雑誌の出版社である。九九年には、自社に有利な兌換レートで日本への販売価格を一方的に設定し、販売したことをめぐって、国内図書館が連携して反対運動を展開し公正取引委員会への審査請求もなされた(80)。学術雑誌の価格高騰への対応としては、しだいに全国的な協力、活動へと広がり、現在では国公立大学や私立大学をはじめとする図書館が連合してこれら出版社との価格交渉にあたることで、交渉力を強める取組みがなされている(81)。

しかし、それでもなお各種データベースの購入が各図書館予算への大きな圧迫と格差を作りだしている状況に変わりはない。現在は円高で問題は表面化していないものの、ジャーナルズ・クライシスは各図書館で臨界に達しつつある。図に示した通り、大学の電子ジャーナルにかける総経費は二〇〇九年には一八〇億円を超えている（図12）。これは五年前の約三倍にあたり、その後も上昇が続いている。また、国立大学と私立大学の間の格差も大きい(82)（図13）。

重要なのは、この問題の責任は、図書館、あるいは出版社ではなく、むしろそれぞれの領域の研究者たちにもあるという点である。より正確には、研究者たちが、研究成果を流通、提供する仕組みにまで関心を向けてこなかったという点にある。もしもそれぞれの学会や学術機関が、その成果をデジタル化し、オンラインで無償で提供するような共通理解が出来上がっていれば、商用のデータベースに対抗する大きな力となっていただろう。

これがいわゆるオープン・アクセスという概念であり、学術研究の成果は無償で広く公開されるべきという立場から、世界的に取組みがなされてもいる(83)。例えば大学が、その発行している学術雑誌や、大学所属の研究者の論文類を積極的に電子化し、公開していく。それらのデータベースが連携しあえば、大きな学術データベースが

単位　100万円　(%)

	国立大学	公立大学	私立大学	合計
2004年度	3,073 (14.0)	242 (6.2)	2,883 (5.1)	6,198
2005年度	4,623 (21.9)	286 (8.0)	4,165 (8.5)	9,074
2006年度	6,040 (28.5)	496 (13.3)	5,633 (11.3)	12,169
2007年度	7,431 (34.2)	698 (19.2)	7,397 (15.0)	15,526
2008年度	8,324 (37.6)	945 (25.7)	9,274 (19.0)	18,543

図12　電子ジャーナルの総経費の変化　全国大学図書館が電子ジャーナルにかける総経費（資料費や人件費）と，資料の総経費のうちで占める割合の変化を示した。「学術情報基盤実態調査」（文部科学省）から作成。

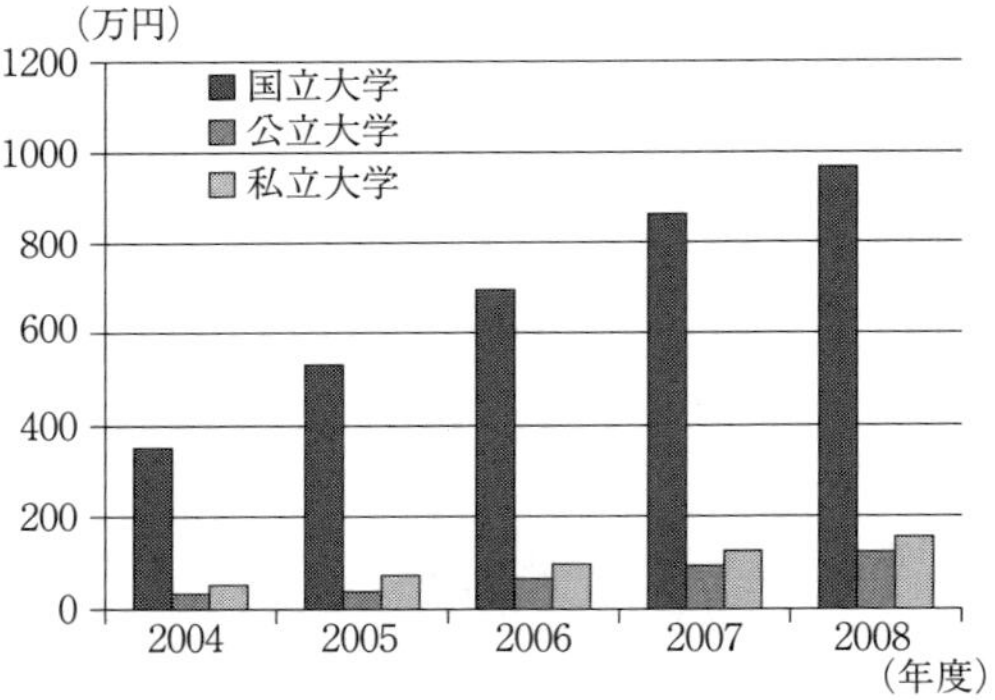

図13　電子ジャーナルの大学平均経費　大学の平均経費をグラフ化したもの。国立と私立・公立間の格差の大きさがうかがえる。「学術情報基盤実態調査」（文部科学省）から作成。

出来ていく。これが機関リポジトリの取組みであり、日本でも二〇〇四年に国立情報学研究所が支援する形で各地の大学図書館に広がっていった(84)。現在では日本の機関リポジトリの数は二〇〇近くになり、公開されている本文データは七〇万件を超え、それらを横断的に検索できるサービスも整備されてきている(85)。だが繰返しになるが、これはそれぞれの専門領域の研究者が、そして大学が、ただ利用者としてではなく、情報の発信者として責任をもって取り組む問題なのである。何よりもそれは研究者にとって学術情報の生命線であり、情報の基盤そのものに関わる問題なのだから。

デジタルライブラリは、すでに私たちの学術上の、そして日常の情報基盤の一部となりつつあり、それはこの章で扱った大規模なマイクロ化、複製事業の段階からすでにはじまっていたといえる。私たちにとって重要なのは、より身近に日常的になっていくデジタルライブラリに対するリテラシーをいかに身につけていくかである。それが学術情報のライフラインとなっていること、そしてその仕組みや歴史へと関心を向けるべき点をこれまで述べてきた。デジタルライブラリに対するこうしたリテラシー養成は、多くの教育機関にとっての重要な課題となっている。

日本語図書でさえすでに数十万冊のデジタル書籍が、手近な端末で、無償で全文を見ることができる状況にあるが、学術面でいえば、そこから信頼できる学術情報をどうやって見つけていくのか、読んだ書物をどのように評価し、判断していけばいいのか。質・種類の異なる膨大な情報のなかで、おそらく学術情報はさまざまな情報を位置づけるうえでの座標軸となるような重要性を帯びてゆくだろう。しかしその学術情報自体、爆発的な増加のなかで「探す」「評価する」ことが困難になりつつある。デジタルライブラリのリテラシーをどう身につけていくかが、これからの学術情報、そして私たちの知の基盤のあり方を考えていくうえでの鍵になっていく。数十万、数百万という古今の書籍の本文が、手のひらにおさまる端末でどこでも読めるようになったそのときに。

大規模な書物の複製、偏在をもたらしたプロジェクトを検討しながら、それがいかに作られてきたかを見てきた。こうした作られ方を明らかにすることが、そのデータベースそのものの信頼性や限界を知るための、すなわちデジタルライブラリ時代のリテラシーを身につけるための最良の方法だからである。偏在する書物の急増は、こうした「探す」、「評価する」ための方法を間違いなく重要なものにしていく。

デジタルライブラリのリテラシーを身につけるうえで重要な点は数多いが、ここでは鍵となる二つの点を強調しておきたい。第一にメタデータへの批判的な目の養成である。データベース自体の限界や偏り、検索の手がかりとなる項目や分類の偏りや限界を理解する必要がある。先に述べたデジタルライブラリの作成や販売に関する情報もそこには含まれる。

グーグルブックスの場合、その項目や分類に問題があることはすでにのべたが、「近代デジタルライブラリ」や、「古典籍総合データベース」にしても、図書館がこれまで用いてきた既存の書誌情報を踏襲すればよいというわけではもはやない。この章の冒頭で述べたように、同じように見えても新たにデジタル化された版は、かつての版とは異なる。書籍の場合、もともと刊行された場所、筆者や出版社の情報が記される。デジタルライブラリに収録された新たな「版」には、どこにある図書を、誰が、いつ、どのように複製したのか、それを提供しているのはどこか、といったさらなる書誌情報が必要となる。複製、配布する行為、写すという行為がここでは決定的に大きな役割を果たしており、データベースそのものの信頼性を判断するうえで必要になるのだ。どこにあったどれだけの書物が、誰によってデジタル化されているのか、そして何がデジタル化されていないのかを私たちは知る必要がある。

また、利用者の窓となるインターフェイスへの評価、表示に際してのさまざまなバイアスを理解する必要もある。表示される順序やエリアによって生じるバイアスについては商用の検索エンジンの場合、ディスプレイ・バイアスとして早くから問題化していたが、学術情報を考えるうえでも、この問題は、各種の深刻な問題を引き起こすだろう(86)。

これらデジタルライブラリの成り立ちや仕組みをとらえるために、そのメタデータに批判的な目を向けるべきなのだが、それが公開されていなければ当然私たちにはその判断ができない。したがってそれらメタデータの公開を常に求め、評価することもあわせて行なっていく必要がある。

読者がデジタルライブラリに対するリテラシーを培っていくうえで重要なもう一つの存在は、読者にとっての物理的な参照枠、フィジカル・アンカーである。簡単にいえば、それは物理的な本の形や棚という存在、物理的な図書館という「箱」の存在である。それはモノとしての書物、そしてそれを置く場所としての書架、図書館、書店といった物理的な存在である。紙の書物、そしてそれを置く場所としての書店や図書館には、もはや意味はないのだろうか。それを評価するのは単なるノスタルジーでしかないのだろうか。

実は、複製され、偏在する書物の増加、デジタルライブラリの普及は、逆に物理的な書物や書物を置く場所、あるいはそれを運び、もたらす具体的な人といった存在を、必要でなくするというよりも逆に重要なものにしていくのではないか、というのが私の考えである。

私が研究しはじめた頃のことだが、数百万冊の規模をもった大学図書館の書庫に入ったときの安心感を今でも思い起こす。この書庫のなかで可能な限り調べておきさえすれば、十分な信頼のおけるレベルの研究結果が出せる、という安心感である。むろん、いくら充実していても所詮一つの図書館のなかだけで十分な研究ができるわけはないということは、やがて思い知らされたのだが。

当時は、書庫で調べている時のその安心感は、その図書館が国内でもこれ以上ないほどの書物をもっているからだという書物の「量」による安心感だと思っていた。しかし、今思えば、あの安心感は蔵書の多さの問題ではなく、実はそれらがはっきりとした限界をもった空間に配置されていたこと、つまり、目に見える形としてあったからではないだろうか。情報の量に際限がなければ、どこまで調べれば十分なのかもわからない。たとえ情報に不完全な部分があっても、「ここまで調べればとりあえず安心」という壁、輪郭がはっきりしているという、その安心感だったのではないか。

限界、領域のないなかでは、私たちは情報を位置づけることが難しい。位置づけるためには、とりあえずであれ、情報の全体をイメージ化する必要がある。現実には情報に際限はない。だからこそ、情報の明確な限界、輪郭を段階的にでも作ることが必要なのである。まずは自宅にある親の書架、それにあきたらなくなれば近所の書店、図書館へ、それぞれに一定の規模と明確な限界をもった枠組みがある。それぞれの規模での「全体」を、私たちは段階的に超えながら、領域のないなかで浮遊する情報を位置づける力を身につけていく。

物理的な書物、はじめと終わりがはっきり形をとった書物、そして壁をもって明確にはじめと終わりのある場所、そうしたフィジカルな支え、基準点がないまま、偏在する膨大なデジタルデータを前にしても、それらを位置づけることはできず、個々の情報に翻弄されるしかなくなる。私がここでフィジカル・アンカーとして重視しているのは、こうした情報の参照点、アンカーとなる物理的な枠組みである。

書物を介在する人物にしても同様であり、自身の生活空間のなかで明確な位置をしめる人物の手を経ることで、際限のない情報は一定の評価のできる形をとる。物理的な形、限界をもった場所と書物が、たとえば「一夏かけて近くの図書館の目当ての棚を制覇する」といった経験を可能にする。それはたとえ過渡的ではあれ、一つの完結した評価の体系を作り上げることを可能にする。そしてまた、そこにある書物、ない書物、という所蔵への評価も可能となる。

デジタルライブラリは、こうした物理的な箱、境界を形作ることが難しい。だからこそ、こうした限界、領域を意識させるための工夫が必要となる。そのライブラリ自体の限界、含んでいる情報や調べられることの限界を知らせることは、そのための有効な方法である。それはライブラリの欠点を伝えることになるというより、むしろ読者と信頼関係を結ぶための貴重な情報発信として評価されよう。デジタルライブラリは、無限の情報ソースであるように見えても、「作られたもの」にすぎない。それがいかに作られてきたのかを知ることも、こうした限界を知るための有効な方策である。

モノとしての書物や書物の場所、仲介者を、単なるノスタルジーから評価するのではなく、感情的に固執するのでもなく、流動し、偏在する書物を読者が自らの生きる空間に結びつけ、つなぎとめるためのよりどころとして、改めて考える必要があるだろう。こうした具体的な形をもったよりどころ、いわばフィジカル・アンカーがあることで、私たちは情報を全体性や体系性のもとに位置づけることが可能となるのだから。

第Ⅱ部　書物と読者をつなぐもの

第四章　一九三三年、米国日本語図書館を巡る――高木八尺の調査から

1　読書を知るために

第一部では、書物の場所や、その移動、越境をとらえながら、そこから見えてくる問題の地平をさまざまな事例を通して述べてきた。書物の場所、そして読者の場所を歴史的に問いかけていくのが本書の課題である。書物がそこにあることを、そこにあるかどうかさえも定かではないデジタルライブラリの問題をも含めて問うことで、いかに多くの問題が見えてくるのかは、これまで示してきた通りである。一言でいえば、それによって私たちの読書、あるいはリテラシーに対する歴史的な、批判的な検討が可能になっていく。

とはいえ、「リテラシー」や「読書」はそれ自体自明な概念でも用語でもない。私たちが読み、書くという行為は、一見当然のようになされてはいるが、それ自体歴史的な、あるいはその場所固有の諸々の要因によって作り上げられ、影響される営為であり、時代、場所、状況に応じて変わりもする。私にとって、リテラシーの研究とは、簡単にいえば、それぞれの時代や場所において読み書く行為が、いかなる要因によってどのように変化し、形作られてきたかという問いかけであり、その意味で常に歴史的、地域的な問いかけとしてある。そしてそこからしか「現在の」リテラシーは問えない。現在のリテラシーという問い自体、それまでのリテラシーとの差異のなかでしか問い得ないのだから。それまでの、あるいはそこ以外の場でのさまざまな読書や読者についての資料

を無視して「現在の読者」や「普遍的な読書」について議論してもあまり意味はない。

したがって、読書の研究は、「どのような資料によって」読書という行為を明らかにするのか、という問題でもある。ただ、いかなる言語資料も、読書になんらかの関わりをもっており、その意味で読書の歴史に関する資料収集は、際限のない資料の海におぼれてしまう危険性ももっている。

私が読書の資料に価値をおいているのは、それが私たちが当たり前のように思いこんでいる「現在の読者」や「普遍的な読書」について批判的な目をもたらしてくれるからである。書物と読書はあらゆる学問領域の基盤ともなっているため、その基盤がゆらげば学問自体も根底からゆらぐ。それが自らのよって立つ領域を問い直す契機ともなっていく。読書の資料を検討する体験は、しばしばこうした学問の存在自体を問い直す認識論的な効用を伴う。読書についての関係資料となると、その範囲は際限がないが、こうしたリテラシーへの批判的な目を培ってくれる資料を積極的に、戦略的にとらえていきたい。

以降の章でも海外、特に米国の日本語蔵書や読書環境の生成、変化を追っていくのは同様だが、第二部では以上のような観点から、考察する資料の可能性を広げていくこととなる。第五章で扱うのは、第一部で取り上げた海外の日本語蔵書の歴史というより、むしろその調査の歴史である。第六章以降では、蔵書と読者の形成自体ではなく、それら書物を仲介し、仲立ちとなった組織や人々を追っていく。したがって、蔵書の歴史そのものに関する資料というよりも、そうした書物環境を作り上げてきた別の重要なファクターを、新たな資料を手がかりに追っていきたい。

本章では、日本語蔵書史というよりも、その調査資料をたどることで、見えてくる問題を示していきたい。海外で日本語図書館が生まれてくる背景や歴史は実にさまざまだが、まとまった日本語蔵書の出現してくる経緯や、その果たした役割を通して見えてくる問題は驚くほどの広がりを持っている。それは本書の第一部で示した通りである。日本や日本人についての情報が、いつ、どのようにして必要とされるようになったのか、そしてまたどのような情報が、どれだけ流通していたのか。こうした大規模な知の形成や変化が見えてくるばかりではなく、個々の書物もまたそれぞれに、その場所へと至る理由や歴史をかかえている。

図14　高木八尺『米国大学における日本学調査』（JFICライブラリ所蔵）

　にもかかわらず、海外の日本語図書館の歴史については、体系的な調査や研究は十分になされていない。むろん理由がないわけではない。全米各地に広がる数多くの日本語図書館を調べていく作業は時間と労力が必要であり、調査自体がかなり難しい。とはいえ、こうした研究の事例がないわけではない。一九八一年にミシガン大学日本研究論集として刊行された福田なおみ『米国日本語蔵書調査　一九七九－一九八〇』(1)は、日米友好基金からの助成によってなされた調査であり、米国内の各日本語図書館からの協力を得ながら、それら蔵書の成立や現状をまとめたものである。

　だが、さらにその調査からさかのぼること半世紀、全米の日本語図書館や日本学について調査した記録がある。それが一九三五（昭和一〇）年にハワイで刊行された高木八尺《やさか》『米国大学における日本学調査』である(2)（図14）。私はこの調査報告をはじめて見たとき、非常に驚き、そしてまた疑問にも思った。この調査が行なわれたのは実際には一九三三年である。それに先立つ一九三一（昭和六）年には満州事変があり、この年に日本は国際連盟から脱退している。国際的な対立も次第にふかまる時代状況のなかで、米国全土に及ぶ広範な調査が当時どのようにして可能であったのかが理解できなかったのだ。

　私自身、米国内の各地の日本語図書館を長期間調査して回ったが、それを可能にしたのは、今日の情報環境、調査環境であった。各大学の日本語図書館はインターネット上でホームページを公開している。そこから大学アーカイブズや専門図書館に電子メールでコンタクトをとり、事前に資料を準備してもらい、調査日時を打ち合わせる。安価なチケットや宿もインターネットで検索、予約、支払いを行ない、図書館への経路や地図をダウンロードしてそこに向かう。閲覧資料はその場でデジタルカメラでいっきに撮影し、後からそれら資料を読んでデータをまとめる。こうしためぐまれた環境でありながらも、いくつもの機関の調査をこなすのはかなり骨の折れる、時間のかかる作業だった。

一方、高木の一九三三年の調査は、約二ヶ月という短期間でなされており、調査の範囲は米国全土に及んでいる。日本学の専任スタッフ、専門課程、関連講座、日本語蔵書についての情報がまとめられており、巻末には関連研究機関や研究者一覧もついている。

よんどこない事情、つまり時間の都合で、この調査には当初計画されていたよりも短い、たったの二ヶ月しか各機関への訪問調査にあてられなかった。したがってこの調査は多かれ少なかれ旅行者の個人的見解が含まれており、全体としても印象記的な記述となったうらみがある。(3)

作成した高木八尺がこう述べるとおり、全体として記述のバランスやデータの多寡についてのばらつきはあるが、それでも三〇を超える大学、短期大学についての言及を含んでおり、当時の日本学の展開状況をこれほど詳細にレポートしている文献は存在しない。

この章では、この先駆的な調査が、どのようにしてできたのかを追っていきたい。本書での関心は、大きくいえば読者と書物の関係史に向けられており、書物の流通や所蔵という観点から、読書の環境が生まれ、変化していく要因や背景をとらえている。こうしたリテラシーの歴史をとらえる方法の射程や役割を考えるうえで、かつてなされたリテラシー調査の調査事例そのものを検討することは極めて有用だ。それによって、こうした調査自体の可能性や有効性、あるいはまた方法的な限界や危うさをも検討することができるからだ。とはいえ、本章での調査は、先に述べたように、なぜこの時代にこのようなことができたのか、という率直な驚きや疑問につき動かされたものであることもまた確かである。

2　太平洋問題調査会と高木八尺

この一九三三（昭和八）年の調査は、当時東京帝国大学でアメリカ史を担当していた高木八尺が、米国の太平洋問題調査会（ＩＰＲ）から委嘱されて実施したものである。まず高木八尺と太平洋問題調査会とについて説明しておく必要があるだろう。

高木八尺は、父の代からアメリカと深い関わりがある。高木八尺の父、神田乃武《ないぶ》は一八七一（明治四）年、一四歳のときに森有礼《ありのり》に連れられて渡米し、その紹介でアマースト大学で教育を受けている。帰国後、乃武は東京大学や学習院大学で教鞭をとり、日本基督教青年会（ＹＭＣＡ）の設立や、英語教育の草分けとして活動し、貴族院議員にもなっている。(4)

その次男として生まれた高木八尺は学習院の中等科を出、旧制第一高等学校で学ぶ。当時の一高の校長は新渡戸稲造であり、高木は新渡戸から終生大きな影響を受けることとなる。東大の法学部、大学院とすすみ、一時大蔵省に勤務するが、一九一八（大正七）年に新渡戸の薦めで東京大学に籍を移し、翌年渡米、帰国とともに一九二四年に新たに設けられた米国講座の担当者として教授となった。この講座は米国の銀行家バートン・ヘボンから、日米関係改善のために寄付された資金をもとに設けられた講座である。日本人移民に対する米国内の反感は年々強まり、具体的な法制度としても一九一三年の日本人の土地所有禁止から、二四年の日本からの移民禁止へと情勢は悪化していた。(5)

高木が帰国して教鞭をとり始めた翌一九二五（大正一四）年七月一日から十五日にかけて、太平洋問題調査会は、第一回会議がハワイのホノルルで開催された。アメリカのＹＭＣＡの企画に端を発したこの会議は、広範な問題領域を扱う国際会議として、アメリカ、カナダ、中国、日本、オーストラリアなどの国々からの参加者によって、その後活発な活動を展開してゆくこととなる。

太平洋地域に関心をもつ人々が、政府や団体の代表としてではなく個人として参加し、関係諸国どうしの理解を深めるために、また国際間の協調と親善を阻む要素を取り除くために、重要な問題を研究・討議し、その成果をもって関係国を啓発していくことを目的として開催されたものである。[6] したがって現役の政治家が参加するのではなく、また特定政府からの財政支援によるのでもなく、非政府的な民間の国際組織として活動することをめざしていた。

この会議の開催のために、ハワイＹＭＣＡの理事長であったフランク・アサートンは、それまでも日系移民問題について話し合ってきた渋沢栄一や、東京ＹＭＣＡ総主事の斉藤惣一《そういち》らと連絡をとりながら、太平洋問題調査会に参加する日本側のスタッフ、すなわち太平洋問題研究会を組織していくこととなる。一九二五年三月に太平洋問題研究会は成立するが、そこで斉藤とともに会の幹事として選ばれるのが、東京帝国大学の教授であった姉崎正治と高木八尺である。[7]

こうした準備を経て、ハワイでの国際会議は実現する。斉藤は「此会では一切決議をせ《ママ》ないと云ふ決議をした」と述べる。すなわちこの会は、特定の国家や団体の意見をまとめて訴えるのではなく、純粋に学術上の調査、議論を行なうことで、そこに横たわる問題を明らかにし、解決のための糸口を見つける場であり、「プロパガンダの為めのプロパガンダ」ではない情報の発信、共有のための場であったと述べている。[8] とはいえ、プロパガンダから無縁な純粋な調査や学問があり得るのかは疑問である。本章でも、また以降の章でも明らかにしていくが、読書やリテラシーの問題は、その調査を含めて常に政治的な動向と深い関わりをもっているからである。

その会議の報告は日本でも刊行される。「会議の議事の中最も多く討議されたるは移民の問題であつた」とあるとおり、米国による排日移民法の成立をめぐる議論が大きなウェイトを占めるものであった(9)。この会議を通して、太平洋問題調査会は、定期的に国際会議を開催し、研究成果を報告し合う組織として整備されていくが、翌一九二六年四月、日本側でもその後の活動を視野に入れて正式に常設組織として太平洋問題調査会が発足する。理事長には元大蔵大臣で日本銀行総裁の井上準之助があたり、高木も理事会に参加して活動していくこととなった(10)。以降、高木は日本の太平洋問題調査会の主要メンバーとして活動することとなる。

第二回の会議は同じくハワイで一九二七(昭和二)年に開催され、二九年の第三回会議は京都で開催されることとなった。日本の太平洋問題調査会の理事長であった井上準之助は、再度大蔵大臣として入閣したために理事長を辞任、その後任を依頼されたのが新渡戸稲造である。ジュネーブで国際連盟の事務次官として七年間働いた新渡戸に、依頼し説得したのは高木八尺である(11)。

こうして一九二九(昭和四)年十月二十八日、第三回大会が京都で新渡戸稲造を議長として開催される。その前月九月には関東軍による奉天への侵攻によっていわゆる満州事変が勃発している。太平洋問題調査会の中国側代表は、その会議の開会の夜に日本軍の行動を非難する声明を会員に配布するという、緊迫した状況にあった(12)。高木を通してこの会に参加することとなった松本重治《しげはる》は「満州事変、ことに関東軍による軍事行動についての批判的論議の暗雲は、会議中の大半を蔽い、感情論が、しばしば顔をのぞかせた」として、目の当たりにした中国側委員と日本側委員との議論の応酬を記している(13)。

さらに第四回会議は一九三一(昭和六)年、折しも国際連盟で満州問題が取り上げられていた時期に、中国の上海で開催されることとなる。「昭和六年秋の第四回太平洋問題調査会大会を、中華民国で開催せんとする間際に至つて、この大会開催は不可能ではないかと思はれた」と斉藤惣一が述べているように、中国では会議開催に反対する動きも活発化し、排日運動の激しい杭州から上海に場所を移してようやく会議は開催された(14)。高木は新渡戸稲造や高柳賢三、前田多門、那須皓《しろし》らとこの会議に参加するが、日本側の見解は、満州問題をなるべく避け、取り上げる場合にも議論を通して協調をはかるという姿勢であったが、彼らの立場は日本の満州における権益を是認するものでもあった。(15)

高木が米国での調査を行なったのは、この次の太平洋問題調査会第五回会議が行なわれた一九三三年であり、カナダのバンフで行なわれたその会議に参加した後、米国に向かった折のことである。その前年一月には上海租界で日中間の軍事衝突、いわゆる上海事変があり、三月には満州国の建国宣言がなされた。こうした直接的な力の行使によって、国際協調に向けた日本の外交路線は海外からの信頼を失うばかりか、国内からの風当たりも強まっていく。同年には、太平洋問題調査会の会員であり政財界の要職にあった団琢磨や井上準之助が暗殺され、国家主義的な風潮は次第に強まっていく。日本の太平洋問題調査会は、内外からのきびしい目にさらされながら、この会議でアメリカ、ソビエト、日本を軸にしたあらたな太平洋域の平和機関設立を構想し、高木がそれを訴える。(16)とはいえ、日本政府や軍部による中国侵略を是認したうえで戦争のみを回避しようとするこうした立場は、高木自身「学究的試案」と記しているように、日本を取り巻く現実の状況と乖離したものでもあった。(17)この会議を終えたあと、高木はニューヨークにある米国の太平洋問題調査会に向かう。この調査の依頼を受けることとなった経緯について、高木は以下のように記している。

私はニューヨークのアメリカの太平洋問題調査会の本部、同時に中央理事会の役員と相当密接に交渉を持って、その後の何ヶ月かを送りましたが、冬の初め頃、ロックフェラー財団の Humanities（人文科学部門）の部長をしていましたスティーブンス（Stevens）、これは戦後アメリカの教育使節団の一員として日本に来た人ですけれども、その人からアメリカの大学における日本研究の現状を調査してくれと委嘱を受け、その報告の梗概を、非常に粗雑な原稿ながら、この研究についてロックフェラー財団と関係の深かったＩＰＲに提出して、そこから出版されました。

3　日本学をめぐる状況と太平洋問題調査会

高木の太平洋問題調査会への関わり、そして会をとりまく状況の変化について概観しながら、調査を依頼されるに至る経緯を述べてきた。では一方で、米国内では、なぜこうした日本研究の現状を把握する必要があったのだろう。そして米国の太平洋問題調査会はそこにどう関わっていたのだろう。この点について説明しておきたい。高木が調査にあたった一九三〇年代初頭、米国各地の大学では、中国、日本への関心の高まりを背景に、アジア図書館や日本語図書館が徐々に整備されつつあった。

当時米国で中国学や日本学振興を学術的な側面から主導していた組織に、米国学術団体評議会（ACLS）がある。後にコロンビア大学で日本学コースを展開するヒュー・ボートンは、この米国学術団体評議会の奨学金によってオランダのライデン大学に留学し、学んだ人物である。この日本学振興の委員会で幹事として活動していたのがモーティマー・グレイブズである。

一九二九年に私たちは中国学振興委員会を作りました。その会の経験や反省をふまえて、一九三一年に同様の日本学振興委員会を作ったのです。前者の議長は米議会図書館のアーサー・ハメルが、後者の議長はフォッグ美術館のラングドン・ウォーナーがつとめています。日本学振興委員会の重要メンバーとして、ボストン博物館の富田幸二郎やイエール大学の朝河貫一が含まれています。(18)

米国議会図書館で日本セクションを担当していた坂西志保は、この日本学振興委員会のモーティマー・グレイブズの相談役としてしばしばアドバイスをしており、日米の学会、政界の人物との仲介役ともなっていた。したがって米国で日本学の調査にあたった高木の情報は坂西にとっても有用なものであり、高木との間で互いに情報交換も行なっている。坂西による当時の米国内における日本学の状況分析は手厳しい。

米国学術団体評議会の日本学振興委員会は、中国学の委員会と比べれば非常に微力で、活動もふるわないのですが、グレイブズは熱意を持っているので私たちはそれをできるだけうまく活用するべきでしょう。悲しいことですが、米国内のすぐれた日本人学者はあまり私たちの手助けにはなってくれません。イエール大学の朝河とボストンの冨田とは自分自身の仕事に没頭していて、協力には消極的です。カリフォルニア大学の久野はどうしようもないほどに同僚と敵対しています。（中略）ルドゥとコロンビア大学のグループ、ハーバード大学の岸本が現状ではとても頼りになるので、彼らをあてにすることにしましょう。(19)

坂西が属していた米議会図書館は、一九三三（昭和八）年時点で約一万四〇〇〇冊の日本語図書を蔵しており、そのうち大きな部分を占めるのが、一九〇七（明治四〇）年に日本で収集された九〇〇〇冊の書物であった。その収集にあたったのは先の書簡にも登場するイエール大学の朝河貫一である。(20) それらの蔵書をベースにして、坂西は横山重《しげる》の助力で古典籍を含めた体系的な蔵書収集を行ないつつ、日本の図書、文化の紹介や参考文献作りにも関わっていく。

一方、朝河貫一はイエール大学で教鞭をとりつつ日本語図書の購入やその整備にも協力していた。彼は一九一八（大正七）年に日本に帰国した折、アメリカに日本語図書館を作るための寄贈をよびかけている。その呼びかけに対して、約三万円にのぼる額の寄付金が集められ、それによって一九三三年に同大学に図書寄贈が行なわれる。それを支援したのはイエール大学日本人会であった。(21)

先の書簡でもふれられているが、コロンビア大学はこの時期、積極的に日本学振興や日本語図書館作りに関わっていた。そこで重要な役割を果したのが角田柳作である。角田は当時、アメリカに日本の文献や情報を集めた学術機関、日本文化センターを設立すべく奔走していた。一九二七（昭和二）年には、このプロジェクトを推進する日米文化学会が生まれ、三菱合資会社の岩崎小弥太が出資し、多くの日本の学術機関からの協力もあって大規模な日本語文献の収集が進められていく。

一九二九（昭和四）年に、これらの図書はコロンビア大学を一時的な保管場所として収蔵され、それらの図書の行く末と新たな機関の設立を協議するために、日米文化学会がアメリカでも組織される。そのアメリカ側での会長をつとめたのがコロンビア大学教授のジェローム・D・グリーンである。[22] そしてこのグリーンは、米国太平洋問題調査会の主要メンバーとしてその準備段階から関わっており、先のIPR上海会議でも中央理事会の理事長をつとめている。[23]

さて、角田の日本文化センターの構想は、独立した機関としては実現しなかったものの、その図書の寄贈を条件に、コロンビア大学では日本学コースの設置と日本語図書館を運営していく計画が立ち上げられ、これら日本語文献は正式に同大学へ寄贈されていく。一九三一年のことである。[24] 図書の寄贈を終えてひとまず役割を果したアメリカ側の日米文化学会は、その後、日本学会と名をかえ、寄贈図書のその後を見守るとともに日本学振興のための活動を支援することとなる。角田はこの日本学会の委員として協力するとともに、コロンビア大学の日本学コースに参加し、日本語図書館の管理にもたずさわっていくことになる。一九三二年にハーバード大学で日本学夏期セミナーが開催されるが、そこに角田柳作を派遣し、またハーバード大学に岸本英夫による基礎日本語コースを開いたのも、この日本学会の資金、活動によるものであった。[25]

先のヒュー・ボートンは、エドウィン・ライシャワーと同じくこのハーバード大学での日本学セミナーに参加した一人である。ボートンは、この一九三二年のセミナーが、ロックフェラー財団の極東研究に対して与えた影響を重視している。ロックフェラー財団はその後の日本研究の財政支援においてきわめて大きな位置を占めていくからである。同財団から訪れていたのは、デビッド・スティーブンスである。ロックフェラー財団の人文科学部長であり、彼が翌年高木に日本学調査を依頼することとなるのだ。[26]

この日本学会は六〇名ほどの会員によって成り立っていたが、先の米国学術団体評議会の日本学振興委員会とは目的や活動が重なっていたため、米議会図書館の坂西志保をはじめとして両者にともに関係している人物も多い。日本学会の一九三三年の年次総会は、グリーンに代わってルイ・ルドゥが長となり、開催されている。ルドゥは浮世絵をはじめとした日本美術の紹介者として当時から知られていた人物である。[27] この総会には、先の米国学術団体評議会の日本学振興委員や米国の太平洋問題調査会、ロックフェラー財団、それにコロンビア大学やハーバード大学の日本学関係者なども集まり、情報交換を行なっている。[28]

一九三三年のこの総会で、ハーバード大学のラングドン・ウォーナーは、ハーバード大学の教員として同大学の日本学の状況を説明し、かつ、米国学術団体評議会の日本学振興委員会の長としても活動報告を行なう。太平洋問題調査会は、これらの日本学振興の活動のなかで次第に重要な位置をしめていくこととなる。太平洋問題調査会からは、この年に事務総長となったエドワード・カーターが出席しており、以下のように述べている。

政治的な誤解や国際摩擦において文化的な側面が果たす役割が、南北戦争以来かつてないほど大きくなっているのは明らかである。太平洋域における日米両国の重要性が高まり、生活のあらゆる領域において、両国は互いに密接な関係にあり、米国で日本についての理性的な理解を作りだしていくことの重要性は、かつてないほど高まっている。[29]

この年の総会でも太平洋問題調査会のすぐれた活動実績が紹介されたが、翌一九三三年の日本学会の年次総会の報告書には、米国太平洋問題調査会のジョゼフ・バーンズによる報告が記されている。そこで言及されるのが、高木による調査である。

一九三三年のＩＰＲによる活動を手短に概観した後、バーンズによる非常に興味深い説明があった。それは東京帝国大学の高木八尺教授による調査であり、現在ほぼ完了している。ＩＰＲの要請によって米国内全体の日本学の現状を調査したものであり、現状についての高木の見解のみならず、今後どうするべきか、という彼独自の意見が含まれた報告書となる由である。この報告書が完成、刊行されたら、この日本学会のメンバーそれぞれに配布されることが望ましい。(30)

当時の米国はこうした日本学の胎動期にあたり、また前節から述べてきた日米間の緊張関係がいやます状況にもあり、それがさらに日本・中国情報への関心を作りだしてもいた。そうした時に必要なのは日本情報、日本の書物になるわけであり、各地の図書館が日本図書館の整備に動いていることは見てきた通りである。ここでふれた機関以外にハワイ大学やノースウェスタン大学、カリフォルニア大学でも日本語図書館を準備しつつあった。しかし、書物自体も重要だが、より重要なのはそれら日本学のメタ情報であった。つまり、そもそも日本の書物にはどういったものがあり、それがどこにどれだけあるのか、そしてそれらを読めるようにするための人員や施設はどうなっているのか、という情報なのである。そして高木の調査の焦点はここにあてられていた。

米議会図書館の坂西は、当時これら日本文献を紹介する英語文献がないことに危機感を抱き、米国学術団体評議会のグレイブズらと、そうしたメタ情報作りのプロジェクトを進めていた。日本についての基礎情報、日本の書物というよりも日本の書物についての書物が必要だと考え、そうした日本の書物や情報とを仲介する経路を作らねばならないと思ったのだ。そしてこのことは、先のカーターをはじめとする米国ＩＰＲでも強く意識されていた。

アメリカの学者を例にとれば、それぞれの学問領域でイギリス、フランス、ドイツの研究者が行なっていることには注意を向けているのですが、例えば日本やロシアの研究者の活動や成果に対して彼らが同じように注意を向けることはほとんどないことはよくおわかりでしょう。これはむろん言葉がわからないという理由もありますが、そもそも適切なコミュニケーションの道筋ができていないからでもあります。[31]

カーターは高木にこう書き送っているが、高木の調査は、この「適切なコミュニケーションの道筋」をつけるための作業でもあった。

4　全米調査の実際

高木八尺は、刊行されたその調査の序文で、自身の調査がカーターの作成した『米国大学教育のなかの中国・日本』をベースとしており、訪問大学もそれによったことを記している。[32] カーターのこの本は、主として中国学に重点をおいて全米の大学カリキュラムを調べたもので、一九二九（昭和四）年に刊行され、ハワイ編を補った版が三〇年に刊行されている。[33] カーターは、この調査を通じて、アジアに関心のある各地大学の研究者とのネットワークを築いており、高木が調査する際にもこれらの人々に協力を要請している。高木の調査は、その実務的な面において、カーターの存在に大きく依存しており、調査中の高木とカーターの書簡のやりとりを見る限り、カーターがまるで旅行代理店のようにこの調査のさまざまなセッティングをしていることがわかる。カーターの書簡を参照しながら、その調査の経過を追ってみよう。

高木はバンフ会議の後、ニューヨークに滞在し、日本太平洋問題調査会の主要メンバーである浦松佐美太郎《さみたろう》や

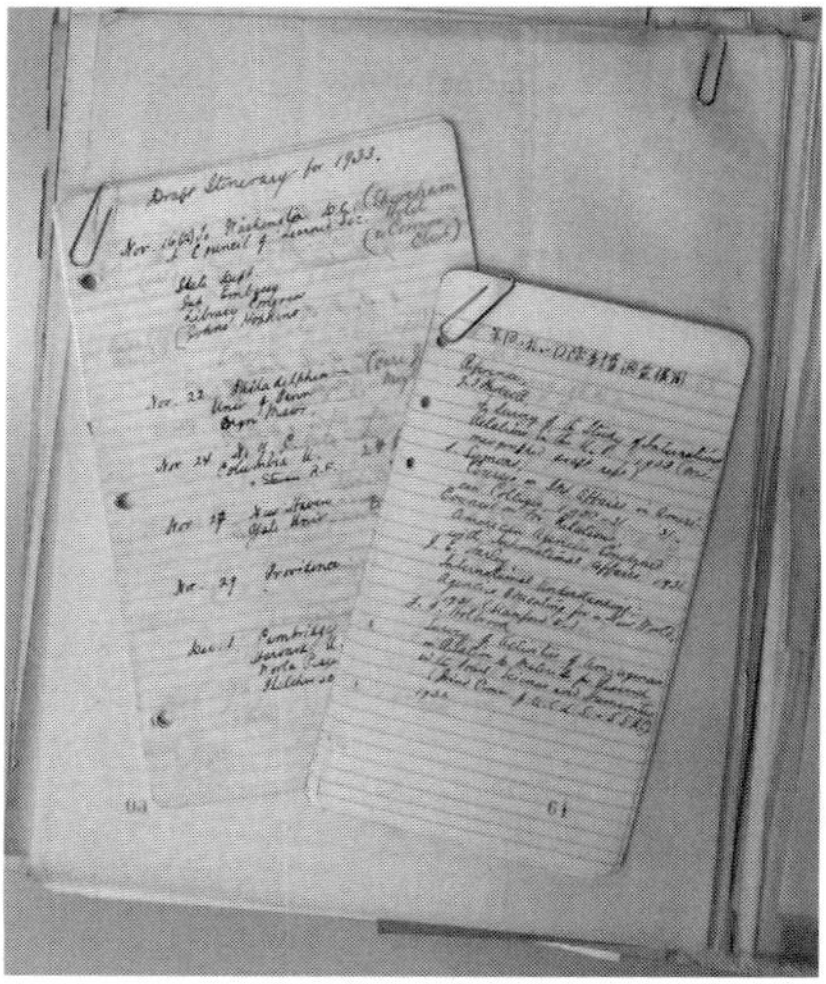

図15　高木八尺の旅程メモ　切り離した手帖をクリップでとめてある。旅程や会う人物，日時などのメモとして用いられている。（東京大学アメリカ太平洋地域研究センター所蔵）

高柳賢三らとともに、米国太平洋問題調査会のスタッフと情報交換のための会合をもっている。十月段階での高木とカーターとのやりとりからは、大学のような学術機関を中心とした調査とするか、博物館のような施設も含めて調べるのか、あるいは日本学関係の雑誌や文献について扱うかどうか、といった調査範囲や方法を検討していたことがわかる。[34]

そして調査を始めようとしていた矢先、高木を痛撃する報が届く。それは先のバンフの国際会議でも日本代表をつとめた新渡戸稲造が、カナダのヴィクトリアで危篤状態になったというのである。すでにバンフ会議のころから、高木は新渡戸の体の不調を気遣っていたが、病状は回復することなく、新渡戸はその地で客死する。十月十五日のことである。[35]

危篤の報に接した高木は、急遽ニューヨークからカナダへと飛んだ。シアトルを経由してカナダに向かうなか、ドイツが国際連盟を脱退したというニュースが大々的に報じられていたという。ニューヨークからかけつけた高木によって新渡戸の遺体はバンクーバーに移され、埋葬された後、十八日に告別式が行なわれた。弔辞を読んだのは高木である。弔辞の最後は、世論の啓発と国際主義のために尽くして散った新渡戸をたたえ、それら「名誉の死者たち」を乗り越えてさらに進軍すべきことを述べて締めくくられている。この後アメリカ各地を横断して精力的に調査にあたる高木の胸中に、その想いが常にあったであろうことは想像にかたくない。[36]

高木はこの後ニューヨークに戻り、十一月には先の調査に再びとりかかる。おそらくこうした事情で米国で調査にあてられる期間に余裕がなくなったということもあるだろうが、十一月七日にカーターが関係者に配布した書簡からは、高木がこの時点で、日本学に関係ある博物館や雑誌メディアの調査は対象からはずし、大学にしぼった調査を行なうことを決めたことがわかる[37]。基本的な調査事項は、日本学の専任職の有無、日本学関係図書の所蔵状況、日本学研究コースの有無、日本や日米関係に関するコースの有無、これらに関わる特別な科目の有無であった[38]。

まず高木はワシントンを皮切りに東海岸を北上し、各地で調査を進めていく。高木の当時の手帳には、調査での旅程や参考事項が細かに記されているが、十一月中旬から十二月の初旬にかけて、東海岸をワシントンから北上してペンシルヴァニア、ニューヨーク、さらにニューヘブンを経由してケンブリッジへ、ほとんど数日おきの日程で旅程を組んでいたことがわかる[39]（図15）。

しかし、このような日程で各地の大学で詳しい情報収集をするのは今日でも極めて難しい。それを可能にしたのは、先のカーターによる事前のセッティングであった。調査の仕方はだいたい次のように行なわれている。まずカーターが、高木の訪問先の大学の学長やアジア学関係の有力者、著名な研究者に手紙を送り、高木の来訪を知らせ、日本学振興や関連する情報収集に重要と思われる人々を厳選して少人数の会合を開くよう要請する。このようにカーターは、情報収集に理想的な場を設定していったのである。例えばまず調査をはじめたワシントンでは、十一月の十六日から二十一日にかけて国務省で極東部門を担当していたS・ホーンベックやジョンズ・ホプキンズ大学の学長からの聞取り調査を設定している[40]。

カーターによって設定されたこうしたグループの人選は、当時の、あるいはその後の日米関係から考えても枢要な人物が数多く含まれていることに驚かされる。また、こうした会合をより実り多くしていたのは、人選にあたって、単に日本学や日本語を教えている人物に限定せずに、むしろ政治学や経済学をはじめとした広い範囲で、極東や日本に関心のある人物を集めている点である。

プリンストン大学では国際関係、特に極東事情や日露関係を研究していたデネット・タイラーが、日本に関心のある同僚に声をかけて人を集め、そこで情報収集が行なえるようにしている。ハーバード大学で協力したのは中国現代史に詳しい政治学のアーサー・ホルコムであった(41)。

イエール大学で高木を囲む会合を開いたのはニコラス・スパイクマンであり(42)、彼はこの一〇年後に没するが、その著書『平和の地政学』は今日の地政学につながっている(43)。コロンビア大学では歴史学のジェームズ・ショットウェルが高木のために会合を開いている。ショットウェルは米国太平洋問題調査会のメンバーだが、一九二八(昭和三)年のパリ不戦条約の締結でも大きな役割を果たした人物であり、太平洋問題調査会の第二回ハワイ会議では「恒久平和条約案」を提案し、日本にも紹介され、高木をはじめとした日本側委員に多大な影響を与えた(44)。カーターはこうした調査の場がうまく設定できると、その調査を細かく手紙に記し、その次の調査機関に具体例として示し、都合のよい調査環境が準備できるよう工夫している。

東海岸を北上してケンブリッジに至った高木は、十二月六日から七日にかけて、マサチューセッツ州の中部にあるウースター大学やアマースト大学で調査を行なう。小規模だが米国屈指の名門校として知られるアマースト大学は、高木の父である神田乃武が学んだところでもある。カーターは、そうした情報をおりまぜつつ、アマースト大学の学長に向けて協力を依頼している(45)。

この地域については、高木はジョージ・ブレイクスリーから、クラーク大学でも日本学を準備していることを聞いていたため、クラーク大学の調査も行なっている(46)。ブレイクスリーは一九三三年のリットン調査団の一員でもあり、後に占領期の日本の管理にあたった極東委員会にも加わることとなる人物である(47)。

十二月の中旬からはさらに西に向かい、調査は中西部に中心を移す。高木の調査に先立って、カーターの手紙が各地の機関、人々に送られていくのは同様である。十二月十七日にはオハイオ州のシンシナティ大学で学長を含めた会合が設けられ(48)、さらに十九日から二十日にかけて、オハイオ州のアナーバーでミシガン大学のスタッフへの調査が準備されている(49)。

高木は十二月二十日から二十六日にかけてイリノイ州に入り、シカゴ大学、ノースウェスタン大学、ウィスコンシン大学を訪問してそれぞれ調査にあたっている。シカゴでは、エドウィン・エンブリーがカーターから調整役を依頼されている。エンブリーは、シカゴで民間財団の長をつとめ、太平洋地域の人種問題に関心を寄せていた。彼の息子は日本をフィールドとする人類学者のジョン・エンブリーで、ジョンは間もなく日本の熊本県須恵《すえ》村に調査に向かい、戦中にはシカゴ大学で占領軍のための日本語教育にあたることとなる。[50] ノースウェスタン大学で会合を設けてくれたのは日本現代政治学を担当していたケネス・コールグローブである。[51] 早くから体系的な日本語図書の収集を始めていた彼のもとではチャールズ・ファースが学んでいたが、ファースは日本学を学ぶために当時はパリに留学中であった。いまだ日本学ではヨーロッパの方が進んでいるという認識があったのである。ファースがパリで学んだエリセーエフを、ハーバード大学がイエンチン研究所長として迎えるのはこの翌年、一九三四年のことである。

高木はさらに西に向かい、調査は西海岸に移ることとなる。カーターはやはり数々の手紙を書き送り、翌三四年の一月三日にはロサンゼルスでカリフォルニア大学ロサンゼルス校の学長と、一月四日には南カリフォルニア大学の学長と高木との会合を準備する。[52] カーターが気をつけているのは、中身のない形式的な会合や講演活動など、高木の体力を消耗するような活動は極力さけるという点であり、人を集める際にも、調査に有用な少人数に絞るよう気をつけている。[53]

さらにその後高木は西海岸を北上してサンフランシスコに向かい、近隣の大学の調査を行なった後、その地で一月中旬の一週間を、それまでの調査データをまとめる作業にあてている。この場合も、カーターは訪問者にじゃまされない静かな場所を準備するよう現地の会員に向けて指示を出している。[54]

またこの調査では、高木の行けなかった場所について、太平洋問題調査会によって書簡による質問調査も行なわれている。そうした例で重要なのはハワイ大学であろう。すでに一九二〇（大正九）年に原田助《たすく》を招いて日本科を作っていたハワイ大学では、この調査の前年の一九三二年に太平洋・東洋学コースを立ち上げ、数年後には豊富な日本語蔵書を備えた東洋学科が誕生する。[55] その長となったグレッグ・シンクレアはこの調査に向けて詳細な返答をしており、高木の調査報告に組み入れられている。[56]

モーティマー・グレイブズは、調査計画の当初からこうした情報の必要性をカーターとともに強く認識していたこともあるが、高木の草稿を見た上で、この調査を非常に高く評価し、高木はもっと米国の日本学の現状に対して批判的に書いてもよいのではないかと書いている。[57] ただ、調査に対する手厳しい意見もあった。スタンフォード大学の教員で太平洋問題調査会にも参加していた市橋倭《やまと》は、この高木の調査は、東海岸に偏重しているので、西海岸への目配りも必要なこと、また、言及されている人々が日本についての研究者なのか、単なる日本通なのかを明確に区別するようアドバイスしている。[58]

とはいえ、この時期の日米関係のなかで、米国内の日本学調査に純粋な学術性を求めることは極めて難しい。当の市橋にしても、スタンフォード大学での講座設立や研究旅費は日本の外務省によって支援されており、その研究、教育内容の妥当性が問われるスキャンダルとなったこともあった。[59] こうした問題については、次章でも再度問題としていくことにする。

5　非政治という政治

こうして高木八尺の調査は一九三五（昭和一〇）年五月にハワイで刊行された。そこに序文を寄せたのはエドワード・カーターである。高木が米国内での日本学振興を目的とするこの調査にあたっていた一九三三年、日本では海外への日本学や日本文化理解を促進するための機関が準備されていた。この機関は民間の支援や外務省からの予算をもとに、一九三四年、国際文化振興会（ＫＢＳ）として成立する。[60] 高木の調査は、海外で日本語や日本学を展開するために必要な具体的な施策を提案するものであり、その意味ではこの国際文化振興会の目的とも重なっていた。そのため、米国太平洋問題調査会や、米国学術団体評議会は、高木を通して、国際文化振興会の活動と連携をはかっていくことになる。(61)

国際文化振興会は、海外の日本学振興の一環として、海外の教科書で日本がどれだけ扱われているか、どのように教えられているかに関心を向ける。その調査と、さらには海外向けの日本紹介用教材の作成について検討する組織が、国際文化振興会のもと、外務省、文部省、そして太平洋問題調査会とで一九三四年に立ち上げられる。これが海外教科用材料編纂協議会であり、太平洋問題調査会の高木や浦松佐美太郎のほか、谷川徹三や柳田国男らも加わっている。(62)

こうした事業を通して、高木は国際文化振興会で中心となっている樺山愛輔《かばやまあいすけ》や青木節一《せついち》とも連絡をとりあい、モーティマー・グレイブズによる日本学振興計画や日本の太平洋問題調査会の活動計画を相談、調整している。また、渡米した国際文化振興会会長の近衛文麿《このえふみまろ》らと米国内の関係者との会合の場を、高木を通してカーターが設定し、日米間の交流促進に向けた努力を続けている。(63)

しかしながら国際情勢は、こうした日米間の相互理解のための取組みも、日本のアジア政策を擁護するための政治的な手段とみなされるような状況となっていた。一九三五年には日本は国際連盟から脱退し、多国間の会議による協調、融和を主張してきた日本太平洋問題調査会は、組織としては脆弱化し、同年日本国際協会と合併し、政府や外務省との関係をより深めていく。

そして三七年の日中戦争勃発をはさみ、一九三九年に太平洋問題調査会は第七回会議を迎えた。日中戦争自体が会議の中心テーマとなっていくに及んで、日本の太平洋問題調査会は事実上、国際事務局との協力関係を停止することとなる。その際の交渉のやりとりにあたったのは高木とカーターである。この調査を計画した国際事務局の手続きの不透明さや、太平洋問題調査会自体が特定の国家政策を批判する政治団体と化していくことが、日本側委員にとっては問題であった[64]。

高木にとっての太平洋問題調査会の意味、価値とは、それが国際連盟とは異なり、「科学的学究的態度」と「全く民間有志の組織する非政治の団体」であったことである[65]。高木において、この会議が「民間による」「非政治」の活動を行なうという「原則」を通すべきという考え方はこの段階に至るまで変わらなかった[66]。だがしかし、学術活動とはいえ、政治から全く無縁な活動などあり得ない。そもそも科学的と言い、実証的と言うが、そうしたデータの「実証性」は、それを承認する集団や社会の合意、約束事によって支えられている。こうした集団の規約は、政治的、経済的な状況によって多かれ少なかれ影響を受けるのは当然であり、いかなる学問領域であってもその客観性や実証性の基準は場所、時代に応じて揺らぎもする。その意味ではまったくの「非政治」を標榜する学問は、単に自らの「政治」から目をそらしているにすぎない。

米国の太平洋問題調査会の活動もまた、純粋に「非政治」とも「民間」のものだったとも言えないだろう。米国太平洋問題調査会におけるロックフェラー財団からの支援は、同会の全収入の四四パーセント、国際事務局の二六・四パーセントを占め、設立からの助成総額は約一八八万五千ドルに及ぶという[67]。こうした民間財団による協力は、その支援対象の選定や配分を通して、文化面での長期的な「政治」として十分機能したはずだ。

太平洋問題調査会を通して松本重治と知り合い、親日派として戦後の知識人交流を支援したロックフェラー三世にしても、「慈善活動と政治とが交差する国家間のゲームという場で戦略的なプレーヤーとなった」と指摘されるように、その文化事業は冷戦下の政治的な力関係を背景としてもいた[68]。財団の資金援助によってなされた一九五〇年代の日米知的交流計画は、日本を自由主義陣営にとどめるための文化戦略の一環でもあり、その政治的重要性への認識が前提ともなっていた[69]。

また、太平洋問題調査会は非政府組織であって軍や政府のスタッフによらない団体ではあったが、実際には米国太平洋問題調査会に参加した人々は当初から官界や財界の重要人物によって占められており、政界への強いパイプを持っていた。また、実際に日米開戦の後には、米国政府や軍への人材派遣、委託研究や教育プログラムに協力していくこととなる。(70) そしてこのことはまた戦後、太平洋問題調査会の解体へとつながる「政治」と結びついていくが、この点については本書の第八章で取り上げることとなる。

一方、日本側の太平洋問題調査会にしても、民間の組織とはいえ、当初から外務省とはかなり緊密に連絡をとっており、多額の財政的な援助も受けていた。(71) また、その参加者たちにしても、主要メンバーが帝大関係者を中心とした閥族的、官僚的傾向を帯びていたことはすでに指摘されているところである。(72) こうしたことのうちに働いている「政治」から目をそらしたまま構築された「科学」や「民間」という価値の純粋さが、やがてもろくも崩れていくのはいかんともしがたい。その点では「日本の政策を正当化させ得ると確信できる範囲内でのみ「事実」に基づく「科学」を政治に優先させていたにすぎなかった」とする評価は否定しがたい。(73)

そもそも太平洋問題調査会自体が、既存の国際的な力関係を前提とした組織であった。会議では、当初から朝鮮やフィリピンの代表権が問題化していることからもわかるように、そもそも植民地統治国と被統治国との政治的な力関係が強力に働いていた。(74) 高木にとっての「非政治」のなかには、こうした「政治」が抑圧され、前提として組み込まれていたといってもよい。

高木は確かにこの時期、先に見たように平和のための国際機関を提案してもいるが、同時にそれは日本の中国侵略と矛盾するものではなかった。彼はアメリカの帝国主義的膨張に対しては、必然的と見つつも批判的な目をもって見ている。例えば米西戦争における民族主義的な意識の高まりを指摘しつつも、それが戦争の「勃発を正当化するものではない」と批判的に位置づけている。(75)

だが、日本についてのこの時期の高木の論を見る限り、むしろそうした膨張を自明とする議論が目につく。『改造』に発表された高木の「満州問題と米国膨張史の回顧――自主外交に対する自由主義的見解」では、現実の帝国主義的施策を「成長の避け難かりし過程」、「所謂「米国民膨張のバイオロジー」の已み難き行程」と述べているように、あたかも帝国主義的膨張を生物学的な必然であり「宿命の当然」とする立場をとっている。したがって「日本の満州の安定確保」は、たとえ肯定はできないにしても生物学的な必然なのであり、そのための協調をはからねばならないというわけである。(76) だが、侵略された人々にとって、このような「宿命」の論理が受け入れられようはずがない。

彼のなかでは、このように軍や政府の満州政策や中国侵略という現実の政治を前提とし、受け入れていく現実主義と、個人の自由と寛容さを基盤とした平和主義的な理想とが同居していた。だがそこで語られているのは実は限られた「個人」であり、限られた人々にとっての「平和」でしかない。あたかも普遍的で揺るぎないこうした言葉は、実は特定の人々を排除し、序列化する政治的な力をおびかねない。相反するような立場が両立する思考の土台に、こうした「非政治」という政治があるのである。

日本学調査や日本語蔵書の調査にしても、政治と分かちがたく結びついたものである。政府や軍部による行為が政治的であり、民間の手になる海外の学術機関の現状調査は文化的であって平和的であるというのは、単純化された危うい見方といってもよいだろう。確かにこうした調査は、海外から日本をより正確に、深く理解するために有用であり、国際間の理解や対話のためには重要な役割を果たす。しかし、一九三三年のこの段階で、日本の実際の政策を是認し、その批判を欠いたままそれを行なえば、その調査は当時の日本の政策に対する海外の反感や批判をやわらげるためのプロパガンダとして実質的には機能してしまう。「非政治」を標榜したとしても、まさにそのように自らが荷担する「政治」から目をそらすことが、いっそう政治的なふるまいとなってしまう。

また、こうした当時の「学術的な」日本学調査自体が、その後の日米間の戦争のなかで有用な情報として実際に機能してもいくのである。高木の報告は、その意味でも実効性をもったものと言える。彼はいくつかの日本学振興についての示唆をこの報告書で掲げている。そこで高木は、しっかりした日本語教育用テキストの作成や、複数に分散している教育機関が連携して行なう日本語・日本学教育の展開を提案しているが、これは後にその通りの形で実現を見ることとなる。皮肉なことに、それを大規模に実現していったのは対日戦を目的とした米国の陸海軍であった。日本語教育、教科書が戦時期に果たした役割については、すでに第一章でも述べたとおりである。

この章では、戦前の過酷な条件のなかで、不可能と思える全米調査がいかに可能になったのかを具体的に明らかにしてきた。いわば蔵書や書物の調査自体を調査してきたわけである。そしてそこからはまた、こうした書物の歴史を調査する行為自体がはらむ政治性と、さらにはそれに対して無関心でいることの危うさが了解できよう。

特定の国家において、ある言語のリテラシーについて調べ、関心をもつ、ということは、それ自体その国の政治、文化状況と深く絡み合っている。リテラシーの調査自体が常にはらむこうした政治性に、私たちは注意を向けなくてはならない。リテラシーの整備や調査が、どのような資金や力関係、目的に支えられているかを解きほぐしていかなくてはならない。リテラシーの調査資料が語ってくれるのは、そこから目をそらすことの「政治性」そのものにほかならない。

第五章　人と書物のネットワーク——角田柳作と書物の交流史

1　見えない仲介者

書物やそれを書いた著者について私たちは言及し、引用し、研究する。しかし、それらの書物をそこにもたらした人々や、それら膨大な書物を整理し、容易に見つけられるような仕組みを準備した人々にはあまり言及することがない。というよりも、書物がそこに当たり前のようにある、と考えるかぎり、それら人々の活動は読書環境の一部としてとけ込み、不可視の存在となるのだろう。書物を書き残した人々ではなく、書物を提供した人々、書物と読者の仲立ちをした人やものについて、私たちはどれだけ言葉にすることができるのだろうか。本章で角《つの》田柳作《だりゅうさく》という人物について調べ、考える際の問題意識は主としてここにある。

一九三三（昭和八）年一月二十四日の夜、ニューヨークのパークアベニューにあるルイ・ルドゥ邸には、日本学や日本研究に関心のある日米の学会、財界人が集まっていた。この年から毎年一月に開催されることとなった日本学会の総会のためであり、会員数は五八名（翌年には七八名に増加）、参加していたのはコロンビア大学で当時日本学コースや日本語図書館を準備していた人々、そしてハーバード大学でのアジア学関係者や米国学術団体評議会（ＡＣＬＳ）で日本学振興を進めていた人々、それに前章で取り上げた太平洋問題調査会（ＩＰＲ）の関係者のほか、カーネギー、グッゲンハイム、ロックフェラーといった財団から派遣された人々の姿もあった。(1)

これに先立つ一九二七（昭和二）年、ニューヨークから日本へと帰国した角田柳作はアメリカに図書館を作るべく運動を展開していた。この夜開かれた会議を主催した日本学会は、これらの図書の受け入れのために組織されたアメリカ日米文化学会が改称されたものである。

紐育《ニューヨーク》に、日本文化の紹介及研究の中心となる施設が必要であるといふことは、暫々議論されてをつたのですが、その斡旋者がなかつた為めに実現を遷延してをつたのであります。ところで今度私が、不肖を顧みず、この仕事に余生を傾注したいと思ひまして、過去八年間お世話になつた紐育日本人会を昨年十月辞し、早速彼地に於ける本事業（日米文化学会）の下準備を取纏め、本年一月、十五年振で、この企てに賛同を得る為め帰朝した次第であります。(2)

ニューヨークに日本文化の紹介・研究の拠点となる組織を作ろうという、この角田の日米文化学会の構想は、日本の財界からの支持を得ることに成功する。そのために日本で集められ、米国に送られた日本語図書は、日本学と日本語図書館を整備する条件のもとで一九三一年にコロンビア大学への移管が決定された。前章でもこの経緯についてはふれたが、日米文化学会は日本学会と名を変え、この日本語蔵書の行方を見守るとともに、米国内での日本学の振興をはかるための活動を展開していった。そして角田はコロンビア大学で教鞭をとりながらこの図書の管理に当たることとなる。

しかしこの晩の日本学会の総会の席に角田の姿はない。前年の一九三二（昭和七）年、この会や米国学術団体評議会、そしてハーバード大学イエンチン研究所とが協力してハーバード大学で開催された日本学の夏期セミナーで講師をつとめた角田は、その秋に日本へ帰国し、翌三三年の六月まで、さらなる図書の収集と寄贈の呼びかけに奔走していたからである。

図16　角田柳作　コロンビア大学の教壇で。Courtesy of C. V. Starr East Asian Library, Columbia University.

米国にもどった角田柳作は、一九三四年の総会で、その収集活動の成果を報告する[3]。こうして日本語図書館がニューヨークに生まれ、日本学コースもそれにともなって整備されていく。角田はそこで日本語、さらには日本の歴史、宗教について教え、やがてそこからは数多くの日本学の専門家が生まれてくることとなる。

ただ、角田柳作自身は多くの著作を世に問うたわけでもなく、話題になった著作があるというわけでもない。全集を作る作業も現在進められているが、それら著述によって彼を研究しようとする人々が急に増えるとも正直思えない。というのも角田柳作を評価する場合に重要な点は、その「書いたもの」にのみあるわけではないからであり、著述という成果を通してその思想、言葉を評価しようとすると、むしろそうした評価方法自体の限界や問題点が露呈してしまうのである。

私は角田柳作を限られた情報や第三者の言葉から過度に偶像化したり、神聖化したり、その内面や人格を想像で埋めていく作業を行ないたいわけではない。私がここで問いたいのは、角田柳作を、書物を著わしたことからのみではなく、書物をもたらす、あるいは書物と読者の仲立ちとなるという行為から評価し、記述することができるのではないか、ということである。書物をもたらすこと、あるいは読者と書物を結びつけること、そうした行為を掘り起こし、記録し、その意味を考えること。それが、角田柳作という事例が私に投げかける問題であり、リテラシーの歴史をとらえていくうえでの本書の課題なのである。

2　角田柳作との出会い

米国内における数ある大規模な日本語図書館がなぜ、どのようにして生まれてきたのか。国境を越えた空間で、日本の書物を読む場が形作られていく過程からはどのような問題が見えてくるのか。第一部で概観したとおり、米国で調査していた私の主要な関心はそこにあり、書物がそこにある、ということ自体が当たり前のことでも何でもなく、むしろ絶えず驚きと疑問とを抱かずにはいられない光景だったのだ。

米国の日本語蔵書史を調査する際に拠点としたこのコロンビア大学の場合も同様である。そもそもコロンビア大学を拠点としたのも、私自身がもともと日本文学を研究領域としており、この大学が日本学や日本文学研究領域で著名な存在であったからだ。当然、それを可能とするようなすぐれた蔵書がそこにはある。

戦争を境とした日本の書物の大規模な移動についてはこれまでの章でもふれてきた通りである。それらの書物は、それぞれに異なる経路をたどってたどり着いたものである。コロンビア大学の蔵書についても、そのことはよくうかがえる。例えば新文化運動中央会編『国民の記録』は、日本国内では所蔵機関の少ない終戦間もない時期の出版物だが、蔵書印から、連合国軍総司令部の民間情報教育局（ＣＩＥ）の参考図書館の蔵書であったことがわかる。同様の蔵書は神山茂夫『古きもの・新しきもの』など、かなり見られるが、いずれも占領地の政策・立案を担当していた米陸軍省の民政部（ＣＡＤ）から一九四八年に寄贈されている。つまり民間情報教育局から民政部を経てこの大学にたどりついているわけである。(4)

一九四九年に他大学との交換で蔵書となったことが記されている濱田峰太郎の『上海事変』は、一九三二年の刊行であり、もとは日本の陸軍軍医学校図書館の蔵書だったことがその蔵書印からわかる。おそらくはワシントン文書センターを経由してきたものであり、第一章で紹介した米議会図書館の日本語図書整理計画を通して入手した書籍と思われる。また、同じく一九五〇年二月に交換図書として大学蔵書となった本に饒平名智太郎《よへなちたろう》編『プロレタリア芸術教程』がある。一九二九年に刊行されたこの書物にいたっては、コロンビア大学が所蔵しているのは戦前の内務省検閲本の正本である。つまり内務省に検閲済み図書として保管されていたものが、連合国軍によって接収の対象となり、同様の経路でここにたどりついたわけである。(5) また、戦時期に閉鎖されたニューヨークの日本文化会館が所蔵していた図書もコロンビア大学が引き継いでいる。(6) だがこれらの書物がここにたどり着いた経緯について、それらの書物を利用する人々はあまり意に介さない。

このことで一つ非常に記憶に残っていることがある。私が調査にあたっていた二〇〇五年、コロンビア大学に着いて間もない頃、この大学で『源氏物語』をめぐる国際シンポジウムが開催されていた。(7) 日本から報告のために来ていた研究者も多く、その問題意識や切り口、報告のレベルは日本で行なわれている学会と遜色ないものだった。しかし、私にひっかかったのはむしろ日本との差異を感じさせないこと自体の「違和感」だった。日本とは読者も読書環境も異なる場で、それを問題としないままに、日本国内と変わらぬように『源氏物語』を論じることに対する違和感と言ってもよい。

日本の書物があるという場、そしてそれについて読み、語る場は、そのような透明なものでも自明のものでもなく、歴史的に、あるいは政治的に作り出された場である。そしてそのことに目を向けない限り、研究自体を根幹から見直す問いは生じない。先の『源氏物語』で主要なテーマとなっていたのは、この物語が時代を経て規範として機能し、さらにはその規範性ゆえにパロディとして変形、再生、流通する事態だったのだが、そのシンポジウム自体が深刻で大規模な一つの『源氏物語』劇であることは問題にされない。その場自体がどのような規範性や権威を作りだしているのかも問われない。日本の書物を読む場は、どのように作られ、どのような力がそこで働いているのだろう。米国内の日本語図書館を私に一つ一つ訪れさせたのは、始終ついて離れなかったこの問いにほかならない。

もともと私の問題意識は、書物と読者の関係、読書環境の形成や変化にあった。こうした関心のもとで、米国内の日本語蔵書の歴史を追っていた。したがってニューヨークで日本語図書館を作ろうと活動し、結果的にコロンビア大学の日本学の基盤をもたらすこととなった角田柳作の存在にたどり着いたのは必然的なことだった。コロンビア大学や東海岸の大学の日本語蔵書や日本学の基盤が作られていくプロセスを調査し、資料を集めるなかで、角田の果たした役割は大きな位置を占めていたからである。

また、帰国後、一つの偶然によって私は再度角田の役割について調査し、考える機会にめぐまれた。調査から帰国し、数年後に赴任した大学で、たまたま角田柳作の展示、国際会議が企画・準備されており、その企画に参加することになったからである。これは早稲田大学の創立一二五周年を記念したものであり、展示は二〇〇七年に、シンポジウムもその年に実現する。さらにこの展示は翌年、場所を移してコロンビア大学でも開催された(8)。コロンビア大学の日本語蔵書の歴史とそのなかでの角田柳作の役割については、前著『書物の日米関係』において一度まとめてはいたが、私にとっては、角田柳作に親しかった人々、そしてその熱心な研究者たちから資料や情報を得て、再度考える貴重な機会となった(9)。

とはいえ、最初に述べたように、角田柳作自身は、多くの著書を出しているわけでもなく、またそれによって知られているわけでもない。数少ない著作も、現存している数自体が少なく、展示を企画した早稲田大学図書館でもそろってはいない。展示の折に同図書館では角田柳作記念文庫が新たに公開されたが、これは角田の著書ではなく、米国在住中の彼の蔵書である。なぜそれがここにあるのか、という点についてはまた後にふれる。ただ、角田の足跡についてはさまざまな資料から明らかにされてきてもいる。

この章では、書物を集め、そして米国にもたらし、さらにそこから読み、書く人々を育てた角田から、書物と読者の間をとりもつ行為自体をとらえていきたいのだが、その前に、ニューヨークに至るまでの角田の足跡をたどっておきたい。

3 ニューヨークに至るまで

角田は一八九三（明治二六）年、東京専門学校（現在の早稲田大学）の文学部文学科で学んでいる。東京専門学校入学以前の角田については、角田恵重《けいじゅう》の評伝がある他、(10) 角田柳作の兄保太郎の孫にあたる角田修《つのだおさむ》によって角田家所蔵資料をはじめ、関連史料が整理されている。(11)

イエール大学で教鞭をとり、同じく日本語図書館の創設に力を入れた朝河貫一《あさかわかんいち》も、同じく東京専門学校の出身であり、角田柳作の一年上で学んでいる。東京専門学校時代やその後の著述活動については鹿野《かの》政直や佐藤能丸《よしまる》によって、また、ハワイ渡航からの足跡についても内海孝によって実証的なあとづけがなされている。(12)

在学中の記憶として角田が後々回想し、またその後の彼の履歴や思想、教育に影響したこととして、彼の仏教への関心の高まりがある。角田の教え子であり、今なおコロンビア大学で教鞭をとるテオドア・ド・バリーは「大学時代の彼が仏教への学問的関心にめざめたのは西洋の宣教師、アーサー・ロイドによる」と記す。(13)

ここに出てきたロイドは、仏教徒であったわけではない。この英国人はもとはキリスト教の宣教師として一八八五（明治一八）年来日し、慶應義塾や立教学院で教鞭をとっていた。(14) 東京専門学校でも一時教えており、ちょうどその時期に角田は習ったわけである。ロイドは尾崎紅葉の『金色夜叉』をはじめ、当時の日本文学の英訳も精力的に行なう一方で、日本の宗教、特に浄土宗の研究を積極的に行ない、親鸞伝や日本の仏教史についての英語での著作がいくつかある。(15)

角田において注目したいのは、これが身近な仏教に対して、英語圏の思考、言語を通して関心を呼び起こされるという体験であった点である。それまで目の前にあってさほど関心をひかなかった事象が、異なる言語、文化圏からとらえたときに形を変えて見えてくること、そして新たな関心が呼び起こされてくること。こうした体験は、後で述べるように角田の言葉や、その考え方のうちにしばしば現われることとなる。

一八九六（明治二九）年に東京専門学校を卒業した角田は、一時部落問題に関心を持ちつつもうまく取り組めなかったことを、後に複数の人々に述懐している。[16] 翌九七年、国民新聞社（民友社）に入社し、同年、最初の著作である『井原西鶴』を民友社から出版する。

『井原西鶴』は、坪内逍遙の写生論をひきつつ、西鶴の諸作におけるさまざまな階層、風俗描写の綿密さ、正確さを追ったものである。それを滝沢馬琴の勧善懲悪的な手法と対比しつつ論じたものだが、実は西鶴もまた馬琴と同様道義的な性格を抱えているという立場を角田はとっている。また、うがちの手法によって西鶴が何より読者を楽しませる小説を作り出したことをも指摘する。[17]

逍遙の『小説神髄』は、馬琴をはじめとする勧善懲悪を主眼とする作を批判し、写実的な方法意識や内面の描出という点で近代の「小説」というジャンルを価値づけた、と大まかにはとらえられよう。だが実際には、逍遙は小説の実作においては最後の『細君』（明治二二年）まで、その視点、語り方ではさまざまな試行をしてもいる。[18] また、『小説神髄』の各所には馬琴評価の言も多く、小説の倫理的な役割にも注意を払っている。[19]

馬琴は当時の教養ある読者からも広く認められていた作家ではあるが、批評家の内田魯庵をはじめ、山路愛山ら民友社の陣営からは批判されており、それはまたこの時期の西鶴の再評価と連動していた。こうした西鶴評価やその影響のなかに、都市貧民層の生活実態を描いた松原岩五郎『最暗黒之東京』の手法を位置づける指摘もある。[20] 角田の馬琴への評価と批判、部落問題への関心と西鶴への評価は、まさにこうした明治二〇年代末の、民友社やその周辺の人々の表現意識と通底しあっていたのである。[21]

その後角田は、京都の真言宗高等中学林で教鞭をとりつつ高野山で真言宗を学ぶ。一九〇三（明治三六）年には福島中学校に移って五年間、英語と修身を担当し、そうしたなかで開拓社から『社会之進化』、金港堂から『倫理学史』の二冊の訳書を刊行している。[22] そして一九〇九年、宮城県の仙台第一中学校へ転出することとなった。福島中学校の校史によれば、当時の皇太子の中学校訪問、授業視察の際に、奉迎会に参加せず早退した生徒が処分され、その処分に異論のあった角田が転出させられたという噂であったという(23)。

角田が次に赴いたのは日本からの移民を数多くかかえるハワイであった。移民地での日本人の子弟教育は、児童数の増加にしたがって深刻化していったため、布教にあたっていた本願寺では、ハワイ島で一九〇〇(明治三三)年に、ホノルルには一九〇二年に本願寺付属小学校を開いている。そしてその五年後には中学校を開設している。

同年(一九〇九年)十月フォート街上手に一大新校舎を設立し、角田校長の意見により日米両教育の調和をはかり、学制を改革し、施設の万般に大改良を加へ、新に教師を増聘し校運頓《とみ》に振ふに至りぬ(24)。

こう記すのは角田を招聘したハワイ本派本願寺の今村恵猛《えみょう》である。「帰国の場合を重視せず、専ら当地に活動すべき人物の養成を眼目とした」と述べ、ハワイに適応した人物の育成を強調しているのは、当時仏教系のこれら日本人学校が、特に日系二世の米国への適応の障害になっているとする批判をうけてのものである。一九一五(大正四)年には、こうした動向のなかで本願寺でも校名を変更し、カリキュラムも「子弟をして亜米利加的生活を営むに利ならしむる」ことを主眼とし、米国の公立学校と子弟父兄との仲介者、協力者としての役割を強調する方針をとっていくこととなる。角田はこの中学校で一九〇九(明治四三)年から一九一二年まで校長の任にあり、カリキュラムの改訂やスタッフの充実につとめていった(25)。整備されていった中学校の様子を、今村はこう記している。

中学校の現在生徒数は二百八十名にして、高等女学校は一五八名なり。学科目は修身、国語、歴史、地理、英語、和訳、家事、手芸、音楽など国語科のなかには時文、読方、習字、書取、作文を含み、歴史地理には史談、日本歴史、日本地理、文明史論あり。[26]

角田は一九一二（明治四五）年、病のために校長を辞して一時帰朝するが、翌一九一三年には再びハワイに渡り、一時『布哇《ハワイ》日日新聞』の記者として活動した後、今村恵猛に協力しハワイ本派本願寺の事業史や英文による仏教紹介のための小冊子を作成している。[27] これにともなって角田は、同派学校の学務部長となってハワイにおける日本語教科書の編纂にも関わるが、一九一七年、留学の目的を持って米本土へと渡る。[28]

一九一七（大正六）年に米本土に渡った角田は、ニューヨークに一時滞在し、翌年にはコロラド州デンバーへ向かう。この地での活動もまた、内海の調査に詳しい。コロラド州は当時、カリフォルニア州、ワシントン州についで在住日本人の多い地域だったが、その地の日本人会（格州日本人会、一九一九年より山東日本人会）が、各地の日系新聞を通して書記長を公募し、それに応じたのがニューヨークに滞在していた角田であった。この地で、会の書記長として活動しつつ、伝馬《デンバー》仏教会に積極的に関わり、その中学部の設置にも協力している。また、その地の日系新聞『格州時事』への執筆活動も見られる。一九一九年には、ニューヨークの紐育《ニューヨーク》日本人会から招請され、角田はデンバーを発ってニューヨークに向かい、紐育日本人会の書記長となる。[29] そしてこの地で、冒頭でふれたように、日本文化センターの構想を実現するよう活動をはじめるわけである。

4　書物を介したネットワーク

私がここで論じたいのは、例えば一人の偉大な人間によって多くのすぐれた日本研究者が育てられたとか、整備された日本語図書館ができたなどということではない。そもそもそうした読み、学ぶ環境は一人の人間によってできることはないし、それを特定の出資者や人物の偉業として語ることに私の関心はない。ただ資金があれば図書館ができるというわけではないし、ただ書物があれば読む場ができるというわけでもない。

私が関心を向けたいのは、日本からはるか離れた場で、日本の書物を読む場が生まれてくる仕組みであり、それを可能にした人や資金、書物のつながりや流れだ。そのことが読書環境の歴史性を考えることともなっていくだろう。そしてこうした観点から考えるとき、書物をめぐるつながりや流れを積極的に作りだし、人と人とをつなぎ、自身もまたそうしたネットワークの一部、あるいは結節点となっていく角田の存在や活動が非常に大きな役割を果たしていることが見えてくる。

海外における日本語図書館の果たす役割やリテラシーの重要性については、長く海外で学び、教育活動にたずさわっていた角田自身十分認識していた。ハワイ中学校に赴任する際にも角田が図書館の存在を重視していたこと、またハワイに渡る前後、東京の書誌や研究機関に図書寄贈を求める活動を行なっていたことは、これまでにも明らかにされている。(30)

ハワイから米本土に渡り、デンバー、そしてニューヨークで日本人会の活動にたずさわってきた角田は、その間も常にこうした日本の書物や情報を網羅的に備えた学術・情報機関の必要性を意識していた。ニューヨークの日系紙である『紐育《ニューヨーク》新報』は、一九二六（大正一五）年、この機関の設置に取り組む角田の言を取り上げる。

一九一七年に大陸に渡つて紐育日本人会の事務所を預つてから八ヶ年その間初中終《しじゅう》、どうかして米国文化の只中にThe Japanese Culture Centerといつたものを創設したいといふ一念が私の心頭を徂徠して居りました。この度愈々日本人会を辞し、この創立に余生を傾くる覚悟をきめましたのは、私に取つては自業自得引くに引かれぬ、止むに止まれぬ、全生涯必至の結論で御座います。(31)

翌一九二七（昭和二）年元日の同紙の記事からは、角田の提案が日米の教育・学術機関から幅広い支持を得て、コロンビア大学やメトロポリタン博物館などの関係者を事業顧問としつつ順調に進められていること、さらには『ニューヨーク・タイムズ』をはじめとする米紙でその活動が、民間による日米間のあらたな教育機関として評価され、報じられていることもふれられている[32]。このとき、ちょうど角田は、日本への帰途についていた。この機関の設立に向けて、日本国内からの支援を得るためである。本章で最初にふれた角田の記事は、この年に彼が日本で活動している様子を伝えたものである。この時期の角田の活動については荻野富士夫による詳しい調査がある[33]。

角田の構想からは、この機関が外国語による日本関係図書や、日本の古典籍類を所蔵する図書館、宗教を軸に歴史を区分して各時代の文芸や資料にふれられる歴史館、さらに近代日本の建設に貢献した人々の伝記資料による現代館、という三つの要素からなる機関として計画されていることがうかがえる[34]。

この時期に米国内にこうした機関が必要であると認識し活動したことは、角田柳作のみならず、米国内で教鞭をとっていた人々、ハワイ大学の原田助《たすく》やイエール大学の朝河貫一にも共通している。イエール大学の朝河貫一は角田と同じく東京専門学校を一八九五（明治二八）年に卒業し、ダートマス大学、後にイエール大学に学び、そこで教鞭をとる。一九〇六（明治三九）年に、朝河は米議会図書館、およびイエール大学に日本語図書収集の必要性を訴え、その予算をもとに日本での図書購入や図書寄贈の呼びかけを行なう[35]。また原田助は、一九二〇（大正九）年に日本語コースを立ち上げるハワイ大学に招聘され、日本語・日本文学の教授として活動するとともに、図書館を充実させるために財界やハワイの日系人社会に新聞を通して訴え、その支援のもとに蔵書を整備していく[36]。

この時期の米国内での日本語蔵書の生成からは、国境を越えて各地の日本人に理解や資金提供が呼びかけられ、広範な人的ネットワークを介して民間のうちでそれが現実化していく様を見てとることができる。そこでは米国内の日系人や、日本国内での募金、基金作りやさまざまな図書寄贈が大きな特徴となっている。これは戦後、米国各地に生まれる日本研究所や日本語図書館が、連邦予算や米国内の財団による資金提供を大きな特徴としているのと対照的である。

図書は資金があっても集められるわけではない。今ならインターネットで海外からでもすぐに図書の選定や購入、輸入ができるが、当時にあって日本の書物を買う、集めるといった作業を米国内で行なうことは困難を極めた。図書館構築には、ある学問領域の基盤となる文献をまんべんなく集めるという書誌的な専門知識と、その供給ルートについての知識が必要である。いくら特定の領域に詳しい日本研究者がいても、それだけでは本当に使える日本語図書館は構築できない。そのためには、日本国内でのアカデミックな人的ネットワークが大きな意味をもってくる。

書物を介して、日本語図書館を作り上げていくこうした人脈、人と人とを結ぶ線はしばしば重なりあい、交差しあっている。朝河貫一の図書収集には、帝国大学で資料編纂事業にあたっていた三上参次や黒板勝美が協力している。そして黒板らは、角田柳作の日本での図書収集を支援したグループの主要メンバーでもある。また、ハワイ大学の寄贈図書選定にあたった姉崎正治はハーバード大学に図書寄贈を行なっているし、ハワイ大学の蔵書構築で原田助の相談にのり、かつ自身経済的な支援も行なった渋沢栄一は、角田柳作の図書収集にも資金を提供している。

角田の呼びかけに応じた日本国内の機関は官公庁から民間の機関まで幅広い。今日、その寄贈目録が残されているが、宮内省や外務省、文部省をはじめとした寄贈や、東京市、大阪市役所、そして各地大学や寺社からの寄贈と幅広く、渋沢をはじめ三井、三菱といった財閥からの寄贈、寄付にも支えられていた。(37) 特に三菱合資会社の岩崎小弥太による資金提供は、米国内での日米文化学会の設立後三年間の実質的な維持を可能にするものとなっていく。(38) この時期の書物を介したネットワークのなかで、こうした国境を越えた財界ネットワークの果たした役割は極めて大きい。

それまでも、特にビジネス面で活発な経済活動・情報交流の場であったニューヨークでは、日本倶楽部や日本協会をはじめとする日米友好団体が作られており、世界的な化学者として知られる高峰譲吉をはじめ、そうした人的交流を積極的に支える人々の活動もあった[39]。だが、本格的な日米間の財界ネットワークが生まれ、実質的に機能していくのは一九二〇年代である[40]。

一九二〇年代には、中国の借款を特定国が独占しないよう形作られた日米英仏新四国借款団の成立を背景に、日米間の経済団体の相互交流が活発化し、財界の人的交流が盛んになっていく。日本は米国にとって有利、かつ安全な輸出、投資の対象国となり、巨額の米国資本が、公債・社債・市債、あるいは直接投資という形で日本に流入する[41]。一九二〇年代末には米国は日本に対する外国借款の四割を占め、日本の主要輸出品目もその四割は米国向けであり、国内への重要な輸入品目の最たる供給国となっていく[42]。

一九二九年に始まる世界恐慌後、日本の経済政策は中国をはじめとした固有のブロック経済を構築する方向にシフトしていくが、一九二〇年代の日米関係においては、日本の対中国政策に対する米国の警戒、日本への鉄材禁輸措置、日本人移民排斥と緊迫していく両国の関係の一方で、実際にはこうした活発な相互交流、依存関係が形作られていた。そこでは、渋沢栄一や井上準之助ら財界人が、重要な位置をしめていた。こうした財界ネットワークの形成によって、財界からの日米文化交流への積極的な支援がなされ、それが書物とさまざまな人、機関をつないでいく力ともなっていたのだ。

角田柳作の活動からは、これら各機関や人物が、学術方面ばかりではなく政治、経済方面へと幅広く働きかけ、点と点とをつないでいたことがうかがえよう。角田と朝河にしても、書物を介してつながり、互いに折に触れて交際のあったことがその書簡からはうかがえる。朝河貫一は比較法政史を専門とする研究者であるが、日本語図書の目録化や管理にもたずさわっていた。日本語文献や中国語文献などのこうした管理は、米国内で図書館学を学んだのみの司書では扱うことは難しい。日本語や日本に対する知識を持ち、学術情報の扱いにたけた人材が必要となる。当時はこうした司書はまれであり、現実にはどこの大学でもそれらの言語を扱える研究者が図書館業務をも兼ねていた。朝河貫一にしろ、ノースウェスタン大学の大山郁夫にしろ、それぞれの専門領域を持ちながら日本語図書の管理を担っていた。イエール大学の日本語蔵書の整理をしてくれる人材について、朝河が定年にあたって角田に相談しているのにはこうした背景がある。(43)

そして前章でふれた、米議会図書館の坂西志保による活動も、この日本情報や日本の書物をめぐるつながりを作り上げているわけであり、高木八尺《やさか》の調査やその成果も、こうしたネットワークのなかで共有されているのである。(44)

この章の冒頭で、一九三三（昭和八）年の日本学会の盛況について述べたが、この時期には一九二〇年代に形成されてきたこうした人と書物のネットワークが、大学や財団などの広範な機関へと着実な広がりを見せている。角田とともに日本学会の特別委員となっていたのは横浜正金銀行の園田三郎であり、大蔵省の財務官や日銀の井上準之助らと同様、先の財界ネットワークの重要な一部をなしている。

それから五年後、一九三八年のこの日本学会の報告では、日本文化学会の書籍を基盤として作り上げられていったコロンビア大学の日本学コースが、実質的に開始されたことが細かくふれられている。コースの立ち上げにはロックフェラー財団からの支援があり、角田以外に二人の講師ハロルド・ヘンダーソンとヒュー・ボートンが日本学教員として加わった。(45)ボートンは日本史、日本経済史を、ヘンダーソンは日本美術を、角田は日本宗教について担当し、四二名の学生たちがこのコースに参加していた。(46)また、このコロンビア大学の日本語図書館が米国内各地から日本の書物や情報について多くの照会を受けている状況も語られている。角田はこうした日本情報を得るためのつながり、通路を作りだし、そのなかで自身働いていたわけである。ノースウェスタン大学のケネス・コールグローブが角田に宛てた書簡からは、こうした角田の位置がよく見える。

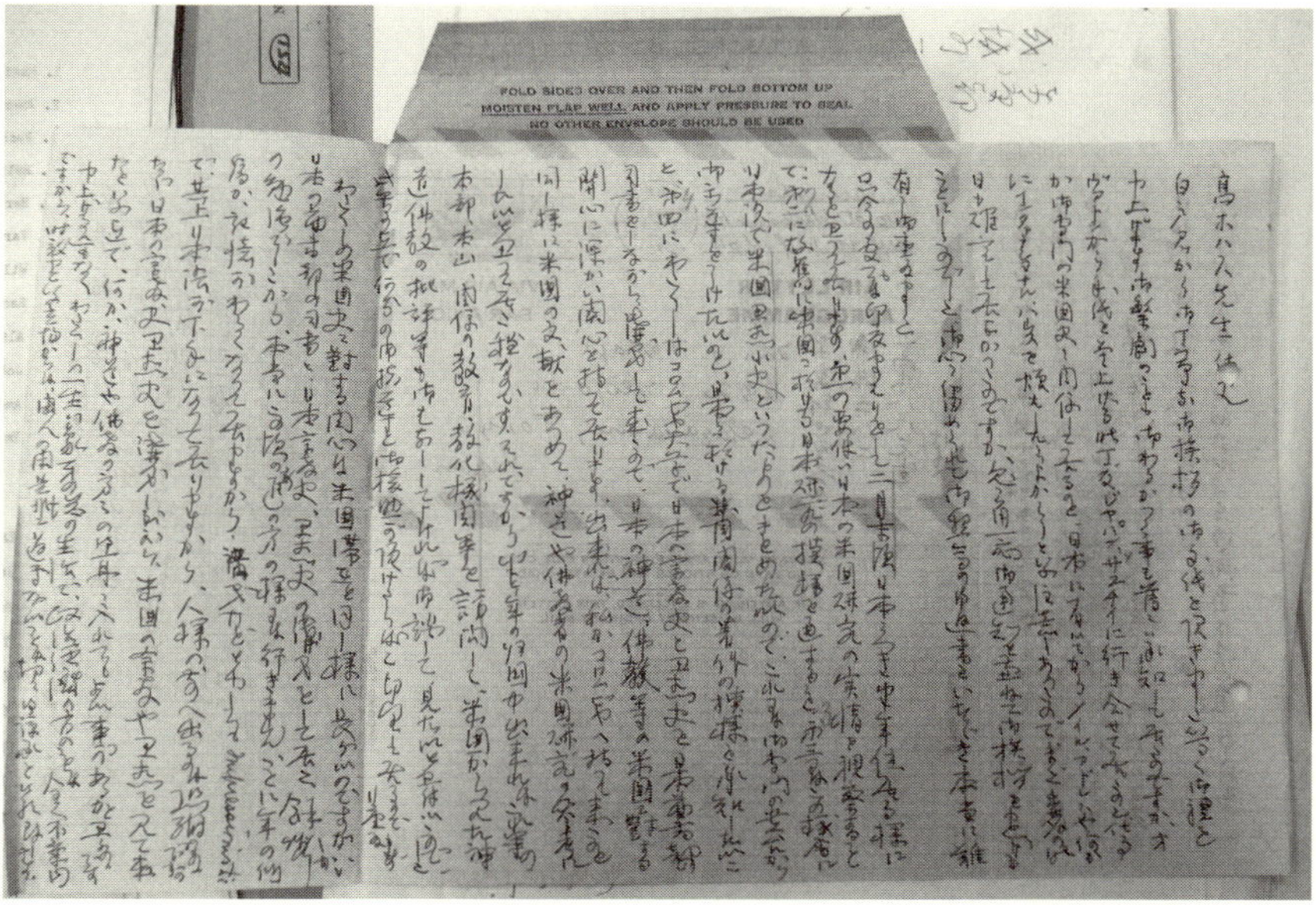

図17　角田柳作から高木八尺へ　1954年9月27日の書簡。（東京大学アメリカ太平洋地域研究センター所蔵）

コールグローブは日本の憲法について研究しており、一九三九年（昭和一四）には日米の研究者で合同の翻訳注釈作成プロジェクトを立て、外部資金を得て美濃部達吉『逐條憲法精義』や穂積《ほづみ》八束《つか》『憲法提要』の英訳作成にとりかかっていた。[47] コールグローブの書簡は、角田に、大山郁夫がこの翻訳事業を行なう能力があるかどうかを具体的な翻訳文を同封して確かめたものである。亡命していた大山はそれまでにも四年にわたってノースウェスタン大学でさまざまな翻訳作業を手伝っていたが、それでもその能力の学術的な裏づけを求めて、角田に依頼したものである。[48]

前章で取り上げた高木八尺と角田もむろんつながっている。東京大学の高木文書には、角田がこの大山の翻訳事業について高木に知らせる書簡が残っている。角田が図書館に備えようと苦労していた『国家学会雑誌』の欠けたバックナンバーを、高木が送ってくれたことに対する礼状である。[49] 高木は戦後、一九五五年に角田が日本に調査で訪れた際にも関係する国内機関との調整役となっている。図17に示したのはその折に角田から高木に宛てて書かれた書簡であり、角田はそのときもなお「私がコロムビアへ持つて来たと同じ様に米国の文献をあつめて神道や仏教者の米国研究の参考にしたい」と、今度は米国の書物を日本へ運ぼうという意欲を見せている。(50)

繰り返しになるが、角田柳作は別に旺盛な著述活動によって知られているわけでもないし、そうした方向から評価することがその果たした役割をはかることになるのかどうかも疑わしい。重要なのは、角田がこの節でとらえてきたような書物と人との流れやつながりのなかの不可欠の一部分であったことである。そして自らで書物を作るというより、書物と人とのつながりを作ることに力を注いだその活動は、彼の著作からよりもむしろこうした人と人とのつながりや書物の流れからこそ、見えてくるものなのである。

5　文化宣揚と文化交流の間で

こうして作り出されてきたこの時期の日本をめぐる情報のつながりや流れは、日米間の対立のもと、政治的に微妙な位置におかれていくことになる。角田柳作の活動はそのなかでどうとらえることができるのだろうか。そしてまた角田は、こうした本と人とをつなぐということに対して、どのように考えていたのだろうか。

前節で述べた日本学会の報告は、コロンビア大学の日本学コースの開始を告げるとともに、同大学に六〇〇枚に及ぶ日本についての幻灯スライドが寄贈されたことも記している。日本の建築や絵画を豊富に含んだこの幻灯を制作し、寄贈したのは日本の国際文化振興会（ＫＢＳ）である。国際文化振興会は、一九三〇年代後半、活発に日本の文化、書物を海外に紹介し、海外の日本学振興を後押ししていく。

角田柳作の構想にはじまる日米文化学会は、これまで述べたように、日本についての情報を提供する独立した図書館、研究機関を米国内に作る構想で図書を収集したわけだが、ニューヨークでその蔵書を管理、維持していくだけの恒常的な財政基盤を持ち得なかった。このために、コロンビア大学が日本研究を展開するという構想のもとでそれらを引き受けたわけである。

ところが、そのニューヨークのマンハッタン、しかもロックフェラー・センターのなかというめぐまれた場所に、まさしくそうした日本情報を提供し、日本についての学術書を集め、会議や展示を行なう施設が登場する。特に英語で書かれた日本に関する図書を充実させ、日本関係図書一万二〇〇〇冊を擁するそのいわば日本情報センターとでも言うべき組織は、一九三八年に開館する日本文化会館である。先の国際文化振興会の米国の出先機関のような形で、年間の運営資金四〇万円という莫大な予算をもって運営されることとなる。

その活動資料からは、豊富な資金を背景として、各大学の日本語図書購入の支援、図書寄贈、日本学研究支援、奨学金の提供、映画上映活動その他、多角的な活動を展開していたことがわかる。その報告資料は、今日国際交流基金の図書室に保管されている。当時この機関によせられた細かい質問リストまで残されており、日本に対する当時の米国の関心のありかを知るうえで貴重な資料と言えるだろう。例えば一九四〇年度の記録を見れば、二六〇〇人あまりの来訪者があり、主催の映画上映会や講演会を精力的に開催していたことがわかる。このなかには一九四〇年二月の角田柳作の講演も含まれており、その盛況ぶりが記されている。(51)

残された文書からは、同時にこの機関が外務省情報局のもとで、対米、対欧米の情報戦略の重要な部分を占めていたこともわかる。つまり、日本のアジア侵略政策に対して海外からなされていた非難を文化的な宣伝、交流で緩和してゆく、その意味での文化宣伝を担っていたわけである。こうした日本の対外戦略のなかに、日本学振興や日本語図書館作りが組み込まれてゆくことになる。そしてこの動きは、角田柳作をはじめとした日米のはざまで活動していた人々を微妙な、あやうい位置に置くこととなる。

今日、角田の活動を、日本の対米プロパガンダの一環としてとらえることは不可能ではないし、逆に米国の対日戦略の情報基盤を整備したと理解することも可能だろう。角田の考え方がどうであれ、互いに争う二つの国家のはざまにあって、完全に中立的な行為などありはしない。

ただ、スタンフォード大学で教鞭をとっていた市橋倭《やまと》のケースに見られるような、外務省を介した具体的な日本の対外施策との関わりはうかがえない。市橋の場合、日本の外務省の機密費によって講座が設けられていった経緯があり、詳細なシラバスや報告を外務省に対して送っており、それによれば、大学の講座運営や彼自身の研究費、旅費も外務省から支払われている[52]。このため、今日、外務省文書から、市橋に対する外務省の資金の流れや、彼の日本文化宣伝への関与を明確にたどることができる。このことは当時その資金の出所をめぐってスキャンダルにまでなったが、コロンビア大学の場合、日本学講座はロックフェラー財団からの支援によって設置されており、その資金の流れからも事情が大きく異なる[53]。

角田は戦中に一時FBIによって拘束を受けるが、裁判のうえ釈放され、その後もコロンビア大学の図書室で働き続ける。戦争に積極的に協力あるいは反対するというよりも、こうした日本研究の読書環境を作る業務に専心していったわけである。むろんそのことが、戦争に協力しなかったということになるわけではないが。

はっきりしているのは角田が日本の書物と、米国の読者をつなぐための環境を整えていったということである。先にふれた一九三八年の日本学会の報告において、日本の書物を受け入れたコロンビア大学では、増加するそれら文献に対して、いかに目録を作成するかが深刻な問題となっていることを、ボートンは報告している[54]。また、前章の高木の調査を依頼したロックフェラー財団のデビッド・スティーブンスもこの学会に報告を寄せ、極東文献の分類、整理、目録化作業の重要性を指摘し、その後の五年間にわたり支援する方針を明らかにしている。つまり、日本の書物がしだいに増えた結果、それを英語圏の利用者に向けてうまく分類し、目録を作成し、管理・提供する方法、しかも全米で統一的に行なう方法が必要になってきていたわけである。

いくら書物を集めても、それらがうまく整理され、目的とする書物に効率的にたどりつけるように絶えず整理されていなければ、実際に使える図書館とはならない。朝河貫一はそのために図書分類の方法を模索していたことが、残された文書からうかがえる。米国学術団体評議会のもとで、角田もまたこの作業に取り組む。その教え子であり、図書館学をも学んだ清水治《おさむ》は、先のロックフェラー財団の支援を受けて日本語図書の目録作成方針を作り上げている。(55)

一見細かい問題のようだが、こうした書物の分類や書誌情報の作り方、いわゆるメタデータの作成は、書物と読者をつなぐための必須の作業であり、その重要性は第一部でも詳述した通りである。この問題は以降長く米国内の各大学のアジア図書館で大きな課題となり、国家単位での協力や取り組みが展開されることとなる。

6　誘惑する仲介者

角田柳作の活動は、このように書物と人々を仲介する、あるいはそのための仕組みを作っていくことに重点がおかれている。目の前の対立や抗争がよって立つ強固で不変と思える地盤、すなわち国家や人種、歴史といったものが、こうした読書環境一つで実はいかようにも形を変える。そのことについて角田はさまざまな言い方で語っている。

例えば一九三八(昭和一三)年の日本での講演である。国内では国家総動員法のもとで統制の強まるなか、彼は日本へと資料収集に訪れ、日本の図書館関係者を前に講演を行なっている。そこで彼が言及しているのは、端的にいえば、米国人が研究すれば日本の歴史や国体は、日本人が思っているものとはまったく異なった形として現われるということである。

これはコロンビア大学で、日本について研究を始めた学生や研究者たちの書いたものを日々目にしての経験によるものであり、「米国の女が日本の歴史を書くと、私共が考へて居る歴史とは全く違つたものを書き出して来る」と述べている。また、日本の歴史を研究していたロバート・ライシャワーは、この前年に上海で爆撃機の誤爆によって亡くなっていたが、角田はその研究を引きつつ「国体」自体も別様のとらえかたがなされることにふれる。

> 米国の日本研究が段々と継続して行つて、さうしてそこに纏まつた物が出来て来ると、私共が日本歴史として教へられた所と全然とは言はない迄も、余程違つた所のものが出て来るのではないかと思ふのであります[56]

「心配といふのか或は喜びといふのか」わからないが「新しいものが必ず出て来る」と肯定的な目で語る角田のこの講演には、日本の国体や歴史が不動のものではなく、それを研究する環境によって、例えば「米国」や「女性」というまなざしによって形を変えていくものである、という考えが示されている。これは当時としては「不敬」ととらえられかねない内容であった。

また、それまで当たり前のように思えていた仏教が、アーサー・ロイドという英語圏の人物の目、言葉によって新たな関心の対象として角田の目に映った体験を再度引いてもよいだろう。このようなことは角田にのみ起こったことではない。例えば日本の仏教は、ハワイという場で別の国の人々に向けて、別の言語で語ろうとしたとき、それ自体変化していった。先に述べたが、角田は今村恵猛のもと、仏教について英語で説明する冊子を発行する。ロイドの著述や今村からの影響の見られるこの冊子は[57]、今日でも容易に読むことができるが、親鸞や浄土宗についての説明が、日本国内で通用しているのとはかなり異なる形でなされている。[58]

真宗の教えの特徴は、「国家や人種」に関わりなく平等にそそがれた慈悲の教えであると説明され、親鸞については弟子を持たない「民主性」やその土地の言葉で布教する「在地性」が強調されている。そして仏教が宗教的な対立や迫害から自由で、他の宗教を信じる者に対する寛容を重んじる宗教であるとし、人種や国境を越えた平等と寛容のための思想であると説明されている。[59]

仏教研究の方向からもこうしたハワイ独自の真宗の特徴は指摘されており、今村や角田に見られるこうした特徴、つまり日本では自明の仏教を、あらためて別の言語で、別の国で表現するときに生まれる再解釈、翻訳の契機がそこで重視されている。守屋友江は、ハワイにおけるこうした緊張や葛藤が、仏教を人種やナショナリズムを超える思想としてとらえなおす契機となったとして、当時の日本国内における本願寺教団の迎合的で恩寵主義的な教説と対照させてとらえている。(60)

日本の宗教であれ、歴史であれ、国家であれ、不変のものではなく、その書物を読み、解釈する場や人々に応じて形を変える。そのことに強い関心を向ける角田にとって、リテラシーや書物を提供する場は、非常に重要な意味をもっていたわけである。

だが一方でこうした考え方は、時代や文化圏の異なる対象や事象から、強引に共通性や普遍性を見つけだすことにもなる。角田の思考はユニークだが、牽強付会の説明も少なくない。ドナルド・キーンは、諏訪湖や琵琶湖の「ワ」音と英語の水（Water）「ワタ」や漢字の「和」の音とが水つながりで関連しているといった角田の説明を紹介しており、こうした実証的というよりどちらかといえば思いつきに近い強引な説明も行なっていたことがうかがえる。そうした説明は、日本の皇室や歴史にまで及び、反感をよぶこともあったという。

また、皇室の始まりや伊勢神宮のことなど、日本では歓迎されないような内容を話されました。はじめ私一人だった学生も三名加わり、その一人は右翼の考え方をもっていたので、角田先生のこの講義には憤慨していました。(61)

私は角田の学説やその講義の内容を、過剰に評価したり、神聖化したりしようとは思わない。むしろかなり強引でおおざっぱな説明も多い。例えば「アメリカ」はフランスから「出家」して南北戦争という肉親間の葛藤をへて民主主義という大乗精神の実践に至った、といった彼の説明を挙げてもよいだろう[62]。

ただ一つの宗教のみが歴史を説明するという立場をうつして、ほかの宗教を持つて行つて説明して見る。それで説明出来れば歴史の面白味が増して来るんじゃないかと思うんですね[63]。

つまり仏教のアナロジーで米国史を説明し、あるいはキリスト教のアナロジーで皇統を論じる、といったやり方である。ただ、事象を説明する際のこうした単純化や、共通性の強調によって、異なる文化についての関心や親しみが喚起されるのも確かである。そしてまたそれが、自らの自明の思考を揺るがせてくれるような「知的冒険」となることもしばしば起こる[64]。彼の講義が面白く、同じ講義を二度、三度と聞きに来た学生もいたことを、同じくキーンは記している[65]。

角田は実証的で客観的な研究者というよりも、よい意味での「誘惑者」といった方がよいのかもしれない。日本の書物への真摯な誘惑者であり、書物と人とを結びつけるその技量と活動にこそ注目し評価すべきではないだろうか。

単に日本の書物を大量に海外へともたらすということからいえば、角田が作ろうとした環境は今日申し分ないまでに実現されていると言えるだろう。日本の書物は稀少な古典籍を含め、数万、数十万冊規模のデジタルライブラリとして今日容易に海外の図書館、あるいは自宅からでも閲覧可能な状況になってきている。しかし、角田は単に書物を運搬したかったわけではない。そしてまた、書物をもたらしたのみで、読者が生まれるわけでもない。

何万冊の書物を目の前にしようとも、結局そこにいざなう仕組みがなければ読者は生まれない。海外において日本の書物を読むという場は、これまでに莫大な資金をそれぞれの機関が投入し、あるいは膨大な時間と労力を用いて作りだされてきたものだが、そこにいざなう仕組みなしでは、実現された読書環境も当たり前のように見過ごされるばかりか関心さえもひかないと言うことになるかもしれない。あるいは関心を持ってはいても、一気に大量の日本の書物を前にすると、どこから、どのように手をつけていいのかとまどうことにもなるだろう。信頼のできる誰かが仲立ちとなり、読者の関心に見合った日本の書物や、それに関わるさまざまな問題を示唆し、関連する書物を知らせ、さらにその奥へといざなってくれること。今後のデジタルライブラリで重要になるのは、そうした仲介する行為や存在をいかにデザインしていくのかということではないだろうか。

書物と読者のつながりは、自明なものではない。本章で追ってきたのは、書物と読者の間にある存在であり、さまざまな書物と人々の流れやつながりを通して、その存在をうきぼりにしてきた。仲介者の果たしたすぐれた役割は、その書き残したものを通してよりも、こうした流れやつながりを介してしか見えてこないのである。書物の流れや場所をとらえるという方法は、こうした書物と読者の仲介者の意味や役割をも明らかにする可能性をもっている。

本章の冒頭での問題に再びもどるなら、書物がそこにあるということ、そこで書物を読むということ、そしてそこで読者が生まれるということは、当たり前に見えて当たり前ではない。そうした読む場の歴史性への疑問と注意によってはじめて、私たちは自らを拘束する狭隘な知の楔《くさび》から解き放たれるのだろう。私たちは誰しも、そうして作られてきた読書環境に深く根ざして生き、考えざるを得ないのだから。

ハワイで、携帯端末から日本の図書館サイトを経由して例えば中国の古典籍を目にするとき、私たちはこうした読む行為そのものを今一度あらためて考えみるべきではないだろうか。「布哇《ハワイ》で支那小説を読むなどは其丈《それだ》けでも面白い」と角田は自身その著書で記している[66]。日本人の読者が、アメリカのハワイで、中国の小説を読むという行為の奇妙さについて今一度問題にすること、そうした読む場や行為そのものを自明のものとせず、問いかけることが重要なのだ。

先に角田柳作の蔵書が記念文庫として早稲田大学図書館にあるということを記しておいた。それらがそこにあることもまた当たり前ではない。米国に残された角田の蔵書は、今から半世紀ほど前から、少しずつ日本へと寄贈されて現在の形となったのだ。[67] それは角田のもとで戦中からコロンビア大学の図書館で働いていた甲斐美和が、長期にわたって送り続けた結果、そこにあるわけである。そして彼女もまた、角田の魅力にいざなわれた一人であるということは言うまでもないだろう。

第六章　越境する文化を支えるもの——国際交流基金と国際文化会館

1　書物の交流を支えるもの

この章では、同じく「国際文化」という名をもった二つの組織について考える。一つは国際文化振興会（KBS）である。一九三四（昭和九）年に生まれたこの組織は、戦前からその頭文字をとったKBSとして広く内外に知られており、一九七二年には活動、組織を含めて国際交流基金へと吸収されていく。もう一つは国際文化会館であり、戦後、一九五二年に米国の民間財団の支援を得て設立され、名称もそのまま現在に至っている。

ともに国境を越えた文化交流を目的とする組織であるため、後者が戦後設立されたおりには、両者の違いがどこにあるのかが関係者の間で問われたのは当然と言えるだろう。国際文化会館の活動準備を進めていた松本重治《しげはる》は、一九五二年から翌年にかけて、会館の活動方針を検討するために、当時の著名な文学者、歴史学者や新聞記者、文部官僚などを、それぞれ毎週のように集めては非公式の会議（プログラム懇談会）を開いていた。その記録からも、二つの機関の違いがまずもって問題となっていることがわかる。[(1)]

例えば文芸批評グループとの懇談会は川端康成や青野季吉、中村光夫らを交えて五三年の四月に開かれており、席上、松本と河上徹太郎との間で、以下のようなやりとりがなされている。

（河上）ＫＢＳ（国際文化振興会）との関係はどうか。
（松本）ＫＢＳは日本文化の国際的振興を目標としているが、（国際文化）会館は特別に宣伝的なことはしないつもりです。であるからまた外国の宣伝も受け入れない。勿論ＫＢＳと共通な仕事もあると思うが、気持の上で根本的に違つたものである。
（河上）将来ＫＢＳと仕事の縄張りの上で問題が起らないか。
（松本）会館は縄張りの考えをもつていないから、万一問題が起るようなことがあれば、その仕事は全部ＫＢＳにあげてしまうつもりだ。(2)

同様の質問は新聞記者や文部官僚グループとの会合でも見られ、両者の違いが当時の人々にとってはっきりとしていなかったことがうかがえる。また、私自身両者を取り違えて記したことさえある。(3)

ごくわかりやすくまとめるなら、国際文化振興会、すなわちＫＢＳは戦前、政府の補助金によって活動をはじめており、日本文化を海外に向けて紹介する活動を行なってきた。それゆえにこれまでの章で述べたように、戦前・戦中には外務省や政府機関のもとで米国、あるいはアジアでの文化宣伝を担ってもいた。一方、国際文化会館は、戦後日米の民間資金によって設立され、日本文化の紹介というよりは、著名な知識人の交換といった人的交流を特徴としている。

ただ、本章で詳細に述べていくように、両者の相違はそれほど明確なものではない。両者の違いを説明する際に用いた「戦前／戦後」、「民間／政府」、「文化宣伝／文化交流」というわかりやすい区分は、実はそれほど明確ではないのだ。例えば戦後に出来た国際文化会館は、その人材、構想において戦前と連続しているし、後に見るように純粋に民間とも言い難い側面をもち、冷戦期には文化宣伝に近い役割を担ってもいる。一方、戦前に生まれた国際文化振興会にもまた「戦後」の展開があることは言うまでもない。

本書でこれまで繰り返しあつかってきたように、文化と政治、あるいは民間の活動と政府の活動とを截然と切り分けることは難しい。いや、それは困難なばかりか、「民間」や「文化」、「学術」という名のもとにそこに働いている政治的な力関係へのまなざしを抑圧することにもなりかねない。

本書では、日米間で越境する書物をもとに、書物の移動やそれら書物の読書環境が生まれ、形を変えていくさまを追っているが、特に第二部では、書物と読者とを仲介する組織や人々に焦点をあてて考えている。本章で取り上げるこの二つの国際機関は、海外に日本語図書館が出来ていく活動をさまざまな形で支えてきた人々、組織である。そしてリテラシーの歴史に関わるこうした活動が、常に政治的な関係と不可分である点は前章で述べてきた通りである。本章ではその点にも注意しながら、両機関をとらえていきたい。そのなかで、一見性格を異にする両者だが、実はその形成の歴史においても、関わった人たちについても、多くの接点をもっていたことが明らかになっていくだろう。

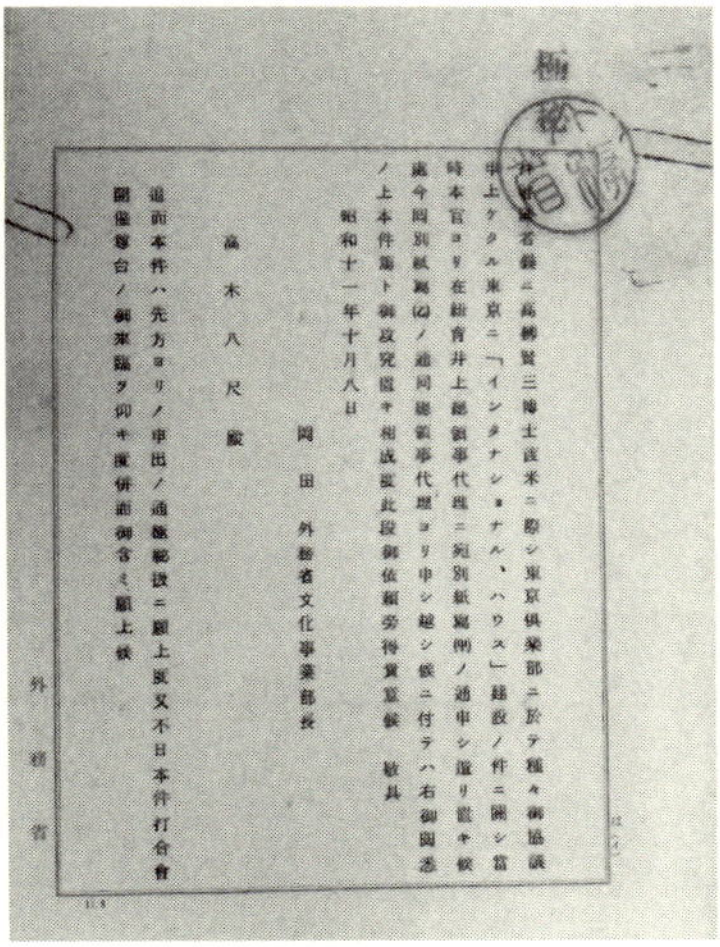
昭和十一年十月八日
岡田　外務省文化事業部長
高木八尺殿

図 18　戦前のインターナショナル・ハウス構想　1936 年 10 月 8 日。岡田兼一から高木八尺宛ての通信。(東京大学アメリカ太平洋地域研究センター所蔵)

図に示した外務省文書は、戦前、日本にインターナショナル・ハウスを作る計画が進められていたことを示す文書である(4)(図18)。インターナショナル・ハウスは、戦後に生まれる国際文化会館の英語名であり、米国の同名の機関をモデルとしたものである。そしてこの戦前の計画には、戦後の国際文化会館設立の際に大きな役目を果たす樺山愛輔や、前章で取り上げた高木八尺《やさか》が加わっており、計画を仲介しているのは外務省と国際文化振興会である。詳しくは後にふれるが、わかりやすくいえば戦前の国際文化振興会のもとで、すでに構想され計画がすすめられていた幻の国際文化会館があったわけである。

このように、両者は「戦前／戦後」で截然と分かちがたいうえ、「民間／政府」という境界においても揺れ動く。戦後の国際文化会館はあくまで民間の資金によって組織され、政府組織とは独立した民間組織として運営されていく。だが、国際文化会館が設立される一九五二年には、先の国際文化振興会は政府補助金を打ち切られて純然たる民間の資金によって運営されており、財源における違いはそれほど明瞭ではない。

また、国際文化振興会が、戦前、戦時期に日本の文化宣伝を担った点はこれまでにも指摘されていることではあるが、一方で、後に述べるように、戦後、国際文化会館の進めた文化事業も、現在は米国による対日文化宣伝、つまり冷戦期の資本主義陣営への組み込みを目的とした文化宣伝のなかで考えていく研究もなされてきている。多国間の文化交流と、特定国の文化宣伝や文化宣揚を截然と分かつことは難しい。それは、政府の活動と民間の事業とを分かちがたいこと、あるいは文化事業と政治活動とを分かちがたいことにもよる。「民間／政府」、「文化／政治」、「文化交流／文化宣揚」といった単純な二項対立で論じることが、かえって二項の関係を見えなくしてしまう。重要なのは、この二項が互いにどこでどうつながっているか、力を及ぼしあっているかを具体的に明らかにすることである。

本章ではそうしたアプローチをとることで、この二つの機関がともに国家間のパワーバランスを背景として文化交流と文化宣揚との間で常に微妙な位置におかれてきたこと、そしてその力との相克のなかで活動を展開してきたことを示すこととなる。

後に見るとおり、両組織は海外に日本の書物を送り、日本語図書館を作る活動を支えてきた歴史をもっており、日本の書物を読む国際的な環境が生まれてくるなかで重要な役割を果たしてきた。国境を越えて日本の書物を読む場所が作り上げられるとき、どのような力がそこで働いていたのだろうか。それを支援していた組織は、どのような資金で、どのような人々によって、何を目的として動いていたのだろうか。こうした越境する書物の流れをとらえていくうえで、この二つの組織は逸することのできない存在なのだ。そしてまた、こうした読書の場をとりまく力関係は、読者の読み方自体に対しても大きな影響を及ぼしていく。このこともまた、本章で具体的に論じておきたい点である。

以降の流れを概観しておこう。まず、戦前、国際文化振興会（KBS）が行なった文化宣伝に焦点をあてて論じておきたい。国際的な文化機関が常に帯びかねない政治的な役割について述べるとともに、それが具体的な文献の読み方にまで影響を及ぼす点を問題としよう。あわせて、前章で述べた米国での日本学の展開との関わりについても論じる。その後、戦後の国際文化振興会、そして国際文化会館について追っていく。両者を前述した単純な二項対立に還元することなく、組織を取り巻く状況や具体的な書物との関わりのもとでその活動をとらえてみたい。そしてこれらの調査・議論を通して、書物と読者の間を仲介する組織や人々、あるいは仲介するプロセスにはらまれる多様な問題をあぶりだしていきたい。

私が書物の流通や、読書環境に関心を持つのは、それが読書を含む私たちの情報の享受や理解を大きく左右しているからである。手に届く書物、届かない書物、訳される書物、訳されない書物、保存される書物、保存されない書物、公開される書物、公開されない書物……そしてまたそれら書物がどういう状況で、どういう場で読まれるかによっても読み方は変わってくる。私はここで単に、海外の日本語図書館を支援した、二つの国内機関の歴史を述べたいわけではない。私が述べたいのは、書物を読む場が作り上げられていく際に働く政治的な力であり、さらにはそれが私たちの読書行為そのものに及ぼす力なのである。このことを、まず戦前の国際文化振興会の活動と、そこで紹介される小説やそこで生まれる「読み方」の問題として具体的に追うことからはじめよう。

2　芥川龍之介「舞踏会」の変容

これまでの章でも、書物と場所をめぐる問題を追ってきた。ある書物が、なぜ、そこにあるのか、誰がそれをもたらしたのか、そしてどういった人々に読まれたのか、といった問題だ。読者あっての書物であるかぎり、いかなる書物もこの問題から逃れられはしない。むろん小説もまた、その例にもれない。そして小説の読み方、解釈や評価の仕方は、その書物のおかれた場によって強く方向づけられる。あらゆる表現はあらかじめ作り上げられたその意図とは別に、それぞれの歴史的な文脈のなかで、特定の場のなかで、いやおうなく固有の意味や役割を担わされていく。こうした場の力から切り離されたところに、確固とした不変の小説の読み方や作家の内面が自立して存在しているわけではないのである。

本章では、まず戦前・戦中の日本文化振興策のなかでの小説受容を問題にするが、当時の文化宣揚の問題で話が終わるわけではない。この問題は戦前／戦後という明らかな境界で区切ることのできる問いではなく、戦後における読書空間と「国際文化」との関わりを考えていくうえでの鍵ともなる。本章の後半では、戦後に生まれる国際文化会館と、戦後の国際文化振興会との活動をたどりながら、国境を越えて日本の書物を読む場が形作られていく際の問題をさらに検討していく。海外に送り出されていく日本の書物や、その利用環境の歴史は、一方で特定の主義や政治的関係の図式で総括できるような単純な問題ではなく、現実にはさまざまな人々の思いや活動が複雑に絡まり合った実践の連なりでもあるのだ。

さて、まず戦前の国際文化振興会による事業と、そのなかで紹介される小説を手がかりに話を進めていきたい。

> 明治十九年の十一月三日の夜であつた。当時十七歳だつた――家の令嬢明子は、頭の禿げた父親と一しょに、今夜の舞踏会が催さるべき鹿鳴館の階段を上つて行つた。(5)

一九二〇（大正九）年に雑誌『新潮』に発表された芥川龍之介「舞踏会」は、明治の開化期である一八八六（明治一九）年を舞台としてこうはじまる。はじめての舞踏会にのぞむ令嬢明子の姿は、「開化の日本の少女の美」

として舞踏会に参加した人々による感嘆のまなざしのなかで描かれていく。

そこで明子に踊りを申し込むフランスの海軍将校が登場する。小説では、この将校やまわりの人々からまなざされる明子の高揚した意識と、舞踏会慣れしてやや倦み疲れた感のある海軍将校とのやりとりが、文明開化の絢爛たる舞台を背景に過剰とも思える文飾を駆使しながら描き出されていく。

小説は終盤でその舞台を明治一九年から一気に三〇年の後に移す。一九一八（大正七）年、別荘に汽車で赴く年老いた明子が、汽車でたまたま同席した青年に鹿鳴館の舞踏会の思い出話を語る。青年はくだんの海軍将校が作家のピエール・ロティ（本名はジュリアン・ヴィオー）であったことを知る。

「では Loti だつたのでございますね。あの「お菊夫人」を書いたピエル・ロティだつたのでございますね。」

青年は愉快な興奮を感じた。が、H老婦人は不思議さうに青年の顔を見ながら何度もかう呟《つぶや》くばかりであつた。

「いえ、ロティと仰有《おっしゃ》る方ではございませんよ。ジユリアン・ヴィオと仰有る方でございますよ」[6]

小説では一八八六（明治一九）年となっているが、実際には清仏戦争の翌年である一八八五年、ピエール・ロティはフランスの海軍大尉として日本を訪れており、その折の体験をもとに「江戸の舞踏会」という小文を書く。それはまさにここで描かれた舞踏会へと出席した経験を、ロティ自身の手で書いたものである。その作が収められた『日本印象記』が日本で翻訳、出版されたのは一九一四（大正三）年である。[7] そして芥川の「舞踏会」が、この「江戸の舞踏会」をふまえていることはつとに指摘されているところである。[8] 芥川がこの小説を執筆した頃には、『お菊さん』や『氷島の漁夫』など、ロティはその邦訳が次々となされ、広く読まれていた作家でもあった。[9]

とはいえ、芥川の「舞踏会」は、ロティの「江戸の舞踏会」とは相当異なる印象を与える。後者は、西洋の身なりや振舞いをことさら模倣する日本人の姿を、皮肉や諧謔をまじえながら描いているし、日本ではあたりまえの事物について西洋の語彙をもって表現しているために、日本人の読み手にとっては、ちょうど異化に近いような効果、自身の親しげな事物がまるで奇妙な初めて見る事物のように思える効果をも作りだしている。

しかし、芥川の「舞踏会」は、こうした対象への諧謔や異化のまなざしがそぎ落とされており、場合によっては当時の事実関係をも無視しながら「鹿鳴館の舞踏会と、そのヒロインとを徹底して美化した」ものとなっている。(10)

さて、ここで取り上げたいのは、第二次大戦中にフランス領インドシナ（仏印）で行なわれた、芥川のこの短編の翻訳事業についてである。後に詳しく述べるが、国際文化振興会は、アジア地域への日本文化紹介事業の一環として、一九四三年に「舞踏会」をはじめ、仏印向けに芥川の諸作のフランス語訳を作成し、ラジオ放送としても放送する事業を展開している。なぜこの時期に仏印だったのか、そしてなぜこの短編だったのか、そしていったい、その翻訳事業のなかで、この小説はどのような意味を担っていたのだろうか。

だがその前に、国際文化振興会のこの時期にいたるまでの活動や、国際交流事業への関わりについて説明しておかねばなるまい。また、この翻訳事業が展開されたインドシナの当時の状況をとらえておく必要もある。

つまり、やや迂遠ではあるが、書物をもたらしたものと、もたらされた状況とを述べておかねばならない。というのも、まず述べたいのは、この小説がその読まれる場所の政治的状況によって特定の意味を担わされることとなる点であり、その書物を紹介する、もたらすという行為もまたその意味で政治的な役割をおびていくという点だからである。そして、繰り返しになるが、そうした固有の読みの文脈を離れた「解釈」などというものは存在しない。

3　国際文化振興会とその記録

国際文化振興会（KBS）は一九三四（昭和九）年に設立される。設立時の事業綱要にその事業として「日本並ニ東方ノ文化ニ関シテ正確ノ知識理解ヲ世界ニ普及シ、又外国人一般ニ対シテ、右ニ関スル興味同情ヲ惹起セシムル為メニ施スヘキ施設事業」があげられているとおり、日本や東アジアの文化を海外に普及させることを目的としていた。具体的には、日本語文献の翻訳や、海外での日本関係講座の設置や講師の派遣、文化資料の寄贈や交換がそこには含まれている。ただ、外国人の招請や外国文献の翻訳・紹介や海外学術機関との連携もその事業には含まれており、一方的な宣伝というよりも広く文化交流が目的として掲げられている。(11)

この機関は前年の一九三三年、国際連盟の学芸協力委員会に協力するために国内で立ち上げられた委員会がもととなっている。その委員会は、当時海外でも音楽家として著名であった侯爵徳川頼貞や実業家の団伊能《だんいのう》、国際通信社の創立者でもある樺山愛輔、そして彼とともに文化交流事業に後々大きな役割を果たしていく黒田清らによって構成されていた。

そのなかから国際交流のための機関として国際文化振興会は構想され、構想段階で外務省や鉄道省の国際観光局も参加していく。そして政府からの補助金二〇万円と五〇万円あまりの寄付金によって生まれるが、準備委員会や設立時の役員も外務省からの指名であり、内閣総理大臣、外務大臣が顧問をつとめ、政府と非常に近い関係にある財団法人であった。会長は近衛文麿、理事には先のメンバーの他、姉崎正治や高楠《たかくす》順次郎らの学者も加わっている。(12)

その事業には文化資料の寄贈や交換、出版や翻訳事業、さらには外国人の日本研究を支援することが掲げられており、日本語書物の海外での利用や、その普及、流通に大きな役割を果たすこととなる。

たとえば一九三六（昭和一一）年に東洋部が設立されたハワイ大学に対しては翌三七年、外務省の資金を用いて三〇〇〇ドル分の書籍を寄付しており、三八年にも同大学のグレッグ・シンクレアの来日にともなって寄贈を行なっている。[13] また国際文化振興会の当時の理事会議事録や事業報告をたどると、三七年にはシカゴ大学やノースウェスタン大学に対して、日本の雑誌を含め、寄贈依頼に応じているし、[14] 三九年には南カリフォルニア大学やミシガン大学への図書寄贈、コロンビア大学やカリフォルニア大学、ミシガン大学に向けた日本語学習用レコードの寄贈など、米国の日本学振興に対して精力的な支援を行なっていることが具体的にわかる。[15]

ただ、国際文化振興会のこうした日本の書物への関わりにおいて、寄贈や交換におとらず重要なのは、その書誌・書目作成や翻訳事業である。はじめて日本の書物に出会う人々や、そこでそれら書物を管理し、提供する人たちにとってまずもって必要なのはレファレンス文献、すなわちどのような分野にどのような本があるかを示す文献である。国際文化振興会は戦前から戦後にかけて、こうした書誌を数多く作成し、いわば日本学の基盤となる情報を作っていくのである。[16]

日本の文学に関連する事業も、そうしたなかで重要な位置を占めている。国際文化振興会は、一九三五（昭和一〇）年、菊池寛に日本の近代文学についての講演を依頼し、それについての質疑を含めて英訳した日本文学の解説書を翌三六年に出している。[17] より大規模な近代文学についての海外への紹介としては、一九三八年に国際文化振興会から出版された『日本現代文学解題』があげられよう。近代文学研究者の片岡良一、塩田良平、湯地孝が執筆し、正宗白鳥、谷川徹三が顧問として参加している。[18] 自然主義以降の作家六九人の合計八四作品を取り上げて解説を付した五〇〇頁にのぼる英文の書物である。[19]

こうした事業とともに、日本の書物を海外へと送っていたわけだが、寄贈は一方的に国際文化振興会の側からなされていたというわけでもない。この時期の米国内の日本学の胎動については、本書でもこれまで述べてきた通りである。つまり、日本学や日本語図書の充実をはかっていた米国内の図書館からの積極的な働きかけに応じた活動でもあった。

日米間の書物や情報の流通の歴史をとらえるうえで、この機関の記録、文書の意味は大きい。国際文化振興会の戦前の記録は、現在国際交流基金に受け継がれており、その整理や公開も進められている。[20]

本書との関わりでいえば、第五章でも取り上げたニューヨークの日本文化会館の関係資料がここには含まれている。渡米してこの日本文化会館の設立の準備にあたったのは樺山愛輔と黒田清である。[21] この日本文化会館は、国際文化振興会の出先機関として、一九三八年にニューヨークにおかれ、日本学の振興活動を展開していくのはすでに述べたとおりだが、残された資料からはその具体的な活動内容もうかがえる。

樺山はこれに先立つ一九三五年に渡米し、のべ二〇〇〇人に及ぶ人々に対して国際文化振興会の活動の広報に努めたという。[22] 一九四〇年に日本文化会館の事業強化のためにニューヨークを訪れた樺山を囲む会合には、同館の館長をつとめる前田多門、コロンビア大学のヒュー・ボートンやハロルド・ヘンダーソン、角田柳作らのほか、米国太平洋問題調査会（前章参照）からフレデリック・フィールドも参加しており、本書でこれまで述べてきた人々や機関をつなぐ重要な役割を樺山が果たしていたことがうかがえる。[23]

国際文化振興会は、日本文化会館の設置によって、米国内の日本学支援をさらに強化し、日米関係の悪化していくなかで、活発に事業を進めていく。

> 日本文化紹介宣伝ノ第一線ニ立ツテ、米国ニ於ケル有力者、有識者ノ間ニ日本ニ対スル正確ナル観念ヲ植付ケル為ニ、幾多ノ不便ト闘ヒ乍ラ絶大ナル努力ヲ続ケテ居リマス[24]

一九四〇年の日本文化会館の事業報告はこう記し、文化宣伝の最前線で活動する会館事業の盛況を伝えている。前年の二月二十日には角田柳作の講演とその盛況が報告されているが、[25] コロンビア大学の日本学関係者の協力を

日　時	講　演　者		タイトル	来聴者
1940 年				
4 月　4 日	ハロルド・ヘンダーソン	コロンビア大学講師	写楽の残したもの	167 名
4 月 22 日	アントニン・レイモンド	米国建築学会会員、日本建築学会会員	日本の伝統建築と現代建築とのつながり	222 名
5 月　2 日	湯浅八郎	前同志社大学総長	日本のキリスト教信仰	185 名
11 月 14 日	ルイ・ルドゥ	日本研究学会会長	日本の版画	292 名
12 月 12 日	坂西志保	米議会図書館東洋部日本部主任	封建時代の「役者論語」	266 名
1941 年				
1 月　7 日	U. A. ケイサル	日本漆器蒐集家	日本の漆器	267 名
1 月 24 日	ヘレン・ガンソラス	シカゴ美術館東洋美術部副主任	日本の織物	284 名
2 月 13 日	エドウィン・ライシャワー	ハーバード大学講師	日本語　どこから、どこへ	189 名
2 月 25 日	ウィリアム・セイフリッツ 神谷宣郎	ペンシルヴァニア大学教授 同大学植物学研究所助手	生物学研究の現在	262 名
3 月 10 日	ジョージ・サンソム卿	コロンビア大学教授	日本の思い出	260 名
3 月 27 日	ヒュー・ボートン	コロンビア大学講師	日本における西洋の影響	201 名

図 19　ニューヨークでの日本文化学会講演　1940 年度に開催された講演のタイトル，講演者，来聴者をまとめた。日本文化会館「昭和十五年度事業概況」(JFIC ライブラリ所蔵) より作成。

得ながら、各種講演会を主催している（図19）。ニューヨークの同会館の図書室利用者はこの年のべ七二〇名、館外貸出しは八三三冊に及んでいる。この図書室は日本についての英語文献を豊富に含む一万冊規模の図書室であり、図書以外にも日本紹介のための映画、幻灯板、レコードや写真を数多く所蔵していた(26)。

また、書籍をはじめとする欧米の文化資料の国際取引が途絶していくこの時期にあって、日本文化会館は、米国での実質的な洋書の輸入、輸出の窓口ともなっていた(27)。四〇年の事業計画で館長の前田多門は、米国内の各機関から寄せられる日本語図書への寄贈要請に対応して、館報の刊行や奨学金の設置に加えて、一万ドルに及ぶ図書寄贈資金を日本に向けて要請している(28)。

だが一九四一年には米国内の日本人資産は凍結され、会館の維持も困難となり、十二月の日米開戦を迎える。戦争勃発の後、館長館員一同は一月から二月にかけて、移民管理局のあったニューヨーク湾のエリス島に拘禁され、その後、交換船で日本へ送還されることとなる(29)。

国際文化振興会の欧米、特に米国に対する文化宣伝を中心にたどってきたが、一九四一年の日米開戦以降、国際文化振興会の文化宣伝は欧米よりも、中国や東南アジア方面への文化政策に力がそそがれることとなる。「東亜共栄圏の共通語」として占領地への日本語教材の研究・開発に力がそそがれ、日本の工業力を示すための「産業日本」、「海軍日本」といった文化映画をアジアの各地に向けて八カ国語で制作、頒布してゆくのもこの時期である。(30) 国際文化振興会は一九四四年にはこれら南方各地域向けの対外文化事業の拡張申請も出しており、戦中を通して活発に活動していた様子がうかがえる。(31)

先にあげた芥川龍之介のフランス語訳短編集の発行計画や、フランス語訳のラジオ放送についての事業が出てくるのはこの時期で、一九四三年から四四年にかけての事業報告のなかである。これらは、当時積極的に文化交流が進められていた仏印、すなわちフランス領インドシナ（現在のベトナム・ラオス・カンボジア）に向けられた事業である。しかし、この時期、インドシナが交流事業の対象として急浮上してくるのは、なぜなのだろうか。

4 南方政策とインドシナ

この時期以前には、インドシナは日本ではあまり知られている国とは言えなかった。フランスと中国がこの地をめぐって争い、一八八三（明治一六）年にはインドシナはフランスの保護国となる。「舞踏会」に登場するロティがフランスの海軍士官としてアジアを訪れ、日本に寄港していたのはこの頃である。フランスはこの地に日本の力が及ぶことを警戒し、一九〇七（明治四〇）年に日本との間で日仏協約を結んで領土の維持に努めていた。したがって日本はこの仏印と経済的、文化的な交流が可能だったわけだが、経済面でいえば仏印総督府の保護政策のもとで日本の経済進出はふるわず、日中戦争以前には仏印に在留する日本人も二〇〇人から三〇〇人程度であった。(32)

それまでさほど知られてもいなかったこの国について、日本で新聞が大きく取り上げ、関連書籍が次々と刊行されるようになるのは、一九四〇年のことである。畠中敏郎『仏印風物詩』は、その冒頭で以下のようにその状況を伝えている。

日支事変の拡大は遂に昨年（一九四〇年）半ばの仏印監視団の派遣となり、ついで皇軍の北部仏印進駐となり、ここに、今まではほとんど一般から無視せられて来た仏印が、日本人の目の前に忽然として大きく写つて来た。新聞は毎日のように仏印の風景を掲げ、同地の情勢を大きな見出しで報道するやうになつた。(33)

仏印は先に述べたとおり、フランス植民地とその保護統治国よりなっており、日中戦争がはじまってからは日本よりも中国を支援する側にあった。開戦によって日本から仏印への輸出も停止され、この地は欧米から中国を支援する武器や物資の主要なルートとなっていった。いわゆる蔣介石を支援する「援蔣ルート」である。

ところが、一九四〇年にドイツとの戦いに敗れ休戦状態となったフランスは、仏印をそれまでどおり維持する兵力も余裕もない状態におかれる。かねてから仏印に対して援蔣ルートの閉鎖を求めてきた日本は、これを機会に仏印との交渉を開始し、八月にはフランスとの間で協定が結ばれる。仏印におけるフランスの主権、領土を尊重しつつ、日本が仏印に進駐し、軍事的な協力を得、かつ日本と仏印間の貿易を増進するという協定であり、日本とフランスとが共同で仏印を統治していく体制が形作られてくるのである。(34)

同年九月から日本軍は北部仏印進駐を開始し、翌四一年の太平洋戦争開戦を期に、日本は仏印との間で現地軍事協定を締結する。この日仏共同防衛体制は戦争末期まで続くこととなる。つまり仏印という場所は、当時すでに本国フランスとの貿易も困難になっていたとはいえ、戦時期のアジアにあって日本が「西欧」との積極的な文化交流を演出できる数少ない場でもあったわけである。当時の日本は洋書飢饉と呼ばれるほどに学術・文化方面の洋書の輸入が途絶していたが、この時期、仏印とフランス語、安南語の書籍や雑誌の交換・購入を積極的に行なっていく。(35) そしてこの事業を担ったのが国際文化振興会なのである。
一九四〇年には外務省の情報局の監督下におかれることとなった国際文化振興会は、以降、欧米よりも中国、満州をはじめとするアジア地域への文化振興策へと力を注いでいく。(36) 一九四一年から翌年にかけての活動報告では「対満支文化対策」に事業の力点をおき、現地へ常務理事を派遣し、連絡員の増員を行なっており、常設機関の設置も検討している。そして以下のように活発に日本の資料を送り込んでいくのである。

機会ある毎に出版物、写真、映画又は幻灯板など幾多の日本宣伝資料を提要頒布して満支住民の啓蒙と日本文化の宣揚に力め、本年度中満支方面に発送せる主なる資料のみにても出版物六八六二部、映画八巻、写真及幻灯板二六七三枚の多量に上つて居ります。(37)

こうして中国、満州とともにアジア南方地域への文化振興が進められる。「南方に対する我国文化の進出を増強すべく」さまざまな準備工作がなされていく。(38) 一九四二年四月には国際文化振興会内に、南方地域の専門家の協力を得て南方工作諮問委員会が立ち上げられ、大東亜省や陸海軍と協力しながら事業が展開される。そのなかで現地向けの日本語読本や会話本の出版、翻訳や文化交流の推進も図られていった。(39)
では仏印メディアの日本に対する態度、反応はどうだったのだろうか。当時の外務省の調査は次のように記している。

親支反日傾向の甚しいのは河内《ハノイ》発行仏字紙 Volonte Indochinaise と安南語紙 Dong phap（東法）にしてこれ等の日本に対する毒筆は支那事変勃発以来一層激烈である。その社説は日本を完全に侵略国扱にすると共に支那に対しては同情を表明し戦況情報も大部分支那側発表誤報を掲載してその見出しは支那の大勝利と宣伝してゐる。[40]

このように中国側に立って日本を非難するメディアも少なくない状況のなか、国際文化振興会は仏印向けに積極的な日本文化の紹介、宣伝活動を進めていった。現地での日本画展覧会、仏印美術家の日本招致、相互の教授の交換事業を行ない、さらには帝室博物館と仏印遠東学院との美術品交換事業も行なっている。[41]

また、定期刊行物や図書の交換・寄贈も積極的に行なっており、四二年度報告によれば、定期刊行物の交換は開始以来、国際文化振興会からは一〇八七冊、仏印からは一五一〇冊にのぼっている。仏印からの日本語図書購入もしだいに増え、国際文化振興会の出版物は大東亜省、在仏印大使館、日本出版配給株式会社（日配）を通して仏印へと配給、販売を行ない、「其の数は極めて多量に上つて居ります」と記されている。[42]

これらの文化交流活動を背景として、この節の冒頭でふれた仏印ブームは形作られていったのだ。水谷乙吉の『仏印文化史』や『仏印の生態』、博文館時局叢書『仏領印度支那事情』をはじめ、各種調査報告も数多く、今日でも目にすることができる。[43]だがこの時期の仏印紹介と友好演出で群を抜いているのは、国際文化振興会の出した『印度支那』である。ジャン・ドクー仏印総督と駐仏印特派大使芳沢謙吉との親善書簡からはじまるこの書物は、当時のベトナムの空中撮影をふんだんに盛り込んだ美本である。また、仏印を訪問した作家吉屋信子の活動や国際文化振興会のバックアップした仏印での日本絵画展、工芸品展に関する紹介も盛り込まれている。[44]

とはいえ、この仏印ブームはまた当時の政治状況を背景として意図的に作り上げられた文化状況であり、現地の安南人エリートが日本の大東亜共栄圏の思想に対して共感を持ち得たかについては疑問視されている。

一九四〇年以降、仏領インドシナについての多くの本や記事が現われたが、主なものはすべて、フランス側の情報に基づいていた。このことから安南語やその文化はもちろん、フランス統治下のインドシナで何が起こっているか、何も理解せずに、日本は異文化を扱う難事業にとび込んだことがわかる。[45]

5 植民地の「舞踏会」

こうした国際文化振興会の仏印に向けられた文化宣伝事業が進められているなか、一九四三年の同会総務部の文書中には、しばしば芥川の翻訳事業が登場し、仏印での芥川の短編集刊行が進められていたことがわかる。[46] 芥川については、国際文化振興会が一九三八年に出した先の英語版『日本現代文学解題』でもむろん取り上げられており、「地獄変」と「奉教人の死」の二作が特に詳しいが、それ以外の代表作についても細かく説明されている。[47] ただ、この仏印に向けた翻訳事業でフランス語に訳された芥川の小説には、「奉教人の死」や「鼻」といった作品以外に、それまで代表作のうちにあげられてもいなかった短編が選ばれ、かつフランス上海放送局からフランス語訳で放送されていく。それが「舞踏会」である。[48]

ここまで書けば、なぜ「舞踏会」が選ばれたのかはもはや明らかだろう。既に述べたように、芥川の「舞踏会」の舞台は一八八六(明治一九)年の鹿鳴館である。その夜初めて舞踏会に臨んだ少女明子は、そこでフランス軍の海軍将校と出会い、踊り、会話をともにする。フランス語と舞踏の教育をも受けてきた明子は、舞踏会に臨んだ「日本人」や「支那の大官」があっけにとられるほどのあでやかさを備え、臆せずに踊るばかりかその言葉や仕草をもって、この将校から彼女の美しさを語る言葉を、そしてパリの舞踏会でも通用するという賛辞を引き出す。彼女はそうした余裕としたたかささえ見せるわけである。

つまり明治一〇年代という時期に、アジアの小国である日本が、すでにフランスとおなじ舞台に立ち、服装や容貌、仕草や会話まで、対等にわたりあっている光景がそこには描かれている。したがって戦時期に仏印においてて訳されるこの小説は、露骨な(本当に露骨な)メッセージ性を担うこととなるのだ。それまで仏印を支配してきたフランスと一定の友好関係を保ちながらこの地に進駐し、やがてはフランスと共同防衛体制を作ることとなるこの時期の日本にとって、実に都合のよいテキストであったと言わねばならない。

この小説は、フランスに統治されたこの国の人々に向けて、日本もまたフランスと同じ統治者の一員であることを知らしめる役割を負うことになるわけである。少なくとも、「舞踏会」がここで採用されている理由は、そうした役割に好都合と見なされたことを物語っている。さらにいえば、それを二〇年も前に日本の代表的作家が小説として描き得ていること、それをフランス語に翻訳して日本が仏印に提供し得ていることもまた、西欧にひけをとらない日本文化の宣伝となってゆくわけである。

この小説のなかには、登場人物のまなざしの交錯、さらには地の文の描写にいたるまで、東洋と西洋という関係が意識的に書き込まれていることはこれまでも指摘されてきたが[49]、半世紀を経た政治状況のなかで、この関係は南洋と西洋という関係として読み替えられていくわけである。そこでは日本は、西洋と欲望をともにする側に位置している。そして、時を超えて国際的な対立が刻印された仏印は、戦後にはさらなる対立のなかで蹂躙されていくこととなる。インドシナ戦争、ベトナム戦争の地として。

この仏印ブームのなかで日本で訳された書物には、ロティの作品も含まれている。彼は一九〇一年に仏印を訪れた際、アンコールワット遺跡に行き、それについて書いた文章を一九一二年に刊行する。これが日本で『アンコール詣で』として訳されるのは、やはり一九四一年なのである。つまり、この時期の日本の読者は、開化期のようなロティにまなざされる位置にいるのではなく、ロティとともに植民地をまなざす側にいるわけである[50]。

芥川の「舞踏会」は、ロティの「江戸の舞踏会」にあった明治期の日本に対する諧謔や皮肉をまじえた表現を削って作り出された世界であるという点は先にふれた。そしてこの舞踏会を日本人の娘の目をもって、そしてさらには年をとってそれを回想する老婦人、さらには彼女から話を聞いている「私」という、いく層もの日本人のまなざしによって濾過された形で描き出していく。芥川の「舞踏会」は、もはや当時の日本を異化するまなざしが削ぎおとされたものでしかない。

その意味で、「舞踏会」を翻訳し、紹介するという事業は、当時の日本のアジア侵略のうちにあるダブル・スタンダードをよく示してもいる。一方ではアジア諸国と日本との共同性、同質性を強調しながら、同時に西欧の一員としてアジアのなかでの優位性を保とうと差異を強調しようとする。アジアを西欧の手から解放し、大東亜共栄圏を作り上げていく、という理念を一方でかかげながら、同時に自らはアジアの他の民族と異なり、西欧と同列の階層に属するかのように差異化をはかっていくわけである。

むろんここで、芥川の「舞踏会」がそうした植民地の支配層から被支配層へ向けられたメッセージをはらんだ小説であるという「恒久の」評価を下すつもりはない。たとえばこの小説に、舞踏会に象徴されるような西欧文明への懐疑や批判を読み込んでいくことも可能だろう。舞踏会に倦んだフランス人将校によりそって、一瞬の刹那的な美としてこの舞踏会を描いているとすることもできるだろう。しかし、そう読んだところで、今度はそのような西欧への懐疑や批判をも書き得た日本の文化・作家の優秀性を喧伝するメッセージを、当時の仏印では負いかねないだろう。例えば西欧文化への懐疑にまで充分自覚的という意味で、日本を「西洋文明にも勝れる文化の所有国」[51]として喧伝するに適した小説として。

私が言いたいのは、永続的な評価や、読書の歴史的な場から切り離された読み方も評価も存在しないということなのだ。先のロティの「江戸の舞踏会」のこの当時の読まれ方にしても、実はこの時期の日本と仏印との関係に関わり合っている。この小説はまさに戦時期に日本語に翻訳されもするからである。そして原作と比べると、親仏、対中国イメージが翻訳に反映されていることも確認できる。この作では「私」が日本の娘と踊った後、中国人たち一団のなかに偶然はまりこんだ瞬間が描写されているが、そこで見つめられたこの二人が、戦時期の訳では「私たちも負けずに彼らを視返してやる」と、原文よりも「日仏」対「中国」の構図が強調されるような訳し方となっている[52]。

小説を読むということ、さらにいえば読書とは、常にこうした歴史的、政治的な場のなかで不断に揺れ動く出来事なのである。こうした読む場に作用するさまざまな力関係をとらえることが重要なのはそれゆえである。私たちの読むという行為はそうした制約のうちにある。どこで、どのような人々に、どういった形でその書物が流通し、読まれるのかという問いは、こうしてその読み方と密接に関わっているのである。「大東亜戦争は直ちに一大文化戦なり」(53)とする国際文化振興会のこの時期の活動は、そこで読まれる書物の解釈や評価と明確には分かちがたい関係をもっている。だからこそ、書物のみではなく書物をもたらすものに対して、そして読みの場を作り上げる組織や機関に対して関心と注意を向けるべきなのだ。むろん、この問題は、戦前にとどまる問題ではない。

6　国際文化交流機関の戦後

日本の対外政策と密接に関わりあっていた国際文化振興会（ＫＢＳ）は、それゆえに敗戦とともにその規模を急速に縮小させていく。政府からの補助金も途絶え、八〇名を超えていた職員は二〇名ほどとなり、役員を刷新して一九四六（昭和二一）年、国際文化交流の「純然たる民間団体として」活動を再開することとなった。そして連合国軍関係者を対象とした講演会、幻灯会、映画会を開催し、英文による事典や、日本語図書の解題・書目などの作成を続けている(54)。

一九四八年には国際文化振興会の本部は渋谷の松涛から八重洲前の国際ビルに移っている。戦前から整えてきた特徴あるその蔵書のうち、日本文化関係の洋書を、国立国会図書館の要請で同図書館へ移して公開し、和書は国際文化振興会の本部図書室で公開された。そして同年、維持会員制度を設けて財源を整備していく。五〇年代には六〇〇〇万円を目標とした全国的な募金活動を展開し、民間の国際的な文化センターとして組織を刷新していく構想を打ち出していく。ちょうど同じ頃、やはり民間で募金を募って国際的な文化施設を作る活動が大々的になされていた。国際文化会館である。次に、国際文化会館の設立を追っていこう。

米国務省の極東問題担当顧問であったジョン・ダレスは一九五〇年からロックフェラー財団の理事長でもあったが、一九五一年、対日講和にあたって以前から日本文化に関心をもっていたロックフェラー三世を伴って来日する。このダレスのもとでロックフェラー三世は、文化政策の側面から今後の対日関係のなかで米国のとるべき施策について意見をまとめた報告書を作成する。このなかで提案されている諸施策のうちに、米国や他国籍の学生・研究者たちが日本に滞在し、日本の学生や知識人らと接し、交流することのできる施設の建設があった。[55]ロックフェラー財団が同様の目的でニューヨークやシカゴに建設していたインターナショナル・ハウス（国際会館）がその提案の原型となっている。

ロックフェラー三世は講和後、同じ一九五一年に再度来日し、樺山愛輔や高木八尺、松本重治らと会合のうえ、国際文化交流を促進するための文化センターを作る活動を始める。先に第四章で、一九二九年に開催された太平洋問題調査会の京都会議についてふれたが、高木のすすめでこの京都会議に参加した松本は、プリンストン大学を出たばかりの若き日のロックフェラー三世とこの席で知己となったという。[56]

この新たな文化センターを作り上げるために、樺山愛輔が世話人となり、内外の有志三五名が工業倶楽部で会合をもち、文化センター準備委員会が結成された。翌一九五二年には、この国際交流施設の設立のためにロックフェラー財団に寄付を申請する。これに対して財団は、日本側での一億円の募金達成を条件に二億四千万円あまりの寄付を決定する。ちなみに当初樺山と財団側との間で交わされた合意文書では、その名称は国際文化会館ではなく、国際文化センター（International Cultural Center）となっており、名称はまだ揺れている。[57]

一九五二年八月、この組織は財団法人国際文化会館として認可され、本格的に一億円の募金活動を展開することとなる。ロックフェラー財団の寄付、および民間の募金によって活動を開始したこの組織は、その後、財政基盤を整備するため維持会員制度をとっていくのだが、これら一連の活動には、実は同時期の国際文化振興会と多くの共通性が見られる。

民間財団として一九四八年に維持会員制度を採用した国際文化振興会は、五三年に六千万円の募金活動を展開することは先に述べた通りである。それゆえに国際文化会館の設立当時は、その性格の違いが各方面からしばしば問われることとなった[58]。また国際文化会館の設立に関わった人々は、実質的に国際文化振興会とかなり重なってもいる。設立時の理事の一五人のうち六人は国際文化振興会の一九五三年段階の理事を兼ねている。重なっているのは前田多門、藤山愛一郎、一万田《いちまだ》尚登《ひさと》、石川一郎、渋沢敬三である[59]。日本銀行の総裁である一万田尚登は、後に述べるように、両者の募金活動をともに指揮しているし、前田多門と国際文化振興会、特にニューヨークの日本文化会館での活動はこれまでふれてきた通りである。また、国際文化会館の初代理事長となる樺山愛輔は、国際文化振興会でかつて理事長をつとめ、前田とともに米国を含めてその活動を支えてきた人物でもあった。

また、本章の冒頭でも述べた資料からわかる事実、つまり戦前の国際文化振興会のもとで、樺山愛輔や高木八尺らが計画を進めていたインターナショナル・ハウスとの連続性にも注意しておくべきだろう。ニューヨークや、シカゴに建設されていたインターナショナル・ハウスにあたる施設を、東京に作ろうとする戦前の計画である。高木は、第四章で述べたように、当時国際文化振興会の事業に協力し、会から相談を受ける立場にあった。この計画の経緯は、一九三六（昭和一一）年、外務省の事業部長の岡田兼一から高木にあてられた文書に詳しい[60]。

それによれば、もともとこの話をもってきたのはスターリン・フィッシャーである。彼は三六年に『ニューヨーク・タイムズ』の東洋部担当者として来日した際、インターナショナル・ハウスの管理に長く関わってきたハリー・エドモンドを岡田と引き合わせている。エドモンドは、日本側で五〇万円を準備できれば、ロックフェラー財団側が同額の資金を提供し、インターナショナル・ハウスを日本で建設できるよう斡旋の労をとると提案した。

ではこれに対する日本側の意見はどうだっただろうか。日本側では樺山愛輔や高柳賢三、団伊能や、高木八尺らが集まって二回にわたって話し合い、「学生ノ為メノ会館施設ハ従トシテ広範ナル意味ノ東方研究ノ機関ヲ建設」することを求めることとなった。つまり、欧米から訪日する留学生や研究者はそれほど多くないので、出資が望めるなら、外国人来訪者の滞在施設というよりも日本の文化情報の発信に重点をおいた施設の建設を検討したいというわけである。

これを受けてニューヨーク総領事の井上益太郎は同年八月にフィッシャー、エドモンドらと会談し、日本側が提示した「東西文化融合ノ機関」とする構想に米国側からの同意を得、ロックフェラー財団のみではなくフォード財団やメロン財団の支援をあおぐ可能性も視野に入れて準備を進めることとなった。ただ、米国出資の事業ということもあり、当時の日本国内での反感も予想されたため、計画は実現まで極秘に進められることとなった。

そしてここに出てくるスターリン・フィッシャーは、戦後、リーダーズ・ダイジェスト日本支社長として、樺山、高木や前田多門とともに国際文化会館の発起人に加わることとなる。ちなみに、ハリー・エドモンドは、ニューヨークでインターナショナル・ハウスが建設されたときの館長であり、一九三五年以降は、バークレー、シカゴ、パリに建設されていったインターナショナル・ハウスの建設に協力していた人物である。(61)

この戦前の東京でのインターナショナル・ハウス建設は、五〇〇人を収容し、図書室や床屋などを含んだ具体的な施設の企画と予想されるコストが詳細に記された計画書も作成されていた。外務省の資金によって、一九三七年にはハリー・エドモンドが日本を訪れてもいる。(62)

この計画自体は日米関係が悪化するなか、実現をみなかったものの、ここに登場した人々と戦後の国際文化会館設立に関わった人々との重なりや関係をおさえたとき、戦前と戦後の二つの「インターナショナル・ハウス」が截然と分かちがたい存在であることは否めない。

7　民間という名の政治

戦後の「インターナショナル・ハウス」である国際文化会館は、「文化交流と知的協力とをはかり、もって国際親善と理解とを増進する」という目的のもと、「ひろい国際的な性格を維持すべきこと」と「その活動にたいしては一切の政治的色彩を排除すべきこと」とを基本的な方針としていた。(63) この章の冒頭でも触れた松本重治の言においても、特定の国の政治的宣伝となることに対する強い警戒心がうかがえよう。

ただ、政治的な宣伝や力関係から自立した、全くの民間の資金による機関としてこの組織をとらえること、あるいは資金面を含めて民間、政府との単純な対立関係をもってその特徴を説明することはできない。民間であるがゆえに巻き込まれる権力関係は当然のごとく存在する。

国際文化会館は、ロックフェラー財団からの寄付金を得るために、先に述べたように申請の翌年、一九五三年までに一億円にのぼる寄付金を国内で集めなくてはならなかった。そして実際に募金は達成されるのだが、なぜそのような大規模な募金が可能となったのだろうか。資金準備の中心となったのは日銀総裁の一万田尚登である。実はこれに先だって、やはり一万田は国際交流に関わる巨額の寄付金収集を成功に導いている。それがグルー基金である。

グルー基金は、もと駐日米国大使であったジョゼフ・グルーの寄付によって、米国への留学生のための奨学金として一九五〇年七月に設立される。この年の十二月末に、その基金を拡充し、整備するためにグルー基金後援会が日本で生まれ、五五〇〇万円を国内から集めることを目的として募金活動がはじまる。この基金はわずか一年に満たない間に七〇〇〇万円以上の募金を集めることに成功するのだが、この基金の募金活動ネットワークを踏襲する形で、国際文化会館の募金活動は展開している。

このグルー基金後援会の会長が一万田尚登であり、グルー基金の理事長は樺山愛輔であった[64]。この募金は全国四七ヶ所に支部を設け、政財界の有力者二五〇人を役員として展開され、日本銀行の支部が同時に後援会支部として機能することで国民的な募金活動を進めている。役員として前田多門、小泉信三、高木八尺、松本重治らが加わっており、陣容も国際文化会館の準備スタッフとほぼ重なっている。また、グルー基金後援会の会誌上で、高木は、当時計画されつつあった国際文化会館構想についても語っている[65]。

国際文化会館の資金募集でも、こうした強力な集金体制が作り上げられた。当時の資金委員会の資料を見れば、業種別、県別に募金目標額が割りふられ、そのうちの募金の優に一割は銀行や信託関係に振り当てられている[66]。会長の一万田から知事、市長、商工会議所会頭、地方銀行頭取へと協力を求める依頼状が出され、国家事業に等しいような集金体制が組まれている。

国際文化会館の資金委員会の発起人会は首相官邸で行なわれ、それを伝える資金委員会の会報には米国大使のロバート・マーフィー、樺山愛輔の言とともに、目標額の達成を願う吉田茂の言が掲げられている。資金委員会の役員はほとんどが企業の会長や社長よりなる三〇〇名規模のものであった[67]。一方で国際文化振興会の方も、同時期に一万田が協力して募金活動を展開することとなる。

これらの活動による資金は、国による直接の補助金ではないものの、日本銀行を介して自治体や企業を組み入れる公的な力をおびた資金供給に支えられていた。また、国家による明確な強制力とはいえないが、銀行と企業、大企業と中小企業、中央と地方間でのさまざまな力関係や階層関係に支えられてもいた。民間の国際交流事業とはいえ、一般の人々の自発的な意志による活動のなかで生まれたわけではない。一元的、一方的な国家による力とは異なるものの、より複雑で分散された力関係が機能している点に注意を向ける必要があるだろう。

関わった人々や資金の収集形態まで、二つの国際文化機関は実は微妙な重なりをみせており、そこには戦前との連続性を見ることもできる。だが、両者はやがてその方向の違いを明確にしていくこととなる。国際文化振興会は、民間に向けた募金活動を展開する一方、五三年には政府補助金が復活しており、六〇年代には政府との距離を次第に縮めていく。六二年に前首相の岸信介を会長として役員を増員し、基金によるより安定した財政基盤をもった組織とするよう、政府に三〇億円の支出を求めている。こうした働きかけのなかで補助金は倍増を重ね、名誉会長、副会長を総理大臣、外務・文部大臣にそれぞれ委嘱する形をとって政府との連携を強めていく。

そして一九七一年には、外務大臣となった福田赳夫《たけお》が国際間の人的文化交流の必要性を掲げ、対米文化交流を主眼とする基金設立を構想する。翌七二年、政府の出資金一〇〇億円と政府以外の出資金を合わせ、国際文化交流を支援する基金を設置する国際交流基金法案が第六八国会に提出され、同年可決される。国際文化振興会は、この基金、すなわち国際交流基金へとその権利や業務が引き継がれることとなった(68)。

一方国際文化会館は、「いかなる政治的宣伝も政府による干渉も排除する」ということを基本理念として事業を進めていく(69)。だがこれまでの章でも繰り返し論じてきた通り、国際的な文化交流事業は、政治的宣伝や政府と全く関わりのない事業としてはありえない。国際文化会館が、当初から政治的な関係とは意識的に距離をおきながら事業を進めていたことは確かだが、館長として運営にあたっていた松本重治は、国際文化振興会（ＫＢＳ）に対して批判的な立場とっていたわけではない。

会館が出来てから、ＫＢＳも元気が出て来たようだ。それは非常に結構なことだ。会館ではどうしたらＫＢＳなどの邪魔をしないで仕事が出来るかという点に苦労している(70)。

こうした言からもうかがえるように、それぞれの組織が、互いの得意な領域で活動し、協力しあいながら事業を展開することを目指している。国際文化会館は、具体的な人と人との交流や対話の場を作っていこうとした点に活動の特徴がある。会館の設立準備と並行して一九五二年に発足した知的交流委員会の活動はそれをよく示している。海外から著名な学者、文化人を呼び、日本で講演や対話の場を設ける、あるいは逆に日本からこうした人々を送り出す事業である。日本からは安倍能成《よししげ》や市川房枝が、米国からはエレノア・ルーズヴェルトや社会学者のデイヴィッド・リースマンらが参加したこの計画については、第五章でもふれた。国ではなくあくまで個人単位での招聘、交流に重点をおいていたわけだが、当時の政治情勢のなかで、日本と米国との間でその人選やイニシアティヴをめぐっての対立が生じてもいた。(71)

この知的交流活動のプラン作成で大きな役割を果たしたのが、本章の冒頭でも引いたプログラム懇談会、つまり各領域の専門家を集めて会館活動の構想を話し合った懇談会である。(72) ここでも松本は、国家という単位での宣伝や活動ではなく、直接的な人と人との交流を活動の基本としたい点を強調している。戦前の国際文化振興会や太平洋問題調査会（ＩＰＲ）が政治的な拘束を強く受けていったこと、さらには戦後の米国太平洋問題調査会が反共産主義思潮のなかで政治的な抗争に巻き込まれていくことを松本は意識していた。(73) 太平洋問題調査会のこの当時の状況については第八章で詳述する。

「文化の担い手としての人と人との直接の接触、その接触を通じてのものの考え方を重視している」(74) とする国際文化会館の活動は、こうしたいわば「直接性」への強い信頼感、そして国家やイデオロギーを代表・代行することへの嫌悪感や警戒感に基づいていると言えるだろう。(75) ただ、こうした「直接性」には限界もある。実際に選ばれて交流できる人は限られており、結果的にはごく少数の人々によるエリート主義的な活動となりかねない。また、個人レベルでの国際移動や学術交流が容易になり、滞在、交流の施設が増加するにしたがって、その存在や役割が目立たなくなっていくこともまた避けがたい。

8　海外の日本語図書館に対して

戦後の国際文化振興会・国際交流基金と、国際文化会館の両者はまた、海外における日本の書物環境にも大きく関わっている。では国境を越えて日本語図書館が出来ていくなかで、両者はどのような役割を果たしていくのだろうか。

戦前から海外読者用の参考書誌作りや、図書寄贈を行なっていた国際文化振興会の海外図書館に向けた支援活動は、国際交流基金にも引き継がれていく。一九七二年に活動を始める国際交流基金は、設立の当初から海外機関への図書寄贈の活動を展開していたが、四〇機関、約七〇〇〇冊の寄贈から始まったその事業は一〇年後には二〇〇機関、三万三〇〇〇冊を超える寄贈事業に拡大する。日本文化を海外に紹介する出版事業も国際文化振興会の活動を引き継ぎ、翻訳支援、研究書目の作成や研究叢書の刊行も行なっている。

米国にとどまらず、多くの海外日本語図書館が、国際交流基金の寄贈事業の恩恵を受けてきた。図書寄贈、購入支援や日本学関連の事業補助など、その活動の幅は広い。こうした活動を、ただ戦前の文化宣伝のように一面的な枠組みでとらえるのもまた偏狭な評価と言えるだろう。書物は、それらをもたらし、提供する機関の影響や傾向を反映するものであり、そこに働く力に注意を向けることはむろん重要だ。だがその一方で、書物はそれをもたらしたもののねらいや意図をはるかに超えて用いられ、読まれていくものでもある。戦前にニューヨークに出来た日本文化会館の図書は、戦時期には対日戦の貴重な情報源ともなっている。日本の文化宣伝のための資料が、逆に日本攻略のためにも用いられ、読まれてもいくわけである(76)。

一方、国際文化会館の方は、直接の図書寄贈や購入資金の提供といった形での支援をとってきたわけではない。国際文化会館は、国際交流基金と重ならない形での活動を志向していたことは前述したが、ではどういった形で日本の書物に関わっていったのだろうか。これについては、福田なおみの活動をぬきにしては語れない。

二〇〇五年に私が米国内で日本語図書館の歴史を調査したことはすでにふれたが、そのなかでハワイ大学についても調査にあたった。その際、私はハワイ大学の日本語図書館を通して、同地に引退した福田なおみに取材できないかといくどか打診した。高齢ということもあって取材は実現しなかったのだが、私はぜひともこの人物に会って話を聞きたかった。

私が福田に会いたかった理由はいくつかあるが、いちばんの理由は、私が当時行なっていた調査を、彼女が一九八〇年代に行なっていたことが大きい。北米の日本語蔵書の全体的な調査としては、本書の第四章で取り上げた一九三三年の高木八尺の調査があったわけだが、戦後では日米友好基金の助成を受けて一九七九年から八〇年にかけて福田なおみが行なった調査がすぐれている。[77] 各地の図書館関係者たちによる協力を得ながら米国内の二八の日本語図書館をカバーした調査であり、一九八一年にミシガン大学日本研究論集の一冊として刊行された。私が調査をはじめたときは、先行研究も少なく、福田のこの調査には教えられることも多かった。

正確にはこの福田の調査は、蔵書の歴史調査ではなく当時の現況調査なのだが、なかには蔵書の由縁の記されている図書館もあったし、何より三〇年前の現況調査は私にとってすでに充分「歴史」でもあった。また、彼女がミシガン大学やメリーランド大学の日本語図書館で実際に働いたキャリアもあったことや、私が聞取りを行なっていた各地図書館で、米国内のかつての日本語図書館を知る人物としてしばしば彼女の名前があがったということもある。だが当時この福田なおみについては、その細かい経歴や業績を記した記録が見つけられず、彼女について言及した文章もほとんどなか

図20　福田なおみ　国際文化会館勤務の頃。（国際文化会館所蔵）

ったため、人づてにその情報を聞くしかなかった。

二〇〇七年、福田なおみは死去する。日本国内の新聞ではその訃報さえもほとんど報じられなかったが、翌年、国立公文書館の高山正也は「表立つことを嫌ったが、日本の現代図書館史上、その影響の大きさ、深さは第一人者」とする文を記している。(78) 二〇〇八年に東アジア図書館協会は、その機関誌で彼女の追悼特集を組む。そこでは、戦後米国の日本語図書館で活動してきた人々にとって「まさしく福田なおみは、この上なく傑出したライブラリアンとして、私たちが等しく師と仰ぎ見る存在」として語られ、数多くの賛辞や思い出が記されている。(79) 福田は国際文化会館が生まれたときにその図書室長をつとめるのだが、そこにいたるまでの彼女の来歴も同誌の特集にはまとめられている。

それによれば、福田は一九二九（昭和四）年に東京女子大学を卒業後、そこで教鞭をとっていたロバート・ライシャワーの調査助手をしており、彼を介して一九三五年にミシガン大学の奨学生として渡米した。歴史と図書館学を学んで三九年に卒業した福田は、その夏に米議会図書館の坂西志保と学会で出会い、その後、ロックフェラー奨学生として米議会図書館で彼女とともに過ごしたこともあって親交を深めている。

帰国した福田は東京でいくつかの大学図書館の勤務をへて、外務省情報局の主任司書となり終戦を迎えた。戦後、連合国軍総司令部の参謀第二部、すなわちGⅡセクションの図書室で働き、その主任として図書収集にあたっている。一九四八年の夏には、国立国会図書館を設立するために顧問として来日したアメリカ図書館協会長ロバート・ダウンズの相談役ともなっている。そして、一九五三年には、国際文化会館の図書室長として迎えられるのである。(80)

書物と人とのつながりを考えるとき、書物を直接そこに届けるという活動が重要であることは言うまでもない。しかし、書物と人とをつなぐためには、それ以外に、どういう領域に、どのような書物が、どこに、どれだけあるのか、という書物についての書物や情報、いわゆるメタデータが必要だ。福田はそうしたレファレンスのための資料やサービスを作り上げていく活動に力を注いでいる。書物と人をつなぐことのみではなく、それをつなぐためのツールや、つなぐ人の養成を精力的に行なっていく。国際文化会館の図書室でも早くから、こうした図書館や書店ガイドといった参考情報の作成や発行を行なっている。[81]

こうした活動のなかに、一九五九（昭和三四）年の米国図書館研究調査団の団長としての活動も入るだろう。[82]この調査は日本における図書館運営の現状を改善するために、米国図書館協会（ＡＬＡ）の協力を得て米国内の図書館の実態調査や意見交換・収集にあたったものであり、ロックフェラー財団からの財政援助によって一九五九年二月から福田を団長として九名が参加、一〇〇ヶ所以上の図書館を訪問し、その成果も刊行されている。[83]この調査を通じて、レファレンスのための参考図書が日本では不十分である点も問題となり、参考図書を網羅的に紹介した『日本の参考図書』の編纂・出版事業へともつながっていく。この事業もまたロックフェラー財団からの援助によっているが、一九六二年に刊行されたこの書物は内外各地の図書館に備えられ、書物を探し提供する環境に与えた影響ははかりしれない。[84]

『日本の参考図書』はアジア財団やロックフェラー財団からの財政援助によって英訳版も作成されるが、国際文化会館図書室は、これ以外にも欧文で書かれた日本についての研究文献を集めて総合目録として刊行している。[85]そうした事業で米国大学を訪れた折にも、福田はイリノイ大学やメリーランド大学、ハワイ大学を訪れて蔵書構築の助言を行なっている。[86]

また、海外の日本語図書館にとって、図書館学ばかりではなく日本語文献を扱える力をもったスタッフの養成が大きな課題であったことは先にもふれたが、国際文化会館では一九七五年以降、日本関係司書養成プログラムを展開し、海外の日本関係図書の専門家養成の支援・助成から、九〇年代以降の司書研修プログラムやワークショップにいたるまで、幅広い取組みを行なっている。

書物や人の直接的な交流に加えて、国境を越えて書物と人とをつなぐための書物、あるいはそのための人を作るといった活動は、福田なおみに始まるこの図書室の歴史を特徴づけるものと言えるだろう。

こうしたなかで、先にふれた、書物環境の調査もなされているわけである。海外の日本語図書の蔵書状況や読書環境を正確に把握できなければ、書物の交換や支援は十分な効果を与えない。それにとどまらず、リテラシーの調査は、それぞれの国や人種に対する情報や、知識のベースラインやその変化をとらえるうえで、大きな意味をもっている。高木八尺が戦前にこうした調査を行なったことは第四章でふれたとおりだが、彼はまた戦後、国際文化会館の活動の一環として、同様の調査を日本についても行なっている。つまり戦前の彼の調査は米国における日本学の普及・現況調査だったわけだが、戦後になって彼は、フォード財団の助成で一九五八年から翌年にかけ、日本における海外諸地域についての教育・研究環境の大規模な調査を行なったわけである。(87)

以上見てきたように、両機関はそれぞれに、日本の書物を海外で読む場を作り上げる活動を支えてきたわけである。ただ、書物を書き残した人々の活動について知ることは容易だが、こうした書物をもたらし、読む場を支えた人々の活動はなかなか知り得ない。福田なおみにしろ、あるいは第五章で扱った角田柳作にしろ、その思想や著述によって人々に知られる人ではない。だが、彼／彼女たちは、書物を書き、読むという日々の私たちの行為そのものの一部として永遠に息づいているといってもよい。福田は先にふれた五九年の米国図書館調査を終えた後、滞米中に接した人々に団員を代表してこう書き送っている。

もしも私たちにもっと時間があったなら、米国の文化的生活をもっと自身のものにできたことでしょう。でも私たちは満足しているのです。というのも米国文化に対してもっとも重要で偉大な貢献をしているものを私たちが学ぶことができたからです——それが図書館です。(88)

9　文化交流と文化宣揚

本章では、海外への書物の流通について、それを支えた組織とその記録をたどることでいかなる問題が見えてくるかを論じてきた。それはまた読書を支えるインフラがいかに生まれ、変化してきたかを示すことであり、さらにはそうした読書の場が、具体的な書物の読み手や読み方に働く力をとらえることともなるという点についても述べてきた。

これまで見てきたように、読みの場を作りだし、支える機関や組織は、政治的な文脈と深く関わりあっている。戦前の国際文化振興会については既に述べたが、戦後の国際文化会館の活動にしても、米国による対日文化政策の文脈を無視できない。

戦後のロックフェラー財団による支援は民間財団による助成であり、支援を受けた機関は国際文化会館にとどまらない。書物寄贈という面からいえば、ロックフェラー財団の資料交換プログラムによって一九五三年一月時点で図書一万四二一九冊が、東京の米国大使館や地方の広報担当官、文化センターを通して日本の学校や図書館に寄贈されている[89]。

だが、こうした活動は、一方で戦後の日本に対する文化宣伝という動きのなかに位置づけて理解しておく必要があろう。連合国軍総司令部の民間情報教育局（ＣＩＥ）は、占領期には教育やメディアの規制、指導の役割を担っていたが、その図書館は全国二三ヶ所にあり、そのうち一四ヶ所は占領後はアメリカ文化センターとしてアメリカ関連の雑誌や書籍を提供する機関となっていく。

ＣＩＥの管轄する図書館や業務を占領後引き継いだのは米国広報庁（ＵＳＩＡ）であり、一九五三年に発足したこの組織は、海外での情報収集や広報活動を担っていく。ＵＳＩＡのもと、世界七六ヶ国にその活動拠点として米国広報局（ＵＳＩＳ）が置かれたが、日本のＵＳＩＳはそのなかでも三〇〇人を超えるもっとも規模の大きい局の一つであった。その活動は書籍の紹介からラジオ、映画制作や音楽会にまで及ぶが、それらはまた冷戦下における対日心理作戦のなかで、重要な施策として位置づけられてもいた(90)。

米国はこの事業に巨費を投じており、日本ＵＳＩＳの歳出は一九五五年度で二一〇万ドルにのぼった。その活動が、反共政策のような具体的な政策への共感を知識人に向けて作り上げていくのに実効性があったかどうかは明確でないが、藤田文子は教育映画をはじめとするＵＳＩＳ映画の浸透の実態とともに、文化・慣習上の影響の大きさを指摘してもいる(91)。

こうしたなかでとらえるなら、ロックフェラー三世についてもまた、その関心が文化的、芸術的な側面にとどまっていたとは考えがたい。彼が終戦後いち早く冷戦下のアジア地域における文化政策の重要性を主張していたジョージ・ケナンの影響下にあったこと、あるいはその文化交流にあってもアジア地域全体の産業・経済基盤の安定や整備を意識していた点についても指摘されている(92)。

このロックフェラー三世の提案をもとに実現されていく施策に、国際文化会館の設立や日米の知識人の交流を図る日米知的交流計画があったわけだが、この日米知的交流計画は、日米の知的、文化的指導者を相互に派遣し、受け入れて文化交流を促進する試みで、一九五二年から六〇年にかけて行なわれ、日本からは市川房枝や安倍能成はじめ一三人が訪米し、米国・英国からもあわせて一三人が来日する。

藤田は、ロックフェラー三世や彼を支持する米国側の関係者の間では、知的文化交流が冷戦期において果たす政治的役割やその重要性についての認識が広く共有されていたことを指摘し、具体的なその政治的効果を測定することは難しいとしつつも、交流そのものの効果は当時のメディアや人間関係を通して広範に広がっていったとしている(93)。

もっとも、こうした対日文化政策が必ずしも米国の反共政策への日本の理解や、親米感情に直結するわけではなく、むしろ米国に対する批判を含めた理解と反対行動とも結びつきあっている点も見逃せない。[94] とはいえ、実際に冷戦期においては、ロックフェラー財団の助成金受給者の選考においても、日本のマルクス主義に対抗することが選考基準として考慮された事例も指摘されており、実際の文化政策が政治状況と分かちがたく結びついていたことは確かである。[95]

とはいえ、国際文化会館にしても、ロックフェラー財団からの意向や意見のなかで動いていたわけでもない。本章でもたびたび用いてきた創設時のプログラム懇談会資料は、それをよく示している。この席で松本重治は「ロックフェラー財団は会館の事業には一切干渉しないことになつている」と述べ、参加者もかなり身勝手というか、自国中心の提案をあれこれと検討している点が興味深い。画家や建築家を呼べば日本に来たときに必ず作品を残していってくれるからいいのでは、といった意見、あるいはヤスパースを呼んではという提案に対して「講壇哲学者は必要ない。自分でものを考える人に来て貰いたい」とか、果ては「フランスの実存主義者とドイツの実存主義者を日本に招いて議論させてみたら面白いだろう」といった活発（？）な議論がなされ、米国の財団からの援助を受けつつもそのなかでしたたかに動く松本や当時の関係者たちの姿も見えてくる。[96]

松本はこうした外部から働く力に対して、非常に意識的であったことがその言動からはうかがえる。国際文化会館は一九七三年に老朽化した施設の増築の計画が進められ、七六年までに増改築がなされる。このときに三年間、約三億円に及ぶ外務省からの補助金を受けることになるが、最後まで政府からの助成を受けることに松本は抵抗していたという。[97]

特定の国や機関を代表・代行することに対する松本重治の抵抗感については前にもふれた。松本をよく知る斉藤学は、松本について、「主義」や「イデオロギー」から常に自由であろうとしたこと、それぞれの態度を国際政治の場で「主義」にしていくことに強い拒否反応をもっていた点を指摘しているが、[98] それは同時に、こうした「主義」の力と怖さ、そしてそこに自らが逃れがたく巻き込まれていることを理解してもいたからであろう。

本章では、書物をもたらし受け渡す機関や場に働く政治的な、あるいは経済的な力関係を分析してきたが、それらはあくまで一方的な文化宣伝やプロパガンダのように単純化して理解されるべきではない。重要なのは、そうした場に具体的にどのような力が働いているのかを丹念に解きほぐしていくことなのだ。それはまた一面的な見方には収まらない、活動のしたたかさや広がりを、そこに介在する人々に即して見出していくことなのだ。

また、こうした読む場に働く力と、書物の読者との関係を、単なる一方的な洗脳や影響としてとらえるべきではあるまい。これらの力に一方で注意しながらも、そのような力では統御しきれない、書物と読み手との関係をもまた追う必要があるだろう。それはまた、これらの海外の日本語図書館を支える組織や機関についての記録や文書が指し示してくれる、リテラシーの歴史における問題の在処なのである。

第七章　日本の書物と情報の輸出入——チャールズ・E・タトル出版の半世紀

1　書籍商の血統

私が本章で描こうとしているのは、チャールズ・E・タトルという人物、そしてその名を冠した出版社についてである。日本国内ではその名を知らない人がいるかもしれないが、おそらく海外で日本のことを学んだり、日本についての書物を読もうとしたことのある人ならこの名前を知らない人はまずいない。英語で日本について書かれた書物は世界に数多いが、チャールズ・E・タトル出版はそうした日本についての英語の書物の編集・出版を本格的にはじめた出版社である。そしてまた、洋書の日本への輸入や、日本語書物の海外輸出をも手がけ、まさしく日米間で書物と読者をつないできた存在といえる。

占領下の日本で生まれ、戦後の日本の書物や文化を海外に向けて発信してきたこの企業の歴史的な役割は計り知れないが、そのまとまった研究は存在しない。国境を越えて生まれ、変化してきたこの出版社の歴史は、その関係資料の収集を含めて研究の難しい対象でもあるのは確かだが、以下で述べていくように、同時に戦後日本の国際関係や政治・文化史と深くからまり、越境する書物とそれに関わる人々の歴史を考える意味やその可能性をとらえるうえでのこのうえない好素材でもある。

駐日米国大使であったエドウィン・ライシャワーは、一九七〇年代にインタビューに答えて次のようにタトルについて述べている。

タトル社は美術、宗教、文学とかなり幅広い日本についての本を作っているが、強いて言うなら日本の日常生活についての書物で抜きんでている。この手の本は急速に増えてきてはいるけれど、もし日本での生活に関する本が必要ならタトルに行くことだ。(1)

あるいは同じく一九七〇年代の記事では「タトル社の書物はまた、他の日本の出版社が、日本について英語で書かれた書物を出版する際のプロトタイプとして用いられてきた(2)」と評されているように、日本についての数多くの出版物を送り出してきた。だがしかし、本章であきらかにするように、タトル社は単なる出版社ではない。その起源は占領期にさかのぼり、その事業は日本の書物の輸出、洋書の輸入・販売、米国図書の翻訳権販売と幅広く、当初は出版事業はその活動の一つにすぎなかった。

チャールズ・E・タトルは一九四五年、連合国軍総司令部の民間情報教育局(CIE)調査室長として日本にやってくる(図21)。軍務についていた彼が、なぜ、どのような経緯で日本の書物の販売、出版事業に入っていったのだろうか。タトル社のその後の動きとともに次節以降で追っていきたいが、ここではまずその前史とでもよべる部分についてふれておこう。というのも、それが占領期に彼が書物の仕事をはじめる重要な理由ともなっているからであり、かつまたその後の社の活動や歴史とも深く関わるからである。

チャールズ・E・タトルは、書籍商としては実は四代目にあたる。いわば彼は書籍商の血統をひいているわけである。むろんひいているのは血統のみではなく、タトル家は多様な出版・印刷事業を古くから引き継いでもいる。拠点となっているのは米ヴァーモント州のラトランドである。彼の祖々父にあたるジョージ・A・タトルは若くして出版業の修行をはじめ、一八三三年に現在も社のあるラトランドに移って『ラトランド・ヘラルド』誌の発行にたずさわることとなった。彼は後に新たに『ヘラルド』誌を起こして経営者となり、日刊の地方新聞として今日も続いている。『ヘラルド』誌の経営のかたわら、彼は印刷会社ジョージ・A・タトル社をも創業し、出版・印刷関連の事業を展開していく。(3)

祖父のこれらの事業は、一八七二年に四人の息子がそれぞれに引き継いでいく。一人が『ヘラルド』誌をつぎ、残りの三人がついだ出版・印刷業は州でも最大の規模のものとなっていった。この三人の後、次の世代がチャールズ・E・タトルの父親（名前は同じくチャールズ・E・タトル）である。父親のチャールズは特に古書ビジネスに才能を発揮してタトル社に古書部を作り、やがて独立してラトランドのメインストリートにその名を冠する古書店を開業することとなる。一九三九年のことである。(4) 古書店とはいえ、毎月目録を発行し、創業百年を数えるその書店の目録からは常時一万五〇〇〇冊の貴重書を揃え、全米各地の図書館や海外の研究機関に古書をおさめていることがうかがえる。(5)

海外出版読書界の動向
読書週間記念講演会録音
総額卅万ドルの文学賞
グンと廉い紙装釘大衆版
タットル氏

図 21　占領期のタトル　読書週間記念で開催された講演会で，チャールズ・E・タトルが出席，講演している（写真上段がタトル。『日本読書新聞』1947 年 12 月 17 日，早稲田大学図書館所蔵）。

もし第二次世界大戦がなかったら、私はごく自然に代々営まれてきたこの古書、貴重書、絶版本を扱うビジネスをついでいたことでしょう。ハーバード大学でアメリカ史と文学を学んで一九三七年に卒業したあとは、コロンビア大学の貴重書部で一年働きました。(6)

こう記しているように、ごく自然に書物、特に古書を扱う仕事に向かっていったタトルは、その後家業である書物ビジネスへと進んでいくのだが、日米開戦がその大きな転機となる。彼は家業をはなれて、一九四二年に従軍することとなるのである。タトルの父親が古書ビジネスを残して他界するのが一九四三年、タトルがヨーロッパで軍務についているさなかのことだった。(7)

次のタトルの任地は東京であった。彼は終戦の折に二週間程度の言語講習を受けたのみだったと自身語っている通り、特に日本語ができたわけではない。(8)だが彼は出版・流通ビジネスにかねてから詳しい異色の人材だった。こうした背景から、日本での新聞や雑誌についての機構改革や指導にあたっていた民間情報教育局（ＣＩＥ）の調査室長の任を負うこととなる。

さて、本書でこれまで述べてきたとおり、占領期から一九五〇年代にかけては、それまでにない大規模な書物の移動が日米間で起きた時期である。海外での日本研究所や日本語図書館の成長は戦時期の取引の空白もともなって日本語図書の大きな需要を作り出していた。一方、日本も海外の書物や情報を求めていたし、かつまた戦後の冷戦体制は日本を米国やソ連の活発な文化宣伝の場としていったことは、前章で指摘したとおりである。

したがって、タトルのＣＩＥでの活動、そしてその後の民間人としての活動もまた、こうした文脈のなかで考える必要がある。文化交流と政治宣伝とが不可分であったように、軍の事業と民間事業との境目もまたそれほど明確ではないのである。しかしまた、タトルの活動を、そうした政治的な側面のみから意味づけようとするのは、その活動を単なる営利目的の事業と見なすのと同様、あまりに一面的で単純化された見方にすぎない。

ここでむしろ注目したいのは、本を仲介するという行為そのものがはらんでいる問題領域の豊かな可能性である。私はこれまでに米国内の日本語図書館の歴史をたどってくるなかで、数多くの日本語図書館が、どのように書物を手に入れ、どのようにそれらを管理し、読者に届けてきたのかを見てきた。しかしながら、そうしたなかでも、実際にその図書館へと書物を仲介した人々や機関については、十分とらえることができなかった。蔵書の歴史には、その書物の仲介者の歴史が含まれない。だがそれでよいのだろうか。本を仲介するという行為は、ただ右から左へという本を手渡す受動的な通路にすぎないのだろうか。

そうではなく、本を仲介するというシステムや人、機関こそが、むしろ新たな情報を作り出す基盤となったり、読者の需要を作り出したり、さらには読者の環境を作り直したりしてきたのではないだろうか。だとすればそれは読者やリテラシーの歴史をとらえる本書にとって重要なテーマとなる。書物の仲介者が研究されないのは、その歴史的な役割が重要でないからではなく、書物自体の研究よりも資料が残りにくく、研究するのが難しいからではないのだろうか。

タトルは東京では何でも屋さんであり、書籍業界の師とあおがれている。出版業のかたわら、米国の大学のために貴重書を渉猟し、著作権の代理業に奔走し、米国雑誌の定期購読を仲介し、米国の技術書を日本の読者向けに復刻し、全国の書店組合の相談役ともなっていた。(9)

占領期の日本にやってきたタトルは、一九六〇年頃にはこうした数多くの書物の「仲介」事業に関わっていた。本章ではタトルの多面的な活動に焦点をあてながら、こうした点を考えていきたい。

以降まず次節で、終戦から一九六〇年前後までのタトルの活動の総体をとらえておきたい。次に、それらのなかでも出版物の輸出入や洋書の翻訳権販売に焦点をあてる。そしてその頃までのタトルの出版事業について概観してみたい。日本についての一般の海外向け出版物では、ある種典型化された日本人や日本イメージが生産されており、海外における日本情報の形成という点からも重要だが、タトルの出版物は実に多岐にわたり、先に述べたように、単に営利事業という面からはとらえがたい側面もある。「日本は、この出版社の創立者の目には、単なるマーケットではなく、第二の故郷として映っていた」(10)といった言もある。出版事業として、彼は占領期に日本の児童雑誌『銀の鈴』海外版の出版企画に意欲的に取り組むが、この企画を軸に、具体的な当時の出版状況とからめながら、その出版事業について、より踏み込んで論じることとしよう。

本章の最後では、一九六〇年以降から現在にまでいたるタトル社の流れを追っておきたい。タトルの名を冠するいくつかの企業が現在は存在するが、実際には、事業の部門によって分離、独立、あるいは買い取られて現在にいたっている。この動きはまた、日本の他の洋書輸出入や翻訳権販売の歴史とも関わりあっているのだが、そうしたその後の流れを整理しながらその活動をとらえていこう。

2　タトルと日本

一九四七（昭和二二）年、まだ占領下にあった日本を米陸軍省のバックアップでフレデリック・メルヒャーが訪れる。米国の出版業界紙の編集長でもあった彼の関心は、苛烈な戦争をくぐり抜けてきた日本の書店の姿だった。

（日本での）助けや案内はたいした問題とはならなかった。ドン・ブラウンは書店に足繁く出入りしていたし、CIEの調査室長はヴァーモント州ラトランドの書肆であるチャールズ・タトルなのだ。二人とも東京の書店を熟知している。タトルがまず私に見せたのは神田書店街だ。神田は区（地域）であり、そのいちばん広い通りには見たこともないほどの書店が連なっていた。後で数えたら通りの一方に一〇四件が並んでいた。パリでも、ロンドンやニューヨークでも書店のこんな光景は見られない。(11)

ここで神田の書店街を案内している二人、一人は民間情報教育局（CIE）の情報課長であるドン・ブラウン、もう一人は同じくその調査室長であるチャールズ・タトルである。CIEは、連合国軍総司令部（GHQ／SC

AP）のもとにおかれ、おもに映画や出版メディアなど、文化的側面から日本の改革、民主化を担当した局である。

CIEには、局を統括する管理課以外に、情報課、宗教課、教育課、美術・建築課、調査・分析課が設けられていたが、ドン・ブラウンはこの情報課の課長であり、タトルは調査・分析課の調査室を担当していた。CIEは千代田区内幸町にあった東京放送会館で業務を行なっていたが、タトルの調査室はこの二〇五号室で、タトル以外に日本人一二人、米国人四人の計一六人が働いていた。(12)

ドン・ブラウンは、戦前に日本で英字新聞『ジャパン・アドバタイザー』の記者として働いた経歴をもち、同紙が一九四〇年に『ジャパン・タイムズ』に吸収されるとともに退社し、米国に帰国していた。戦時期には戦時情報局（OWI）に入局し、宣伝ビラの作成をはじめとする対日心理戦に関わる。これら戦時期の史料を含むブラウンの文書は横浜開港資料館に寄贈され、一部は刊行されてもいる。彼は四五年にCIEの一員として日本での任につき、四六年からは情報課長をつとめている。(13)

先述のメルヒャーが日本を訪れたのは一九四七年三月だが、実はタトルはすでにその前年に除隊している。ではなぜまだCIEの調査室長なのだろうか。四六年に除隊したタトルは故郷のヴァーモントに一度もどったが、その折に彼がノースウェスタン大学の図書館に書き送った手紙のなかに、その事情と自身の抱いていた構想とが語られている。

この一四ヶ月間というもの、私が東京に駐留し、日本の新聞・出版業界の人々と働いていたというのは、あなたがたの図書館にとって関心あることではないでしょうか。占領の最初期から、私は日本の新聞、書店、雑誌や新聞社、出版社と関わってきました。私はこの領域にとても興味を持ったので、軍務を終えて民間人となった後も、陸軍省雇用という形でまったく同じ仕事を続けていたのです。(14)

手紙によれば彼の希望は軍務の継続ではなく、書籍販売業にもどること、しかも東京にその拠点を置こうというものだった。彼が手紙を書き送ったのは、米国内の大学がいかに日本の書物を必要としているかを知るためであった。また、それら図書館の人々から、日本の書物を米国に仲介する人が求められている、という意見を書き送ってもらい、それを理由として陸軍省の仕事を離れたかったからでもあった。

米国内でこうした独立の下準備をすすめつつ、四七年に東京に戻ったタトルは陸軍省民政部（CAD）の所属として、同じ部屋でその仕事を継続している。(15) その年の暮れには日本出版協会で行なわれた海外出版事情講演会で話をしているが、(16) 米国内の出版・流通事業についての情報を求められることも少なくなかったため、この時期の業務のことを振り返って「半分制服半分平服」と語っている。(17)

一方、彼の故郷のラトランドでは、チャールズ・E・タトル社の古書ビジネスが健在であり、米国内の図書館や研究機関との取引も続いていた。タトルはこうしたつてによって、米国内の各地の大学と手紙のやりとりをし、米国内のこれら図書館がいかに日本の書物を求めているかを知り、かつまた自身が米国のタトル社を通して、それら図書館に日本から書物を供給できるということをも伝えていったわけである。

そして翌一九四八（昭和二三）年、チャールズ・E・タトル社の東京支店が生まれる。(18) 当初の設立の理由は二つあり、一つは先に述べたように、米国内の図書館や研究機関に日本の書物を供給するためであった。(19) 日米間の戦争、そして日本占領は、その後の日本の地政学的な位置の重要性も含め、日本への高い関心を米国内に作り上げていた。戦前から日本学の準備を進めていたコロンビア大学やハワイ大学のみならず、イエール大学やコーネル大学、ミシガン大学など、各地の大学が占領地日本からの書物購入にしのぎを削っていた時期である。現在大規模な日本語図書館をもつこれら大学のこの時期の図書館文書には、必ずといってよいほどタトルとのやりとりが残されている。

もう一つの理由は、米国の書物を、日本へと輸入し、販売することである。戦前の日本は米国にとって書物の大きな輸出相手でもあった。米国から日本への書籍輸出額は、医学や科学技術分野を中心に一九三七（昭和一二）年時で一五万ドルを超え、翌三八年にはかなり落ち込むものの、三九年には一〇万ドル、翌年には一四万ドルと、日本は米国にとって額において八番目に位置する顧客となっていた。[20] 戦争は日米間の互いの出版物の取引に一〇年近いブランクを作りだしていたし、日本国内でも戦時期に抑圧されていた外国の情報や文献への高い関心と需要が生まれつつあった。

では、日本に生まれたタトル社の中枢スタッフとなっていたのはどういう人々だったのだろうか。経営主任はブルース・ロジャースで、アラスカ出身だが戦前日本に長く住んでいたために流暢な日本語を話すことができた。編集業務を統括していたメレディス・ウェザビーはテキサス出身で、米国外務省でのキャリアをもっていた。[21] いずれもＣＩＥで、タトルのもとで働いていた人々である。つまり、タトル社日本支店は、ＣＩＥの調査室の米国人スタッフがほぼ移行する形で出来上がっていた。

タトル社は、翌一九四九年には日本橋高島屋に洋書の販売店を設け、その後も国内各地に洋書の販売所を設けていく。タトルの本領は洋古書にあったわけだが、洋古書の店舗は五〇年には神田神保町に設けられた。日本人や日本の一般外国人に向けたこれらの洋書販売は、大阪や銀座にもその店舗が設けられていくが、これ以外にも軍の販売所（ＰＸ）での雑誌・書籍販売を担い、五二年には沖縄の那覇にも支店を構えている。

一方、これら販売店網は、米国の図書館に向けた日本の書物の収集・購入にも役立っていく。ラトランドには東洋セクションが設けられ、日本から送られてきた書籍情報を目録化し、米国内での取引にあたっていた。ラトランドでこのセクションの責任者となっていたのはルイ・ドールであり、ミシガンの陸軍日本語学校出身で、本書の第一部で扱ったＧＨＱ参謀第二部歴史課のゴードン・プランゲのもと、司書業務をしていた経歴を持ち、日本語の書物に通暁していた人物である。[22] 占領期においては、米国の図書館は日本の書店との直接取引が購入手続

図22　タトル社の展示ブース　1952年の米国図書館協会大会で。向かって右がチャールズ・E・タトルの妻の麗子，左はタトル社のルイ・ドール。（*Publishers' Weekly*, July 19, 1952, 法政大学図書館所蔵）

きの煩雑さや情報の欠如によって極めて困難となっていた。その点、タトル社との取引の場合、米国の図書館は米国内の書店と取引する際と変わらず、ラトランドのタトル社とドルによる売買を行なえばよかった。こうした書籍の輸出入については次節でより詳しく述べたい。

　タトルは一九五一年には、東京ラジオ所属の歌手としても知られていた千葉麗子と結婚する。[23] タトルは後の全米にわたる営業旅行にも彼女を同行しているが、タトル社がメディアに登場する際にもしばしば彼女を伴っている。図に示したのは、五二年の米国図書館協会（ＡＬＡ）の大会の様子である（図22）。タトルは日本文献を中心とした展示ブースを設けており、和服姿の彼女が対応している。[24] タトルは日本についての数多くの書物を作り、紹介していくが、彼女の存在そのものが、どの出版物にもおとらず重要な日本を伝える魅力的なメディアでもあった。彼女はまた、安藤広重や鈴木春信の浮世絵など、日本美術についての訳書や編著もタトル社から刊行している。[25]

　一九五一年はまた、タトル社の日本支店が本格的な出版活動に乗り出していった年でもある。もともと日本支店では東京の地図や料理についてのパンフレットなどを必要に応じて作成していたが、この年には最初の書籍を出版する。英語で書かれた日本文化についての書物という、その後のタトル社の出版物の原型ともなるものだが、それが英語で華道について解説した『日本の華道』であり、これが日本に滞在中の米国女性の間で大きな人気を呼ぶこととなった。[26] 五〇年代の半ばには、ハーバード大学の日本語テキストから日本の料理本まで、日本に関する英語文献の幅広い出版で知られるようになっていく。この出版部門は、一九五六年にチャールズ・E・タトル出版として、タトル社日本支店から自立していく。この出版社の出版活動についても、詳しくは後述したい。

占領下の日本にあって、海外の書物が求められていたことは前述したが、日本の出版社もまた、海外の書物を翻訳の形で出版しようと動いていた。こうしたなかにあって、タトルは洋書そのものにとどまらず、米国出版物の翻訳権を日本の出版社に販売する事業を開始する。初期に仲介した翻訳物としてはフォークナーの『兵士の給与』やヴァン・ルーン『聖書物語』、『人間の歴史の物語』などがある。[27] 一九五五年には年間で一六〇冊以上の米国書籍の翻訳権を日本の出版社に販売し、この販売数は五七年には四〇〇タイトルに増加している。[28] タトル社の日本支店は、文京区の春日町にあった日本出版協会に場所をかりて事業を行なっていたが、翻訳権の販売をはじめる五四年には文京区江戸川町（現在の文京区水道）の土地を購入し、新たな社屋に移っている。

これら複数の事業をかかえることとなったタトル社は、五〇年代その事業規模が大きくなるにつれ、それぞれの事業を切り離し、整理する必要が出てきた。このため、五六年には前述したようにその出版部門がチャールズ・E・タトル出版として独立する。また、五九年の大阪支店の設置とともに洋書の卸し業務を統括する部門が設けられ、各地で他の書店や販売店に場所をかりて営まれていた洋書販売は整理されていった。

一九五八年、それまでの仕事の総決算とでも言えようが、チャールズ・タトルは妻の麗子とともに全米に営業旅行に出かけることとなる。一九五八年の六月、米国図書館協会の書籍展示会で、自社出版物を展示、販売した後、ステーション・ワゴンを購入したタトルは、そのまま出版物セールスの旅に出かける。書店の一軒一軒を個人的に訪問していく旅だった。サンフランシスコから南下してサンマテオ、パロアルトへ。さらにはロサンゼルス、サンディエゴと西海岸を下り、今度は東に向けてアリゾナ、テキサスを通ってメキシコへ下る。再び北上してテキサスにもどり、オクラホマへ。ミズーリ、イリノイ、オハイオ、ペンシルヴァニア、そして東海岸のニューヨークに至り、今度は北上してニューイングランド、ヴァーモントへ戻るという、文字通り全米を車で移動する営業旅行だった。

回った書店は四〇〇を数え、日本の書籍を数多く販売していった。それまでは米国内の書店では日本関係の本は特殊な、専門家向けのものとしてあまり販売されてはいなかった。だが多くの書店は、実際にタトルの出版した本を見て驚く。絵本や、写真をふんだんに用いた色鮮やかな日本についての出版物に対する驚きもあったが、彼/彼女らの多くは日本についての出版物が、特殊なものというよりもごく米国でも普通に関心のもてる、共感できるものだったことに気づいて驚いたのだという。(29)

それまでも日本についての出版物ではすでに有名だったタトル社だったが、このセールスを通して売上げが三倍も伸びることとなった。これは日本への知識や関心が高まっていったこともあろうが、やはりタトルが、そして彼の妻である麗子が、書店の人々と直接、対面して話し、説明したことが大きいとタトルは述べている。(30)今でも、旅して回った夫妻とタトル社との間でやりとりされた膨大な手紙がラトランドには残されている。その一通一通に、訪れた書店での注文や希望が事細かに記されており、当時日本の書物を扱っていた全米の書店を俯瞰できる、貴重な資料となっている。タトルは日本で辞書・事典の訪問販売をも展開していくが、この方式にもタトルの販売スタイルがうかがえるだろう。

一九四九年に高島屋の書籍部の小さな一角からはじまった日本のタトル社は、一九六〇年には日本橋と大阪をはじめとして国内に五つの販売店を擁し、八〇人の日本人社員と一〇人の米国人スタッフ、組合や社員による野球チームまである複合的な書物ビジネスを国境を越えて展開するまでになっていた。ちなみに社の野球チームの名前は「タトル東京タートルズ」(Turtle's Tokyo Turtles)であったという。その事業は日米間での翻訳権の販売、定期刊行物の仲介、洋古書の取引、国内五店舗と沖縄を加えた書籍の販売、ブリタニカなどの辞書の訪問販売、そして日本についての英語版書物の出版というように広がりを見せていたのである。(31)タトル社の日本支店は、六二年にはチャールズ・E・タトル株式会社に名を変え、名実ともに日本に拠点をおく企業となっていく。(32)

3　行き交う書物と翻訳権

六〇年前後までのタトル社の動きを概観してきたが、ここでその書物の輸出入と翻訳権販売についてもう少し踏み込みながら、書物を仲介するという行為自体がはらむ問題をとらえていきたい。

最初に述べたように、書物の仲介者であることは、流れていく書物の単なる通路となることを意味しない。それは受動的に請け負う行為というよりも、積極的に何かを作っていく行為に近い。そもそも存在を知らないものを誰も欲したりはしない。日本の書物需要を掘り起こしていくには、まず図書館や読者が欲すべきさまざまな書物の存在を伝えていかなくてはならない。それは具体的には次のような書物である。

例えば、あなた方の図書館が購入してきた日本の定期刊行物の戦時期の欠けている部分を埋めたくありませんか。アメリカの占領政策について日本の雑誌や書物がどのように書いているか関心はありませんか。図書館では日本美術に関する文献をほしがっていませんか。過去一〇年間に日本で出版されて、今は絶版となってしまった学術出版物を手に入れたくないですか。(33)

タトルの図書館との直接的なやりとりや、前節で述べた彼の全米の書店回りは、何よりこうした書物の存在をまず知らせ、読者を作りだしていくというものであった。書物を送るというよりも、需要を掘り起こし、作りだしていったのである。

占領期にはじまる彼の活動は、各地の図書館スタッフや出版関係者、軍関係者を含めた人脈を効果的に用いながら書物の流れを作りだしていった。第二章で述べたように、占領期は日本国内の書店との直接取引が困難であり、それゆえ米国各地の図書館は日本に大規模な図書購入のためのスタッフを派遣する。タトルは日本を訪れたこれらスタッフに助言し、便宜をはかるが、そうした活動は彼／彼女らが本国に帰った後の、それら図書館とのその後の取引へと発展していくのである。

こうした点からみれば、タトルの書物を送るという活動はまた、単に送るという行為であるよりも本を探し、選ぶという行為、そしてそれを効果的に送る手だてを助言するという行為であったこともわかる。どこでどのように本を集め、どのように送ればよいのかという、さまざまな相談にのる、いわば購入のコンサルタントとして、この時期の米国大学図書館の大規模な図書収集を支えていた。

一九四八（昭和二三）年にカリフォルニア大学バークレー校は、近代文学のコレクションである三万冊にのぼる村上文庫を購入する。その後その文庫に欠けていた明治期図書を探しだし、充実させていくのは『明治文学書目』を作成した川島五三郎とタトルである[34]。また、翌年に同大学が購入交渉を始めた三井の静架堂文庫からの図書購入では、タトルはその一〇万冊に及ぶ書物を米国に送る作業にもあたっている[35]。

あるいは同年のミシガン大学の図書館長とタトルのやりとりからは、当時ミシガン大学のスタッフで、第一章でも登場したロバート・ホールや前章で言及した福田なおみとも連絡をとりながら、同大学の福岡での大規模な図書購入や、米国への輸送について助言していることがわかる[36]。

ハワイ大学やコーネル大学、イエール大学など、日本語図書館の整備を急いでいた多くの図書館にタトルとのやりとりが数多く残されているのは先述した通りである。四八年にハワイ大学学長にあてて書かれたタトルの書簡からは、これらの図書館側が大まかな希望をもとにタトル側に選書自体もまかせていたことが記されている。戦争の空白期の図書を含め、いまだ日本語図書館の草創期にある図書館も多く、その図書館がすでにもっている図書との購入の重複もまだ大きな問題となっていない時期である[37]。

書物の仲介者は、書物を探し、提案し、読み手を作りだしていくわけだが、送るもの自体をも作りだしていく。

タトル社は国内では特に店頭で販売されていない学会雑誌、学術雑誌を早くから販売し、書物の書誌情報である図書カードの販売も企画している。いずれもその後の図書館では当然のような存在として扱われることとなるが、その先見性は、何より仲介者が読み手、買い手の声の届く地点にいたために、その要望を事業に反映させることができたからである。一九五〇年代、タトルは図に示すような日本の定期刊行物のカタログを米国内で配布している。ここには六〇〇を超える日本の学術雑誌が、英訳とローマ字タイトルを付して刊行頻度、販売価格とともに掲載されている[38]（図23）。英訳つきの日本文献の図書カード販売をタトルが米国内で提案しているのは一九四九年段階であり、やがて重要な問題となる米国内での日本語文献の目録作成について、かなり早くから意識していたことがわかる[39]。

図23　日本の定期刊行物案内　1952年に出された日本の学術・一般雑誌についての販売目録（CETライブラリ所蔵）。

海外へと書物を仲介し、送るという行為は、書物を探し、選ぶ行為でもあり、送り先を作りだしていく行為でもあったが、むろんこれはタトル社のみが行なっていたわけではない。日米間の書物の輸出入においては、占領期にはタトル社がこれまでに述べたように非常に恵まれた位置にあったし、その後の米国内での図書供給や流通においても有利ではあったが、日本語文献を探し、集めるという面では、あるいは洋書の読者を日本国内で作りだしていく活動としては、日本国内の企業に有利な点も少なくない。日本からの書物輸出では、戦前から海外との貿易を手がけてきた横浜商事が、一九四七年の海外貿易再開とともに日本出版貿易（ＪＰＴＣ）として活動を再開し、五〇年代に急成長していくし[40]、洋書の国内販売では丸善や、タトル社から独立した洋書販売配給株式会社、いわゆる洋販も力をつけていく[41]。こうした点については、最後の節で再度ふれることとしたい。

さて、どのような書物を選び、どのように読者に送るか、ということは、それ自体、思想や情報の基盤を形作る行為であり、このことはまた海外文献の翻訳権の販売においても共通していることである。以下で述べるように、日本の戦後における思想形成やさまざまな学問の生成・変化を考えるうえでも、翻訳権の問題の根は深い。

本を送るという活動が、単に受動的な事業でないのと同様、翻訳権の販売もまたそれ自体が一つの情報を作りだしていく活動であった。そもそもタトルが翻訳権販売をはじめるまで、その権利はどうなっていたのだろうか。戦前の翻訳権に関しては宮田昇『翻訳権の戦後史』が詳しい(42)。簡略に述べれば、日本が一八九九(明治三二)年にベルヌ条約に加盟して以降、翻訳権は、その本の出版後一〇年以内に翻訳書が刊行されなければ消滅、つまり以降自由に翻訳してよいこととなる。そして翻訳権が有効な間は、著作権所有者と契約する必要があった。ただ、日本はベルヌ条約に加盟していなかった米国との間で、一九〇六(明治三九)年に著作権についての条約を結んでおり、互いに自由な翻訳が可能であった。また、米国とともにベルヌ条約非加盟であったソ連の図書についても翻訳は自由であった。

つまり米ソの図書はともに戦前の日本では翻訳が自由であったわけだが、戦後、連合国軍総司令部のもと、これら海外の図書の翻訳権を今後どうすべきかという問題があらためて検討されていく。その検討にあたった責任者が、CIEのドン・ブラウンである(43)。そのもとで一九四六(昭和二一)年十二月、外国語文献の翻訳・出版に関する取決めが作成され、翻訳権は次第に厳しい統制下におかれていく。

連合国軍総司令部は、外国からの出版物や映画の輸入について、その翻訳・翻刻権を規定した回状、いわゆる回状一二号とよばれる文書を関係機関に通達する。それによって翻訳、出版したい外国語文献はすべて占領軍による許可が必要となり、許可された書目について、出版社はその翻訳権を入札し、手に入れる制度となっていった(44)。一九四八年以降この入札が実施されていくが、宮田も指摘する通り、この制度はソ連の著作物の翻訳を実質的に閉め出す役割を果たすこととなる。つまり翻訳権の販売自体が、日本の民主化を教導する一方、占領期の出版検閲と同様に、表現や思想を制限し、方向づける役割を担ってもいたわけである。

さて、一九四七（昭和二二）年、メルヒャーは米国の出版者たちに向け、具体的に米国の図書の翻訳権がどういう扱いになったかを先の回状一二号を引きつつ解説している。それまで米国内で、翻訳権の取決め業務にあたっていた米国国際図書協会が解散したため、陸軍省民政部（ＣＡＤ）は、ジョゼフ・グリーンのもと、ワシントンのインファントリー・ジャーナル社にこの業務を担わせる。米国の出版社が占領下のドイツや日本で訳書を販売するには、インファントリー・ジャーナル社がＣＩＥを通して現地での販売許可を申請することとなる。

占領下の日本において、日本の書店や出版社との取引は基本的に円取引であり、支払いも円によってなされていた[45]。取引が日本国内での円による支払いだと、米国企業の直接的な利益にはつながらないわけだが、ドン・ブラウンは米国書籍の著作権所有者や出版社に向けて、取引の三つの利点をあげている。一つは米国出版物に対する日本人読者、需要の拡大。次に米国出版社や著作権者にとって日本での著作権が保護されること。そして最後に、これら米国の著作権所有者たちが、「自分たちが日本の民主化に取り組む米国の取組みの一翼を担っていると実感できる」という点である[46]。

タトルがこの翻訳権販売に乗り出すのは一九五二（昭和二七）年であり、彼はこれまで見てきたように、日米国内の出版社とＣＩＥの機構をよく知る非常に恵まれた位置にあった。タトル社は五二年に一五〇冊の翻訳許可をＣＩＥに申請し、約五〇冊の許可を得ている[47]。この数は五五年には一六〇冊、五七年には四〇〇タイトルに及んでいる[48]。タトル社は、フォークナーをはじめとした著名な文学書の翻訳権も数多く販売する。それまでアメリカ文学自体はそれほど人気の高いものではなく、仏・露・英・独文学に次ぐ五番目の位置にあったが、こうした出版活動の広がりのなかでしだいに認知されていくこととなる[49]。

現在日本文学の研究では、日本文学というジャンルにしろ、名作と呼ばれる文学作品の評価にしろ、それ自体が近代になってから作り上げられたものであり、それらが作り上げられてくる背景には思想的、政治的な文脈を見て取ることができるという構築主義的な研究もなされている。以前から価値があったと思われている作家や作品も、ある時期に価値あるものとして「作られた」ととらえるわけである。そういう観点からするなら、米文学や米文学研究の自明性は、こうして作られていったと言えるだろう。むろん、翻訳の範囲は「文学」にとどまらないので、戦後のさまざまな学問領域にこの問題は潜在していることとなる。

4　日本を販売する

書物の輸出入に関わるタトルの活動をあとづけながら、書物を仲介し、送るという行為自体が、能動的に読書環境を作り上げていく行為でもあることをさまざまな角度から見てきた。書物の仲介者は、読者の声や反応の届く場で、それら読者との相互関係のなかで書物の流れを作りだし、読者の需要を作りだしていく。では、読者が求める書物がそもそも存在しない場合にはどうなるのだろうか。存在しなければ作ればよい、これこそがタトル社が自社出版物を作り始めた契機である。一九五六年のインタビューで、なぜ出版事業を始めたのかという問いに対してタトルはこう答えている。

私たちはＰＸ（占領軍の購買部）に書店をおいていたんですが、お客様が、その……存在していない本を欲しがりはじめたわけです。だから私たちはそういう本を出版しはじめたのです。(50)

タトル社は、これまで見てきたように、日本に洋書を輸入し、全国各地に販売所を設けていく。ただ、洋書の販売は日本人に対してのみではなかった。日本は占領地であり、駐留する多くの外国人が母国語の書物や雑誌を日々求めている。タトル社は、これまでに述べた日本人向けの店舗に加えて、東京、横浜、京都、神戸など、全国各地の占領軍の購買部、いわゆるPXに販売窓口を設けていた[51]。

日本で生活する外国人、特に米国人が増えていくなか、英語で書かれた書物をタトルは供給していたわけだが、肝心の日本での身の回りの文化や事象について、わかりやすく説明してくれる英語の書物は意外に少なかった。邦楽の本、柔道の本、華道の本、料理の本、日本について関心を持ち始めた外国人が、英語で書かれたこれらの本を求め始めたわけである。

その一例が、タトルが一九五二（昭和二七）年に刊行した英語による麻雀の入門書『初心者のための麻雀』である[52]。日本では麻雀は昭和初期に第一次ブームを迎え、専門雑誌も一九二九（昭和四）年に文藝春秋社の『麻雀春秋』、翌年に麻雀時代社の『麻雀時代』など次々と創刊されていたが、占領期から第二のブームが始まっていく。欧米でも一九二〇年代を中心に各種麻雀の解説書が出てはいるが、実際には国によってルールは異なっており、日本の麻雀を英語でわかりやすく説明したものはなかったのである[53]。

当時、英語で書かれた麻雀についての初心者向きの解説書はないか、タトル社にいくどか問い合わせてきた女性がいたのだが、タトルはその要求にみあった本が見つけられない。そこでとうとうタトルは、その女性、マーガレット・ファレルにそうした本を執筆するよう薦める。そして実際の麻雀のエキスパートとともに作ったのがこの『初心者のための麻雀』であり、六〇年代に入っても十数版を重ねて売れ続けるタトル社の代表的出版物となっていく[54]。こうした事例からわかるとおり、洋書販売の経験のなかで、読者側の要望を積極的にくみ取る形で、出版企画を展開していく。とはいえ、困難なのは日本の文化に詳しく、それをうまく英語で表現できる執筆者を探すことであった。

このため、初期のタトル社の出版活動には、その翻訳や制作自体に社のスタッフがかなり大きく関わってもいた。日米の言語と文化に通暁しているスタッフは、日本文化に関する書物を執筆したり、翻訳したりするにはう

タイトル（訳）	著　　者	価　格
『日本　過去と現在』	エドウィン・ライシャワー	¥540／―
『羅生門　他』	芥川龍之介、コジマ・タカシ（訳）	¥360／―
『日本の主要劇場』	フランシス・ハー（写）、アール・アーンスト（文）	¥1000／$3.75
『東京　ショッピングと観光』	パット・ビソン	¥360／$1.50
『ザ・ベスト・オブ・オールド・ジャパン』	フランシス・ハー	¥1000／$3.75
『日本の折り紙』	トマス・K、ハレット・ティンデル	―／$2.50
『イラスト韓国』	デヴィッド・マクニコル、テッド・ディキンソン	¥720／$3.75
『日本からの絵の便り』	K・ミズムラ	¥100／―
『日本の刑法』	トマス・ブレイクモア（訳）	¥1000／$5.00
『日本の華道』	メアリー・コクリー・ウッド	¥800／$3.25
『日本伝統の華道』	アルフレッド・クーン	¥900／$3.50
『初心者のための麻雀』	カサイ・ショウゾウ、マーガレット・ファレル	¥270／$1.00
『日本の算盤　使用法と理論』	タカシ・コジマ	¥300／$1.25
『アジアの背景』	ローレンス・バティスティニ	¥1100／―
『アメリカ式の火鉢料理』	ジョージ・アンガー	¥1000／$3.50
『チョウ　中華料理の秘密』	ドリー・チョウ	¥720／$3.00
『銀の鈴　日本の児童雑誌』		¥90／$0.35
『日英ぬり絵、会話テキスト』		¥100／$0.35
『日本童話』	雑誌『銀の鈴』より	¥720／$2.75
『東京近郊鉄道地図』		¥90／$0.75
『ベイビーさん』	ビル・ヒューム	¥360／―
『共産主義中国の洗脳』	エドワード・ハンター	¥450／―
『日本語会話　文法』	オレスト・ヴァッカリ、エリザ・ヴァッカリ	¥1200／$7.00
『日本語速習』	オレスト・ヴァッカリ、エリザ・ヴァッカリ	¥360／$2.00
『英日会話辞書』	オレスト・ヴァッカリ、エリザ・ヴァッカリ	¥450／$2.50
『ABC 日英辞典』	オレスト・ヴァッカリ、エリザ・ヴァッカリ	¥7000／$35.00
『漢字カード』	オレスト・ヴァッカリ、エリザ・ヴァッカリ	¥5000／$17.00
『絵による漢字学習』	オレスト・ヴァッカリ、エリザ・ヴァッカリ	¥2000／$10.00
『簡単に学べる常用漢字』	オレスト・ヴァッカリ、エリザ・ヴァッカリ	¥1200／$7.00
『日本語読本』	オレスト・ヴァッカリ、エリザ・ヴァッカリ	¥1500／$8.00

図 24　タトル社の出版物　1953 年のタトル社の出版物案内で詳しく紹介されている主要書目。

ってつけの人材でもあったからである。タトル社の経営を担当していたブルース・ロジャースと編集を統括していたメレディス・ウェザビーは、タトル社に入る前から二人で日本の能楽関係の書物を翻訳・出版した実績をもっていた。[55] そしてウェザビーは三島由起夫の『仮面の告白』や『潮騒』を自身で翻訳しタトル出版から出版することとなる。[56] また、タトル出版から空手の本を出したリチャード・ブラウンもやはり社のスタッフで、自身空手の師範でもあった。[57]

日本文学の英訳出版は、その後もタトルが広く手がける領域だが、初期にタトル社で大きなヒットとなったのは「羅生門」を中心に編まれた芥川龍之介の短編集で、一九五二年に刊行されている[58]。ただ、これは作品自体の評価というよりも、たまたま黒沢明の映画『羅生門』が一九五一年のヴェネチア映画祭でグランプリを獲得し、表題作の知名度が世界的に高まったためである。実際には翻訳と出版企画はそれ以前から進められており、これが映画公開と重なったのは偶然で幸運な出来事だったとタトルは後に回想している[59]。

タトル社はこうした英語による出版物を刊行するが、例外的なものとして福田恆存《つねあり》訳によるアーネスト・ヘミングウェイ『老人と海』がある。これも先の芥川の短編とともに好評を得ており、当時二万五〇〇〇部のセールスを記録している[60]。「東西を結びつける書物」をうたい文句としてタトル社はその出版事業を進めるが、結びつける橋渡しとして選ばれたタトル社の主力書目を五三年の目録から掲げておこう[61]（図24）。

海外向けの日本関係の書物としては、生け花や茶道、日本庭園といった定型化された日本の書物を想像しがちだが、もともとは具体的な必要性や、日本国内の英語読者の要求から作りだされていったわけである。ラトランドのタトル社には二〇〇二年、チャールズ・E・タトル図書室が設けられ、初期からの出版物が所蔵されている。多様なタトル出版の刊行物ではあるが、草創期からのその本作りを特徴づけているのは、視覚的なもの、具体的なものや身体への強い関心である。

こうした本作りへの志向は、前述した全米営業旅行で好評を博したジェームズ・ミッシェナーの『北斎漫画』にもよく現われている。わざわざ袋綴じの洋装本として作られたこの書は、『北斎漫画』を詳細な解説とともに複製し、印刷した美本である。ただ、こうした特徴は、日本を視覚的に典型化し、表象するおそれもある。とはいえ、五〇年代のタトル社の出版物で、数年にわたってベストセラーとなっていたのはこれらではなく、漫画『ベイビーさん』であった[62]。

この漫画は、現在でも海外の古書店で容易に手に入れることができる。米兵が女性に声をかける際の「ベイビー」に日本語の敬称を組み合わせたこのタイトル自体、ちょうどこの漫画の主人公の特徴をよくあらわしてもい

図25 『ベイビーさん』 1953年に刊行されたタトル社のベストセラー。翌年には続編の『ベイビーさんの世界』が作られている。

る。一人の若い日本女性「ベイビーさん」と、彼女とつきあう米兵たちのエピソードが、ワンカットの漫画とごく短いエッセーとの連作の形で構成された書物である。

読者を魅了したベイビーさんは、和服を着た慎ましい日本人女性像として描かれているわけでもなければ、貧相な敗北者として描かれているわけでもない。下駄を履いてスレンダーな洋服を着こなし、ウェーブのあるロングヘアーで、英語でもない日本語でもない言葉で米兵たちとつきあう、いわば日本と米国のハイブリッドのような女性である。ときには典型化された「日本女性」自体をも笑いの素材にしながら、日本人でもアメリカ人でもない存在として描き出されているといってもよいだろう。それはちょうど米兵とつきあう女性たちの暗面を描き出した『日本の貞操』とともに、この時期の民族、国家、性差といった境界に交錯する力関係をとらえるうえでの見逃しがたい表現を含んでいた[63]。

むろん売れる書物ばかりを作っていたわけではない。商業的な側面でばかりは考えられない部分も含まれている。ジョージ・カーの『沖縄史』はタトル出版から一九五八年に刊行されている[64]。英語で書かれた沖縄の通史的な研究であり、琉球大学の関係者によってすでに日本語訳も当時なされていた本である[65]。タトルは利益を度外視してでも出したいとカーに書き送り、外部助成の可能性をふくめて出版の方策を探っている[66]。営利的な側面を超えてタトル自身が意欲的に行なったプロジェクトはこればかりではない。

冒頭で紹介したメルヒャーだが、神田の書店街を見て回った彼が強く関心を引かれて、買ったのは本国では見たことのない種類豊富な児童向けの雑誌・絵本群だった。

児童雑誌は米国で私たちが目にするどのような本とも全く違う。それらは実に多種多様で明らかに売れてもいた。日本の子供たちは、米国の子供が一〇セントで漫画本を買うくらい気軽に、これらの雑誌を一〇円で買っていく。(67)

日本の児童雑誌は、その種類の豊富さや印刷の美しさ、内容や企画の多様性が、当時の海外の出版者の目から見て驚くべきものであったことがよくわかる。米国が占領期に日本で接収し、今日米議会図書館に所蔵されている図書には、メリーランド大学のプランゲ・コレクションとともに豊富な児童出版物のコレクションも含まれており、日本の児童向けのさまざまな教育・娯楽雑誌に高い関心が向けられていたことがうかがえる。

海外の出版人にとって、所狭しと立ち並ぶ神田の書店街とともに、児童雑誌は目を引く存在だったわけだが、タトルにとってもそれは同じだった。そして彼は、日本の児童雑誌を、英訳して海外で出版しようとするわけである。一九五二年の書簡でタトルは『ヘラルド・トリビューン』紙の記者に向けて次のように記している。

私の次なる計画をお聞かせしましょう。この一月に、児童向けの書籍・雑誌で著名な日本の出版社、広島図書と協力して、英語の月刊児童雑誌『銀の鈴』(Silver Bells)を刊行するのです。児童雑誌は珍しくはないですが、この雑誌は日本の児童雑誌をまるごと翻訳したものなのです。(68)

こうしてタトルは広島にあった広島図書の児童雑誌『銀の鈴』の翻訳、出版を始める。しかし、なぜ広島の出版社なのか、そしてなぜ『銀の鈴』だったのだろうか。この出版社、およびその出版活動は、実は前章でも述べた民間情報教育局（CIE）による対日文化宣伝の実態や、さらには占領期における書物流通の問題とも深く関わってくるので、次節で詳しく追っておきたい。

5　『銀の鈴』広島の奇跡

一九五二年のタトル社の販売目録の裏表紙には、「日本で最も有名な児童雑誌」の英語版として『シルバー・ベルズ』の広告が大きく載せられている。年間購読料は三ドル七五セント。魅力的な挿絵や漫画をふんだんに用いていることに加え、他国の文化を学ぶ初歩として、児童の国際理解を深めるための最初の一歩として売り出している(69)。

ここで「日本で最も有名な児童雑誌」と述べているのは、あながち誇張ではない。今日ではあまり知られていない雑誌ではあるが、終戦後間もない一九四六年に広島で刊行されはじめた『銀の鈴』は、その後三年の間に月一二〇万部もの部数を発行する月刊雑誌へと急速に成長し、全国的な販売網を作り上げていく(70)。

この節では、主に二つの問題、なぜ『銀の鈴』がこれほどの規模の雑誌へと急成長したのか、そしてその英語版を出すこととなったタトル社との接点はどこにあったのか、を中心に見ていきたい。

まずこの雑誌を刊行した広島図書について説明しておかねばなるまい。広島図書の前身の広島印刷株式会社は、広島市の印刷業者二四名が戦時体制下の一九四三（昭和一八）年に企業合同して設立したものであり、内閣印刷局の指定工場として金券類の印刷や軍の印刷物も担当していた。原爆によって工場の大半を失うが、早くから事業を再開し、すでに終戦の年の十月には財務局や官庁の印刷物を手がけるようになっていた。翌一九四六年にはその印刷事業が評価されて連合国軍の印刷工場指定をうけ、新たな印刷設備を充実させ、占領期には関西で有数の規模の印刷業者となっていく。この一九四六年から児童向けの出版事業をはじめ、『銀の鈴』を創刊、翌四七

年には広島図書と名を変えている。(71)

『銀の鈴』は、もともとは当時広島の国民学校の教員で構成されていた広島児童文化振興会によって、タブロイド版の冊子として出されていた。四六年八月に創刊されたときは高学年、低学年の二分冊であったが、広島印刷と協力して雑誌の体裁を整え、この年の十月には高、中、低学年用の三分冊の月刊雑誌として改めて刊行され始める。(72) そして初版三万部を完売し、号を重ねるごとに売上げを伸ばして、創刊半年後には月刊出版部数二〇万部を超える雑誌となっていくのである。

一九四七年には編集企画や執筆業務の陣容も充実し、全国規模の教育雑誌として内容を刷新する。火野葦平や芹沢光治良ら中央の作家にも積極的に原稿を依頼している。そして四八年には学年別の発行となって部数は月刊

図 26 『シルバー・ベルズ』『銀の鈴』英語版の第一号であり，日本の絵本や漫画が英訳されて収録されている（CET ライブラリ所蔵）。

月号	発行部数	月号	発行部数
1947 年 5 月	172,160	1948 年 6 月	460,080
6 月	198,395	7 月	445,755
7 月	199,600	9 月	317,769
9 月	208,540	10 月	516,768
10 月	236,905	11 月	591,947
11 月	268,500	12 月	614,579
12 月	252,576	1949 年 1 月	617,226
1948 年 1 月	266,497	2 月	708,723
2 月	313,380	3 月	850,000
3 月	298,301	4 月	1,000,000
4 月	352,508	5 月	1,100,000
5 月	429,420	6 月	1,200,000

図 27 『銀の鈴』の売行き 1947 年から 49 年にかけて，表に見るような急激な部数の増加を実現している。

五〇万部を超える。広島図書の社長であった松井富一の著書『国際的出版都市建設の夢』には、その部数の増加が図のように示されている（図27）。[73]

広島図書の出していた教育雑誌は『銀の鈴』のみではない。四七年には児童向け科学雑誌『科学新聞』（のち『新科学』）や中学用教育雑誌『銀鈴』の発行も始めている。『銀鈴』は翌四八年に女学生向け雑誌『青空』として改題発行される。この年にはまた幼児用の教育雑誌『プレイメート』も創刊し、幼児から女学生まで、それぞれの世代を幅広くカバーするよう体系化された雑誌の刊行体制を作り上げている。また、銀の鈴文庫と銘打った単行本の刊行も、四七年から始めていた。[74] しかし、なぜ広島の、しかもできて日も浅い出版社が、この雑誌を全国規模の児童雑誌としてこれほど急速に発展させていくことができたのだろうか。

その理由はいくつかあげることができる。まず、学校との直接取引で予約販売を行なったこと。そして、占領軍との良好な協力関係があったこと。紙の安定的な供給が可能であったこと。出版のみではなく、各種のメディア・イベントを通した広報活動を展開したこと。そしてむろん、内容面で教育という場に適したものであったということがある。以下、もう少し具体的に見ていくが、これらの要因は相互に関わりあっていることにも注意しておく必要がある。

まずその販売形態だが、『銀の鈴』は書店での販売方式はとらず、学校で予約を受けて児童にそこで販売する方式をとる。これによって返本数を飛躍的に縮小し、かつ中間マージンを削ることができた。普通は出版社から取次を経由して書店の店頭に並ぶが、『銀の鈴』は当時の取次であった日本出版配給株式会社（日配）に扱ってもらえなかった。そのため、苦肉の策として社員が学校に直接販売をかけたのが、この販売方式のそもそもの始まりだった。[75] これが結果として、注文を受けた部数のみを印刷工場から学校へ直送するという、もっとも無駄のない出版・販売システムとなり、かつ、書店のない地方の学校にまで販売を広げることともなっていったのである。この方式で独自に支所を広げ、一九五〇年には東京、名古屋、大阪、広島、福岡、仙台の六総局と全国五八

ヶ所の支所からなる契約・販売体制を作り上げていく。(76)

次に連合国軍総司令部との関係からいえば、広島図書はタトルも属していた民間情報教育局（ＣＩＥ）と密接な関係にあったことがうかがえる。四八年にはＣＩＥの小学校教育課長ボーリン・ヤイディが社を訪れたことが『銀の鈴』の記事に出ており、(77)彼女はその後もいくどか『銀の鈴』に寄稿し、翌年には広島図書から自らの著書『民主主義教育の理論と実際』を刊行してもいる。(78)また、『銀の鈴』にはＣＩＥや米国情報部（ＵＳＩＳ）からの写真や、情報提供を受けた米国の学校や教育に関する記事も散見される。(79)雑誌ではその良好な関係が以下のように記されている。

進駐軍は「ぎんのすず」を非常にかわいがつて下さいます。この読物は進駐軍の兵隊さんからいただいたものですが、これからも度々書いて下さるそうです。ゆつくりあじわつて読んで下さい。(80)

また、広島図書は四九年にはＣＩＥによる民主主義教育のための写真展「民主的市民の教育」の展示を請け負い、その全国開催の主催者ともなっている。(81)これ以外にも後述する『銀の鈴』関連のイベントで両者が緊密な関係があったことがうかがえる。

一九五〇（昭和二五）年、アメリカの雑誌『ＴＩＭＥ』はその紙面で、広島図書の社長松井富一と『銀の鈴』を取り上げ「広島の奇跡」として報じている。(82)そして翌五一年、松井富一はアメリカの出版社の招きで渡米するが、こうしたことが可能になった理由についても占領軍との関係のなかでとらえるべきだろう。シカゴの教育図書出版社、ローピーターソン社を訪れたほか、松井は「サンフランシスコでは、総司令部のニュージェントさんのおかげで、市内を見学しました」と記している。(83)このニュージェントとはＣＩＥ局長のドナルド・ニュージェントである。

占領期の出版を非常に困難にしていたのは紙の供給であった。出版する書籍は占領軍から検閲を受け、許可をもらって、それぞれに紙の割当てを受ける。したがっていくら売れても、割り当てられた紙の供給量によって部数は頭打ちとなる。また、一九四六年頃はたとえ紙の割当てがあっても製紙原料や燃料を持ち込まねば割当て紙をもらえない時も少なくない「紙飢饉」の状況にあった。(84) 広島図書は占領政策にかなった教育領域の出版であり、CIEと良好な関係のもとにあったうえに、紙の生産地にもめぐまれていたため、この部数を支えるだけの紙の供給が可能だったのである。(85)

『銀の鈴』はまた、雑誌のみではなく、音楽会や演劇、映画などの各種イベントを開催する方法を通して、その認知度を高めていった。四六年からは音楽会や児童劇などからなる『銀の鈴』祭りを全国各地で開催し、数千人規模の参加者を集めている。保母講習会や移動図書館の運営など、教育に関わる文化事業も多彩に展開していた。(86) また、一九五〇年に兵庫県西宮で開かれたアメリカ博覧会では、米国の児童図書館を範とした「ぎんのすず図書館」を出展し、『銀の鈴』紙上でも招待イベントや関連記事を掲載している。(87) また、博覧会にあわせて銀の鈴児童教育映画として『ぼくらのゆめ』の制作、公開も行なっている。(88)

こうしたイベントは、先のCIEとの連携のもとで行なわれている。アメリカ博覧会ではCIEは一般向けの洋図書や雑誌情報を提供しているが、広島図書の「ぎんのすず図書館」では児童向けの図書室や教科書印刷を展示している。また、先の銀の鈴児童教育映画からも両者の深い関係はうかがえる。この映画は、広島図書が実際に稼働させていた銀の鈴移動図書館や、アメリカ博覧会で広島図書が設けたぎんのすず図書館に触発された子供たちが、図書に恵まれた環境を思い描くさまを映画化したものであった。(89)

ナレーション

本はすべて、アメリカの好意で、わざわざアメリカからとどけられたものです。みごとな色彩技術の天然色

映画も送ってくれました
29 映写室、上映中である。
子供たち、鑑賞する。
そのスクリーン、アメリカの生活。
30 図書室、読書する人々。
A吉、図書借出しを希望する。
ナレーション
ここはCIEの指導でアメリカ児童図書館の方式をそのまま実行しているのです。

映画のナレーションからは、アメリカ博覧会のぎんのすず図書館が、CIEの指導を受け、その方針にそって形作られたことがよくうかがえる。この映画は各地で無償公開されたCIEの教育映画の一つとして公開されたほか、米国にも送られている(90)。

児童雑誌『銀の鈴』が全国的な成長をとげる理由となった生産、販売、広報の特徴について述べてきたが、内容的にもこれらの流通、広報の特徴と非常に高い親和性をもっていた。いっさいの広告を排し、雑誌というよりも教科書の補助教材として役立つよう配慮もなされていた。出版にあたっていた長尾正憲はこれら雑誌を「総合教科書」と呼んでおり、名作・名画の紹介や、多様な科目に応じた関連記事を絵や写真などの視覚素材を用いて作られていた(91)。学校での予約・直接販売という方式が、店頭に並ぶ児童雑誌の商業主義的な要素を極力排することを可能にし、そのことがこの雑誌を教育の場で逆に強力な商品としていったのである。

さて、『銀の鈴』がなぜ、どのようにしてこの時期に全国的な児童雑誌として台頭してきたかを見てきたわけだが、それではタトルと広島図書、そして『銀の鈴』との接点はどこにあったのだろうか。この時期の事業でいえば、両者は日本についての英語文献の出版、そして洋書の翻訳権購入という共通の事業を手がけている。タトル社の出版事業については見てきた通りだが、広島図書も、児童向け漫画単行本として四七年には『どんぐり太郎』、四九年には『カンちゃんの虫のくに冒険』を英語版で刊行し、米国に送り出しており、早くから米国での児童書販売に意欲を見せていた。[92]

また、タトル社が五二年から翻訳権の販売事業に乗り出したことについては述べたが、広島図書も同じくこの事業に乗り出す。広島図書の一九四九年の雑誌広告には「世界最高のアメリカの理科教科書日本版」として『基礎科学叢書』の翻訳・発行権を独占的に認められ、八四冊に及ぶその叢書を刊行する旨が記されている。[93] これ以外にも米国の教科書や教育出版物を自社（ヒロト図書室）で収集し、数十種にのぼる翻訳権を得てその活用に関心を向けていた。[94]

こうした活動の重なりもあったが、具体的に両者の接点が確認できるのは一九五〇年に西宮で開かれた先述のアメリカ博覧会である。アメリカ博覧会では、広島図書はこれまでに述べたように児童図書館で児童向けの米国の教科書や児童雑誌を展示している。そしてＣＩＥは開設したインフォメーション・センターの南にＣＩＥ図書館をおいて、洋書や洋雑誌を展示する。その北隣に設けられた米国図書の即売所で洋書販売を行なっていたのが、タトル社なのである。[95] むろんこれ以外にもＣＩＥ時代のタトルとの接点や、その後の同局の人脈を介してつながりもあったであろう。

そして『シルバー・ベルズ』の第一巻一号は一九五二（昭和二七）年一月、チャールズ・タトル監修の形で刊行がはじまる。編集や翻訳には先のウェザビーがあたっている。日本の昔話絵本や漫画を英訳した形態で、一九五五年の第四巻五号までが確認されている。日本国内ではドン・ブラウン関係資料を所蔵する横浜開港資料館にほぼ揃っているほか、広島市中央図書館や、ラトランドのチャールズ・Ｅ・タトル図書室に部分的に所蔵されている。[96]

この雑誌は一九五二年日本国内で三〇〇〇部、米国で三五〇部の定期購読を得ていることが記されている。[97]ところが、翌五三年、広島図書はその活動を突然終える。これに先立つ一九四九年、小学校教科書は国の定めた同一の教科書を用いる国定教科書制度から、民間の出版社が検定を受けて教科書を発行する検定教科書制度に移行していた。広島図書は、この教科書出版事業に乗り出し、そのことがやがて経営の悪化をまねくのだ。[98]また、この頃までには用紙統制も解除され、中央の出版社の児童向け出版・販売は活発化していた。さらに、学校での直接販売を行なう他の出版社も現われ、この事業での競争が激しくなったことも理由であろう。[99]

『シルバー・ベルズ』はこうしたなかで終刊を迎えるのだが、タトルはこの事業にも、そしてまた広島という場所にもこだわっていたことがこの時期の発言や文書からうかがえる。チャールズ・タトルはこう記している。

児童文学というのは国を超えて通用します。私はこの雑誌がうまくいって、海外の国について知るということが教育的に有効だと考えているアメリカの家庭や学校、図書館から歓迎されることを願っています。こうした理想をもった雑誌が、広島からこそ送り出されるべきだというのはもっともなことだと思うのです。[100]

タトルの広島、そして児童雑誌へのこのこだわりはどこからきたのだろうか。それは米国が原爆を落とした広島という地への罪障感や記憶を、児童雑誌という鮮やかな「復興」イメージの下に封じ込めようとするものだったのだろうか。タトル出版は被爆体験についての英語出版物にも早くから手をつけており、五七年にロバート・トランブルの『広島と長崎を生きのびた九人』を刊行している。[101]被爆した広島と、その廃墟から生まれた児童雑誌への関わりは、タトルが見ていた出版の一つの未来をうかがわせてくれるものである。

6　日本からアジアへ

これまで、占領期にはじまって一九五〇年代末までのタトルの事業を追ってきたわけだが、その後の軌跡を以下、たどってみたい。先にもふれたが、タトル社日本支店の出版業務は、一九五六（昭和三一）年に独立してチャールズ・E・タトル出版社となり、タトル社日本支店は六二年にチャールズ・E・タトル社となった。むろん、米国のラトランドにも古書販売や日本から日本に洋書を送り、あるいは日本から送られてきた書物を米国内で販売するチャールズ・E・タトル社があったわけである。

タトル社は日本で翻訳権の販売、洋書の輸入・販売、日本の書物の輸出を行なっていたことはこれまで見てきた通りだが、占領期が終わると、これらの事業には日本企業が相次いで参入し、力をつけていく。

まず翻訳権の販売だが、一九七七（昭和五二）年の六月に、タトル社の翻訳権販売セクションが別会社、タトルモリ・エージェンシーとして独立する。すでに三万五〇〇〇件にのぼる契約を扱い、年間の契約数は一五〇〇件にのぼる規模となっていた。こちらはタトル社で一〇年この仕事にあたっていたタトルの甥トム・モリが中心となる。(102)

翻訳権販売の会社としては日本ではこのタトルモリ・エージェンシーと日本ユニ・エージェンシーの歴史が古い。一九六七年に矢野浩三郎が著作権事務所を開業し、その三年後、宮田昇とともに日本ユニ・エージェンシーとなる。矢野は自身翻訳者でもあり、タトル社出身であった。(103)また、宮田もタトル社で働いた経歴をもち、先にふれた労作『翻訳権の戦後史』の著者でもある。

では洋書の輸入・販売についてはどうだろうか。タトル社から翻訳部門が自立した七七年、洋書や洋雑誌の日本の輸入総額は前年度から約二割増えて三一億円を超えており、すでに大きな市場となっていた。この分野ではタトル社は、日本洋書販売配給株式会社、いわゆる洋販との関係が深い。洋販の創立者の渡辺正廣もやはりタトル社出身である。[104] 日本郵船で米国勤務の経験のあった父親をもつ渡辺は、旧知のエレノア・ハドレーの薦めで書物の輸入業に入ることとなる。彼女が渡辺をタトル社の営業部長ブルース・ロジャースに紹介し、一九四八年にタトル社に入る。そして渡辺は五三年に独立して洋販を立ち上げるのである。五〇年代までは米国での輸入業務をタトルに負って日本国内での洋書の販売を展開していたが、やがて独自に米国内の出版社との代理店契約を広げ、八〇年代には洋販は五〇億円の売上げをあげるほどにまで成長していく。日本国内で強力な販売網を展開する国内企業が、米国の主要出版社と直接代理店契約を結べば、タトル社の事業は圧迫されていく。

また、洋書の国内販売については、言うまでもなく丸善の存在がある。丸善は洋書輸入を重視していた福沢諭吉や早矢仕有的《はやしゆうてき》らによって一八六九（明治二）年に丸屋として立ち上げられ、戦前は洋書輸入の代名詞のような存在であった。戦後、いまだ貿易が再開できない頃には占領軍の放出した米国雑誌や、英仏大使館経由で入手した洋書を販売していたが、一九五〇年一月に民間貿易が解禁されると、洋書輸入の市場で大きな存在となっていく。[105]

タトル社のもう一つの大きな柱であった日本語書物の輸出についてはどうだろうか。この領域でも、当然同じことが起こり得た。つまり日本の国内で書物を安価に効率よく入手できる企業が、米国内の大学や図書館と直接取引を始めれば、やはりタトル社の事業は圧迫されていく。丸善は戦後の貿易再開時、海外の複数の機関から日本の書物の注文があったことからこの事業にも力を入れはじめ、五四年には小規模ながらも輸出部を新設し、翌五五年には輸出額を二七〇〇万円に倍増させている。[106]

また、この領域では、戦後は日本出版貿易（ＪＰＴＣ）が大きな位置を占めることとなる。日本の書物の海外輸出は、戦前では在外日本人に向けた雑誌や書籍の輸出が主であり、「大正中期から昭和一〇年頃までが最盛期」とされているが、こうした事業を担っていた輸出業者二〇社が統合されて、一九四二年、統制会社として日本出版貿易株式会社が生まれた。[107] 統合された業者の一つであった横浜商事の望月政治《まさはる》は、戦後、独占禁止法の施行によって営業を止めた日本出版貿易を買い戻し、貿易再開とともに事業を開始する。

戦前に発行されていた海外版の雑誌『キング』や『婦人の友』の販売をはじめとして、海外との取引実績や経験を生かし、日本出版貿易は戦後望月のもと、南北アメリカやハワイを中心に日本の書物輸出を急速に拡大し、この事業の中心的な存在となっていく。洋書輸入や出版業務にも手を広げ、一九六二年には米国支社を設立している。この支社はタトル社の協力のもと、ラトランドに置かれたが、[108] 後にサンフランシスコに移転する。その後も一九六九年にはニューヨークに営業所を置き、米国内でも独自の営業活動を展開していく。[109]

同じ一九六九年、サンフランシスコには紀伊國屋書店が店舗をかまえる。米国の大学図書館をはじめ、日本からの図書購入は日本出版貿易とともに、紀伊國屋書店が大きな存在となっていく。直接販売する店舗を米国内に設けた紀伊國屋書店は、米国内でもこの後、ロサンゼルス（一九八〇年）、トーレンス（一九八五年）、サンノゼ（一九八八年）、ニューヨーク（一九八一年）、ニュージャージー（一九八八年）、シアトル（一九九一年、二〇〇〇年閉店）と店舗を増やし、販売を拡大していく。[110]

こうして、タトル社のカバーしていた事業の多くに、日本の有力企業がしだいに進出し、その中心を担っていくこととなった。その一方、タトル出版の日本についての英語出版物は、変わらずその評価を維持している。この方面では、タトル社で編集にたずさわっていたメレディス・ウェザビーが、独立して一九六二年に設立したウェザヒル・ブックスや、その翌年、日本の講談社インターナショナルが事業を開始している。それでも、七〇年代の資料によれば日本国内での自社の英語出版物の販売が年間で三〇万冊、自社以外の英語出版物を加えれば、国内販売は一〇〇万冊の規模に達している。また、タトルの出版物は海外市場でも一〇万冊を売上げている。[111] 一九六〇年代から七〇年代初頭にかけては、タトル出版がもっとも活発な出版事業を展開した時期である。

一九七七年にチャールズ・E・タトルは、日本のタトル社の社長を辞任し、ラトランドに妻の麗子とともに居を移す。日本での生活は三二年になっていた。タトルは米タトル社を維持しつつ、自社出版物にその後も力を入れていきたいと述べ、デザインや編集事業の拠点をラトランドに移していく(112)。

タトルが亡くなるのは一九九三年だが、七七歳を迎えたその年にも、古書や新着図書の整理に毎日余念のない姿を当時のインタビュー記事が伝えている。ラトランドには、これまで述べた古書店があったわけだが、その隣には出版棟と、配送や倉庫を兼ねた三つの棟が並んでいた。オフィスはボストンに置かれていたが、タトルは毎日このラトランドの建物で古書や新着図書に囲まれて過ごしていたという(113)。

本章では、チャールズ・E・タトルを軸に、書物を仲介するという行為が、どれだけ広範な書物の制作、出版、流通領域に派生していくかを見てきた。そしてまた、タトル社は、これらの国境を越えた書物事業に関わる人々を供給する大きな水源ともなってきた。日本についての英語出版の領域ではウェザヒル・ブックスのみならず、講談社インターナショナルも創業の人材はタトルに負っている。翻訳権販売のタトルモリ・エージェンシーや日本ユニ・エージェンシーを立ち上げたのも、もとタトル社のスタッフであり、洋書販売の領域についても同様であることは先にふれた通りである。

タトル出版は、ボストン、東京、そしてラトランドにそれぞれスタッフを抱えていたわけだが、一九九六年にこのタトルの出版事業は、同じくアジア地域についての英語書籍を作ってきた出版社、香港・シンガポール・ペリプラスが買い取ることとなる。

タトル社は、日本のみでなく、アジア地域を視野に入れながらこれまで述べた活動を展開してきた。一九五二年段階ですでに香港や台湾との取引を少しずつ始めており、東南アジア地域の市場を視野に入れていたことがわかる(114)。六〇年代には、タトル社は自社出版物の代理販売を世界各地で展開し(115)、特にアジア地域では米国の科学技術関係の図書の復刻版を廉価で大々的に売り出して一〇年間で数百タイトル、一〇〇万冊を超える規模の出版事業を展開し、アジア地域の科学技術領域に大きな影響を与えた(116)。そして英語による出版活動においても、日本のみならずアジアの各国を素材とした出版も行なってきた。

香港・シンガポール・ペリプラスは、やはりタトル社のように、東南アジア地域に焦点をあてた英語の出版物の制作、販売を手がけてきた出版社であり、タトル出版を買い取ることでこの領域では世界で有数の規模の企業となっていく。このペリプラスの代表であるエリック・ウィーもタトルと同じラトランドの出身で、彼の母親はタトルのいとこにあたる。一九八五年にインドネシアで書籍販売を始め、九〇年にはこのペリプラスを設立して、シンガポールに拠点を置いたマルチメディア配信と出版を手がけて成長してきた企業である。出版社としてのタトル出版は、スタッフもそのまま、ペリプラスのもとで出版事業を継続していく(117)。

ラトランドのメインストリートにあったタトル出版と倉庫は、九五年に古書店を残して数キロ北のノース・クラレンドンに移っている。残された古書店は、二〇〇一年に長年働いてきたスタッフに売却されたが、二〇〇六年、一七四年間に及ぶ営業に幕を下ろした(118)。したがって現在は、タトル出版はペリプラス傘下となって、東京、ノースクラレンドン、ボストンで活動している。また、日本のタトル社の方はチャールズ・E・タトルの後、ニコラス・イングルトンが社長を務め、洋書や児童向け英語教材の販売など、今日もタトル・コーポレーションとして活動している。ほかにもタトルの名を冠する書店が残っているのは、国内各地に展開していた販売店が独立したものである。

本を仲介する、送るというチャールズ・タトルの活動からは、そこから派生した問題の広がり、さらには関係する人々の広がりが見えてくる。本を仲介するという行為は、占領期とその後の対日文化政策や私たちの考え方、価値観そのものとも深く関わりあう問題である。そしてまた、書物の輸出入や翻訳権販売といった国際間の文化情報の流れや影響の問題でもある。さらには、日本に関わるさまざまな事象を、外国語でどう表現し、伝えてきたのかという問題ともつながっている。インターネットによる販売形態の広がりは、ここで述べてきた事業に大きな変化をもたらすこととなるが、何がそこで失われ、何がそこで変わるのか、そしてそのことが望ましいことなのか、批判すべきことなのかは、述べてきたような問題の広がりや歴史的なつながりを理解しなければわからないだろう。

タトルは日本を去った後も、年にひと月は夫妻で日本で過ごしていたが、妻の麗子はタトルの亡くなった後もやはり毎年桜の時期に日本を訪れていた。二〇〇六年四月に彼女が亡くなったのはそうして東京を訪れていた折のことである。ノースクラレンドンのタトル出版の建物には、タトルが日本で事業をはじめたときのうたい文句、「東西を結ぶ書物」(Books to span the East and West)の文字がかわらず掲げられている。

第八章　北米の日本語蔵書史とその史料——書物の受難

1　蔵書史の個と全体

国境を越えた日本語資料の移動や、それらがそこにあることの理由や意味、そしてその経緯のうちに、どれだけ多くの問題が内包されていることか。戦前の日本の書物の国際間の移動から、戦後のデジタル化された書物の移動、というよりも遍在にいたるまで、それら動きの背後に織りなされる、国家あるいは人種間の力関係や政治・経済的な要因について、本書の第一部では取り上げた。海外という場で、日本の書物を読む環境が生み出されていく際のさまざまな問題がそこからはうかがえた。このように米国内での日本語蔵書形成の歴史をたどり、その変化をとらえることで明らかになってくる問題の広がりをも示すことができたと思う。

ただ、越境する書物と読者との関係は、それら日本の書物を所蔵する機関や蔵書の歴史からだけではとらえきれない。第二部で追ってきたように、実際にはそれら書物と図書館との間に立った人々や機関の歴史から見えてくるものも多い。日本の書物を海外へ送り出す、あるいは海外向けに作り出す機関や人々の存在がそこにはあり、それを公私にわたって支える組織や人々もまた存在する。その歴史は読書環境の歴史をとらえるうえで不可欠のものである。

むろん本書で追ってきた越境する書物と読者の関係は、日米間のみに存在するわけではないし、それが書物の国際流通や受容をめぐる一般論となるわけでもない。というよりも、私が調査してきた米国内の日本語蔵書の歴史は、まさしく両国の関係史に大きく依存している。したがって同じく北米でも、カナダの日本語蔵書は、日本とカナダ、カナダと米国の間の関係によって大きく影響を受けている。ここでは、カナダにおける日本語蔵書を具体的に取り上げ、その歴史が戦後における米国の日本語蔵書の歴史や問題点とどのように交差しているのか、両者の関係のなかから、どのような問題が見えてくるのかを検討していきたい。

　米国の日本語蔵書の歴史を軸に問題をとらえる方法に対して、さらに近隣のカナダの日本語蔵書とその史料を検討する視点を加えることで、書物と読者の関係をとらえる新たなアプローチを開いていきたい。具体的には、カナダのブリティッシュ・コロンビア大学の日本語蔵書史を取り上げる。後に詳しく見るように、戦前、日本からカナダに移民した人々が住んだのは、このカナダ西部のブリティッシュ・コロンビア地域である。

　一方、米国の日本語蔵書史だが、むろん「米国全体」としての日本語蔵書史があるわけではない。あるのは、個々の日本語図書館の歴史である。どの図書館も、それぞれに異なる設立の背景や、成長の事由がある。戦前の各地の日本語蔵書については第一部でもかなり取り上げたが、戦後数多くの日本語図書館が各地に誕生していく。本章では、このなかで、米国中西部のオハイオ州立大学の日本語図書館を取り上げる。

　この大学は、規模としては一〇万冊余りの日本語蔵書を抱えているが、その歴史は新しく、一九六〇年代以降に生まれていく日本語図書館の一つである。ただし、あくまでこれはオハイオ州立大学の日本語図書館の歴史であって、他の米国の日本語図書館の典型として取り上げているわけでも、理想的なモデルとして取り上げているわけでもない。むしろオハイオ州立大学の日本語図書館は特殊な、独自の成長をとげてきている。

　繰り返しになるが、米国全体の日本語蔵書史というものはない。しかし、それぞれの日本語蔵書を取り巻く共通した歴史状況や問題はある。オハイオ州立大学を具体的な事例として、その独自の歴史をたどることは、背景にあった共通の状況や問題を理解することにもなろう。それぞれの日本語蔵書の独自性、固有性とは、全体の日本語図書館に共通する問題への取り組み方の独自性・固有性にほかならない。

加えて、この大学の日本語蔵書は比較的規模の大きな図書館に属するが、私の以前行なった調査ではその歴史情報をカバーできなかった蔵書でもある。まずは、オハイオ州立大学の日本語蔵書史を概観しながら、戦後の日本語蔵書の成長の背景や、米国内の日本語蔵書が共通して抱えていた問題点、そしてこの大学独自の取組みを見ていこう。

次に、ブリティッシュ・コロンビア大学の日本語蔵書史に移りたい。米国の日本語蔵書史の動きを横に見つつ、この大学の日本語蔵書史をとらえていくことで、米国の日本語蔵書からの影響関係や問題の共通性も見えてこよう。

とはいえ、この大学の日本語蔵書史はまた、米国のアジア政策や対日関係と関わりつつ、独自の軌跡を描いてもいる。これについて、特に一九五〇年代に米国を席巻するマッカーシズムとブリティッシュ・コロンビア大学アジア図書館との関わり、そしてまた、七〇年代に同大学図書館が展開するカナダ日系人資料の保存・収集という点に焦点をあてて論じることとしたい。

両大学の事例は、それぞれに、その国、その場所という固有性に強く結びついている。本章で述べるのは、それぞれの事例の共通性や普遍性ではない。逆に、いずれの日本語蔵書も、そこでしかできない、そこにしかない蔵書としての固有性を、身に帯びつつ成長してきた蔵書である。私たちはむしろそこに固有で、独自の蔵書が、それゆえに普遍的な価値や役割を帯びていく事例を目にすることができるだろう。

2　オハイオ州立大学の日本語蔵書史

オハイオ州立大学では、すでに一九五〇年代末には基礎的な日本語教育がなされていたが、研究コースとして

地域	所蔵機関	開始年	中国語文献	日本語文献	韓国語文献	合計
東部	コロンビア大学	1920	144,293	50,414	12,861	207,568
	コーネル大学	1918	43,000	2,100	—	45,100
	ハーバード大学	1879	242,724	64,063	2,552	309,339
	米議会図書館	1869	308,428	413,116	8,817	730,361
	ペンシルバニア大学	1938	17,057	7,000	—	24,057
	プリンストン大学	1926	133,570	2,458	376	136,404
	エール大学	1878	50,609	23,591	325	74,525
中西部	シカゴ大学	1936	116,397	1,549	50	117,996
	ミシガン大学	1948	19,208	58,403	55	77,666
	ノースウェスタン大学	1933	3,000	25,000	100	28,100
西部	カリフォルニア大学（バークレー）	1896	140,000	90,000	—	230,000
	カリフォルニア大学（ロサンゼルス）	1948	35,000	15,000	50	50,050
	クレアモント大学	1935	24,703	1,780	10	26,493
	ハワイ大学	1925	52,726	18,322	410	71,458
	スタンフォード大学	1945	60,000	29,000	200	89,200
	ワシントン大学	1947	100,000	10,000	—	110,000

図28　米国各地の日本語蔵書　当時の東アジア図書館の設立年と当時の所蔵冊数。1959年に米国図書館協会のもとでレイモンド・ナンとT. H. ツィエンの行なった調査による。

は、一九六一年に言語学分野に中国語コースが設けられた時点にさかのぼる[1]。ちなみに当時の米国各地の日本語蔵書は、上図に示すような状況にあった（図28）。

当時の学長であったルイス・ブランスコムは、中国や日本研究を含む地域研究の伸張に意欲的であった。それは何もこの大学に限った話ではない。この時期にミシガン大学、シカゴ大学で日本学を学んでいたジェームズ・モリタは記している。

アメリカの日本研究資金のやり繰りにとって画期的な事件は、一九五七年十月のソビエトによるスプートニック（ママ）衛星の打ち上げであった。その際、アメリカは宇宙計画に遅れをとったと感じて、急きょ国防教育法（NDEA）を作り、教育のある部門を国庫補助することにしたのである。日本語はロシア語などとともにクリティカル・ランゲージと規定され、そう呼ばれるようになり、日本研究のプログラムも、学生も、多額の扶助を受けるようになった[2]。

米国での日本学研究や日本語図書館設置は、戦争直後のロックフェラー財団やフォード財団の支援によって続々生まれ、第一の波を迎えるが、六〇年代はこうした第二の波によって各地でも次々とアジア研究所が生まれていく。ミシガン大学は戦争直後にこうした財団からの大規模な助成によって成長していくし、シカゴ大学は六〇年代にこの国防教育法（ＮＤＥＡ）による助成によって急成長していく。ＮＤＥＡによる助成は、最初の四年間で全米で一一件、総額一二三万ドルに及ぶ規模のものであった(3)。

ではオハイオ州立大学ではどうであろうか。この大学では六二年に中国語四クラス、日本語二クラスが設けられ、その教育プログラムを支えていくアジア言語の蔵書が必要となっている。東アジア領域で研究コースを維持していくにはアジア言語で五万冊規模、そのうちで中国語、日本語それぞれ二万冊程度の蔵書は最低でも必要、と当時のアジア図書館では試算しているが、オハイオ州立大学の蔵書は当時はその一〇分の一にもみたない規模だった(4)。このために、大学ではまとまった規模のコレクション購入と、それを維持、管理していく専門スタッフを雇用する。

アジア文献でまとまったコレクションとしては、一九六三年のクリード・コレクションの購入をまずあげるべきだろう。原語ではなく西洋語によるものだが、中国に関する書誌から芸術、文学、歴史など幅広く含んだ約四〇〇〇冊のものであり、当時五〇〇〇タイトルに満たなかったこの大学の蔵書をいっきに倍増することとなる(5)。そしてアジア文献の専門司書としてウェンユー・イェンが雇用される。この時期のアジア図書館では中国語、日本語、韓国語の文献を対象としている場合でも、蔵書としての歴史がより古い中国語文献の専門家が全体を管理している場合が多く、日本語文献の専門司書の数は大規模な日本語図書館においても多くはなかった。米国での図書館業務と日本文献の双方の知識を備えた司書の養成は、当時の米国の日本語図書館が頭を痛めていた問題である。オハイオ州立大学の場合、六五年にはアジア言語文献は言語・文学領域を中心に一万三〇〇〇冊に増えていくが、それでも日本語蔵書は九〇〇冊ほどの規模にすぎなかった(6)。

一九六一年に設けられた東アジア言語文化分野は、六七年には主に中国学に重点をおいて修士課程が、七〇年には博士課程が生まれ、その後七二年には日本言語・文学領域での修士課程が設けられている(7)。六〇年代後半になると、高等教育法による公的資金により六千ドルから一万ドル、一万五千ドルと予算は増強され、中国や日本との交換や寄贈の充実もあって蔵書数は大きく延びていく。(8) とはいえ、シカゴ大学やミシガン大学には遠く及ばず、日本語・中国語図書は中西部の大学のなかで見てもようやく一〇番目という程度であった。(9) さきのジェームズ・モリタは、この時期に日本文学の教員としてオハイオ州立大学に赴任している。

七〇年代中盤は、実は全米各地の日本語図書館の図書購入が、いずれも頭打ちになっていく時期でもある。日本の書籍価格や移送費用の高騰に加え、兌換レートの変化と円高のあおりを受け、各地で日本語図書の購入危機が問題となる。(10) イェンはこうしたなか、日本へも直接購入に出向いて積極的に日本の機関との刊行物の交換協力を広げていく。日本語図書の購入は、それまでは丸善や日本出版貿易に選書を任せていたが、これを機に絶版本や古書を扱えるよう、日本の書店との取引を広げている。(11) また国際交流基金をはじめとする外部資金の助成もあって蔵書数を着実にのばしていく。(12) 七〇年代末には、東アジア言語文学科は二三名の常勤スタッフを抱え、蔵書では中国語文献で五万六〇〇〇冊、日本語文献は一万冊を超えていた。(13)

オハイオ州立大学は、七〇年代末には第六章で詳述した国際交流基金や、万博基金といった日本の基金からの大規模な外部資金の助成を受けている。これら基金は米国内の他の日本語蔵書の成長にも大きく作用している。これ以外に、オハイオ州立大学の日本語蔵書の場合、米国ホンダからの助成が大きい。ホンダは五九年に米国に進出して子会社である米国ホンダをおくが、この大学のあるコロンバスは北米での生産拠点となっていた。米国ホンダは七八年から七九年にかけて、オハイオ州立大学に一〇万ドルの助成を行なっている。ちなみに同年度は国際交流基金から五千ドル、万博基金から一万五千ドルの助成も得ている。(14) 日米の経済関係、特に日本の経済成長が、大きく蔵書に作用している事例と言えるだろう。

こうした助成によって、ようやく日本語図書の専門司書が採用されることとなる。コロンビア大学で東アジア言語文化と図書館学それぞれの修士号をとり、プリンストン大学の東アジア図書館で働いた経歴もあるモーリン・ドノヴァンである。また、蔵書の構築にあたっては国際文化会館の福田なおみや、七二年からインディアナ大学で司書の職にあったマツダ・シズエの協力をあおいでいる[15]。マツダはホノルル出身で、戦後慶應義塾大学に設けられた図書館学コースに通い、米国が広島、長崎の被爆者を対象として研究するために設けた原爆傷害調査委員会でその図書室長兼通訳として勤務した経歴をもつ人物である[16]。

米国内の日本語蔵書史は、同じ地域の図書館レベル、さらには西海岸、全米といったいくつかのレベルでの連携、協力の歴史でもある。各地に日本語図書館が増加し、さらには予算の効率的な運用が必要となってくるにしたがい、比較的近接する大学どうしでは、購入方針が競合しないよう、補い合いながら蔵書構築をはかる事例が数多く見られる。インディアナ大学とオハイオ州立大学は、八〇年代初頭に日本語図書の購入方針やその相互利用の面で協力関係を構築している[17]。

一九八〇年代前半の五年でオハイオ州立大学の日本語図書は倍増し、三万四〇〇〇冊に増加している[18]。このなかで、独自の蔵書作りも進められていく。八三年には八〇〇冊からなる沖縄の言語関係の文献を中心としたレオン・K・ウォルター・コレクションを入手している[19]。八四年には先に述べた米国ホンダの助成と大学からの予算によって、一〇〇〇冊近い社史コレクションを神田の古書店から買い入れている。日本では、大小さまざまな企業が社史を制作するが、記念事業としての性格が強く、書店を通して販売されず、非売品として配布される場合が多い。しかし、社史はあらゆる領域にわたる各種企業の情報を豊富に含んだ貴重な文献でもある。大学の蔵書の独自性をうまく出すコレクションとして、その存在に注目して収集に乗り出したのである[20]。

一九八七年、オハイオ州立大学は日米友好基金による大規模な助成を受けることとなった。米国内の日本語蔵書全体のうちで欠けていた基礎文献を補い、同時に他大学にも役立つ形でそれを生かす必要があった。しかし、全米の日本文献のなかでそろっていない基礎文献とは何だろうか、そしてそれをどうやって調べるのか。

そこで注目されたのが、当時講談社が作成していた『英文日本大百科事典』である[21]。つまり、その記述で引用されている日本の書物で、米国内に所蔵のない日本の書物をすべてそろえれば、多分野にわたってまんべんなく、しかも信頼のおける文献が集められるのではないか。さらにはそれら書物の英語による書誌データをすべて電子化して提供すれば、目録情報の基礎的な部分も整備、活用できる。また、日本事典を参照した利用者は、そこに出ている文献を当然見ようともするはずである。[22] 日米友好基金での助成ではまた、経済やビジネス関係の文献に加え、統計や白書、報告書など、図書館で揃っていない文献類の収集も意識的に進めている。[23]

オハイオ州立大学の日本語図書館の特徴は、七〇年代末から、特に八〇年代以降、急激に成長していった点にあるが、その理由はどこにあるのだろうか。むろん、これまで述べたような各種の大規模な外部資金によるところが大きいのだが、問題はなぜ、それほど日本研究や日本語蔵書で知られているわけでもなかったこの大学が、それらを得ることができたかである。日本からの助成にしろ、米国内の他の日本語図書館の数は多く、競争も厳しい。その理由については、次節で述べていきたい。

七〇年代に一〇〇人に満たなかった日本学コースの学生は、八〇年代末には五〇〇人に、東アジア言語文化全体では二五〇〇人の規模の学部になる。日本語蔵書は四万冊を超え、開設された日本学の博士コースを支える規模になっていた。[24] 九〇年にはオハイオ州立大学の卒業生である実業家ギュスタフ・バシュの寄付によって、明治期刊行物集成をはじめとした日本語蔵書の購入もなされ、後述する日本の漫画コレクションをはじめとした独自の蔵書構築を進めていく。以降の蔵書の推移は上図に示した通りで

年次	中国語図書	日本語図書	韓国語図書	合計
1990	88,318	46,175	1,125	135,618
1991	90,653	49,348	1,175	141,176
1992	93,375	52,999	1,227	147,601
1993	95,514	54,594	1,540	151,648
1994	98,515	56,634	1,601	156,750
1995	102,160	58,126	1,973	162,259
1996	105,552	59,520	2,198	167,270
1997	108,645	62,148	2,350	173,143
1998	112,413	65,146	2,455	180,014
1999	116,866	68,549	2,690	188,105
2000	123,059	75,109	3,095	201,263
2001	127,988	81,921	3,524	213,433
2002	134,184	86,937	3,880	225,001
2003	139,484	92,030	4,144	235,658
2004	144,688	95,845	4,506	245,039
2005	156,803	102,345	4,864	264,012
2006	166,433	106,047	4,971	277,453
2007	238,810	112,122	6,806	357,740
2008	144,608	115,718	5,325	265,653
2009	145,048	120,387	6,537	271,972

図 29　オハイオ州立大学日本語蔵書　1990 年以降の蔵書の増加を示した。物理的な図書数でマイクロフィルムや雑誌は含まない。

ある[25]（図29）。

3　オハイオ・ネットワーク

オハイオ州立大学の日本語蔵書は、外部資金の大規模な獲得をともなって一九八〇年代に大きく伸張していくが、こうした助成は、ただ待っていればやってくるというものではない。外部資金の獲得は、図書館や大学スタッフの主体的な取組みなくしてはありえない。

この大学の日本語蔵書の歴史を大きく左右したのは、米国の多くの日本語蔵書が当時直面していた共通の課題への取組みであろう。七〇年代後半は、米国におけるアジア蔵書が、全体として大きな転換点を迎えていたと言える。一九三〇年代には全米の東アジア図書館はすべてあわせても四〇万冊という程度ではあったが、七五年には六七〇万冊に激増していた。日本語文献は二四〇万冊、東アジア文献では二万五〇〇〇冊を超える図書館がすでに三八館、一〇万冊を超える図書館も一六館にのぼっていた[26]。

七〇年代までに急激に増えてきたこれら蔵書によって、特に中・小規模の日本語蔵書で深刻化してくるのが、日本語や中国語図書を扱う専門職員の不足、そして未整理図書の増加であった。当時、全米で五〇〇万冊の規模にふくれあがっていた東アジア領域の蔵書は、その四分の一がいまだ目録化されていないという試算もなされている[27]。肥大したこれら蔵書と深刻化するその管理、さらにはそれとあわせてかさんでいく購入・管理コストは頭打ちとなっていく。それぞれの日本語図書館が、自館のことのみに専心してただ規模の拡大をはかるという時代は終わりつつあったわけである。

国内の米国図書館は、互いの協力によって図書の購入や読者サービスの無駄を省き、効率化していく方策を協力して進めていく。例えば先にふれた近隣の図書館どうしの連携、協力はこうした一例である。こうした協力や連携を広げていくための情報整備やそのスムーズな共有ネットワークを作ることが大きな課題となっていく(28)。

目録情報にしても、他大学との共有が実現すれば、それぞれの図書館での目録作成が大幅に効率化するうえに、図書館相互の蔵書利用も容易となる。目録の電子化、そしてオンラインによる共有は、それを可能にするが、ことはそれほど簡単ではない。米国の研究図書館によるオンラインで目録情報を共有・利用するネットワークに、日本語や中国語による文献情報を組み込もうとするプロジェクトは一九八〇年、主要なアジア図書館が協力しあい、フォード財団とメロン財団の助成を受けて進められていく。このシステムは独自の入出力ハードウェアからなり、その後改良が加えられていく(29)。

オハイオ州立大学が他の日本語蔵書と異なる独自性を発揮していくのはこの領域である。この大学の東アジア文献は、七〇年代にすでに電子目録として他大学に提供するシステムを構築している。一九六六年には購入時の記録をオンラインで検索できるシステムを作りあげ、それが七〇年代末からは目録データと連動して利用者に書誌データを提供する図書館コンピュータ・システム(LCS)として実用化されていた。日本語や中国語の文字への対応は後になるが、東アジア文献の弱さをカバーしていくためにコンピュータ・ネットワークを有効活用することで他大学との購入・貸借協力をする計画にいち早く取り組んでいることが年次報告からわかる(30)。

オハイオ州立大学は、当時こうした図書館の情報化ではもっとも先端的な環境を形作っており、日本語図書館もその環境を積極的に生かすことで、米国内での新たな機能・役割を担う日本語図書館として、その活動を展開していた。現在、全米、さらには世界各国の主要学術機関の参加する世界でも最大のオンライン図書目録として、OCLC(オンライン・コンピュータ図書館センター)がある。このOCLCが、同じ略号のOCLC、すなわち一九六七年に構成されたオハイオ州五四の学術機関の情報ネットワーク(オハイオ大学図書館センター)の発展したものであり、もとはオハイオ州立大学のメイン・キャンパスにオフィスをおく組織であったことはあまりに有名である。

後者のオハイオ州の学術ネットワークは七七年からオハイオ州以外の機関とも提携を開始し、八一年から前者に正式名称を変えていく。オハイオ州立大学のアジア文献の書誌情報は、七七年からOCLCへの入力とデータ提供がなされており、その情報を通した文献の照会や利用も増えていた。[31]

日米友好基金をはじめとして、日本情報のより広い有効活用を求める基金による助成は、特定大学のみではなく、米国内の複数の大学や図書館にとって有効に購入図書が利用できることが条件となる。オハイオ州立大学の日本語図書館は、図書の購入のみではなく、その図書の書誌情報の作成、共有、さらには書物そのもののネットワークを介した複数図書館での共有を早くから積極的に盛り込んだプランを提示することで、こうした助成金を獲得していくのだ。

先述した八〇年代の日米友好基金による『英文日本大百科事典』の参考図書購入の事業はその例である。九一年に丸善の『国立国会図書館所蔵明治期刊行図書マイクロ版集成』の寄付を受けるために、シカゴ大学と共同で、デジタル化によって購入データを共有・参照する仕組みを提案したことについても第三章でふれた。[32]

現在では画像や文字が複合した情報を閲覧できるブラウザとしてネットスケープやインターネット・エクスプローラが用いられているが、こうした機能を備えた最初期のブラウザとして九三年に開発されたモザイク(Mosaic)がある。オハイオ州立大学はその機能にいち早く目を付け、言語・画像情報をともなうインターネットを介した図書館サービスを軸にして日本の文部省や日米友好基金に積極的に働きかけ、東アジア図書館によるウェブ連携プロジェクトに関わっていく。[33]

情報の共有や蔵書の相互利用がしだいに活発化していったとき、個々の図書館は全体で一つの、いわば蔵書を形作ることになる。その場合に際だつのは、それぞれの図書館のもつ蔵書の固有性である。それが、その蔵書が全米というスケールのなかのかけがえのない部分となるか、代替可能な部分となるかを分ける。オハイオ州立大学をはじめ各大学が、基盤となる蔵書とともに、収集する書物自体に全米の蔵書を意識して個性を持たせようと方針を立てていくのはそのためである。

オハイオ州立大学の場合、アジア言語の基盤図書の整備や共有をはかるとともに、先の社史コレクションや、漫画コレクションといった特徴ある蔵書作りを行なおうとした。むろん単なる稀少性ではなく、米国内の他の日本語図書館が十分に収集しておらず、かつ、全米からの利用が見込め、しかも自身の大学の教育・研究プログラムの特性ともうまく合っている必要がある。

社史という書物は、通常の流通、販売ルートに乗らないために、海外では入手が容易ではない。一九三〇年代に社史出版はブームを迎え、五〇年代の前半から高度成長期にかけて一気に増加していったという。社史の調査にあたっている村橋勝子によれば、平均出版点数は七〇年代で二六五点、八〇年代で三六九点、九〇年代で二八八点となっている。[34] 米国の大学図書館が社史に高い関心を持っている点について村橋は、日本企業の分析、特に組織や行動様式、製造開発や販売の仕方など、経営や戦略をとらえる上でも豊富なケーススタディとなること、写真、データがふんだんに盛り込まれていること、また、大きな推移や時系列的な見取り図、時代背景を把握しやすいなど、日本研究で重要な情報源となる数多くの要因があることを指摘している。[35]

日本の漫画文献もまた、米国各地の図書館では研究文献としての関心が高まっている。オハイオ州立大学の場合、これ以前から米国でも珍しい漫画専門の図書館、カトゥーン研究図書館があった。もとは一九七七年に大学出身の漫画家であるミルトン・カニフからの寄贈資料に始まったもので、その資料公開の二〇年目を迎えた九七年にカトゥーン研究図書館と名を改めている。[36]

日本語図書館の司書であったモーリン・ドノヴァンは、九五年から九六年にかけて日本で調査にあたっていた折、映画関係の歴史資料収集でも著名な牧野守と知り合い、その蔵書や研究にふれるうちに日本の大衆文化資料を集めることの重要性を強く意識したという。ちなみにこの牧野守の映画関係資料はコロンビア大学が購入し、所蔵している。彼女は翌九七年に、カトゥーン研究図書館と連携し、合同で七五〇〇ドルの予算を日本の漫画購入にあて、以降、体系的な収集を行なっている。九八年には国際交流基金から二〇〇〇万円の助成を得て文献の購入にあて、この漫画コレクションは九〇年代末には五〇〇〇冊、七〇〇タイトルに成長している。[37]

コーネル大学やデューク大学、カンサス大学をはじめとして米国内でもいくつかの大学が日本の漫画収集に力を入れているが、早くから系統的に研究文献を含めた漫画蔵書を構築している点で、カトゥーン研究図書館の漫画蔵書構築は注目に値する。日本においてさえ、漫画をはじめとした大衆文化資料の保存や管理は一部の専門図書館に限られていることを考えれば、外国での収集方針や目録作成、読者への提供のあり方を含めて、貴重な取組みの事例となっていくだろう。

オハイオ州立大学の日本語蔵書史をたどりながら、米国各地で日本語蔵書が形成されてくる背景や状況にもふれてきた。[38]繰り返しになるが、この大学の日本語蔵書から、米国の蔵書史の一般的傾向が見えてくるわけではない。むしろその独自の活動や蔵書史を通して、それ以外の各地の日本語蔵書が抱えている問題や、背景となる状況を浮き上がらせることができればよい、と考える。次に、カナダの事例、ブリティッシュ・コロンビア大学の日本語蔵書史を見てみよう。

4　ブリティッシュ・コロンビア大学の日本語蔵書

ブリティッシュ・コロンビア大学のアジア学は、そのコース設立に関心を向けていた学長ノーマン・マッケンジーのもと、戦後次第に形をなし、一九四八年には国際関係学の一環として中国の現代史がコースに組み込まれていく。とはいえ、アジア学が明確にコースとなっていくのは、五〇年代の後半である。これは一九五四年、バンクーバーの中国人住民による五〇〇〇ドルにのぼる寄付によって支えられていた。[39]

一九五〇年代後半は、この章でも述べてきたように、米国ではアリゾナ大学やインディアナ大学、カンサス大学、ウィスコンシン大学といった多くの大学で大小さまざまな東アジア図書館が次々と生まれていった時期にあたる。では、この五〇年代、カナダにおけるアジア研究はどのような状況にあったのだろうか。五三年段階でのカナダの各大学のアジア研究の設置状況について、当時の調査報告から見てみよう。[40]

この頃にカナダでアジア学研究を展開していた主要大学はトロント大学、モントリオール大学、マックギル大学であった。マックギル大学はロックフェラー財団の支援を受けてイスラム研究所を設けており、モントリオール大学も東洋研究センターを設置、トロント大学でも東アジア学科が設けられていた。

なかでもトロント大学は中国学を含めたアジア研究を幅広く展開していたが、日本や韓国に重点をおいた研究コースはほとんどないのが当時の状況だった。また、マックギル大学は戦前には中国学コースを設け、蔵書購入も行なっていたのだが、すでにそのコースは閉じられ、中国語蔵書も売却してしまっていた。この売却された中国語蔵書を、一九三七年に、プリンストン大学がロックフェラー財団の助成を得て購入している。現在も同大学が所蔵するゲスト・コレクションである。[41]

以上のような状況のなかで、ブリティッシュ・コロンビア大学では、日本や韓国の極東地域の研究コースの設置を有望視していた。この地域はバンクーバーに近く、かつ今後の地政学的な重要性も高まっていくことが見込めたし、他大学のカリキュラムとも重なっていなかったからである。コースの設立にあたって、ブリティッシュ・コロンビア大学は、このアジア研究コースの具体化に向け、ハーバート・ノーマンの助言をあおいでいる。ノーマンは、日本の軽井沢生まれだが、カナダ人の宣教師を父にもち、戦前はハーバード大学のイエンチン研究所で日本史、中国史を学び、太平洋問題調査会（ＩＰＲ）国際事務局の調査にも参加している。カナダ外務省に勤務する外交官で、戦時期には対日情報の分析にあたってもいた。[42] 戦後、『日本における近代国家の成立』をはじめ、すぐれた日本研究をまとめていくが、一九五〇年代には後述するように、かつてハーバード大学で学んでいた頃に一時共産党に入党していたことが、米国で問題化する。

彼は自身の推薦図書リストやアドバイスを大学に送り、あわせてコロンビア大学のジョージ・サンソムやハーバード大学のエドウィン・ライシャワーからの支援が得られることも知らせている。(43) 日本学研究の草分けとして著名なジョージ・サンソムの蔵書からは、歴史関係図書一二五〇冊の購入がこの時期になされてもいる。(44) 五四年には寄付金によってアジア学領域の充実が可能となったため、ブリティッシュ・コロンビア大学は翌五五年、ノーマンを新たに立ち上げられるアジア研究コースの長に迎えようと正式に彼に打診している。(45) だが、ノーマンは当時のカナダの外相ピアソンの慰留もあって外務省にとどまる。(46) ノーマンについては、後に再び取り上げる。

五六年にブリティッシュ・コロンビア大学は、ロナルド・ドーアを採用して基礎日本語や日本近現代史コースを開設し、アジア学科の設置に向けた準備を進めていく。ドーアはイギリスで、軍の行なっていた通訳教育のプログラムで日本語を学びはじめ、ロンドン大学で日本語・日本文学を学び、一九五〇（昭和二五）年に日本研究のために訪日している。その頃は江戸時代の教育に関心をもっていたが、上野花園町で下宿住まいをするうちに地域社会の実態調査に関心が移り、その地で詳細なフィールドワークを展開していく。

その後ロンドン大学に一度戻るが、日本の農地改革についての調査のために五五年に再度日本を訪れ、その翌年にブリティッシュ・コロンビア大学のアジア国際関係学科に職を得るのである。彼の日本での下町の調査は五八年に『都市の日本』として、農村についての調査は五九年に『日本の農地改革』として出版され、早くから邦訳も刊行されている。「現代日本」についての第一線の研究者として日本でも高い評価を得ている。(47)

ドーアは、その後のアジア図書館の構築に大きな役割を果たしている。彼はミシガン大学のアジア図書館長のレイモンド・ナンと親しく、五〇年代にはミシガン大学の重複図書の販売についてナンとの間で交渉を行なっているほか、ナンから日本語図書についての分類や目録作成についての情報やアドバイスを得ながら、ブリティッシュ・コロンビア大学のアジア図書館の整備に協力していく。(48) 五八年には国際文化振興会からの助成で日本語図書の購入が可能となるが、日本でその購入にあたったのもドーアである。(49)

また、現在、ブリティッシュ・コロンビア大学の日本語蔵書の大きな特徴となっている日本の政府刊行物の入手にもドーアは関わっている。日本にいたドーアはこの大学への赴任にあたって、日本の政府刊行物の大学への寄贈を求めて、国立国会図書館と交渉する。国会図書館では、これに先立ってカナダの政府刊行物が一九五四年から送られてきたことを受けて、カナダ向けに日本の政府刊行物を送る準備をすでに整えていた。

ブリティッシュ・コロンビア大学では、これらの刊行物を大学でのアジア学研究に活用するため、図書館長ニール・ハーロウがオタワのカナダ国立図書館との交渉にあたり、日本大使館や外務省とも連絡をとりつつ調整に努める。[50] そして五八年には、カナダの国立図書館から日本の国会図書館に向け、日本からの政府刊行物はブリティッシュ・コロンビア大学を公式の海外指定収蔵機関（デポジトリ）する旨の通知がなされ、翌年から日本の政府刊行物が大学に届き始めるのである。[51]

これは国会図書館の国際交換業務のなかでは、いわゆる「包括交換」と言われ、政府刊行物のワンセットを用いて主に相手国の国立図書館、中央図書館との協定に基づいてなされるものである。この時期に制度の整備もなされていくが、実質的には納本部数が十分確保できないために交換相手国によって「セットの内容に著しい相違が生じていた」という。[52] 交換当初は、ブリティッシュ・コロンビア大学でもその内容について満足がいかず、その後、調査で日本を訪れていたドーアや、カナダ外務省、日本のカナダ大使館にも協力をあおいで国会図書館に意見調整を申し入れ、改善をはかっている。[53] 米国で日本の政府刊行物の包括交換の対象となっている機関は、米議会図書館とカリフォルニア大学バークレー校である。

ブリティッシュ・コロンビア大学のアジア図書館は、中国語文献の収集に早くから力を入れてきた。大型の蔵書としては、中国語文献で四万五〇〇〇冊に及ぶ蒲坂《プバン》コレクションを一九五九年に購入している。蒲坂は現在の中国山西省西南にある永済地域の旧称である。もと広東にあった個人蔵書で、日本の広東爆撃で一部を香港のマカオに移し、その後も体系的に収集されてきた蔵書である。[54] また、ブリティッシュ・コロンビア大学は日本文献

の場合と同じく、中国の北京国立図書館との間でも政府刊行物の交換交渉を成立させている。(55)
こうして文献やスタッフ、教育プログラムが充実し、一九六〇年にはウィリアム・ホランドを長として迎え、アジア学科が生まれる。また、アジア文献についての専門司書として香港大学のイン・タンキンが採用されることになる。この年が公式のアジア図書館の出発点となる。(56)ホランドはアジア研究では三〇年にわたって第一線で活動してきた人物であった。米国太平洋問題調査会（ＩＰＲ）、そしてその国際事務局の長でもあったが、彼が六一年に五〇〇〇冊のアジア関係文献をたずさえてブリティッシュ・コロンビア大学にやってきたのだ。これらの文献は太平洋問題調査会の蔵書、文書であり、ブリティッシュ・コロンビア大学は太平洋問題調査会の刊行していた雑誌『パシフィック・アフェアズ』の刊行も引き継いでいくことになる。(57)六一年には日本史を専門とするジョン・ハウズもスタッフに加わっている。

ただ、この動きには、五〇年代の政治状況、共産主義者、あるいは共産党員と親しいというだけで、扇動的で偏向した思想と見なされ、スパイ嫌疑がスキャンダルとなったマッカーシズムの席巻と、分かちがたい関係にある。これについては、本章の最後で再度ふれることとする。

イン・タンキンは五八年から五九年にかけ、香港大学とロックフェラー財団の助成で、トロントや米国内の主要なアジア図書館を訪れ、中国語や日本語文献の分類や目録作成を詳細に調査した経験があった。こうしてブリティッシュ・コロンビア大学のアジア図書館は、その目録作成や文献管理において、米国の主導的なアジア図書館の情報をベースにして整備されていくのである。(58)アジア図書館は一九六一年の年次報告では、中国語図書が先の蒲坂《プパン》コレクション四万五〇〇〇冊、それ以外の現代の刊行物が二万冊、日本語図書は六八〇〇冊であり、太平洋問題調査会のコレクション五二〇〇冊を加えて、総計で七万七四〇〇冊の規模になった。(59)日本語図書、中国語図書の購入にはそれぞれ年額一二五〇ドルがあてられた。(60)一九六四年には江戸時代の日本の古地図三二〇点ほどからなるビーンズ・コレクションも入手している。(61)とはいえ、一九六〇年にアジア文献の所蔵数はカリフォルニア大学バークレー校で二九万冊、コロンビア大学では二七万冊、ハーバード大学は四三万冊を所蔵しており、まだまだ大きな開きがあった(62)。

一九六九年、ジョン・ハウズは、福田なおみに宛て、ブリティッシュ・コロンビア大学の日本語図書館について調査し、意見をもらうべく手紙を書いている。ちょうど福田は国際文化会館図書室の職を退き、メリーランド大学に勤めた後、さらに彼女がかつて学んだミシガン大学に日本語図書の司書として移っていくところであった(63)。ハウズと福田の接点は、国際文化会館の図書室に福田がいた時期に、五八年から翌年にかけてハウズが会館の常任参与として活動していた頃にさかのぼる。

ブリティッシュ・コロンビア大学のアジア図書館では、日本語図書の専門司書も六〇年代になって採用が検討されてきた。しかし、能力のある司書がなかなか見つからず、ようやくこの六九年に権並恒治《ごんなみつねはる》を得て、日本語蔵書の整備をはかっている。日本では占領期の一九五一年、慶應義塾大学に日本図書館学校が設けられ、後に大学の一部となっていくが、権並はその日本図書館学校時代最後の六一年の卒業生であった(64)。

一九七〇（昭和四五）年、一〇年目を迎えたアジア学科のもと、アジア図書館の蔵書は倍増して一五万冊の規模に成長していく。外部資金の寄付金によって購入予算も当初の五五〇〇ドルと比べれば五倍を超え大きく増加していた(65)。七〇年代には、米国内の日本語図書館と同じく、目録作成の遅れに苦慮していることもうかがえる(66)。七〇年にはまた、ブリティッシュ・コロンビア大学図書館の特別資料室が中心となり、地域のエスニック・グループの資料保存を目的とする大規模なプロジェクトが始まっている。日系カナダ人の資料の収集、保存への取組みはその一環である。含まれる資料は農業、漁業、商業に従事した人々の記録や学校、戦時期の収容所資料まで、多岐にわたっている(67)。この活動は、大学のアジア図書館と、それがある場所にも深い関わりがあり、かつ、アジア関係資料収集の大きな特徴でもあるので、次節で改めて詳述したい。

七三年には米国とカナダの東アジア研究に対して大規模な助成を行なっていたメロン財団から七万五千ドルの

助成がなされ、日本語、中国語文献はさらに増加していくこととなる。(68) 五〇年代に始まった日本の政府刊行物の受け入れも、この頃には質・量ともに充実してくる。一九七七年にカナダの国立図書館長は、日本の国立国会図書館と、ブリティッシュ・コロンビア大学図書館の両方に対して、互いに送られてくる政府刊行物が満足のいくものとなっているか、その希望を満たしているかを書簡で問い合わせているが、結果は満足のいくものだった。(69) 五九年に三三〇冊ほどであった日本の政府刊行物は七〇年には三六〇〇冊に、七七年までには七〇〇〇冊に近い蔵書となっていた。(70) 八〇年代にはその数はさらに倍増する。

こうして成長したアジア図書館は、一九八三年、新たに完成した大学のアジア・センターの建物に移った。このアジア・センターの建物は大阪で一九七〇年に開催された万国博覧会で三洋電機が設けたパビリオン、いわゆるサンヨー館が移築されたもので、三洋電機による寄贈であった。(71) アジア・センターは八一年に開館し、国際交流基金からの助成を得て蔵書の充実やカナダと日本との間での研究者交換がはかられていく。(72)

日本の政府刊行物とともにこの図書館の活動の特色となっていた、日系カナダ人資料への取組みはどうだろうか。八五年以降を、「日系カナダ人アーカイブズ」の第二期と権並は位置づけている。八七年にはカナダの日系新聞『大陸日報』がマイクロ化され、つづいて『カナダ新聞』や『日刊民衆』のマイクロ化が九四年に、九九年には『ニュー・カナディアン』がマイクロ化されていく。また一九九五年から二〇〇〇年にかけて、先の『大陸日報』の発行元である大陸日報社が一九〇九（明治四二）年に刊行した『加奈陀《カナダ》同胞発展史』の復刻を含む『カナダ移民史資料』一〇冊が刊行されるが、ここでも資料提供や書誌作成に権並やブリティッシュ・コロンビア大学図書館の特別資料室が協力している。(73)

米国でのアジア文献の目録電子化に向けた共同の取組みについては前節でもふれたが、カナダではトロント大学がはやくからそのなかに加わっている。ブリティッシュ・コロンビア大学はトロント大学よりは後の参加だが、九〇年にはこの大学のアジア文献データも加わっていく。トロント大学はブリティッシュ・コロンビア大学が日本学に力を入れ始めた時期には日本語蔵書にはそれほど重点を置いていない。しかし、その後大規模な予算を投入して急成長していき、八〇年代も末になると一〇万冊規模の日本語図書館となっていく。今日ではトロント大学の日本語蔵書が一七万冊、ブリティッシュ・コロンビア大学が一五万冊を抱えており、いずれもカナダを代表する大規模な日本語図書館となっている。

5　日系移民資料が残る必然と偶然

一九七一年、ブリティッシュ・コロンビア大学の図書館は、『大陸時報』や『ニュー・カナディアン』といったカナダの日系紙で、日系カナダ人の日記、記録や各種刊行物などの資料の寄贈を呼びかけている。

一世の人たちには自分の属していたコミュニティについて、個人的に記録してきた人もいるでしょう。スティーヴンソンの漁民、あるいは地域のお寺といった集まりのなかで。これらの記録は、日系カナダ人の生活のさまざまな面を写し出す貴重な記録で、公的な機関が保存していくべきものなのです。[74]

十九世紀末からしだいに増えていく日本からのカナダ移民は、主にブリティッシュ・コロンビア地域に日系社会を形成し、先にあげた一九〇七（明治四〇）年の『加奈陀《カナダ》同胞発展史』によれば、その時期にはすでに当時漁業、林業や鉄道労働を中心に七九九〇名の日本人が居住していた。[75]

一九〇七年はまた、ハワイから米国への渡航が禁止された年でもあり、米国に向かうはずの移民がカナダに流れ込み、この数はさらに増加していく。[76] 同書には、すでにこの地で日刊の日本語新聞として『加奈陀新報』、『大陸日報』が刊行されていることを記している。

カナダの日系新聞は、戦前ではキリスト教系でカナダへの同化志向の強い『加奈陀新報』と、反同化志向を標榜する仏教系の『大陸日報』（戦後、『大陸時報』）とが対立関係にあった。前者は一九〇三年、日本人メソジスト教会の鏑木《かぶらぎ》五郎によって、後者は『加奈陀新報』から離れた人々に本願寺派仏教会の佐々木千重《せんじゅう》が協力して一九〇七年に創刊されている。バンクーバーでは一九〇六年に仏教会や国民学校も設立されており、国家への帰属意識をめぐっての相克が宗教的な対立をともなって生まれていた。(77)

鏑木は『加奈陀新報』に先だって一九〇〇（明治三〇）年に『晩香坡《バンクーバー》週報』を刊行しているが、これは現存していない。海外における日系移民の記した記録や刊行物は、収集や保存が困難な資料群である。日本国内で刊行された書物や新聞は、国立国会図書館をはじめとして保存、収集の対象となるが、海外各地で発行される数多くの地域誌まではとうていカバーできない。一方で、海外の図書館の側でも、外国語である日本語、そしてマイノリティである日本語読者のための刊行物を購入、保存、維持の対象に入れることは非常に困難である。

したがってこれら過去の移民資料、新聞や刊行物、記録類が現在残っているとしたら、それは自然にそこに残ったのではなく、意識的に残す努力を各地で行なってきた結果なのである。本書では、書物や資料がそこにある、ということが当たり前ではないということを繰り返し述べてきた。その資料は、そこに誰かがもたらし、それを読める形にしてきた人やプロセスがあってはじめて「そこにある」のだ。読む環境において重要なのは、そこに介在している人やプロセスなのである。

カナダの日系人資料の場合、それは単に図書館がその地域に残っていた資料を収集、保存してきたということにとどまらない問題をもっている。確かに戦前からブリティッシュ・コロンビア地域では日系人共同体によるこれら刊行物が流通してはいたものの、太平洋戦争の開始とともに、この地域の二万一〇〇〇人にのぼる日系人は内陸部の収容所に移動させられたばかりか、家財も強制処分され、その後カナダ全土に拡散定住させる政策が進められていく。(78) こうしたなかで、戦前の記録や刊行物の多くが失われていったことは想像に難くない。こうした

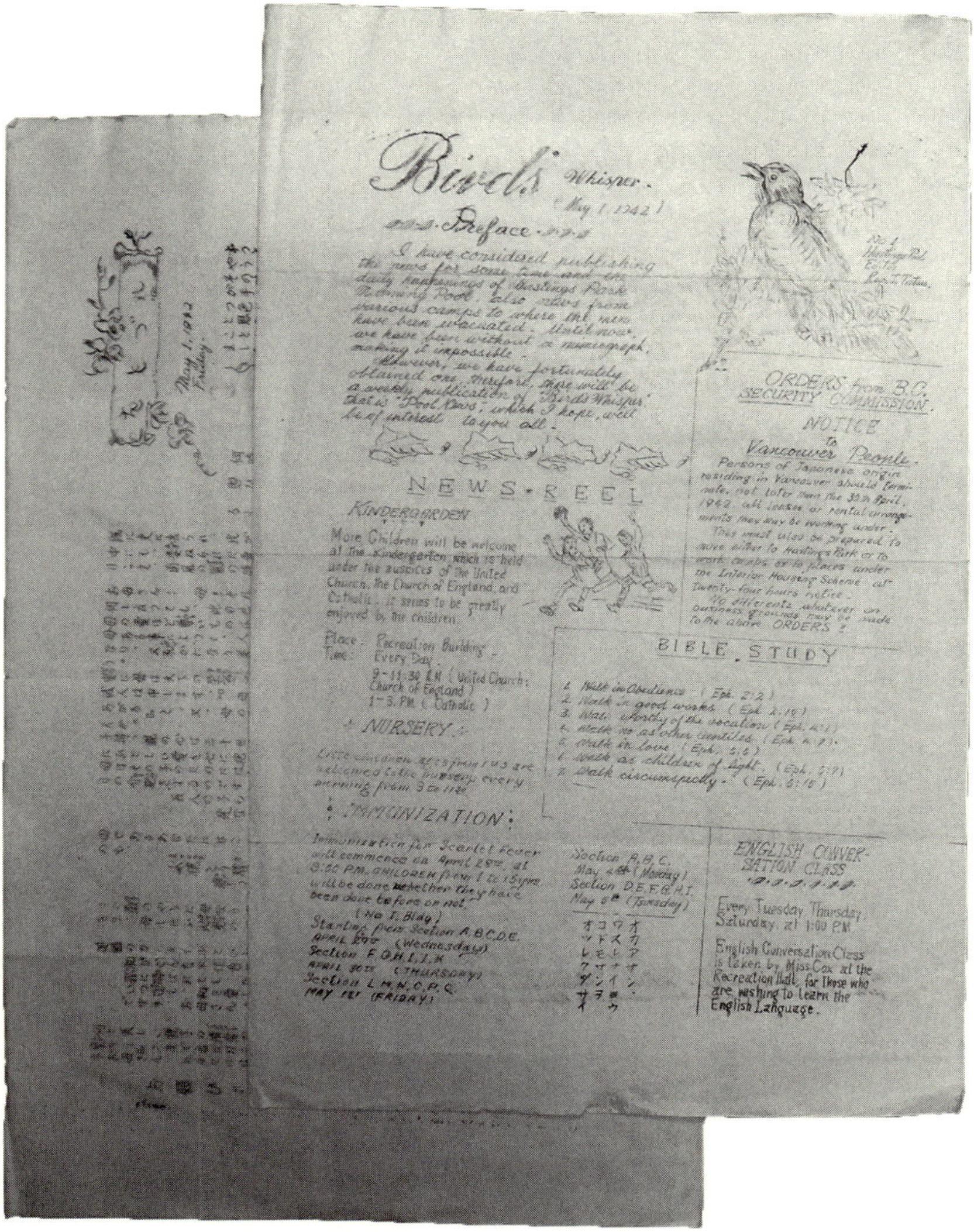

Birds Whisper.
(May 1, 1942)
Preface
I have considered publishing the news for some time and the daily happenings of Hastings Park Manning Pool, also others from various camps to where the men have been evacuated. Until now we have been without a mimeograph, making it impossible.
However, we have fortunately obtained one, therefore, there will be a weekly publication of "Birds Whisper" that is "Pool News", which I hope, will be of interest to you all.

NEWS・REEL

KINDERGARDEN
More Children will be welcome at the Kindergarten which is held under the auspices of the United Church, the Church of England, and Catholic. It seems to be greatly enjoyed by the children.
Place: Recreation Building.
Time: Every Day.
9-11:30 A.M. (United Church; Church of England)
1-3. P.M. (Catholic)

NURSERY

IMMUNIZATION
Immunization for Scarlet Fever will commence on April 28th at 3:00 P.M. CHILDREN from 1 to 15yrs will be done whether they have been done before or not.
(No I. Bldg)
Starting from Section A.B.C.D.E. April 29th (Wednesday)
Section F.G.H.I.J.K April 30th (THURSDAY)
Section L.M.N.O.P.Q. MAY 1st (FRIDAY)

Section A.B.C. May 4th (Monday)
Section D.E.F.G.H.I. May 5th (Tuesday)

ORDERS from B.C. SECURITY COMMISSION
NOTICE to Vancouver People.
Persons of Japanese origin residing in Vancouver should terminate, not later than the 30th April, 1942, all leases or rental arrangements they may be working under.
They must also be prepared to move either to Hastings Park or to work camps or to places under the Interior Housing Scheme at twenty-four hours notice.
No differents whatever on business grounds may be made to the above ORDERS!

BIBLE STUDY
1. Walk in Obedience (Eph. 2:2)
2. Walk in good works (Eph. 2:10)
3. Walk worthy of the vocation (Eph. 4:1)
4. Walk not as other Gentiles (Eph. 4:17)
5. Walk in Love (Eph. 5:2)
6. Walk as children of light. (Eph. 5:8)
7. Walk circumspectly. (Eph. 5:15)

ENGLISH CONVERSATION CLASS
Every Tuesday, Thursday, Saturday at 1:00 P.M.
English Conversation Class is taken by Miss Cox at the Recreation Hall, for those who are wishing to learn the English Language.

図 30　カナダ日系人資料『をとづれ』（1942 年 5 月 1 日）。強制移住させられた地で，日系カナダ人の間で出されていた謄写版の新聞。Rare Books and Special Collections, University of British Columbia Library.

日系人収容所に関わる資料群を含めて、数々の受難をくぐり抜けてきた資料がこの大学には保存されているのだ(図30)。

こうした資料は日系人の歴史であるとともに、日本の、そしてまぎれもなくカナダの歴史をとらえる上での重要な視角を提供するものである。例えば、ブリティッシュ・コロンビア大学図書館によるこの資料収集にも協力した新保満《しんぼみつる》は、日系漁業民の記録をもとにカナダ西岸域の鮭漁史を追っている。(79) それらの資料はカナダの白人企業側から記述された鮭漁史の一面性を際だたせるとともに、そこから削られた人々の営みへと私たちを導いてくれる資料であり、またその国がどのようにマイノリティに対してきたのかを考えるための多くの示唆をも含んでいる資料である。

したがってこれら資料が「そこにある」のは、ブリティッシュ・コロンビアという地域の歴史ゆえだが、ただそこに残されていたからではなく、多くの偶然や幸運とともに、人々がそれら資料の重要さを意識し、集め、残してきた結果なのである。七〇年からのこの保存プロジェクトばかりではなく、それら資料とともに戦争をくぐり抜けてきた人々や、その後に資料と関わってきた人々の存在がそこにはある。

五〇年代後半にブリティッシュ・コロンビア大学で教えていたロナルド・ドーアは、赴任してまだ間もない頃、校内でたまたまボイラー室に迷い込んでしまう。そこで彼は、焼却予定の山積みにされた戦前の日系新聞『大陸時報』や『日刊民衆』を目にする。その貴重さを見て取ったドーアは驚き、すぐさま大学図書館に連絡し、図書館は特別資料室への移管を決めたという。(80)

あるいは一九六五年、司書のイン・タンキンは、カナダの中国人向け新聞『中国日報』社を訪れた際に、うずたかく積まれたバックナンバーが埃をかぶっているのを目にする。『中国日報』は一九〇七年から刊行されてきた新聞である。タンキンは、同様の問題を抱えているであろうシアトルのワシントン大学や、文書や記録類の保存に力を入れてきたスタンフォード大学のフーバー研究所に連絡をとり、共同でマイクロ化の方策を探っている。

資金面でこの計画はうまく進められなかったが、カナダの国立図書館の支援による七〇年以降の活動のなかで、これらのマイクロ化は可能となり、バンクーバーの中国語新聞『大漢公報』（*The Chinese Times*）や『僑声日報』（*The Chinese Voice*）など、複数の新聞のマイクロ化へとつながっていく。[81]

一方ドーアが危うく救った日系カナダ紙は、長く特別資料室に眠っていたが、先の新保が一九七〇年にそれら新聞の存在に気づき、日系紙『ニュー・カナディアン』でそれについて書いたところ、カナダの日系人についての歴史資料が失われつつあり、その収集や保存が急務であるという声が寄せられる。新保は自身の指導教員でもあったハウズに相談し、ハウズが図書館に協力を求め、本格的な収集へとつながっていった。バンクーバーを中心とするブリティッシュ・コロンビア地域の日系人資料の収集は権並が担当し、新保はトロントを中心とするオンタリオ地区を受け持ち、この節の冒頭で述べた収集活動が展開されているわけである。[82]

折しもカナダが、七一年に多文化主義を政策として明確に打ち出し、個々のエスニック集団の文化支援政策を進めていく状況に後押しされたこともあるが、実際には資料を残してきた人々と、それを見つけ、集めて公開しようとする人々の連鎖がその背景につらなっている。ブリティッシュ・コロンビア大学の所蔵する日系カナダ人資料は、現在では内容についての目録も公開されているほか、一九九六年には日本の国立国会図書館のプロジェクトによる複製、マイクロフィルム化も行なわれている。[83]したがってその多くは、国立国会図書館で複製資料の閲覧が可能である。

これら資料の存在、そしてその収集事業は、海外の日本語図書館の役割を考えるうえでも示唆に富んでいる。日本の書物を購入・輸入するだけではなく、その地にあり、日本にはない日本語資料の意味や価値に目を向けること。それは同時に日本、カナダ、さらには米国をも含むさまざまな力が働く読書の場に関心を向けることであり、見落とされがちなマイノリティの資料や読書環境へのたえざる関心を養うことでもあるだろう。新保の指摘するように、日系人はブリティッシュ・コロンビアという地域では「被害者」の歴史をもってはいるが、それはまた白人と日系人とがこの地域の資源の乱獲によって原住民と自然との共存関係を「完膚なきまでに打ちこわしてきた過程」でもあるのだから。[84]

6　アジア研究の受難とカナダの日本語図書館

ブリティッシュ・コロンビア大学のアジア関係資料の歴史は、日系人資料からもわかるように、戦争をはさんでのカナダの対日関係や日系人に対する政策とその変化が大きく影響している。日本語図書の購入や管理という側面からいえば、目録の作成方法から取引先まで、米国内の日本語図書館と情報を交換し、共有しあいながら、時期的にも似通った問題を抱えて成長してきたことがうかがえるのは確かだが、あくまでカナダの、そしてブリティッシュ・コロンビアという場所に固有の特徴が、その蔵書の歴史には刻印されているのだ。

そのことはまた、ブリティッシュ・コロンビア大学の日本語蔵書と、太平洋問題調査会（ＩＰＲ）との関係からも見ていくことができる。太平洋問題調査会については、戦前の日本の太平洋問題調査会への関わりを中心に、第四章で扱った。そこで示したように、太平洋問題調査会は、もともとは特定の政治的な立場を支持したり批判したりするよりも、学術的な調査、情報交換を旨としていたが、国際関係の緊張を背景に次第に政治的な役割を帯びざるを得なくなっていく。日本の太平洋問題調査会は、国際会議で日本の対中政策、満州問題が焦点となっていくなか、政治化していく会の傾向を非難してその活動から離れていく。だが、そうした国際間の紛争やそれに対する判断から「学術」を切り離そうとすること自体が、そもそも一つの政治的な振舞いとなってしまうということは述べてきた通りである。

太平洋問題調査会は大戦前後も積極的に中国、日本を対象として大規模な調査や会議を開催し、米国のアジア政策のシンクタンクとして、政府機関に多くの人材を提供していくこととなる。[85] 高木八尺《やさか》が一九三三（昭和八）

年、カナダのバンフで開催された太平洋問題調査会の国際会議に新渡戸稲造を長として参加したことは第四章でふれたが、その年、会の国際事務局が刊行する機関誌『パシフィック・アフェアズ』は、編集長としてオーウェン・ラティモアを迎える。彼は一九四一年にはルーズヴェルト大統領の推薦で中国の蒋介石の政治顧問をも務め、戦時期には米国の戦時情報局（ＯＷＩ）の太平洋作戦部長となった人物である。(86)

一九五〇（昭和二五）年、共和党のジョゼフ・マッカーシーによるこのラティモアに対する非難にはじまり、太平洋問題調査会の有力メンバーは次々と共産主義者、あるいはそのシンパとして、スパイ容疑をはじめとする「非米活動」の攻撃対象となっていく。マッカーシズムである。

ハーバート・ノーマンは五〇年、占領下の日本でカナダ公使の任にあり、マッカーサーからの新任も厚かったが、九月に急遽カナダに呼び戻され、カナダ外務省による尋問が開始される。ラティモアについての喚問が米国で進められるなか、ノーマンがラティモアの古くからの友人であったことで、米国の連邦捜査局（ＦＢＩ）がノーマンを捜査対象としたためである。(87)

都留《つる》重人《しげと》は、一九五七年に米国に招かれてハーバード大学で客員教授として教壇に立つが、渡米するとすぐ米国上院司法委員会の国内治安小委員会に呼ばれ、ノーマンをはじめとする自らの交友関係について喚問されることとなる。(88)第六章で、国際文化会館が、戦後の海外との文化交流活動として、知識人の相互派遣を柱とする知的交流計画を進めていたことにふれたが、永井道雄や都留重人はこのプログラムで五七年に派遣されるのである。都留はノーマンが共産党と近い関係にあった頃、つまり一九三〇年代初頭のハーバード大学で学んでいた。ノーマンの指導にあたっていたのはエリセーエフやライシャワーだが、日本における経済史文献やマルクス主義文献を読みもせずに日本学を講じている彼らに対して、その頃のノーマンや都留が憤慨していたことを、後に鶴見俊輔は回想している。(89)

五七年になってもノーマンに対する米国での追及は終わらなかった。今日ではノーマンに関する研究や評伝、あるいは当時の文書、記録類をもとにしたマッカーシズムについての研究も数多い。これらの資料を見るとき、具体的なソ連や中国への情報提供や米国内での政治工作に対してではなく、共産主義者であるか、共産党員であるか、あるいはあったか否かに対して、そのこと自体が罪悪であるかのような果てしない喚問や非難、応酬といった攻防が繰り広げられている様は、今日では奇異にさえ見える。(90)

しかし、実際には共産主義思想は、アジア研究の場合、その研究や調査の偏向や、中立性を損なうものとして批判の対象となっていく。一連の聴聞会をへて一九五二年に出された合衆国上院司法委員会国内治安委員会の最終レポートでは、ラティモアやエドワード・カーターの活動を含め、太平洋問題調査会を主導してきたメンバーは共産主義者であり、この機関は「アメリカの極東政策を共産主義者の目的にそって方向付けるための手段」であると結論づけている。(91)

こうした執拗な捜査やメディアを通しての応酬が続くなか一九五七年、ノーマンは新たな赴任地のカイロで自殺する。その死の報に日本では数多くの人々が筆を執るが、自殺とはいえ当時の米国におけるマッカーシズムの犠牲者であり、それによって「殺された」に等しいとする言葉が語られたのも無理のないことだった。(92)

前述したように、ブリティッシュ・コロンビア大学がノーマンを迎えようとしたのは、ノーマンがカイロに赴く前の一九五五年である。米国でノーマンに向けられた疑いは、カナダ政府にとってはスキャンダルであった。ノーマンは、この時期、ニュージーランド駐在の高等弁務官、「日本的な表現をかりれば「島流し」」の状況にあった。(93)そのノーマンを、大学は新たなアジア学コース立ち上げの中心として迎えようと動いたわけである。

マッカーシズムの吹き荒れる五〇年代、米国の中国研究をはじめとする東アジア研究者たちにとって、カナダの大学や研究機関はいわば避難場所のような役割を担っていた。そしてそのことが、カナダのアジア学、日本学を伸張させる大きな要素となっていた。

では、米国内の学術機関、すなわち大学や研究機関でのアジア研究は、こうした政治的な圧力から自由な研究の場が確保されていなかったのだろうか。現実に、当時の米国内では、スキャンダルを怖れて萎縮していた大学や研究機関も少なくなかった。宗教社会学者として知られるロバート・ベラーは、当時ハーバード大学で日本の近世宗教を研究していたが、共産党歴のあった彼は、奨学金や同大学への採用にあたって、ＦＢＩや非米活動委員会に全面的に協力するよう大学から圧力がかかっていたことを、後に公開された大学資料をもとに記している。

ハーバードほどの組織であればマッカーシーの時代の市民的自由への攻撃に対して批判を怖れて縮こまるかわりに、より弱い組織が続くべき範を示しつつ、十分抵抗することは出来たでしょう。しかし、そのような道がとられることはありませんでした。(94)

ベラーはハーバード大学で教鞭をとるよりも、カナダのマックギル大学のイスラム研究所（ポスドク奨学金）を選んでいる。ただし、このことはベラーがマルクス主義的なアプローチによって日本の歴史をとらえるまなざしを持っていたことを意味するわけではない。彼については、米国を範とした発展的枠組みや価値観で日本の歴史をとらえる近代化論的な立場にあった点が今日批判されてもいる。(95)

太平洋問題調査会は、先の報告をはじめとした批判に対して、その長にあったウィリアム・ホランドを含めて反論を展開していくのだが、しだいに資金面で大きな困難に見舞われていく。それまで助成をしていた企業や財団からの支援が得られなくなったためであり、五〇年代半ばには機関誌『パシフィック・アフェアズ』の存廃や、米国太平洋問題調査会、ひいては国際太平洋問題調査会の存続をめぐる議論が内部でも続いていた。

中国のソ連との関係や、さらにはそのベトナム戦争への介入の可能性からも、太平洋問題調査会が非政治的な立場、あるいは学問的な中立を掲げて存続していくことは難しかった。また、戦前・戦中において、太平洋問題調査会は太平洋をとりまく諸国間を専門的に調査し、研究する大規模な民間組織として稀少な存在ではあったが、戦後には東アジアを含め、こうした地域研究を専門とする大学、研究機関の設立や整備が進められ、それぞれに研究が可能な状況にもなってきていた。

ホランドは、存続の厳しくなってきたこの段階で、マッカーシズムの影響の色濃く残る米国を避け、外国の研究機関が国際太平洋問題調査会の活動、例えば学術誌刊行を引き継いでいく可能性を検討しはじめる。一九六〇年春、ホランドは、ブリティッシュ・コロンビア大学で教鞭をとっていたロナルド・ドーアと、シカゴの国際会議でたまたまあった折、このことを彼に相談する。

新たにアジア研究を立ち上げようとしていたブリティッシュ・コロンビア大学の学長ノーマン・マッケンジーはカナダにホランドを招き、アジア学コースの長としてのポストを提案し、あわせて機関誌『パシフィック・アフェアズ』の刊行を大学で引きうけるのである。太平洋問題調査会は一九六一年に解散して組織としての歴史を閉じるが、会の蔵書や資料とともに大学に移ったホランドはその後も機関誌を継続し、カナダでのアジア学の基盤整備に大きな役割を果たしていく(96)。

このように、マッカーシズムは、ブリティッシュ・コロンビア大学の中国・日本研究やアジア図書館を急成長させていくうえでの重要な要因となったのだが、一方で米国内のその後のアジア研究にも深刻な影響を及ぼすこととなる。それはその規模に対してというよりも、質や方法に対してである。ノーマンの死後二〇年たった時点で、ジョン・ダワーはその後の米国のアジア研究が、国の政策から逸脱しないよう、強迫的な枠組みのなかで展開していったこと、さらにはそうした思考が、アジアをとらえる場合の歴史分析の基本概念や枠組みをも支配している点に注意をうながしている。

「危険思想」の現われに対する仕返しの恐れはアメリカ思想界の上空に有毒な雲のように舞っている。それはとりわけ、アジア研究の分野にとって無視できない脅迫である(97)。

また、こうしたアジア研究団体が政治的テーマをタブー視する風潮に対して、マッカーシズムがアジア研究にいかなる傷跡を残したのか、あるいはベトナム戦争を含めたアジアの紛争にアジア研究はどう関わるべきか、といった問いへと積極的に向かおうとする動きも、後に生まれていくこととなる。(98)

ブリティッシュ・コロンビア大学の日本学、そして日本語蔵書の歴史は、米国のそれと連動しているが、それは相似形をなしているわけでも単純に類似しているわけでもない。日系人資料や、太平洋問題調査会の関係資料の存在からもわかる通り、日本とカナダ、あるいはカナダと米国との政治的な関係のなかで特異な位置と役割を果たしながら作り上げられてきたものである。

それはまた米国の対中国、対日関係とも深く作用しあってもいる。米国で五〇年代に共産主義、そして中国に向けられた敵意と恐怖は、その裏返しとして日本への親近感や非共産主義国としての日本の発展、近代化への積極的な関心や評価を促していったとする指摘もある。(99)日本とカナダ、そして米国との関係、さらにはアジアのそれぞれの国に対するまなざしの相違に応じた力関係のなかで、それらを研究する環境そのものも変化し、構成されていく。ブリティッシュ・コロンビア大学の日本語蔵書の歴史には、そうした変化も刻印されているのである。

この大学の日本語蔵書のなかには、ハーバート・ノーマンの遺族から寄贈された一〇〇冊あまりの書物の一群が遺されている。ノーマンの旧蔵書である。それら書物の存在は、米国と日本、そしてカナダとの間で働いた力関係のなかで、そしてその歴史のなかで失われたものと生まれたものの存在を、今もって私たちに問いかけているようだ。(100)

終章　リテラシー史から見えるもの

1　彼方の読書

本書で行なってきた私の基本的な問いかけはいたってシンプルなものである。それは、読書について知ろうとすること、できるだけ異なる時代、異なる地域の読書について知ろうとすること。そして、私たちの読書という行為が出来上がってくる仕組みを、なるべく広い時間、空間のなかでとらえることである。

ここととは異なる場所、今とは異なる時間から、読書という行為を解きほぐしていくこと。一言でいえば、それは彼方の読書から学ぶということだ。一見迂遠に見えても、それが私たちの現在の情報環境を批判的に見つめ、学ぶ最良の方法だと私は考えている。本書では米国という場所、そして過去の時間のなかで、読者と書物の関係を追ってきた。そのことが、いかに私たちの読書について、多くのことを理解させてくれるのかは、各章で具体的に示してきた通りである。

第一部では、書物が他ならぬその場所にある、ということを歴史的にとらえなおすことに取り組んでいる。それは書物の移動や、流れから、書物と読者との関係史を描き出す試みでもあった。第一章ではおもに戦中から占領期にかけて、一人の人物を軸に、書物の移動と、背景に働いている国家間の利害関係や、政治・経済状況との関わりを描き出していった。書物の流れや場所を追うということから、いかに広範な問題が見えてくるかがそこでは示されている。

書物がなぜそこにあるのか、あるいは書物がどこにあるのか、ということがわからなければ、私たちはその書物にたどりつけないし、その書物を読むことはおろかその存在すら意識できない。これは私たちの情報環境の基盤に関わる問題である。第二章で、占領期の大規模な書物の移動や、それら資料の流れ、所蔵や管理のその後について追っていることの意味はそこにある。

だが書物がそこにある、ということ自体が、現在の情報環境のなかでは自明ではない。書籍のデジタル化とその流通は、まさにその問題を提起してくれる。ここでも、重要なのは読書の一般論ではなく、どのような書物が、誰によって、どこで、どのようにデジタル化され、提供されてきたのか、という具体的な場所と歴史への問いかけである。第三章では、大規模な書物の複製やそれらを提供するプロジェクトを細かく追うことを通してこうした問いかけを行ない、それが読書環境を考えるうえで有効な手だてとなることを示した。デジタルライブラリにしても、その成り立ちや仕組みを知ることは、その限界や偏りを知る手だてともなる。そこではまた、書物と読者を仲介する行為や、書物を提供する物理的な人や場所の存在、さらには書物そのものの物質性といったフィジカル・アンカーが重要な役割をおびることを指摘した。

第一部では、このように書物の移動やその運命を追うことを通して、私たちの読書環境がいかに生まれ、いかなる制約のもとにあるのか、ということをとらえていった。第二部でも基本的な問題意識は第一部と同様である。ただし、扱っている資料の領域がかなり異なる。彼方の読書について学ぶには、ここではない地域・時代の読書についてうかがうための素材、資料をどこから、どのように収集し、選択するかが重要だ。第一部では、おもに具体的な素材としたのは、それぞれの蔵書についての史料である。書物の場所や移動をとらえる場合に、それを所蔵している機関の史料が重要であることは言うまでもない。本書の場合、米国各地の大学や図書館についての各種文書、報告書や関係者の書簡類が、考察のもととなっている。

だが、ある蔵書や読書環境が生まれ、変化していくさまをとらえる資料は、何もそれら所蔵機関の歴史資料にかぎらない。第二部では、それをとらえる資料の幅を広げる試みとなっている。第四章では、蔵書やリテラシーを調査したその調査資料自体を素材にしている。また、以降の章でも、そこに書物をもたらした存在、書物と読者を仲介した人や組織についての資料や、米国の近隣地域の資料を用いている。

第四章では、先に述べたように一九三三年に米国でなされた蔵書調査を取り上げた。そこでは、ある言語について学ぶ、あるいは調べるという行為が、それを取り巻く政治状況と分かちがたく結びついていることを明らかにしていった。リテラシー調査自体がはらむ政治性を意識すること、あるいはしないことの意味がそこでは問題となった。

書物と人を結びつける存在、書物をもたらす存在について明らかにしていくことは、書物そのものについて理解するよりも多くの困難が伴う。第五章では角田《つのだ》柳作《りゅうさく》という存在を、書物の仲介者という面からとらえることを試みた。ただし、ある人物がなした単独の行為としてそれを描くのではなく、当時の書物をめぐるさまざまな人や組織のネットワークを描き出すことで、仲介者の役割やその意味をうきぼりにするという方法をとっている。

蔵書や読書環境の成り立ちをとらえる場合に、誰が、どういう意図でそれを形作っていったのかは重要な問題である。それはしばしば読書環境そのものの特徴や、場合によっては偏り、限界をも作りだしていく。そのことがまた私たちの読み方を方向づけることさえも起こり得る。だからこそ、海外への書物の寄贈や紹介を単に「文化」的、「学術」的な営みとしてとらえるのではなく、国際間に働くさまざまな力関係のなかでどのような役割を帯びていくかをとらえる必要がある。第六章で、国際的な文化交流を支援してきた二つの組織を取り上げているのは、こうした問題意識からである。

第七章では、チャールズ・E・タトル出版を取り上げた。日米間の書物の輸出入や翻訳権販売、自社出版物による日本情報の発信を含め、越境する書物と読者の「仲介者」として、これほど豊富な示唆を与えてくれる素材はまれである。だがまたタトル出版についての研究は、さらにまれであってほとんど皆無に近い。ラトランドという場所自体の遠さもあって、本書では調査にもっとも骨が折れた部分である。とはいえ、本を仲介するという行為をとらえることの有効性、そこから見えてくる問題の広がり、可能性を示した点で、第二部で取り組んだ方法がもっとも生きている部分でもある。また、戦後の私たちの読書空間そのものが、国家間の対立のなかでいかに作られてきたのか、という問いとも深く関わっている。

第八章では、カナダのブリティッシュ・コロンビア大学の日本語蔵書を取り上げ、その歴史を、米国内の日本語蔵書史と関わらせながら論じていった。米国内ではオハイオ州立大学の日本語蔵書を取り上げた。カナダの日本語図書館は、米国内の日本語図書館と密接なつながりのもとで展開していくが、かといって相似形をなしているわけではない。ブリティッシュ・コロンビア大学の日本語蔵書の歴史は、カナダと日本、そして米国との戦時期そして冷戦期における相互の関係性が刻印されたものであった。そして同時に、その蔵書史をたどることを通して、アジアや日本についての書物や情報を扱うということが、否応なくまきこまれる政治的な場とのつながりを浮き彫りにすることともなった。

2　読書の資料と研究の倫理

本書で、しばしば学問や研究の「中立性」や「純粋性」、「非政治性」が批判的な検討の対象となっているのは偶然ではない。第一章で取り上げた日本学の展開や発展、あるいは第四章で扱った角田柳作の活動や、第五章の太平洋問題調査会の活動、第六章での海外に向けた日本学振興や日本文化の紹介、第七章でのタトルの翻訳や出版、輸出入事業、さらには第八章で取り上げたアジア研究とマッカーシズム。いずれも、これらの点が重要な焦点となっている。

その理由は、本書の方法にある。本書で扱っているのは書物の流れであり、それは私たちが何を読むことができ、何を知ることができるか、という情報環境の根幹をなしている。もしもこの書物の流れが操作されたり、せき止められれば、何が起こるかは明白だろう。本書でも扱った通り、検閲や流通、販売、流通経路の統制や変化、仲介者の存在など、さまざまな形でそれは実際になされてきたし、なされてもいる。

つまり、書物や読書について歴史的に問うということは、こうした学問や知の基盤そのものの成り立ちを問題にするということなのである。どの学問領域でも書物を用いる。だがもしその学問領域の基礎をなしている書物が、あらかじめ排除や選別を受けていたなら、その学問領域は根幹から揺らいでいく。そして、排除や選別から完全に自由な蔵書や学問などありはしない。

すなわち、読書の制約や成り立ちを知る歴史資料には、同時に、私たちの寄って立つ知の基盤や、学問そのものの成り立ちを批判的に見る可能性が宿されている。一言でいえば、読書の資料には、こうした私たちの認識そのものを問い直す認識論的な価値があるのだ。それが読書に関わる資料の魅力でもある。

もちろん、このことは、本書での研究が純粋に「学問的」で「中立的」であることを意味しない。本書で取り上げてきた事例からもわかるとおり、そのような調査や研究など存在しない。重要なのは、書物や情報が私たちに届くプロセスに目をこらすこと、それらが私たちに届くその仕組みや成り立ちを批判的にとらえることである。

私たちは、書物と私たちの間に横たわる問題に常に注意を払っておかねばならない。これはあらゆる学問領域にとって必要なことである。注意を怠れば自らの首を絞めることになる。第三章で取り上げた学術情報のライフラインについて思い起こせば十分だろう。ほとんどの研究者は、各種データベースや電子ジャーナルの恩恵を被っている。だがそれが届けられる仕組み、価格決定のプロセスや出版、契約形式について、利用している私たち研究者はどれだけ注意を向けてきただろうか。電子媒体の増加、そしてそれらへの依存とその価格高騰によって多くの図書館が直面している危ういこの読書環境は、私たち個々の研究者の無関心が招いたことではないのだろ

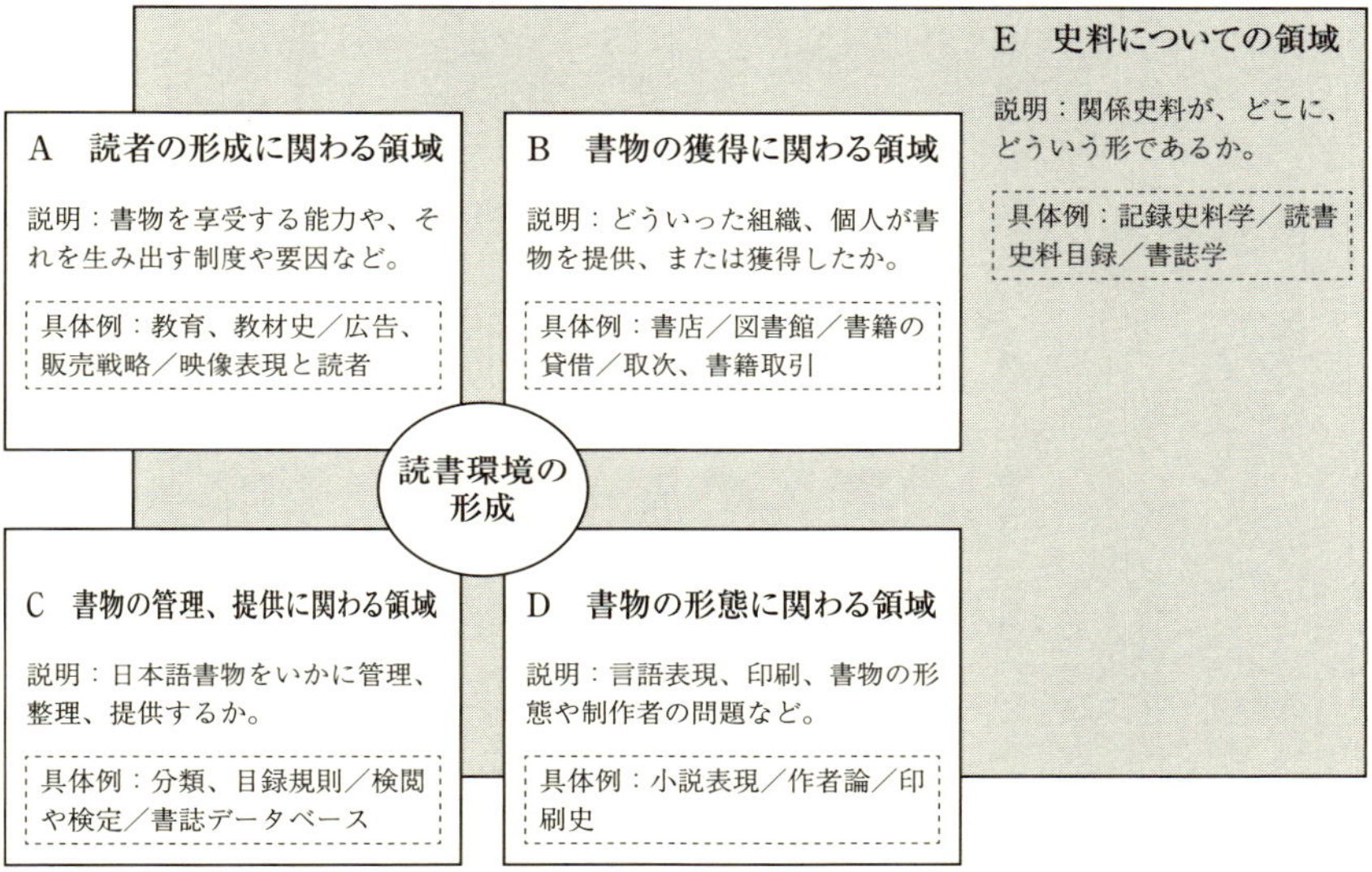
E　史料についての領域
説明：関係史料が、どこに、どういう形であるか。
具体例：記録史料学／読書史料目録／書誌学
A　読者の形成に関わる領域
説明：書物を享受する能力や、それを生み出す制度や要因など。
具体例：教育、教材史／広告、販売戦略／映像表現と読者
B　書物の獲得に関わる領域
説明：どういった組織、個人が書物を提供、または獲得したか。
具体例：書店／図書館／書籍の貸借／取次、書籍取引
読書環境の形成
C　書物の管理、提供に関わる領域
説明：日本語書物をいかに管理、整理、提供するか。
具体例：分類、目録規則／検閲や検定／書誌データベース
D　書物の形態に関わる領域
説明：言語表現、印刷、書物の形態や制作者の問題など。
具体例：小説表現／作者論／印刷史

図31　リテラシー史の問題領域　読書環境が生まれてくる諸要因のつながりとして問題領域を構想することができる。

うか。

書物と読者の関係、その間を結ぶ仕組みやプロセス、仲介者についてとらえることの重要性・有効性を、本書では示してきた。そしてこうした資料とその研究手法は、読み・書く能力の形成やその歴史をとらえていく研究、すなわちリテラシー史研究のなかに位置づけることができる。

このリテラシー史に関わる多様な問題領域を、読書環境の形成を軸にして、便宜的にではあるが主に四つの問題領域として整理してきた。

- 教育、教材史、教科書史、読書教育などの問題（読者の形成に関わる領域）
- 書店、図書館制度、出版制度、取次などの問題（書物の獲得に関わる領域）
- 検閲、検定、データベース、目録などの問題（書物の管理、提供に関わる領域）
- 小説表現、雑誌の表現、印刷、活字などの問題（書物の形態に関わる領域）

そしてこれら問題領域の交点に、書物と読者の関係史を構想してきたわけである。本書の調査、そして研究はこうした問題設定のうえに立っている。

二〇〇七年、リテラシー史研究を目的として、関心を共有する人々に呼びかけ、リテラシー史研究会ができ、会誌『リテラシー史研究』の発行をはじめた(1)。これまでに第四号まで刊行されており、寄稿者による研究成果も蓄積されつつある。

リテラシー史研究会は、近代において読み、書くという行為がいかに形作られ、変化してきたのか、という関心のもと、関連する研究や史料の保存、整理、公開を行っていくことを目的としています。出版やメディア史、言語教育や読書環境の歴史、地域リテラシーの問題など、リテラシーの歴史に関わる多様な問題を考えてゆく場としたいと考えています。文学、教育学、歴史学等、分野を超えて学生や研究者が参加し、調査、研究スキルを高め、リテラシー史についての研究、調査の促進をはかってゆきます(2)。

ここで、特に史料の保存や整理、目録化を重視しているのは、リテラシーの歴史を考える場合に有効な史料が、特定の学問領域で重視されていないがために無視されたり、場合によっては失われてしまうことを危惧してのことである。例えば近代の日本文学研究では著名な作家やその関連史料はマッチ箱レベルでも保存するが、現在研究会で取り組んでいる書店史料や各地の蔵書史資料、読書記録や移民関係資料の発見、整理、保存にはあまり注意を払わない。また、そうした活動に積極的に取り組む別の学問領域があるというわけでもない。

とはいえ、読者や読書に関わる歴史資料は無数に存在する。というよりも、読者に関わりのない記録や表現などありはしない。読書に関わる歴史資料の収集は、常に際限のない資料の海に埋もれてしまう危険性と隣り合わせである。繰り返しになるが、目的としているのは、私たちの読書について、そして出版や読書の環境について批判的な、歴史的な目をつちかうことである。そして読書の資料には、確かにそうした手がかり、私たちの知の基盤をとらえなおす手がかりがある。ただ盲目的にリテラシーに関わる資料を重視するのではなく、今の私たちの読書の自明性を疑い、そのなかにはらまれる問題に光をあててくれる、そうした資料を積極的に評価し、意味づけていく必要がある。

本書では、国境を越えた書物の流通・所蔵をめぐる問題を主に取り上げてきたが、リテラシー史の研究は、むろん国内の書物の流通や受容をも対象としている。私は書物の日米関係に焦点をあてた調査と並行して、これまで国内の書物流通をとらえるための資料整理にもあたってきた。具体的には、長野県の松本市にある高美書店に所蔵されていた、近代の書店史料の調査がそれにあたる。(3)

高美書店は一七九七(寛政九)年から書物の出版・販売に関わってきた歴史をもつ。明治期の書店の販売や営業関係の史料が大量に残されているという点で、全国的にも極めて珍しい。一〇年近くにわたって、学生や他の研究者たちとその整理にあたり、二〇一一年、この書店資料のうち、明治期の教科書の出版・販売関係の史料を中心にその研究をまとめ、『国定教科書はいかに売られたか——近代出版流通の形成』として刊行した。(4)これまで発見されていなかった、この教科書の販売、流通の実態を明らかにする史料三〇〇点をもとに翻刻して、解説を付し、国定教科書の出版・流通を詳細にあとづけたものである。

メディアとしての教科書は、近代の出版、書店が生まれ、発展してくるうえで、きわめて大きな役割を果たしてきた。にもかかわらず、これまでは過去の教科書の内容にばかり関心が向けられ、肝心の「それがどのように読者に届いたか」という問題がなおざりにされてきた。国定教科書の具体的な流通や享受を明かすこの試みであり、近代の販売・流通資料を活用するという新たな方法の試みでもある。これは、本書で行なったリテラシー史研究のもう一つの実践事例である。

3　リテラシー史と文学研究・教育

ここで行なった研究は、幅広い領域に関わりをもっている。というのも、ここでは私たちにとっての書物や情報の流れを、時間的・空間的な広がりのもとでとらえる方法をとっているからである。そしてそれら書物や情報に無縁の学問領域などはないからである。ここで実践したリテラシー史の研究は、歴史学や文学、教育学や社会学、メディア史や図書館史など、多くの領域にとって有効な資料や情報や視点を提供していく可能性をもっているのである。

本書の研究はこれら多くの領域に関わっていく可能性をもつものだが、一方で私の専門としている研究領域は近代文学の研究・教育にあり、当然その領域に対しても大きな関わりをもっている。ここでは、その関わり、つながりや方法的な意味合い、可能性について明確にしておきたい。本書の研究は、かなり文学の教育や研究から遠く離れているように見えるが、私にとってそのつながりは明確である。

文学研究として多くの人がイメージするのは、夏目漱石や芥川龍之介といった作家を研究する方法だろう。作家の研究からはなれ、小説の表現、形態の特徴をとらえようとするテクスト研究のような立場もある。私はといえば、読書論の立場からこの領域に関わってきた。読書論という観点からいえば、作家論もテクスト論も重要だ。読者という観点からとらえれば、作家はテクストであってテクストは作家である。読者にとって、作家はその人物の記事、論文、書簡などのテクストの集積だし、テクストは引用、参照されることで別のテクストを生み出していくという意味で作家でもある。いずれも私たちの読みを作り上げていく要素ではあるが、唯一の要素ではない。

書物を読むという行為は、作家についての情報によって左右されることもあれば、小説の語り方や修辞に左右されることもある。そしてその書物以外に読んだ書物によっても、さらにいえばその書物の価格や入手の仕方、置かれている場所からも影響を受ける。それらのさまざまな要因をいっさい排除した純粋な「作家」や「テクスト」があるわけではない。作家そのもの、小説テクストそのものをいくら熱心に研究しても、それらを意味づける読者を欠いていてはその研究に出口はない。

しかし読者とは誰なのか。私たちは読者について何を知っているのだろうか。今の私の読書は、別の地域や国で、別の時代になされた読書と同じなのだろうか。それを知るにはさまざまな時代、さまざまな場所でなされた読書についての資料を見なくてはならない。それらに目を向けることなく読書の教育的価値や、その効用を説く読書論は、研究というよりも教義や道徳に近いものとなる。彼方の読書は、今、ここにいる私たちの読書についてとらえ、考えるためには不可欠だ。書物と読者の関係を歴史的に追っている本書の取組みは、こうした線上に生まれてきたものである。したがって、私にとっては、読書、そしてリテラシー史の研究は、文学の研究や教育が目指していく地点でもある。

彼方の読書に学ぶことの有効性は、具体的に日々感じていることでもある。私は読書論や出版文化論をテーマとして大学や大学院で教育にあたっているため、学生の近年の研究テーマには「電子書籍」や「デジタル教材」、「ツイッター」といったタイトルも並ぶ。しかし、出来上がった彼／彼女らの論文を読むと、実際には例えば明治時代の新聞小説や唱歌や雑誌を研究している学生の論の方が、現在のメディアや読書環境に対してはるかに多くの示唆や洞察、発見をしばしばもたらしてくれるのだ。比較や参照の対象を欠いた「現在」の分析は批判や評価と結びつかず、単なる事例の収集に終始してしまうからだ。

これまで読書についての自身の研究は『読むということ』、『メディアの中の読者』、そして『書物の日米関係』という三つの著書で主にまとめてきた。(5)『読むということ』では、特に近代の表現と読者の関係に焦点をあて、読者や読書をとらえる際の理論的な枠組みを検討していった。ただこの段階では、読書が、場所や時代の制約を強く受ける行為であるという点を十分には問題化できなかった。

次の『メディアの中の読書』においては、現在の読書についての研究を幅広く検討する作業をはじめ、現代の読書環境や過去、地域の読書環境の問題にも調査の範囲を広げていった。地域に残された資料に接していくなかで、中央とは異なる読書環境について関心が深まっていったのもこの書からである。今とは異なる時代、こことは異なる場の読書について考えることの必要性、有効性へとつながる研究となっている。

『書物の日米関係』は、こうした問題意識、研究方法の具体的な実践であり、それとあわせてここで述べたリテラシー史という概念、方法を整理し提示することともなった。米国各地の日本語蔵書を長期にわたって調査する経験は、彼方の読書について学ぶ貴重な経験となった。そして、書物と読者の関係史が、同時に国際間の政治的・経済的な変化と深く関わりあっていることを明らかにすることができた。

そして本書『越境する書物』の扱った問題、方法についてはこれまで述べた通りである。私にとって本書は文学研究、教育が向かう方向を、具体的な形にして示したものでもあるが、同時に、書物に関わる多様な研究領域にむけて投げかけた問いかけであり、研究方法の提案でもある。さまざまな読書の資料、そしてそこから見えてくる読書のかたちは、私たちが理解し、考え、伝える行為について、疑問と発見を絶えずもたらしてくれる。だからこそその資料には、汲みつくそうにも汲みつくされない驚きと楽しさが見出せるのである。

あとがき

本書のなかでも書いたことなのだが、読書についての資料を扱い、考えるという作業は、その人がそれまでに身につけ、よって立つ知の基盤そのものを批判的に見直すよいきっかけとなる。むろん、私自身に対してもそれは同様で、本書を作る作業は、自らが読み、考えてきたその枠組みや土台を改めて問い直す刺激的な経験でもあった。

高知県の中学校で英語を教えていた私の父は、一九七一年、国際教育交換協議会（ＣＩＥＥ）のプログラムで三ヶ月間米国で学んでいる。以降私の家には特に文化的な面で、米国という強烈な価値観が流れ込む。米国の対外文化政策が、戦後の私たちの米国に対する考え方、感じ方に深い部分で作用してきた点については本書でもいくどかとりあげた。私もまた成長して中学、高校に通う頃には、米文学や米国の映画、マンガや音楽にのめり込んでいた。

大学に入って、私は日本文学を専攻し、また、別の外国語に関心をもったことで、そこから距離をとっていった。しかし、それまでに培われた価値観は、欧米文化圏に対する根拠のない信頼感や崇敬の思いとして、その裏返しの劣等感とともにその後も私の考え方や感じ方の枠組みのうちに残存していったように思う。

そうした思考から自身がある程度脱していくことができたのは比較的最近のことで、実際に米国で長期間調査・研究に従事した経験のおかげだった。私が調査にあたっていたのは二〇〇五年で、米国はその二年前にイラク侵攻を開始し、愚かな戦争のただ中にあった。この年のロンドンの同時多発テロも影響して、地下鉄の駅構内のような公共の場でも、米兵による一般人への持ち物検査がまかり通っている時期だった。

だがおそらく研究という面で、米国への批判的な距離感がそれなりに身についていったのは、そうした状況もさることながら、やはりその地で読書環境やリテラシーの調査をしたことによってだと思う。私の調査は米国で日本の書物や日本情報を用いる環境がどのようにできてきたか、という調査だった。それはまた、米国の研究者たちの得ている日本についての情報や、彼／彼女らの読む書物・思考にも当然のことながら様々な制約やバイアスがあることを実質的にたどっていく作業でもあったからである。むろんそれは米国における研究者への批判のみならず、自身の研究やその方法においても、絶えず反省・意識化すべきこととして跳ね返ってくる。それは刺激的でとても楽しい作業であった。

本書はその折の米国での調査や、それ以降いくどかの現地調査、また関係する日本国内の各地での調査をふまえて、ほぼ書き下ろしに近い形でまとめたものである。同様の形でまとめた前著から、ほぼ四年の時間がかかってしまった。本書においても前著と同様に、数多くの人々から取材や調査への協力を得た。これらの情報や資料が、本書の基盤となっている。

本書が完成にまで至ったのは何より私を公私にわたって支えてくれた人々に負うところが大きい。この一年、忙しいなか本当に楽しみながら本書を仕上げていくことができたのは、そのおかげだと思う。

また、昨年から早稲田大学図書館で副館長の仕事をしているが、その経験や図書館スタッフからの示唆・協力は本書の執筆にあたって貴重な支えとなった。そして、前著に続いて出版を快諾し、編集に当たっていただいた新曜社の渦岡謙一氏に心より感謝したい。

さて、本書の原稿を出版社に送って間もない頃、東日本大震災に見舞われた。書架が倒れて研究室には入れなくなり、刊行までの校正作業は図書館で行なった。本書では、いくどとなく彼方の読書について論じている。自分とは異なる場所・環境の読者と書物について。被災地という場所の読者や書物の問題が、校正作業をしながらも頭から離れなかった。校正を行ないながら、被災時の大学図書館間における支援活動の実態や方策についての調査プロジェクトを作り、所属する大学に助成を申請した。大学からの支援の有無は定かではないが、書物と場所をめぐって取り組むべき多くの課題がそこにあるのは明らかだ。私たちの読む環境の過去と未来につらなる課題は、まだまだ山積している。

付記

本書はほぼ書き下ろしとなるが、部分的に以下の形でこれまで発表している。ただし、本書に組み込むにあたっては全面的に手を入れている。

和田敦彦「プランゲ文庫をめぐるアメリカ図書館の争奪戦」(『インテリジェンス』第一〇号、二〇〇八年)

和田敦彦「流通・所蔵情報をとらえる文学研究へ」(『日本文学』第五七巻一号、二〇〇八年)

本書の調査、およびプロジェクトは、日本学術振興会科学研究費・基盤研究C「米国大学図書館における日本語蔵書史の調査、及びその情報の利用、共有化についての研究」(二〇〇六年度〜二〇〇九年度)、早稲田大学特定課題研究「米国における日本語蔵書の成立、変化、及び利用形態に関する研究」(二〇一〇年度)の支援を受けている。

人名索引

さ　行

た　行

な 行

は 行

ま 行

や　行

ら　行

わ　行

事項索引

か　行

な　行

は　行

ま　行

や　行

ら　行

わ　行

註

序章

(1) Council on East Asian Libraries, CEAL Statistic Database（http://www.eastasianlib.org/），acceced February, 2011.

(2) 和田敦彦『書物の日米関係』（新曜社，2007年2月）。

(3) “Acclaimed Colombian Institution Has 4,800 Books and 10 Legs”, *New York Times*, October 19, 2008.

(4) リテラシー史研究会の活動，刊行物などの詳細については同会ウェブサイトを参照（http://www.f.waseda.jp/a-wada/literacy）。

(5) 米国日本語図書蔵書史調査プロジェクト（http://www.f.waseda.jp/a-wada/jbcp）。

第一章

(1) US Navy Japanese/Oriental Language School Archival Project（JSLP），http://ucblibraries.colorado.edu/archives/collections/jlsp.

(2) コロラド大学図書館　米海軍日本語学校アーカイヴァルプロジェクト（http://www.f.waseda.jp/a-wada/jbcp/colorado）。

(3) フォレスト・ピッツ，著者による聞取り，2007年3月15日から17日。

(4) [U. S. Navy]，*U. S. Navy Language School Contract*, June 6, 1942. University of Colorado at Boulder, Archives.

(5) James C. McNaughton, *Nisei Linguists : Japanese Americans in the Military Intelligence Service during World War* II, Center of Military History, U.S. Army, 2007.

(6) 和田敦彦『書物の日米関係』（新曜社，2007年2月）102頁。

(7) ロバート・ホール・ジュニア『記述言語学入門』（鳥居次好・興津達朗共訳，三省堂出版，1956年10月）。

(8) ハーバート・パッシン『米陸軍日本語学校』（加瀬英明訳，ティービーエス・ブリタニカ，1981年9月）217頁。

(9) これら人物の各大学での活動については，和田敦彦『書物の日米関係』（新曜社，2007年2月）を参照。

(10) Azar Nafisi, *Reading Lolita in Tehran : a Memoir in Books*, Fourth Estate, 2004.

(11) 副教材として，Onishi Masao『Japanese Basic Characters』（大西雅雄『日本基本漢字』三省堂，1942年11月），病気や医学用語をまとめた『Japanese Words of Military Value』，『Japanese Medical History Outline』，漢字の異体字を整理した『Kanji Abbreviations and Variant』が用いられている。

(12) 長沼直兄『標準日本語読本』(復刻版1-7巻，言語文化研究所，1997年10月)。
(13) 宇都宮直賢『アメリカ“S”派遣隊』(芙蓉書房，1983年5月)，森清「戦前在日米国大使館の日本語教育」(『講座日本語と日本語教育15』明治書院，1991年6月)。
(14) A. E. Hindmersh, *Navy School of Oriental Languages*, 1944. University of Colorado Archives.
(15) 夏目漱石，芥川龍之介・久米正雄宛書簡，1916年9月1日(『漱石全集』第24巻，岩波書店，1997年2月) 564-565頁。
(16) Serge Elisséeff and Edwin O. Reischauer, *Elementary Japanese for University Students*, Harvard-Yenching Institute, 1941 (Vocaburary, Grammer and Notes) を併用。
(17) 久松潜一「英米の日本文学熱」(『文藝春秋』1936年7月，14巻7号)。
(18) 長沼直兄「パーマさんのことども」(言語文化研究所編『長沼直兄と日本語教育』開拓社，1981年11月)，211頁。
(19) 言語文化研究所編『長沼直兄と日本語教育』(開拓社，1981年11月) 110頁。
(20) 池尾スミ・木村 宗男・栗原 由枝ほか「第二次大戦下と戦後初期における日本語教育(1) 戦中期の語彙調査と現存資料の発見，教科書作成との関連」(『日本語教育研究』32号，1996年11月)。
(21) 河路由佳「長沼直兄による敗戦直後の日本語教師養成講座」(『日本語教育研究』52号，2007年6月)。
(22) 関正昭「「日本語教育文法」の流れ」(「長沼直兄『標準日本語読本』解説」言語文化研究所，1997年10月) および同『日本語教育史研究序説』(スリーエーネットワーク，1997年6月)。
(23) 教員経験のない日系人に言語教育ができたのは，日系人の役割が，言語の説明ではなく実践的な会話，文字使用の反復練習に限定する明確な方法論をとっていたからである。これはピッツからの聞取りによるが，高見澤孟「太平洋戦争中の米国における日本語訓練計画とその影響」(『日本語教育研究』35号，1998年5月) によれば，米陸軍での日本語教育の聞取り調査からも同様のこと指摘されている。
(24) 菊池寛「父帰る」(『新思潮』2年1号，1917年1月)，「時の氏神」(『婦女界』1924年7月)。
(25) 菊池寛「「父帰る」のこと」(『文藝春秋』1923年3月)，あるいは江口渙「その頃の菊池寛」(『わが文学半生記』青木書店，1953年7月)。
(26) Navy Intelligent School Anacosta, *Words at War: The Story of Navy Language School*, 1949. University of Colorado at Boulder, Archives.
(27) フォレスト・ピッツ，著者による聞取り，2007年3月15日から17日。
(28) Greg Bradsher, “The Exploitation of Captured Japanese Records,” *Disclosure*, November 2002.
(29) E. H. F. Svensson, *Notification of Shipment of Japanese Documents*, November 4, 1946, National Archives at College Park, Maryland.

(30) WDC Chief, *Report on WDC Library Project: O. C. Special Acqusition Section*, March 31, 1946. National Archives at College Park, Maryland.

(31) Osamu Shimizu, *Continuation of Processing Project on Deck 8 South, The present tempolary project*, June 9, 1958. Yoshimura Papsers, Yoshiko Yoshimura.

(32) Intelligence Division, WDGS, and ONI, US Navy Department, *Washington Document Center Summary*, No.2, August 2, 1946. National Archives at College Park, Maryland.

(33) 柴田善雅「華中占領地日系企業の活動」(『大東文化大学紀要　社会科学・自然科学』43号, 2005年3月)。

(34) WDC管理番号は, FRB番号(Foreign Research Bureau)に変わる。

(35) 現在の国立公文書記録管理局(NARA)。1965年に国立公文書記録管理室(NARS)はNARAに組織が変わっている。

(36) 福島鋳郎「接収公文書返還の周辺」(『出版研究』6号, 1975年10月), 住谷雄幸「占領軍による押収公文書・接収資料のゆくえ」(『図書館雑誌』83巻8号, 1989年8月)。

(37) 同上。

(38) 外垣豊重「米国側接収発禁図書の返還とその経緯について」(『国立国会図書館月報』187号, 1976年10月)。

(39)「参議院決算委員会議事録」1972年3月8日(「国会会議録検索システム」http://kokkai.ndl.go.jp/)2010年6月参照。

(40)『赤旗』1972年3月9日。

(41) 文部省社会教育局文化課編『連合国軍総司令部から没収を命ぜられた宣伝用刊行物総目録』(文部省, 1949年3月)。

(42) Andrew Y. Kuroda, *Miss Morsch's Recommendations on the Washington Document Center Bibliographical and Listing Project*, 1960. Yoshimura Papers, Yoshiko Yoshimura.

(43) 占領史研究会『総目録GHQに没収された本』(サワズ&出版, 2005年9月), あるいは西尾幹二『GHQ焚書図書開封』(徳間書店, 2008年6月)のようなとらえ方もあろう。

(44)「衆議院外務委員会議事録」1973年3月7日(「国会会議録検索システム」http://kokkai.ndl.go.jp/)2010年6月参照。

(45) Andrew Y. Kuroda, *On Proposal to Return LC's South Manchurian Railway Company (SMR) Materials to Japan*, July 6, 1967. Yoshimura Papers.

(46) 黒田良信, 松下健一宛書簡, 1973年3月19日, 吉村文書。

(47) Tung-King Ng, "Librarianship in East Asian Studies," *Canadian Library Journal*, Vol. 27, No. 2, April, 1970.

(48) Nathan R. Einhorn, Letter to William C. Sherman, May 13, 1974. Yoshimura Papers, Yoshiko Yoshimura.

(49) 福間敏矩「米国の国会図書館に保管されていた日本映画の返還について」(『東京国立近代美術館年報』1972年3月)89頁。
(50) Nathan R. Einhorn, [*Memorundum to Director, Processing Department, Reference Department*], May 10, 1974. Yoshimura Papers, Yoshiko Yoshimura.
(51) Andrew Y. Kuroda, Letter to Warren M. Tsuneishi, Paul L. Berry, March 29, 1973. Yoshimura Papers, Yoshiko Yoshimura.
(52) Forrest R. Pitts, "Sliding Sideways into Geography," *Geographical Voices*, Syracuse University Press, 2002.
(53) Center for Japanese Studies, The University of Michigan, ed., *Japan in the World, the World in Japan : Fifty Years of Japanese Studies at Michigan*, Center for Japanese Studies, The University of Michigan, 2001, p. 42.
(54) フォレスト・ピッツ,著者による聞取り,2007年3月15日から17日。
(55) Arthur W. Hummel, "Division of Orientalia," *Annual Report of the Librarian of Congress: For the Fiscal Year Ended June 30, 1939*, 1939.
(56) Luther Evans, [Letter], May 26, 1949. Columbia University, C. V. Starr East Aian Library, Director's Office.
(57) Robert B. Ward, *Report on Bibliographical Project*, September 13, 1948. University of Michigan, Bentley Historical Library.
(58) R. E. Ward, *Bibliography of Political Science*, 1950. R. H. Brower, *Bibliography of Japanese dialects*, 1950. R. K. Beardsley, *Bibliography of Archaeology,* Ethnology, 1950. J. W. Hall, *Bibliography of History*, 1954. C. F. Ramer, *Bibliography of Economics*, 1956. R. B. Hall, *Bibliography of Geography*, 1956.
(59) Luther H. Evans, Letter to Warner G. Rice, November 7, 1949. Yoshimura Papers, Yoshiko Yoshimura.
(60) Library of Congress, *Korea; an Annotated Bibliography*, Library of Congress Reference Dept., 1950., Peter A. Berton, *Manchuria : an Annotated Bibliography*, Library of Congress Reference Dept., 1951.
(61) Andrew Y. Kuroda, *Miss Morsch's Recommendations on the Washington Document Center Bibliographical and Listing Project,* 1960. Yoshimura Papers, Yoshiko Yoshimura.
(62) 吉村敬子『戦前・戦後検閲資料及び文書 1955年以前 米国議会図書館マイクロ化資料チェックリスト』(1-3巻,文生書院,2009年7月)。
(63) フォレスト・ピッツ,著者による聞取り,2007年3月15日から17日。
(64) ロバート・B・ホール「アンナーバーと岡山とにおける日本研究」(『瀬戸内海研究』3号,1952年6月)。
(65) Richard K. Beardsley, John W. Hall, Robert E. Ward, *Village Japan*, University of Chicago Press, 1959.
(66) James A. Kokoris,松光三郎宛書簡,1959年8月19日,平松家文書。

(67) Forrest R. Pitts, *Japan*, Fiedler Company, 1960.

(68) 和田敦彦『書物の日米関係』(新曜社，2007 年 2 月) 第 5 章を参照。

(69) J. Douglas Eyre, "Perspective on Village Japan," Center for Japanese Studies, The University of Michigan, *Japan in the World, World in Japan*, 2001, p. 51.

(70) [鎌田共済図書館]「鎌田図書館建築経過報告」(鎌田共済図書館，1922 年 9 月 23 日) 鎌田文書，鎌田共済会郷土博物館。

(71) [鎌田共済図書館]『大正十四年図書館事務綴』(鎌田共済図書館，1930 年) では蔵書総数 24,621 冊 (和漢書 24,351 冊，洋書 270 冊)，前年度閲覧者数 57,944 人としている。

(72) 今沢慈海「市民生活の要素としての図書館」(『図書館雑誌』58 巻 4 号，1924 年 6 月) や和田萬吉「地方文化の中心としての図書館」(『図書館雑誌』61 号，1924 年 9 月)。

(73) [鎌田共済図書館]「鎌田共済図書館巡回文庫規程」(『図書館関係綴　大正十三年一月』1924 年，財団法人鎌田共済会) 鎌田文書，鎌田共済会郷土博物館。

(74) [鎌田共済図書館]「図書館は学者や学生などの専有物ではない」(『鎌田共済図書館雑誌』2 号，1924 年 11 月)。

(75) [鎌田共済図書館]「第五十四回増加図書目録」(鎌田共済図書館，1930 年 1 月) では「御婦人方は，是非図書館をご利用下さい」と訴え，衛生，料理に関する蔵書をリスト化して提示する。

(76) 野田宮逸「読書の民衆化と読者会の経過を顧みて」(『鎌田共済図書館雑誌』23 号，1928 年 5 月) によれば月に一度，夜図書館に集まって意見交換をする会で，女性の参加も報じられている。

(77) [鎌田共済図書館]「雑報　金山読書組合員の真摯な読書態度」(『鎌田共済図書館雑誌』84 号，1942 年 9 月)。

(78) [鎌田共済図書館]「郷土文献の蒐集は地方図書館の任務」(『鎌田共済図書館雑誌』12 号，1926 年 7 月)。

(79) この調査の名称は SIRI (Scientific Investigations of the Ryukyu Island) であり，資料の一部は，現在琉球大学図書館に所蔵されている。

(80) 米国国際開発庁の活動については，同庁のホームページを参照 (http://www.usaid.gov/)。

(81) 山下米子「アジア・フォード両財団資金による近・現代中国研究計画と，これに反対する運動について」(『歴史学研究』296 号，1965 年 1 月)。

(82)「米国内に強い衝撃」(『朝日新聞』1967 年 2 月 2 日) や「教育団体の国際活動もＣＩＡの黒い資金事件」同，1967 年 2 月 23 日)。

(83) キンバリー・グールド・アシザワ「アメリカのフィランソロピーは日本にどう向き合ったのか」(山本正編『戦後日米関係とフィランソロピー』ミネルヴァ書房，2008 年 6 月)。

第二章

(1) Gordon W. Prange, Letter to Harry C. Byrd, November 28, 1948. University of Maryland, Hornbake Library, Maryland Room.

(2) 由井正臣ほか『出版警察関係資料解説・総目次』(不二出版, 1983年1月), 奥平康弘「検閲制度」(鵜飼信成ほか『日本近代法発達史』11巻, 勁草書房, 1967年5月) 参照。

(3) 内務省警保局『出版警察概観』(1-3巻, 復刻, 不二出版, 1988年4月)。

(4) 内務省警保局『出版警察関係資料集成』(1-9巻, 復刻, 不二出版, 1986年4月), および奥平康弘監修『言論統制文献資料集成』(1-20巻別巻2, 日本図書センター, 1991年10月-1992年6月)。

(5) 昭和期の具体的な検閲情報については, 出版警保局『出版警察報』の復刻版 (龍渓書舎, 1981年4月-1986年4月), 司法省刑事局『思想月報』の復刻版 (文生書院出版, 1972年10月-1974年5月) によってたどることができる。また, 禁止された単行本を内務省がまとめた内務省警保局『禁止単行本目録』は, 復刻版『発禁本関係資料集成』(1-4巻, 湖北社, 1976年7月-1977年5月) で現在は参照できる。

(6) 国立国会図書館支部上野図書館編『上野図書館八十年略史』(上野図書館, 1953年3月)。

(7) 昭和5年から9年に処分を受けた発禁本についての数字。大滝則忠「戦前期出版警察法制下の図書館」(『参考書誌研究』2号, 1971年1月) 51頁。

(8) 東京都千代田区編『千代田図書館八十年史』(千代田区, 1968年3月)。また千代田図書館の内務省委託本については, 浅岡邦雄「検閲本のゆくえ」(『中京大学図書館学紀要』29号, 2008年), 千代田図書館編『千代田図書館蔵「内務省委託本」関係資料集』(千代田区図書館, 2011年3月) 参照。

(9) 江藤淳『閉された言語空間』(文藝春秋, 1989年8月), 松浦総三『占領下の言論弾圧』(増補決定版, 現代ジャーナリズム出版会, 1974年1月)。

(10) 20世紀メディア研究所による「占領期新聞・雑誌情報データベース」(http://prangedb.kicx.jp/), アジア歴史資料センターによるデータベース (http://www.jacar.go.jp/)。

(11) 鈴木文史朗「アメリカの日本研究者たち」(『ワールド』3巻12号, 1948年)。

(12) 江藤淳『閉された言語空間』(文藝春秋, 1989年8月) 8頁。

(13) SCAP, *Report of General MacArthur*, Gendai Shiryo Shuppan, 1998.

(14) Navy Intelligent School Anacostia, *Words at War: the Story of Navy Language School*, 1949. University of Colorado at Boulder, Archives.

(15) Joseph K. Yamagiwa, *Minute of Group Meeting of National Committee on Oriental Collections and a Section of the Far Eastern Association*, April 7, 1949. Yale University, Manuscript and Archives.

(16) フーバー図書館東京オフィスに関する資料と活動については, 和田敦彦『書物の日米関係』(新曜社, 2007年2月) 第4章参照。

(17) Yoshio Higashiuchi, *Activities of the Tokyo Office of The Hoover Institute and Library on War, Revolution and Peace, January-June 1950*, 1 July 1950. Stanford University, Hoover Institute Library and Archives.

(18) Harold H. Fisher, Letter to Delmer Brown, February 13, 1948. Stanford University, Hoover Institute Library and Archives.

(19) Douglas W. Bryant, Letter to President Robert Gordon Sproul, 29, July 1949, University of California Berkeley, Bancroft Library.

(20) Gordon W. Prange, Letter to Harry C. Byrd, January 10, 1950. University of Maryland, Hornbake Library, Maryland Room.

(21) 単に物理的な冊数を指す場合には冊数を用い，タイトルごとの数はタイトル数として記している。同一タイトルの雑誌は，複数号，複数冊あっても１タイトルとなる。

(22) http://www.lib.umd.edu/prange/html/collection.jsp, accessed September 30, 2010.

(23) Edwin G. Beal, Jr., *Minute of Group Meeting of National Committee on Oriental Collections and a Section of the Far Eastern Association*, April, 1949, Yale University, Manuscript and Archives.

(24) WDC Chief, *Report on WDC Library Project: Tab-B Appendix*, April 12, 1946. National Archives at College Park, Maryland.

(25) 同上。

(26) Gordon W. Prange, Letter to Harry C. Byrd, May 10, 1950. University of Meryland, Hornbake Library, Maryland Room.

(27) この細かい経緯については奥泉栄三郎「戦時教化・宣伝刊行物の行方」(『現代の図書館』19 巻 1 号，1981 年 6 月)，奥泉栄三郎・古川純「戦時教化・宣伝用刊行物」(『東京経大学会誌』121 号，1981 年 6 月) が詳しい。

(28) 星美恵「ＬＣ所蔵日本占領期発行雑誌の整理に携って」(『国立国会図書館月報』380 号，1992 年 11 月)。

(29) Foreign Document Branch, CIA, *Periodical Abstracts*, March 3, 1948. National Archives at College Park, Maryland.

(30) 藤代真苗，著者による聞取り，2007 年 9 月 16 日。

(31) Gordon W. Prange, Letter to Harry C. Byrd, December 21, 1950. University of Maryland, Hornbake Library, Maryland Room.

(32) Harry C. Byrd, Letter to Gordon W. Prange, April 12, 1951, Gordon W. Prange, Letter to Douglas MacArthure, April 13, 1951. University of Maryland, Hornbake Library, Maryland Room.

(33) ゲヴィーア (W. M. Gewehr) は歴史学でプランゲの上司にあたる教員。彼を別の管理部門へ移し，世界的に著名な研究者を呼んで歴史学領域の学科再編をする構想を，ここではプランゲに打ち明けている (Harry C. Byrd, Letter to Gordon W. Prange, February 10, 1948. University of Maryland, Hornbake Library, Maryland Room)。

(34) Gordon W. Prange, Letter to Harry C. Byrd, May 10, 1950. University of Maryland, Hornbake Library, Maryland Room.
(35) Gordon W. Prange, Letter to Harry C. Byrd, November 28, 1948. University of Maryland, Hornbake Library, Maryland Room.
(36) Gordon W. Prange, Letter to Harry C. Byrd, December 29, 1949. University of Maryland, Hornbake Library, Maryland Room.
(37) Gordon W. Prange, Letter to Harry C. Byrd, July 6, 1950. University of Maryland, Hornbake Library, Maryland Room.
(38) Gordon W. Prange, Letter to Harry C. Byrd, November 29, 1949. University of Maryland, Hornbake Library, Maryland Room.
(39) Gordon W. Prange, Letter to Harry C. Byrd, November 5, 1948. University of Maryland, Hornbake Library, Maryland Room.
(40) Historical Division, *Shipment of Document*, 3 January 1950.
(41) Gordon W. Prange, Letter to Harry C. Byrd, May 13, 1950. University of Maryland, Hornbake Library, Maryland Room.
(42) Gordon W. Prange, Letter to Harry C. Byrd, January 17, 1950. University of Maryland, Hornbake Library, Maryland Room.
(43) Gordon W. Prange, Letter to Harry C. Byrd, November 2, 1950. University of Maryland, Hornbake Library, Maryland Room.
(44) Gordon W. Prange, Letter to Edward M. Almond, April 27, 1951. University of Maryland, Hornbake Library, Maryland Room.
(45) 山田敏之「国立国会図書館憲政資料室所蔵『日本占領関係資料』」(『インテリジェンス』8号, 2007年4月)。
(46) 冊数は福島鋳郎「接収公文書返還の周辺」(『出版研究』6号, 1975年10月)によった。ただ簿冊の換算の仕方によってこの数字は異なり,「被接収公文書の返還」(『北の丸』2号, 1974年)では16,800冊となっている。
(47) このシートのサンプルは田中宏美編『占領接収旧陸海軍資料総目録』(東洋書林, 1995年2月)に納められている。
(48) たとえば戦中に閉鎖されたニューヨークの日本文化会館(Japan Institute)の蔵書が米議会図書館の所蔵となった事例があり, また, ロサンゼルスの「ひのもと図書館」蔵書印の図書が米議会図書館のうちに多数見られたという事例もある(袖井林二郎, 著者による聞取り, 2007年7月26日)。
(49) 国立国会図書館編『国立国会図書館三十年史』(国立国会図書館, 1979年3月)466頁。
(50) Osamu Shimizu, The Japanese Section, A Survey of its Workload and Present Backlog, Feburary 28, 1961. Yoshimura Papers, Yoshiko Yoshimura.
(51) Osamu Shimizu, *Workload and arrearages of works in the Japanese Section, The Japanese Section, A Survey of its Workload and Present Backlog*, Feburary 28, 1961.

Yoshimura Papers, Yoshiko Yoshimura.

(52) 加藤一夫・河田いこひ・東條文規『日本の植民地図書館』(社会評論社, 2005年5月) 127頁。

(53) Osamu Shimizu, *Continuation of Processing Project on Deck 8 South, The Present Tempolary Project*, June 9, 1958. Yoshimura Papers, Yoshiko Yoshimura.

(54) Osamu Shimizu, *Workload and Arrearages of Works in the Japanese Section, The Japanese Section, A Survey of its Workload and Present Backlog*, Feburary 28, 1961. Yoshimura Papers, Yoshiko Yoshimura.

(55) Warren Tsuneishi, *Proposal to Return the "South Manchuria Railway (SMR) Library" to Japan*, June 13, 1967. Yoshimura Papers, Yoshiko Yoshimura.

(56) Andrew Y. Kuroda, *On Proposal to Return LC's South Machurian Railway Company (SMR) Materials to Japan*, July 6, 1967. Yoshimura Papers, Yoshiko Yoshimura.

(57) 米議会図書館オンライン・カタログ (http://catalog.loc.gov/)。

(58) Yoshiko Yoshimura, *Japanese Government Documents and Censored Publications, A Checklist of the Microfilm Collection*, Library of Congress, 1992., *Censored Japanese Serials of the Pre-1946 Period, A Checklist of Microfilm Collection*, Library of Congress, 1994. 吉村敬子『戦前・戦後検閲資料及び文書　1955年以前 米国議会図書館マイクロ化資料チェックリスト』(1–3巻, 文生書院, 2009年7月)。

(59) このセクションは1963年にChildren's Literature Centerとなり, 現在に至っている。

(60)「占領期の音楽関係出版物　童謡遊技振付集」(LCOCデータ, LCCN : 2009428652)。

(61)「占領期出版物　大学入試参考書」(LCOCデータ, LCCN : 96844760)。

(62) プランゲ・コレクション所蔵の占領期発行雑誌と, 米議会図書館所蔵の占領期発行雑誌のタイトル照合作業については, 岡崎倫子「占領期発行雑誌所蔵調査　米議会図書館とプランゲ文庫との比較調査 (上)」(『リテラシー史研究』1号, 2008年1月), 岡崎倫子・柴田希「米議会図書館とプランゲ文庫との比較調査(下) 占領期発行雑誌所蔵調査」(『リテラシー史研究』2号, 2009年1月) を参照。

(63) 吉村敬子『戦前・戦後検閲資料及び文書　1955年以前 米国議会図書館マイクロ化資料チェックリスト』(1–3巻, 文生書院, 2009年7月)。星美恵「LC所蔵日本占領期発行雑誌の整理に携って」(『国立国会図書館月報』380号, 1992年11月) では4,568タイトル, 26,495冊となっており, 表よりも千タイトルほど多い。この部分については整理の過程で行方がわからなくなったという (吉村敬子, 著者による聞取り, 2007年9月17日)。

(64) 松下健一, 黒田良信宛書簡, 1973年1月25日, 吉村文書, 吉村敬子。

(65) 大滝則忠「戦前期出版警察法制下の図書館」(『参考書誌研究』2号, 1971年1月)。

(66) Andrew Kuroda, Letter to Ryohei Murata, January 30, 1974. Yoshimura Papers,

Yoshiko Yoshimura.

(67) 国立国会図書館のオンライン目録では，請求記号を「/特500，/特501」で限定することでこのデータが得られる。

(68) 岸一太『霊界の研究』（明道会，1932年11月）。

(69) 木村徹英『皇道翼賛のために』（興亜運動国民同志会，1940年12月），松井芳太郎『軍部を罵倒する国賊大阪朝日新聞ヲ葬レ』（国粋神風隊出版部，1933年10月）。

(70) 中野繁一『広島県水平運動史』（広島県水平社連合会，1930年12月）。

(71) 小川隆四郎『妊娠調節』（日本妊娠調節相談所，1926年8月），久保川南柯『性慾の実際と其善用』（久保川運兵，1923年12月）。

(72) 赤川学『セクシュアリティの歴史社会学』（勁草書房，1999年4月）。

(73) 吉村敬子，著者による聞取り（2007年9月17日）。

(74) コムアカデミア哲学研究所『「唯物論と経験批判論」研究』（永田広志訳，ナウカ社，1926年）。

(75) コムアカデミア哲学研究所『「唯物論と経験批判論」研究』（永田広志訳，ナウカ社，1926年）LCOCデータ，LCCN : 00470718。目録データには「LC copy from Naimushō Keihokyoku censorship collection; inspector's decision on form card: "Annei kinshi shikarubeki ya."」と示されている。

(76) 田中宏巳編『占領接収旧陸海軍資料総目録』（東洋書林，1995年2月）。

(77) W. R. クロッカー『日本の人口問題』（近藤常次訳，南郊社，1935年）LCOCデータ，LCCN : 87133751。

(78) [国立公文書館]「被接収公文書の返還」（『北の丸』2号，1974年）。

(79) 荻野富士雄編『特高警察関係資料集成』（1-38巻，不二出版，1991年6月-2004年12月）。

(80) 和田敦彦『書物の日米関係』（新曜社，2007年2月）第5章参照。

(81) 1955年に図書約1,600冊，雑誌5,000点あまりの米議会図書館からの受け入れが琉球大学側で記録されているが，米議会図書館側のメモでは技術関係の文献類を15,000冊送ったといった記述もみられ，この数量や経緯については十分明らかではない。

(82) John T. Ma, *Annual Report of the East Asian and Western Language Collection*, June 30, 1972. Stanford University, Hoover Institute Library and Archives.

(83) 和田敦彦『書物の日米関係』（新曜社，2007年2月）301頁。

(84) 米議会図書館アジア部マイクロ資料（MJ144 Reel13）。この目録情報は吉村目録（2009）に納められている。進駐軍特殊慰安施設については川本祥一『開港慰安婦と被差別部落』（三一書房，1997年8月）があるが，その資料は一次資料ではなく『神奈川県警察史』に依拠している。また，ドウス昌代が『敗者の贈物』（講談社，1979年7月）でノンフィクションとして描いている。

第三章

(1) インターネットアーカイブ（http://www.archive.org/）。

(2)「グーグルブックス」（http://books.google.com/books/），および「近代デジタルライブラリ」（http://kindai.ndl.go.jp/）。

(3) 杉山伸也「慶應義塾とグーグル社のライブラリプロジェクト提携について」（『Media Net』14号，2007年10月）。

(4) 和田敦彦『書物の日米関係』（新曜社，2007年2月）終章参照。

(5) かなやひろたか編訳『本を残す　用紙の酸性問題資料集』（かなやひろたか，1982年10月）。

(6) 安江明夫「酸性紙問題から資料保存へ」（安江明夫・木部徹・原田淳夫編『図書館と資料保存』雄松堂，1995年1月）。

(7) 安江明夫「蔵書劣化の謎を追う」（『びぶろす』41巻9–10号，1990年）。

(8) ジャンヌ＝マリー・デュロー，デビッド・クレメンツ『ＩＦＬＡ資料保存の原則』（資料保存研究会編訳，日本図書館協会，1987年8月）。

(9)「明治期の貴重本16万冊がマイクロフィルムに」（『Sapio』1990年5月9日）。

(10) 国立国会図書館「丸善株式会社「覚書」1989年8月14日」（『国立国会図書館「明治期プロジェクト」最終報告書』日本総合研究所，1993年8月30日）野中文書，野中治。

(11) 山本信男「資料保存とその対策の一つとしてのマイクロ化」（『大学図書館研究』37号，1991年）。

(12) BPの会「明治期資料の保存のために　マイクロ化に向けての提言」（『Book Preservation』6号，1988年）。

(13)『地上のモグラ　永久保存版』（1991年3月）野中文書，野中治。

(14)『情宣速報』（119号，1988年4月5日）。

(15) 国立国会図書館の本館は，地上，地下あわせて17の階層からなっており，階数は下からの階層数で示す。

(16) 野中治「新しい需要を拓いた「大規模マイクロ化変換作業」の実態報告」（『月刊IM』1991年3月）。

(17) 国立国会図書館整理部編『明治期刊行図書目録』（国立国会図書館，1971年3月–1976年2月）。

(18)『国立国会図書館「明治期プロジェクト」最終報告書』日本総合研究所，1993年8月30日）野中文書，野中治。

(19) 岡本昌也「英国ケンブリッジにて」（『地上のモグラ　永久保存版』1991年3月）野中文書，野中治。

(20)『国立国会図書館「明治期プロジェクト」最終報告書』（日本総合研究所，1993年8月30日）野中文書，野中治。「一度マイクロ化すれば，光ディスクやCD–ROM等の，他の次世代メディアに変換することが容易となる」として，新たな利用範囲を想定していることがわかる。

(21)「古書がマイクロ化で蘇る」(『アエラ』12号，1992年3月17日)。
(22) 野中治「新しい需要を拓いた「大規模マイクロ化変換作業」の実態報告」(『月刊IM』1991年3月)。
(23) 岡本昌也「英国ケンブリッジにて」(『地上のモグラ　永久保存版』1991年3月) 野中文書，野中治。
(24)『地上のモグラ』(創刊号，1990年2月15日) 野中文書，野中治。
(25)「国会図書館明治期の書籍マイクロ化　地方在住の研究者ら強い関心」(『西日本新聞』1991年5月21日)。
(26)「明治期刊行図書マイクロ版集成受注表」(『国立国会図書館「明治期プロジェクト」最終報告書』日本総合研究所，1993年8月30日) 野中文書，野中治。
(27) 丸善株式会社「提案書」1991年 (『国立国会図書館「明治期プロジェクト」最終報告書』日本総合研究所，1993年8月30日) 野中文書，野中治。
(28) 同上。
(29) *U.S. Japan Business News*, Nov. 13, 1989.
(30) ハロルド・ボライソ「貧しき「日本」学科」(『Aera』1991年4月23日)。
(31) 土持法一「明治期に注目する米学会」(『毎日新聞』夕刊，1991年5月31日)。
(32) Gordon M. Berger, [*The Applications of Universities*], October 10, 1991. Maruzen Papers, Maruzen.
(33) 同上。
(34)「マイクロフィルム，英・米に」(『朝日新聞』1991年3月31日)。
(35)「明治の刊行物収録のフィルム　コロンビア大学に無料貸与」(『The Yomiuri America』466号，1995年6月9日)。
(36) Edwin O. Reschauer Institute of Japanese Studies, *The Meiji Studies Conference, Program*, Harvard University, 1994.
(37) 国立国会図書館図書部編『国立国会図書館蔵書目録』(紀伊國屋書店，1997年12月-1998年8月)。『国立国会図書館所蔵昭和前期刊行図書デジタル版集成』[社会科学部門] (丸善，2000年9月) として発売された。
(38)「パイロット電子図書館プロジェクト」(『国立国会図書館月報』421号，1996年4月)。
(39) 関西館事業部電子図書館課「近代デジタルライブラリ事業における明治期刊行図書の著作権処理の結果について」(『国立国会図書館月報』542号，2006年5月)。
(40) 和田敦彦「近代デジタルライブラリーと日本文学研究」(Academic Resource Guide，146号，2002年11月16日，http://www.ne.jp/asahi/coffee/house/ARG) 2010年5月参照。
(41) 制作記念のイベントについては『早稲田大学図書館紀要』(44号，1997年3月)。
(42) 早稲田大学古典籍総合データベース (http://www.wul.waseda.ac.jp/kotenseki)。
(43) 早稲田大学創立125周年記念国際シンポジウム「角田柳作」は，その開催報告が図書館によって公開されている (http://www.wul.waseda.ac.jp/TENJI/tsunoda_

symposium）2009年10月参照。
（44）［日米文化学会］『日米文化学会に御下賜，寄贈の図書目録』（1936年10月）。
（45）Yanaga, Chitoshi, *Memorandum on Visits to Harvard, Columbia, and The Library of Congress*, February 26, 1948., University Archives, Yale University.
（46）横山重の書物収集活動については，横山重『書物捜索』（上・下，角川書店，1978年−1979年）としてまとめられている。
（47）横山重，坂西志保宛書簡，1937年12月19日。坂西文書，米議会図書館。
（48）松下眞也「古典籍総合データベースの構築と展開」（『早稲田大学図書館紀要』53号，2006年3月）。
（49）藤原秀之「資料保存の一助としてのデジタルアーカイブ　早稲田大学図書館古典籍総合データベースの事例を通じて」（『大学図書館研究』89号別冊，2010年8月）。
（50）ただし図書，雑誌やホームページへの転載の際には図書館特別資料室への許可を求めている。
（51）松下眞也「古典籍総合データベースの構築と展開」（『早稲田大学図書館紀要』53号，2006年3月）。
（52）杉山伸也「慶應義塾とグーグル社のライブラリプロジェクト提携について」（『Media Net』14号，2007年10月）。
（53）「和解契約書」（http://www.googlebooksettlement.com/intl/ja/agreement.html）2009年10月参照。
（54）ジャン＝ノエル・ジャンヌネー『Googleとの闘い』（佐々木勉訳，岩波書店，2007年11月）。
（55）日本ペンクラブの批判については山田健太「グーグルブック検索訴訟と表現の自由」（『出版研究』40号，2009年）。
（56）福井健策『著作権とは何か』（集英社新書，2005年5月）116頁。
（57）村瀬拓男「グーグル問題が日本の出版社につきつけた「絶版」の定義」（Diamond Online, 2009年5月26日，http://diamond.jp/articles/-/2019）2009年11月1日参照。
（58）契約事項の詳細については，例えば2004年のグーグル，ミシガン大学間の最初の契約合意事項（http://www.lib.umich.edu/files/services/mdp/um-google-cooperative-agreement.pdf, accessed October 2010）を参照。
（59）Geoffrey Nunberg, "Google's Book Search: A Disaster for Scholars," *The Chronicle of Higher Education*, August 31, 2009.
（60）*Google Books: The Metadata Mess, Google Book Settlement Conference*, August 28, 2009, UC Berkeley., http://people.ischool.berkeley.edu/~nunberg/GBook/GoogBookMetadataSh.pdf, accessed October 2010.
（61）米国の書籍産業研究グループ（BISG：Book Industry Study Group）の作成する管理コード。
（62）ハーバード大学では，トレイシー・ロビンソン，山田久仁子の協力を得て調査を行なった（2009年9月25日）。

(63) Harvard Univeristy Library, *Annual Report 2007–2008*, 2008. HUL., http://publications.hul.harvard.edu/ar0708/hul.html, accessed October 2010.

(64) Lawrence H. Summers, *Remarks at NBER Conference on Diversifying the Science & Engineering Workforce*, January 14, 2005., http://web.archive.org/web/20080130023006, http://www.president.harvard.edu/speeches/2005/nber.html, accessed December, 2010.

(65) ロバート・ダーントン『猫の大虐殺』(海保真夫・鷲見洋一訳, 岩波書店, 1986年10月), 同『禁じられたベストセラー』(近藤朱蔵訳, 新曜社, 2005年2月) など。

(66) Robert Darnton, "Google & the Future of Books," *New York Book Review*, Vol. 56, No.2, February 12, 2009.

(67) Laura G. Mirviss, "Harvard-Google Online Book Deal at Risk," *Harvard Crimson*, October 30, 2008., http://www.thecrimson.com/article/2008/10/30/harvard-google-online-book-deal-at-risk/, accessed October 2010.

(68) ミシガン大学では仁木賢司, ジュリア・ロベットの協力を得て2009年9月28日に調査を行なった。

(69) Jeremy York, *This Library Never Forgets: Preservation, Cooperation, and the Making of HathiTrust Digital Library*, Archiving March 2009, http://www.hathitrust.org/, accessed October 2010.

(70) "HathiTrust Offers Full-text Search of Millions of Digitized Books and Journals," University of Michigan News Service, November 19, 2009.

(71) Hathitrust website, http://www.hathitrust.org/about, accessed October 2010.

(72) UCLAでの調査は, マーラ・トシエ, シャロン・ファーブ, ヘザー・クリステンソンの協力を得て2009年9月30日に行なった。

(73) スタンフォード大学では2009年10月2日, ミミ・カーターの協力で調査を行なった。

(74) "Bookless Library at Stanford Looks to the Future," *Stanford Report*, July 26, 2010. http://news.stanford.edu/news/2010/july/enginbooks-072610.html, accessed May 2010.

(75) M. A. Keller, "Gold at the End of the Digital Library Rainbow: Forecasting the Consequences of turly Effective Digital Libraries, Digital Libraries, Internatioal Collaboration and Cross-fertilization," *ICADL 2004 Proceedings*, Springer.

(76) 慶應義塾大学図書館ウェブサイト (http://www.lib.keio.ac.jp/jp/headquarter/statistics.html) 2009年10月参照。

(77) 杉山伸也「慶應義塾とグーグル社のライブラリプロジェクト提携について」(『Media Net』14号, 2007年10月)。

(78) 月桑菴鵲堂写 (嘉永6年), 雪中庵蓼太序 (宝暦11年) 形態3冊。

(79) 中元誠「公私立大学図書館コンソーシアム (PULC) の形成とその展開　シリアルズ・クライシスとコンソーシアル・ライセンシングの現在」(『情報管理』53巻3

号，2010年）。
(80) 北風貴紫「エルゼビア・サイエンス社の円価格問題をめぐって」（『ふみくら』66号，2000年12月）。
(81) 中元誠「公私立大学図書館コンソーシアム（PULC）の形成とその展開　シリアルズ・クライシスとコンソーシアル・ライセンシングの現在」（『情報管理』53巻3号，2010年）。
(82) 文部科学省「学術情報基盤実態調査」より作成。調査の結果については同省ホームページ（http://www.mext.go.jp/）2010年10月参照。
(83) 時実象一「オープンアクセス運動の歴史と電子論文リポジトリ」（『情報の科学と技術』55巻10号，2005年）。
(84) 土出郁子・呑海沙織「日本における学術機関リポジトリの発展過程と現状」（『図書館界』62巻3号，2010年7月）。
(85) 学術機関リポジトリポータル（http://jairo.nii.ac.jp/）。
(86) 牧野二郎『Google問題の核心』（岩波書店，2010年6月），長谷川通『エアライン・エコノミクス』（中央書院，1997年5月）。

第四章

(1) Fukuda, Naomi, *Survey of Japanese Collections in the United States, 1979–1980*, Center for Japanese Studies, The University of Michigan, 1981.
(2) Yasaka, Takaki, *A Survey of Japanese Studies in the United States*, Institute of Pacific Relations, 1935.
(3) 同上（Introduction Remarks, Footnote 2, p. 7）。
(4) 斉藤真ほか編『アメリカ精神を求めて』（東京大学出版会，1985年4月）。
(5) 在米日本人会編『北米日本人史』（在米日本人会事蹟保存部編，1940年12月）参照。在米日系人史の書誌やその精度については，阪田安雄「移民研究の歴史的考察とその課題」（『日系移民資料集』北米編第18巻，日本図書センター，1994年7月）が詳しい。
(6) 沢柳政太郎編『太平洋の諸問題』（太平洋問題調査会，1926年7月）。
(7) 渋沢栄一伝記資料刊行会編『渋沢栄一伝記資料』（第37巻，渋沢栄一伝記資料刊行会，1961年3月）。
(8) 斉藤惣一「太平洋会議に就いて」（『開拓者』1925年10月）。
(9) 沢柳政太郎編『太平洋の諸問題』（太平洋問題調査会，1926年7月）36頁。
(10)「（太平洋問題調査会）理事会評議員会書類綴」（『渋沢栄一伝記資料』第37巻，渋沢栄一伝記資料刊行会，1961年3月）。
(11) 高木八尺「新渡戸先生と太平洋問題調査会」（新渡戸稲造全集編集委員会編『新渡戸稲造全集』別巻，教文社，1936年11月）。
(12)「特秘三七一六号　昭和四年十一月五日　佐上信一，太平洋問題調査会関係一件第三巻」（アジア歴史資料センター，JACAR : B04122241500）。

(13) 松本重治『上海時代　上』(中公新書，1974年10月) 47頁。

(14) 斉藤惣一「京都会議から上海会議まで」(那須皓編『上海に於ける太平洋会議』太平洋問題調査会，1932年4月) 7頁。

(15) 高柳賢三「太平洋に於ける外交機関」(那須皓編『上海に於ける太平洋会議』太平洋問題調査会，1932年4月)。

(16) Yasaka Takaki and KisaburoYokota, "A Security Pact for the Pacific Area," Bruno Lasker and W. L. Holland ed., *Problems of the Pacific, 1933: Economic Conflict and Control*, Oxford University Press, 1934.

(17) 高木八尺「太平洋に於ける平和機構の問題」(『国際知識』15巻3号，1935年2月)。

(18) Mortimer Graves, Letter to Katsuji Debuchi, June 29, 1933. Sakanishi Papers, Library of Congress, Asian Reading Room.

(19) Shio Sakanishi, Letter to Yasaka Takaki, December 22, 1933. Sakanishi Papers, Library of Congress, Asian Reading Room.

(20) Shio Sakanishi, "Notes on Japanese Accession 1933," *Report of The Librarian of Congress, For the Fiscal Year Ended June 30, 1933*, 1933.

(21) Kan-ichi Asakawa, "Japanese and Chinese Collections, Professor Asakawa Report, December 15, 1935, *Bulletin of Yale University, Report of the Librarian of Yale University, For the Academic Year 1934–35*, Series 32, Number 7, 1935.

(22) この経緯の詳細は本書第5章参照。

(23) 片桐庸夫『太平洋問題調査会の研究』(慶應義塾大学出版会，2003年10月)。

(24) Jerome D. Green, Letter to Nicholas Murray Butler, February 6, 1931, Columbia University Low Library, University Archive.

(25) Society for Japanese Studies, *To the Members*, Fubruary 16, 1933. Sakanishi Papers, Library of Congress, Asian Reading Room.

(26) ヒュー・ボートン「日本研究の開拓者たち」(斉藤真訳，細谷千博・斉藤真編『ワシントン体制と日米関係』東京大学出版会，1978年3月)。

(27) Louis V. Ledoux, *A Descriptive Catalogue of an Exhibition of Japanese Figure Prints from Moronobu to Toyokuni*, The Grolier Club, 1924., *The Art of Japan*, Japan Society, inc., 1927.

(28) Society for Japanese Studies, *Minutes of the Annual Meeting*, January 24, 1933. Sakanishi Papers, Library of Congress, Asian Reading Room.

(29) 同上7頁。

(30) Society for Japanese Studies, *Minutes of the Annual Meeting*, January 25, 1934, p. 6. Sakanishi Papers, Library of Congress, Asian Reading Room.

(31) Edward C. Carter, Letter to Yasaka Takagi, April 27, 1934. Takaki Papers, Univeristy of Tokyo, CPAS.

(32) Yasaka, Takaki, *A Survey of Japanese Studies in the United States*, Institute of

Pacific Relations, 1935, p. 9.
(33) Edward C. Carter ed., *China and Japan in Our University Curricula*, American Council, Institute of Pacific relations, 1929.
(34) Edward C. Carter, Letter to Yasaka Takaki, October 3, 1933. Takaki Papers, Univeristy of Tokyo, CPAS.
(35) ジョージ・オーシロ『新渡戸稲造　国際主義の開拓者』(中央大学出版部, 1992年4月)。
(36) 高木八尺「In Memoriam Inazo Nitobe, 1862–1933」(『高木八尺全集』第5巻, 東京大学出版会, 1971年4月)。
(37) Edward C. Carter, Letter to Owen Lattimore, Bruno Lasker, Kate Mitchell, Charlotte Tyler, Yasaka Takaki, Saburo Matsukata, November 7, 1933. Takaki Papers, Univeristy of Tokyo, CPAS.
(38) Yasaka, Takaki, *A Survey of Japanese Studies in the United States*, Institute of Pacific Relations, 1935. p. 1.
(39) Yasaka Takaki, *Draft Itinerary 1933* (「米国における日本研究についての調査」フォルダ). Takaki Papers, Univeristy of Tokyo, CPAS.
(40) Edward C. Carter, Letter to Stanley K. Hornbeck, November 13, 1933. Takaki Papers, Univeristy of Tokyo, CPAS.
(41) Edward C. Carter, Letter to King, November 15, 1933. Takaki Papers, Univeristy of Tokyo, CPAS.
(42) Edward C. Carter, Letter to Quincy Wright, December 11, 1933. Takaki Papers, Univeristy of Tokyo, CPAS.
(43) ニコラス・スパイクマン『平和の地政学』(奥山真司訳, 芙蓉書房出版, 2008年5月)。
(44) 青木節一「日米間平和保障条約の提唱」(『外交時報』1927年10月1日)。
(45) Edward C. Carter, Letter to King, November 15, 1933. Takaki Papers, Univeristy of Tokyo, CPAS.
(46) Edward C. Carter, Letter to George H. Blakeslee, November 15. Takaki Papers, Univeristy of Tokyo, CPAS.
(47) ヒュー・ボートン『戦後日本の設計者　ボートン回想録』(五味俊樹訳, 朝日新聞社, 1998年3月)。
(48) Earle Eubank, Letter to Edward C. Carter, December 20, 1933. Takaki Papers, Univeristy of Tokyo, CPAS.
(49) Edward C. Carter, Letter to E. S. Brown, December 11, 1933. Takaki Papers, Univeristy of Tokyo, CPAS.
(50) Edward C. Carter, Letter to Edwin R. Embree, December 11, 1933. Takaki Papers, Univeristy of Tokyo, CPAS.
(51) Edward C. Carter, Letter to Quincy Wright, December 11, 1933. Takaki Papers,

Univeristy of Tokyo, CPAS.

(52) Edward C. Carter, Letter to Ernest C. Moore, December 11, 1933. Takaki Papers, Univeristy of Tokyo, CPAS.

(53) Edward C. Carter, Letter to R. B. Von Kleinsmid, December 11, 1933. Takaki Papers, Univeristy of Tokyo, CPAS.

(54) Edward C. Carter, Letter to Coral Hartdegen, December 11, 1933. Takaki Papers, Univeristy of Tokyo, CPAS.

(55) The Oriental Institute of The University of Hawaii, *Prospectus*, 1935. Cornell University, Division of Rare and Manuscript Collection.

(56) Gregg M. Sinclair, Letter to Kate Mitchell, February 23, 1934. Takaki Papers, Univeristy of Tokyo, CPAS.

(57) Motimer Graves, Letter to Yasaka Takaki, March 15, 1933. Takaki Papers, Univeristy of Tokyo, CPAS.

(58) Yamato Ichihashi, Letter to Yasaka Takagi, January 18, 1934. Takaki Papers, Univeristy of Tokyo, CPAS.

(59) Yuji Ichioka, *Before Internment*, Stanford University Press, 2006.

(60) 国際文化振興会『財団法人国際文化振興会　設立経過及昭和九年度事業報告書』（国際文化振興会，1935 年）。

(61) Yasaka Takaki, Letter to Motimer Graves, June 19, 1934. Takaki Papers, Univeristy of Tokyo, CPAS.

(62) 樺山愛輔，高木八尺宛書簡，1934 年 12 月 11 日。高木文書，東京大学 CPAS。

(63) 青木節一，高木八尺宛書簡，1934 年 8 月 31 日。Yasaka Takaki, Letter to Edward C. Carter, September 11, 1934. Takaki Papers, Univeristy of Tokyo, CPAS.

(64)「太平洋問題調査部協議員記録」1938 年 4 月 21 日。高木文書，東京大学 CPAS。

(65) 高木八尺「新渡戸先生と太平洋問題調査会」（新渡戸稲造全集編集委員会編『新渡戸稲造全集』別巻，教文館，1987 年 4 月）。

(66) Yasaka Takaki, Letter to Edward C. Carter, January 13, 1939. Takaki Papers, Univeristy of Tokyo, CPAS.

(67) 佐々木豊「ロックフェラー財団と太平洋問題調査会　冷戦初期の巨大財団と民間研究団体の協力／緊張関係」（『アメリカ研究』37 号，2003 年 3 月）。

(68) Reiko Maekawa, "Philanthropy and Politics at the Crossroads: John D. Rockfeller 3rd's Japanese Experience," *The Integrated Human Studies*, vol. 7, 2000.

(69) 藤田文子「「日米知的交流計画」と 1950 年代日米関係」（『東京大学アメリカン・スタディーズ』5 号，2000 年）。

(70) 油井大三郎『未完の占領改革』（東京大学出版会，1989 年 2 月）。

(71) 斉藤真他編『アメリカ精神を求めて』（東京大学出版会，1985 年 4 月）。

(72) 中見真理「太平洋問題調査会と日本の知識人」（『思想』728 号，1985 年 2 月）。

(73) 同上。

(74) 片桐庸夫『太平洋問題調査会の研究』(慶應義塾大学出版会, 2003年10月)。
(75) 高木八尺「近代アメリカ政治史」(東京大学アメリカ研究センター編『高木八尺著作集』第2巻, 東京大学出版会, 1971年1月) 153頁。
(76) 高木八尺「満州問題と米国膨張史の回顧　自主外交に対する自由主義的見解」(『改造』1932年9月)。

第五章

(1) アメリカ日本文化学会は, コロンビアへの図書移管が正式に決まった後, 日本学振興を目的とした日本学振興学会 (Society for The Promotion of Japanese Studies) に一時名前を変え, 1933年には日本学会 (Society for Japenase Studies) となる。同時期の似た団体として, 米国学術団体評議会のもとでラングドン・ワーナーを長として1931年に構成された日本学振興委員会 (Committee on Promotion of Japanese Studies) があるが, それとは別組織である (Mortimer Graves, Letter to Debuchi Katsuji, June 29, 1933., Society for Japanese Studies, *To the Members*, February 16, 1933. Sakanishi Papaers, Library of Congress, Asian Reading Room.)。
(2) 角田柳作「面影」(『早稲田学報』388号, 1927年6月)。
(3) Society for Japanese Studies, *Minutes of the Annual Meeting*, January 25, 1934. Sakanishi Papers, Library of Congress, Asian Reading Room.
(4)『国民の記録』(新文化運動中央会編, 総合出版社, 1946年8月) や神山茂夫『古きもの・新しきもの』(社会書房, 1948年1月)。
(5) 濱田峰太郎『上海事変』(上海日報社, 1932年5月) はもと日本の陸軍軍医学校図書館の蔵書であり, WDC経由と思われる。饒平名智太郎編『プロレタリア芸術教程』(世界社, 1929年6月)。
(6) 日本文化会館の蔵書についての詳細は, 和田敦彦『書物の日米関係』(新曜社, 2007年2月) 第1-2章参照。
(7) The Tale of Genji in Japan and the World, Social Imaginary, Media, and Curtural Production, March 25-26, 2005, Columbia University.
(8) シンポジウム企画は2007年のシンポジウム「角田柳作　日米の架け橋となった「先生」」として構想, 早稲田大学とコロンビア大学の主催。10月30日に開催。パネリストにコロンビア大学の東アジア図書館長のエイミー・ハインリッヒ, ドナルド・キーン, 角田修, 内海孝。展示は2008年6月12日から8月27日にかけてコロンビア大学でも行なわれた。
(9) 和田敦彦『書物の日米関係』(新曜社, 2007年2月) 第2章を参照。
(10) 角田恵重『近世群馬の人々』(みやま文庫, 1963年2月)。
(11) 赤城村教育委員会『文化財関係資料集 (第七集)　角田柳作』(赤城村教育委員会, 2005年3月)。
(12) 佐藤能丸「角田柳作と早稲田大学」(『早稲田大学史紀要』32号, 1996年), 鹿野政直「角田柳作　その歩みと思い」(『早稲田大学史記要』29号, 1997年)。

(13) Theodore De Bary, “A Tribute to Ryusaku Tsunoda,” *Ryusaku Tsunoda Sensei 1877–1964*, p. 10.

(14) 原智子ほか「アーサーロイド」（昭和女子大学近代文学研究室『近代文学研究叢書』第 12 巻，昭和女子大学光葉会，1959 年 4 月）。

(15) Arthur Lloyd, *The Higher Buddhism in the Light of the Nicene Creed*, Tokyo Tsukiji type foundry, 1893., *The Creed of Half Japan*, Smith, Elder, 1911., *Shinran and his work*, Kyobunkwan, 1910.

(16) 永井道雄『異色の人間像』（講談社，1965 年 12 月），ドナルド・キーン「ニューヨークの一人の日本人」（『文藝春秋』1962 年 5 月）。

(17) 角田柳作『井原西鶴』（民友社，1997 年 5 月）。

(18) 宇佐美毅「坪内逍遙論」（『国語と国文学』1993 年 5 月）。

(19) 中野三敏「「小説神髄」再読」（『日本近代文学』65 号，2001 年 10 月）。

(20) 木村洋「明治中期，排斥される馬琴」（『日本文学』57 巻 6 号，2008 年 6 月）。

(21) 坪内逍遙『小説神髄』（松月堂，1885 年 9 月–1886 年 4 月）坪内逍遙「細君」（『国民之友』37 号，1889 年 1 月），乾坤一布衣（松原岩五郎）『最暗黒之東京』（民友社，1893 年 11 月）。

(22) 角田柳作が翻訳，刊行したのは『社会之進化』（開拓社，1899 年 1 月），『倫理学史』（金港堂書籍，1904 年 2 月）。

(23) 福島県立福島高等学校創立八十周年記念事業実行委員会記念誌刊行小委員会『福高八十年史』（福島県立福島高等学校，1978 年）53 頁。

(24) 今村恵猛『布哇開教誌要』（本派本願寺布哇開教教務所文書部，1918 年 5 月）49 頁。

(25) 内海孝「角田柳作のハワイ時代　一九〇九年の渡布前後をめぐって」（『早稲田大学史記要』30 号，1998 年）。

(26) 今村恵猛『布哇開教誌要』（本派本願寺布哇開教教務所文書部，1918 年 5 月）181 頁。

(27) Riusaku Tsunoda, *The Essence of Japanese Buddhism*, The Advertiser Press, 1914.

(28) 内海孝「角田柳作のハワイ時代再論　一九〇九～一七年の滞在期間を中心として」（『早稲田大学史記要』31 号，1999 年 7 月）。

(29) 内海孝「角田柳作のコロラド時代」（『東京外国語大学論集』75 号，2007 年）。

(30) 内海孝「角田柳作のハワイ時代　朝河貫一との接点を求めて」（『朝河貫一ニュース』36 号，1999 年 4 月）。

(31)「紐育に創設せらるゝ日本の文化的事業　上」（『紐育新報』1926 年 10 月 13 日）。

(32)「角田氏の文化学会と米紙　民衆教育機関として歓迎する」（『紐育新報』1927 年 1 月 1 日）。

(33) 荻野富士夫『太平洋の架橋者　角田柳作』（芙蓉書房出版，2011 年 4 月）。

(34) 角田柳作「面影」（『早稲田学報』388 号，1927 年 6 月）41 頁。

(35) 朝河貫一の図書収集とエール大学日本語蔵書の形成については，和田敦彦『書物の日米関係』（新曜社，2007 年 2 月）第 6 章参照。
(36) ハワイ大学の日本語蔵書史の成立に関しては，以下の論が詳しい。Allen J. Riedy, Tokiko Y. Bazzell, Kuang-Tien Yao, Daniel C. Kane, “A History of The University of Hawaii at Manoa,” Peter X. Zhou ed., *Collecting Asia*, Association for Asian Studies, Inc., 2010.
(37)『日米文化学会に御下賜，寄贈の図書（絵画，標本その他の文化資料を含む）目録』［1936 年 10 月］。
(38) 田部隆次「日米文化学会の成立，及び経過概要」（『日米文化学会に御下賜，寄贈の図書（絵画，標本その他の文化資料を含む）目録』［1936 年 10 月］）。
(39) 水谷渉三編『紐育日本人発達史』（紐育日本人会，1921 年 3 月），高峰譲吉博士顕彰会編『高峰博士の面影』（高峰譲吉博士顕彰会，1961 年 12 月）。
(40) 木村正人「財界ネットワークの形成　一九二〇年代の日米経済外交の基盤」（近代日本研究会編『政府と民間　対外政策の創出』山川出版社，1995 年 11 月）。
(41) 投資先としての対日評価の高まりについては，三谷太一郎「ウォールストリートと満蒙」（細谷千博・斉藤真編『ワシントン体制と日米関係』東京大学出版会，1978 年 3 月）を参照。
(42) 中村隆英「世界経済の中の日米経済関係」（細谷千博・斉藤真編『ワシントン体制と日米関係』東京大学出版会，1978 年 3 月）。
(43) 朝河貫一，角田柳作宛書簡，1940 年 5 月 5 日（朝河貫一書簡集編集委員会編『朝河貫一書簡集』早稲田大学出版部，1990 年 10 月）。
(44) 坂西は高木と，この調査の方法や成果について詳細な意見交換を行なっている（Shio Sakanihsi, Letter to Yasaka Takaki, December 22, 1933. Sakanishi Papers, Library of Congress, Asian Reading Room）。
(45) Louis V. Loudoux, *Society for Japanese Studies, Minutes of the Annual Meeting*, February 15, 1938. Sakanishi Papers, Library of Congress, Asian Reading Room.
(46) 同上。
(47) 美濃部達吉『逐條憲法精義』（有斐閣，1927 年 12 月），穂積八束『憲法提要』（有斐閣，1910 年 12 月）。
(48) Colegrove, Kenneth., Letter to Ryusaku Tsunoda, December 10, 1938., January 21, 1939. North Western University, University Archives.
(49) Tsunoda Ryusaku, Letter to Takaki Yasaka, August 10, 1939. Takaki Papers, University of Tokyo, CPAS.
(50) 角田柳作，高木八尺宛書簡，1954 年 9 月 27 日（「Ryusaku Tsunoda Research Project」フォルダ）。高木文書，東京大学 CPAS。同文書には他にも，1955 年に高木が国内各地大学と角田の講演の調整をしたやりとりが残されている。
(51) 角田柳作の講演タイトルは「Cumurative View of Japanese Culture」となっている（Japan Institute, *Program Notice*, ［1940］, KBS Papers, JFIC Library）。

(52)「「スタンフォード大学」日本講座ニ関シ報告ノ件」(機密公第37号　大正5年5月30日，山崎平吉)，「「スタンフォード大学日本講座継続ニ関シ稟請ノ件」(機密公第63号，大正5年11月1日，埴原正直)，ともに『外務省文書』(マイクロ資料)。
(53) Yuji Ichioka, *Before Internment*, Stanford University Press, 2006.
(54) Louis V. Loudoux, *Society for Japanese Studies, Minutes of the Annual Meeting*, February 15, 1938. Sakanishi Papers, Library of Congress, Asian Reading Room.
(55) *Report of the Project for the Cataloging of Japanese Books at Columbia University*, Osamu Shimizu, Notes of Far Eastern Studies in America, June, 1941. これは米国学術団体評議会の日本中国学委員会（Committee on Chinese and Japanese Studies）が出している冊子である。
(56) 角田柳作「米国に於ける日本研究」(『図書館雑誌』226号，1938年9月) 391頁。
(57) Arthor Lloyd, *Shinran and His Work: Studies in Shinshu Theology*, Kyobunkwan, 1910.
(58) Riusaku Tsunoda, *The Essence of Japanese Buddhism*, The Advertiser Press, 1914.
(59) 同上。
(60) 守屋友江「二〇世紀初頭ハワイにおける国際派仏教徒たち　角田柳作と今村恵猛を中心に」(『近代仏教』7号，2000年3月)。
(61) ドナルド・キーン「恩師　角田柳作先生」(『早稲田学報』1994年10月)。
(62) 角田柳作「仏教より見たアメリカ史」(『大法輪』22巻10号，1955年10月)。
(63) 角田柳作ほか「アメリカの真実を認識せよ　老紐育人角田氏を囲んで」(『心』8巻8号，1955年8月)。
(64) ドナルド・キーン「ニューヨークの一人の日本人　わが師角田柳作先生のこと」(『文藝春秋』1962年5月)。
(65) ドナルド・キーン「恩師　角田柳作先生」(『早稲田学報』1994年10月)。
(66) 角田柳作『書斎，学校，社会』(布哇便利社出版部，1917年1月) 60頁。
(67) Nobumoto Ohama, Letter to Miwa Kai, March 30, 1966. Waseda University Library.

第六章

(1) この懇談会については，和田敦彦「戦後国際文化政策についての非公式懇談会記録　国際文化会館関係文書（文芸評論家編）」(『リテラシー史研究』4号，2011年1月）を参照。
(2)「文芸評論家との非公式懇談会（第十四回）」(1953年4月8日）の参加者は，豊島与志雄，勝本清一郎，川端康成，河上徹太郎，吉田健一，谷川徹三，中村光夫，青野季吉，松本重治，向井啓雄，大形孝平。
(3) 和田敦彦『書物の日米関係』(新曜社，2007年2月）16頁，178頁の「国際文化振興会」は「国際文化会館」，335頁の「国際交流基金」は「国際文化会館」の誤り。

(4) 岡田兼一，高木八尺宛書簡，1936年10月8日。高木文書，東京大学CPAS。その後，国際会館建設準備委員会が長沢正雄を幹事として立ち上げられる（長沢正雄「インターナシヨナル・ハウス建設の件」1937年9月1日（「Int. House Prep 1951–52」フォルダ）高木文書，東京大学CPAS）。
(5) 芥川龍之介「舞踏会」『芥川龍之介全集』（第5巻，岩波書店，1996年3月）248頁。初出は『新潮』（32巻1号，1920年1月）。「舞踏会」は『夜来花』（新潮社，1921年3月）収録の段階で稿に異動がある。全集本文は『夜来花』収録版を底本とする。
(6) 芥川龍之介「舞踏会」『芥川龍之介全集』（第5巻，岩波書店，1996年3月）257頁。
(7) ピエル・ロチ『日本印象記』（高瀬俊郎訳，新潮社，1914年11月）。Pierre Loti, *Japoneries D'automne,* Calmann Lévy, 1889.
(8)「ロチと日本」『ふらんす手帖』（生活社，1943年1月）。これまでの典拠についての言及は笠井秋生「もう一つの舞踏会」（『芥川龍之介研究』2号，1992年4月）によるまとめが要を得ている。
(9)『お菊さん』（野上臼川訳，新潮社，1915年5月），『氷島の漁夫』（吉江孤雁訳，博文館，1916年7月）。
(10) 三好行雄『芥川龍之介論』（筑摩書房，1976年9月）。
(11) 国際文化振興会『財団法人国際文化振興会　設立経過及昭和九年度事業報告書』（国際文化振興会，1935年7月）13–14頁。
(12) 同上。
(13)「第四九回理事会議事録　一九三七年八月一三日」，「第五一回理事会議事録　一九三七年一〇月八日」，「第四十九回　理事会議事録」（『KBS理事会並びに評議会議事録　昭和9–12年度』1937年8月13日）KBS文書，JFICライブラリ。
(14) 国際文化振興会『第五二回理事会議事録』（1937年11月12日）KBS文書，JFICライブラリ。
(15) 国際文化振興会『昭和十三年度事業報告』（1939年3月27日）KBS文書，JFICライブラリ。
(16) 代表的なものでは，以下のようなものがあげられよう。K. B. S. ed., *A Guide to Japanese Studies*, Kokusai Bunka Shinkokai, 1937. *A Short Bibliography of English Books on Japan*, Kokusai Bunka Shinkokai, 1936.
(17) Kan Kikuchi, *History and Trends of Modern Japanese Literature*, Kokusai Bunka Shinkokai, 1936.
(18) 国際文化振興会『昭和十年度事業報告書』[1936]，KBS文書，JFICライブラリ。
(19) 国際文化振興会編『現代日本文学解題』（国際文化振興会，1938年12月）。
(20) 和田敦彦「発信される日本 KBS文書のリテラシー的意味」（『リテラシー史研究』1号，2008年1月）参照。国際交流基金図書室所蔵の国際文化振興会史料は，芝崎厚士『近代日本と国際交流』（有信堂，1999年8月）で用いられ，かつ同氏によって一度全体の整理，目録化がなされている。
(21) 国際文化振興会『KBS30年の歩み』（国際文化振興会，1964年4月）。

(22) 同上。

(23) Japan Institute, *Guest List of Mr. Mayeda's Luncheon on Honor of Count Kabayama*, February 11, 1940. KBS Papers, JFIC Library.

(24) 日本文化会館「昭和十五年度事業概況」(『昭和十五年度事業報告』1941年6月9日) KBS文書, JFICライブラリ。

(25) [Japan Institute], "Cumurative View of Japanese Culture", Japan Institute, Program Notice, [1940], KBS Papers, JFIC Library.

(26) 日本文化会館『昭和十五年度事務報告書』(1940年) KBS文書, JFICライブラリ。

(27) 同上

(28) 前田多門「在紐育日本文化会館新規事業計画及び之に伴ふ補助金増額申請に関する件」(1940年4月8日) KBS文書, JFICライブラリ。

(29) 国際文化振興会「戦争勃発後館長, 館員諸給与説明」KBS文書, JFICライブラリ。

(30) 国際文化振興会「昭和十六年度事業概況」(1942年6月26日) KBS文書, JFICライブラリ。

(31) 永井松三「事業設備拡張許可申請書」(1944年2月16日) KBS文書, JFICライブラリ。

(32) 村上さち子『仏印進駐』(村上覚, 1984年9月) 32頁。

(32) 畠中敏郎『仏印風物詩』(生活社, 1943年2月) 4頁。

(34) この経緯についての先行研究としては, 立川京一『第二次世界大戦とフランス領インドシナ 「日仏協力」の研究』(彩流社, 2000年5月), および村上さち子『仏印進駐』(村上覚, 1984年9月) が詳細な史料をふまえて示しており, ここでも参考とした。

(35) この時期の洋書飢饉とドイツ, アメリカとの図書交換については和田敦彦『書物の日米関係』(新曜社, 2007年2月) 第一章を参照。日仏印間の定期刊行物交換は1941年度から43年2月までに発送が1087冊, 受け入れは1510冊に及び, 国内大学に配布されている (永井松三「昭和一七年度事業概況」1943年8月, KBS文書, JFICライブラリ)。

(36) 国際文化振興会『昭和十六年度事業概況』(国際文化振興会, 1942年6月) KBS文書, JFICライブラリ。

(37) 国際文化振興会『昭和十八年度事業概況』(国際文化振興会, 1944年7月) 3-4頁。KBS文書, JFICライブラリ。

(38) 国際文化振興会『昭和十六年度事業概況』(国際文化振興会, 1942年6月) 2頁。KBS文書, JFICライブラリ。

(39) 国際文化振興会『昭和十七年度事業概況』(国際文化振興会, 1943年10月) KBS文書, JFICライブラリ。

(40) 情報局第一部第三課『東亜共栄圏の一環としての仏領印度支那』(1941年11月) 56頁。KBS文書, JFICライブラリ。

(41) 国際文化振興会『昭和十八年度事業概況』(国際文化振興会, 1944 年 7 月) 3–4 頁。KBS 文書, JFIC ライブラリ。
(42) 国際文化振興会『昭和十七年度事業概況』(国際文化振興会, 1943 年 10 月) KBS 文書, JFIC ライブラリ。
(43) 水谷乙吉の『仏印文化史』(丸善, 1943 年 1 月) や『仏印の生態』(岡倉書房, 1942 年 5 月), 博文館編集局『仏領印度支那事情』(博文館, 1940 年 12 月) などがあげられよう。
(44) 国際文化振興会『印度支那』(国際文化振興会, 1942 年 10 月), 水谷乙吉『仏印文化史』(丸善, 1943 年 1 月), 同『仏印の生態』(岡倉書房, 1942 年 5 月)。
(45) 村上さち子『仏印進駐』(村上覚, 1984 年 9 月) 397 頁。
(46) 朝倉「総務部第二課事業報告　八月十一月」(1943 年 11 月) KBS 文書, JFIC ライブラリ)。
(47) 国際文化振興会編『現代日本文学解題』(国際文化振興会, 1938 年 12 月)。
(48)「舞踏会」は初出から, 後に収録された『夜来の花』(新潮社, 1921 年 3 月) で結末部が改稿されるが, 訳に用いられたものがどのテキストによるかは定かでない。
(49) 安藤宏「「舞踏会」論　まなざしの交錯」(『国文学　解釈と教材の研究』37 巻 2 号, 1992 年 2 月)。
(50) Pierre Loti, *Un Pèlerin d'Angkor*, Calmann-Lévy, 1937.『アンコール詣で』(佐藤輝夫訳, 白水社, 1941 年 4 月)。
(51) 情報局第一部第三課『東亜共栄圏の一環としての仏領印度支那』(1941 年 11 月) KBS 文書, JFIC ライブラリ)。
(52)「江戸の舞踏会」(ピエール・ロティ『秋の日本』村上菊一郎・吉永清共訳, 1942 年 4 月, 青磁社, 76 頁)。ちなみに村上は戦後の訳出の際に「当時の情報局からきびしく干渉を受け」たことに言及しているが (『秋の日本』角川書店, 1953 年 10 月), 戦後版でもこの訳に特に変更は加えていない。
(53) 国際文化振興会『昭和十七年度事業概況』(国際文化振興会, 1943 年 10 月) KBS 文書, JFIC ライブラリ。9 頁。
(54) 国際文化振興会『KBS 30 年の歩み』(国際文化振興会, 1964 年 4 月)。
(55) 松田武『戦後日本におけるアメリカのソフト・パワー』(岩波書店, 2008 年 10 月)。
(56) 松本重治『上海時代　上』(中公新書, 1974 年 10 月)。
(57) Shigeharu Matsumoto, *Summary Report of the Initial Five Years of the International House of Japan, Inc.*, International House of Japan, 1958.
(58) 冒頭でふれた「文芸評論家との非公式懇談会 (第十四回)」(1953 年 4 月 8 日) や「新聞社学芸部第一線記者との非公式懇談会 (第十六回)」(1953 年 5 月 8 日) など, 両者の違いが質問の対象となっている。(高木文書, 東京大学 CPAS)。
(59) 国際文化振興会『ＫＢＳ 30 年の歩み』(国際文化振興会, 1964 年 4 月)。
(60) 岡田兼一, 高木八尺宛書簡, 1936 年 10 月 8 日。高木文書, 東京大学 CPAS。

(61) *Proposal for a Committee on the Continuation of the International House IDEA*, Takaki Papers, Tokyo University, CPAS.

(62) 岡田兼一「「インタナショナル・ハウス」東京ニ建設方ノ件」1937年2月19日。高木文書，東京大学CPAS。

(63) 国際文化会館『国際文化会館10年の歩み』（国際文化会館，1963年3月）。

(64) 松本重治「樺山愛輔と国際文化会館」（グルー基金，バンクロフト奨学基金，国際文化会館編『樺山愛輔翁』国際文化会館，1955年10月）によれば，グルー基金寄付の事業では樺山が首相兼外務大臣であった吉田茂や衆議院議長の幣原喜重郎に協力を求め，快諾を得たという。

(65) 高木八尺「「インターナショナル・カルチュラル・センター」の構想と「日米知的交流」のための知識人の交換計画」（『グルー基金後援会々報』3号，1952年6月），細野軍司「募金運動について」（同）。

(66)「国際文化会館建設後援会　規約並発起人総会決定事項」1952年10月，高木文書，東京大学CPAS。

(67)『国際的理解のために　国際文化会館資金委員会会報』1号，1952年12月15日）。

(68) 国際交流基金15年史編纂委員会編『国際交流基金15年のあゆみ』（国際交流基金，1990年3月）。

(69) 加固寛子「プログラムの企画と実行」（国際文化会館『国際文化会館10年の歩み』国際文化会館，1963年3月）26頁。

(70) 国際文化会館「ユネスコとの非公式懇談会（第十三回）」（国際文化会館，1953年3月11日）高木文書，東京大学CPAS。

(71) ロックフェラー財団から運用資金を委託されたコロンビア大学側と，人選にあたった日本委員会側との間での人選や計画の主導権をめぐる対立については，藤田文子「「日米知的交流計画」と1950年代日米関係」（『東京大学アメリカン・スタディーズ』5号，2000年）参照。

(72) 加固寛子「プログラムの企画と実行」（国際文化会館『国際文化会館10年の歩み』国際文化会館，1963年3月）。

(73) 国際文化会館「歴史家との歴史家との非公式懇談会（第八回）」（国際文化会館，1953年1月7日）高木文書，東京大学CPAS。

(74) 国際文化会館『国際文化会館の歩み　第一回年次報告に代えて』（国際文化会館，1956年10月）。

(75) 同上。

(76) 和田敦彦『書物の日米関係』（新曜社，2007年2月）。

(77) Naomi Fukuda, *Survey of Japanese Collections in the United States, 1979–1980*, Michigan Papers in Japanese Studies, No. 4, 1981.

(78) 高山正也「図書館との出会いをつくってくれた人　福田なをみ女史を偲びつつ」（『丸善ライブラリーニュース』復刊第1号，2008年2月）。

(79) Yasuko Makino, "Eulogy of Ms. Naomi Fukuda," *Journal of East Asian Libraries*,

No. 145, June 2008.

(80) 同上。

(81) 活動当初から外国人学者向けに，英文の参考書誌を作成，配布。『日本の主要古書店』『日本史研究文献動向』『東京主要図書館ガイド』などを作成している（*List of Major Second-hand Book Stores*, 1955, *Library News,* No. 15, [International House of Japan]，1958. *Trend of Japanese History Publications, Library News,* No. 16, [International House of Japan]，1959. *A Guide to Major Research Libraries in Tokyo* [International House of Japan]）。

(82) アメリカ図書館研究調査団の活動報告については，福田なおみによる報告文書が残されている（高木文書，東京大学 CPAS)。

(83) アメリカ図書館研究調査団『アメリカの図書館』（アメリカ図書館研究調査団，1960 年 4 月)。

(84) 福田なおみ「図書室」(国際文化会館『国際文化会館 10 年の歩み』（国際文化会館，1963 年 3 月)。

(85) Naomi Fukuda, ed., *Union Catalog of Books on Japan in Western Languages*, Internatial House Library, 1967.

(86) 国際文化会館『国際文化会館の歩み（1964 年度)』(国際文化会館，1965 年 11 月)。

(87) 国際関係・地域研究現状調査委員会『国際関係および地域研究の現状　調査報告』（国際文化会館，1962 年）として刊行。

(88) Haruki Ametsuchi, Sumio Goto, Masao Hayashi, Toshio Iwasaru, Yasumasa Oda, Takahisa Sawamoto, Shozo Shimizu, Heihachiro Suzuki, Naomi Fukuda, Letter to Librarians, December 15, 1959. Takaki Papers, Tokyo University, CPAS.

(89) 松田武『戦後日本におけるアメリカのソフト・パワー』(岩波書店，2008 年 10 月）163 頁。

(90) 藤田文子「1950 年代アメリカの対日文化政策　概観」(『津田塾大学紀要』35 号，2003 年 3 月)。

(91) 藤田文子「1950 年代アメリカの対日文化政策の効果」(『津田塾大学紀要』41 号，2009 年 3 月)。

(92) Reiko Maekawa, “Philanthoropy and Politics at the Crossroads: John D. Rockefeller 3rd's Japanese Experience,” *The Integrated Human Studies*, 7, 2000.

(93) 藤田文子「日米知的交流計画と 1950 年代日米関係」(『東京大学アメリカン・スタディーズ』5 号，2000 年)。

(94) Chizuru Suzuki, *U. S. Cultural Propaganda in Cold War Uapan: Promoting Democracy, 1948–1969*, Edwin Mellen Press, 2007.

(95) 松田武『戦後日本におけるアメリカのソフト・パワー』(岩波書店，2008 年 10 月）215 頁。

(96)「外国文学者との非公式懇談会（第十七回)」(国際文化会館，1953 年 5 月 20 日）高木文書，東京大学 CPAS。

(97) 加藤幹雄編『国際文化会館五十年の歩み』(国際文化振興会，2003 年 4 月)。
(98) 松本重治『国際関係の中の日米関係』(中央公論社，1992 年 7 月)。

第七章

(1) Geroge Bellrose, "Books on Japan Made in Rutland," *Sunday Free Press*, Vermont, July 23, 1978.
(2) Herbert R. Lottman, "Publishing in Japan," *Publishers Weekly*, December 16, 1978.
(3) Stephens Rockwell, "Rutland, Vermont and Tokyo," *Vermont Life*, vol. 22, 1967.
(4) Charles V. S. Borst, "Charles E. Tuttle co. of Rutland, Vt.-Tokyo, Japan," *Antiquarian Bookman*, November 25, 1957.
(5) *Discriptive Catalogue of the Book Published by The Tuttle Company*, Charles E. Tuttle, 1931.
(6) Charles E. Tuttle, Letter to New York Herald Tribune, January 30, 1952. CET Papers, CET Library.
(7) Stephans Rockwell, "Rutland, Vermont and Tokyo," *Vermont Life*, vol. 22, 1967.
(8) Geroge Bellrose, "Books on Japan Made in Rutland," *Sunday Free Press*, Vermont, July 23, 1978.
(9) H. Wm Weogand, *The Bridge of Books: The History and Development of The Charles E. Tuttle, Company, Publishers Rutland, Vermont Tokyo, Japan*, 1960. CET Papers, CET Library.
(10) 同上。
(11) Frederic G. Melcher, "Booksellers in Japan and Their Buying," *Publishers' Weekly*, June 14, 1947.
(12) Edo Barna, "Rare Man/ Rare Books, Antiquarian Charles Tuttle is an Imperial Treasure of the Third Order," *Stratton Magazine*, Spring, 1939.
(13) 横浜国際関係史研究会・横浜開港資料館編『図説　ドン・ブラウンと昭和の日本』(有隣堂，2005 年 8 月)。
(14) Charles E. Tuttle, Letter to Effie A. Keith, January 4, 1947. Northwestern University, University Archives.
(15) Edo Barna, "Rare Man/ Rare Books, Antiquarian Charles Tuttle is an Imperial Treasure of the Third Order," *Stratton Magazine*, Spring, 1939.
(16)「海外出版読書界の動向」(『日本読書新聞』1947 年 12 月 17 日)。
(17) Charles E. Tuttle, Letter to New York Herald Tribune, January 30, 1952. CET Papers, CET Library.
(18) Charles E. Tuttle, Letter to Jane, January 20, 1958. CET Papers, CET Library.
(19) Charles E. Tuttle, Letter to New York Herald Tribune, January 30, 1952. CET Papers, CET Library.
(20) Fredric G. Melcher, "A Report on the Japanese Book Market," *Publishers'*

Weekly, May 3, 1947.

(21) H. Wm Weogand, *The Bridge of Books: The History and Development of The Charles E. Tuttle, Company, Publishers Rutland, Vermont Tokyo, Japan*, 1960. CET Papers, CET Library.

(22) Gordon W. Prange, Letter to H. C. Byrd, July 6, 1950. University of Meryland, Hornbake Library, Maryland Room.

(23) Robert Crockett, *The Charles E. Tuttle Company and the Japanese Scene*, [1960]. CET Papers, CET Library.

(24) "Charles E. Tuttle," *Publishers' Weekly*, July 29, 1952. CET Papers, CET Library.

(25) Reiko Chiba ed., *Hiroshige's Tokaido in Prints and Poetry*, C. E. Tuttle, 1957., *The Making of a Japanese print : Harunobu's "Heron Maid"*, C. E. Tuttle, 1959.

(26) Mary Cokely Wood, *Flower Arrangement Art of Japan*, C. E. Tuttle, 1952.

(27) ウィリアム・フォークナー『兵士の給与』(山屋三郎訳, 早川書房, 1952 年 4 月), 同『兵士の貰つた報酬』(西崎一郎訳, 時事通信社, 1956 年 4 月), ヴァン・ルーン『人間の歴史の物語』(上・下, 日高八郎訳, 岩波書店, 1952 年 1 月, 8 月)。

(28) H. Wm Weogand, *The Bridge of Books: The History and Development of The Charles E. Tuttle, Company, Publishers Rutland, Vermont Tokyo, Japan*, 1960. CET Papers, CET Library.

(29) "Bookstorming Tour Proves Sales Success," *Trade with Japan*, vol. 3, No. 2, February, 1959.

(30) 同上。

(31) Robert Crockett, *The Charles E. Tuttle Company and the Japanese Scene*, [1960]. CET Papers, CET Library.

(32) それまでは「Charles E. Tuttle Co. Japanese Branch」であり, この年「Charles E. Tuttle Co. Inc.」となった。

(33) Charles E. Tuttle, Letter to Effie A. Keith, January 4, 1947. Northwestern University, University Archives.

(34) Elizabeth Huff , Letter to Charles E. Tuttle, May 31, 1949. University of California, Berkeley, Bancroft Library.

(35) Donald Conery, Letter to Robert Gordon Sproul, March 11, 1950. University of California, Berkeley, Bancroft Library.

(36) Charles E Tuttle, Letter to Warner Grenelle Rice, March 30, 1949, University of Michigan, Bentley Historical Library.

(37) Charles E. Tuttle, Letter to Carl Leebeck, September 10, 1948. University of Hawaii, Archives and Manuscripts.

(38) Charles E. Tuttle, *Japanese Current Periodicals*, Catalog J253, 1952. CET Papers, CET Library.

(39) Charles E. Tuttle, Letter to Gussie E. Gaskill, July 19, 1949. Cornell University,

Division of Rare and Manuscript collection.

(40)「六十年のあゆみ」編集委員会編『日本出版貿易株式会社　六十年のあゆみ』(日本出版貿易株式会社, 2002年1月)。

(41) 社史 編纂委員会編『東西文化の融合　洋販40年の歩み』(日本洋書販売配給, 1994年4月)。

(42) 宮田昇『翻訳権の戦後史』(みすず書房, 1999年2月)。

(43) 翻訳権へのドン・ブラウンの関わりは,『GHQ情報課長ドン・ブラウンとその時代』(横浜国際関係史研究会横浜開港資料館編, 日本経済評論社, 2009年3月) の中武香奈美論が詳しい。

(44)「回状一二号」の具体的な内容は, 宮田昇『翻訳権の戦後史』(みすず書房, 1999年2月) を参照。

(45) Fredric G. Melcher, "A Report on the Japanese Book Market," *Publishers' Weekly*, May 3, 1947.

(46) "Infantry Journal to Act as Procurement And Contractural Agent for War Deparment," *Publishers' Weekly*, May 3, 1947. p. 2299.

(47) 松田武『日本におけるアメリカのソフト・パワー』(岩波書店, 2008年10月)。

(48) H. Wm Weogand, *The Bridge of Books: The History and Development of The Charles E. Tuttle, Company, Publishers Rutland, Vermont Tokyo, Japan*, 1960. CET Papers, CET Library.

(49) "US Books Ranks Fifth in Japan, Publisher Says," *Honolulu Advertiser*, May 28, 1952

(50) Paula Bernstein, "While Roamin' Around…," *Stars and Stripes*, April 27, 1956.

(51) Charles E. Tuttle, Letter to New York Herald Tribune, January 30, 1952. CET Papers, CET Library.

(52) Shozo Kanai and Margaret Farrell, *Mah Jong for Beginners : Based on the Rules and Regulations of the Mah Jong Association of Japan*, Charles E. Tuttle, 1955.

(53) 麻雀博物館編『麻雀の歴史と文化』(竹書房, 2005年9月)。

(54) Stephan Rockwell, "Rutland, Vermont and Tokyo," *Vermont Life*, Vol. 22, 1967.

(55) Motokiyo Zeami, *Birds of Sorrow : A Nō Play*, translated by Meredith Weatherby & Bruce Rogers, Ōbunsha, 1947.

(56) Yukio Mishima, *The Sound of Waves*, translated by Meredith Weatherby, C.E. Tuttle, 1956., *Confessions of a Mask*, translated by Meredith Weatherby, C. E. Tuttle, [1974] .

(57) Hidetaka Nishiyama & Richard C. Brown, *Karate : the Art of "Empty Hand" Fighting*, C. E. Tuttle, 1959.

(58) Ryunosuke Akutagawa, *Rashomon : and Other Stories*, translated by Takashi Kojima, C. E. Tuttle, 1952.

(59) "Tuttle Sees Increasing Justification for English Publications on Japan," *Japan*

Times, May 12, 1971.
(60) Robert Crockett, *The Charles E. Tuttle Company and the Japanese Scene*, [1960]. CET Papers, CET Library.
(61) Charles E. Tuttle, *Tuttle Publications as of Summer* 1953, Charles E. Tuttle, 1953. CET Papers, CET Library.
(62) Bill Hume, *Babysan: A Private Look at the Japanese Occupation*, Charles E. Tuttle, 1953.
(63) 水野浩編『日本の貞操』(蒼樹社，1953 年 7 月)。
(64) George H. Kerr, *Okinawa : the History of an Island People*, C. E. Tuttle, 1958.
(65) ジョージ・カー『琉球の歴史』(琉球列島米国民政府，1956 年 1 月)。
(66) Meredith Weatherby, Letter to George H. Kerr, September 14, 1956. CET Papers, CET Library.
(67) Charles E. Tuttle, Letter to New York Herald Tribune, January 30, 1952. CET Papers, CET Library.
(68) 同上。
(69) [Charles E. Tuttle], "New English Edition of Most Popular Japanese Juvenile Periodical," *Tuttle's Literary Miscellany*, Catalog 261, 1952. CET Papers, CET Library.
(70) 松井富一『国際的出版都市建設の夢　広島図書の現在と将来』(広島図書，1949 年 6 月)。
(71) 松井富一『国際的出版都市建設の夢　広島図書の現在と将来』(広島図書，1949 年 6 月)。
(72) 森本和子「占領下の翻訳絵本と教育　広島図書について」(大阪教育大学教育学研究科　平成 9 年度修士論文)。
(73) 松井富一『国際的出版都市建設の夢　広島図書の現在と将来』(広島図書，1949 年 6 月) 28 頁。
(74) 同上。
(75) 増田信一郎「広島図書と松井富一　1-4」(『日本印刷新聞』1950 年 6 月 24 日-7 月 15 日)。
(76) 長尾正憲『銀の鈴は子供に何を教えようとするか』(広島図書，1950 年 4 月)。
(77)『銀の鈴』(第 4 学年 10 月号，1948 年) 2 頁。
(78) ボーリン・ヤリディ『民主主義教育の理論と実際』(日米教育図書研究会訳編，銀の鈴広島図書，1949 年 1 月)。また，F. N. カーリンガ『民主主義の技術』(広島図書，1949 年 11 月) も刊行している。
(79) 例えば『銀鈴』(中学生 9 月号，1947 年) では，米国情報部提供 「アメリカの中学校」の記事を写真入りで掲載している。
(80) チャールズ・イーストマン「クリスマスの話」(『ぎんのすず　三・四年の友』(12 月号，1946 年)。

(81)「連合軍総司令部民間情報教育局提供　民主的市民の教育大写真展計画」(主催 銀の鈴広島図書，後援文部省，厚生省，1949年9月）広島図書文書，広島中央図書館。

(82) "Magic in Hiroshima," *Time*, January 9, 1950.

(83)『銀の鈴　中級A』(4月号，1951年)。

(84) 丸善株式会社編『丸善百年史　下』(丸善，1981年12月）1220頁。

(85) 松井富一『国際的出版都市建設の夢　広島図書の現在と将来』(広島図書，1949年6月)。紙の生産地としては，大竹市があり，戦後には日本紙業株式会社（現在は日本大昭和板紙株式会社）の大竹工場が活動している。ただし，それでも不足は生じており，『銀の鈴』ではいくどか紙上で読者に古紙の提供を呼びかけている。

(86) 同上。

(87)『銀の鈴』(六年，3月号，1950年)，『銀の鈴』(六年，5月号，1950年)。

(88) 三浦精子「広島図書の文化事業（1）　アメリカ博覧会に出展した「ぎんのすず児童図書館」＝アメリカ児童図書館」(『すずのひびき』5号，2009年9月)。

(89)『ぼくらのゆめ』(ぎんのすず児童映画協会）広島図書文書，広島中央図書館。第一回作品『本は生きている』の情報は以下の通り。ぎんのすず児童協会制作，企画 松井富一，脚本 クラタ・フミンド，共同監督 田坂具隆，クラタ・フミンド，共同撮影 伊佐山三郎，永塚一栄，監修 浅岡信夫。

(90)「続ぎんのすずの遺産(下）ぼくらのゆめ」(『中国新聞』2000年10月16日)。

(91) 長尾正憲『銀の鈴は子供に何を教えようとするか』(広島図書，1950年4月)。

(92) 松井富一『国際的出版都市建設の夢　広島図書の現在と将来』(広島図書，1949年6月)。

(93)『Ginnosuzu　理科と社会科』(中学1年11月号，1949年）広告。

(94) 長尾正憲『銀の鈴は子供に何を教えようとするか』(広島図書，1950年4月)。

(95) 平井常次郎編『アメリカ博覧会』(朝日新聞社，1950年11月)，タトル以外に，丸善とパーキンス・オリエンタル・ブックスが販売に参加している。

(96) 谷暎子「ぎんのすず英語版『SILVER BELLS』　総目次と概要」(『すずのひびき』3号，2005年5月）で，3巻7号を除く総目次が作成されている。

(97) "US Books Ranks Fifth in Japan, Publisher Says," *Honolulu Advatiser*, May 28, 1952. また，誌名は不明だが，1952年の記事には米国以外に，ヨーロッパ，インド，台湾など約7000部輸出しているとの記述がある（「英語で書いた「子供雑誌」仲良し使節として外国へ」(『広島図書写真帳』1952年）広島図書文書，広島中央図書館。

(98) 教科書部門は大阪書籍が買い取り，『銀の鈴』はその後，松井によって東京，大阪と出版地を変えつつも月刊絵本として1995年まで続いている。(「銀の鈴の遺産3　教科書への進出」『中国新聞』2000年2月10日，「銀の鈴の遺産4　熱意の雑誌　終焉迎える」『中国新聞』2000年2月12日)。

(99) 広島図書と似た販売方式をとる学習研究社は1949年に販売を開始。ただ，学習研究社は1971年に消費者組合から抗議を受け，学校販売をとり止めている。(日本消費

者連盟「学習図書の販売方法ならびに編集内容について」1971年7月21日『日本消費者問題基礎資料集成2』第10巻，すいれん舎，2005年5月）。
(100) Charles E. Tuttle, Letter to New York Herald Tribune, January 30, 1952. CET Papers, CET Library.
(101) Robert Trumbull, *Nine who Survived Hiroshima and Nagasaki*, Charles E. Tuttle, 1957. ロバート・トランブル『キノコ雲に追われて』（吉井千代子訳，あすなろ書房，2010年7月）として訳されている。
(102) Herbert R. Lottman, "Publishing in Japan," *Publishers' Weekly*, December 16, 1978.
(103) 同上。
(104) 社史編纂委員会編『東西文化の融合　洋販40年の歩み』（日本洋書販売配給，1994年4月）
(105) 丸善株式会社『丸善百年史』（上・下，丸善，1980年9-12月）参照。
(106) 丸善株式会社『丸善百年史』（上，丸善，1980年9月）1304頁。ただし文具の輸出額を含む。
(107) 望月政治編『わが国出版物輸出の歴史』（日本出版貿易，1971年4月）17頁。
(108) Herbert R. Lottman, "Publishing in Japan," *Publishers' Weekly*, December 16, 1978.
(109)「六十年のあゆみ」編集委員会編『日本出版貿易株式会社　六十年のあゆみ』（日本出版貿易株式会社，2002年1月）。
(110) 清野眞一，著者による聞取り，2007年8月17日。
(111) Geroge Bellrose, "Books on Japan Made in Rutland," *Sunday Free Press*, July 23, 1978.
(112) Herbert R. Lottman, "Publishing in Japan," *Publishers' Weekly*, December 16, 1978.
(113) Edo Barna, "Rare Man/ Rare Books, Antiquarian Charles Tuttle is an Imberial Treasure of the Third Order," *Stratton Magazine*, Spring, 1939.
(114) Charles E. Tuttle, Letter to New York Herald Tribune, January 30, 1952. CET Papers, CET Library.
(115) Stephan Rockwell, "Rutland, Vermont and Tokyo," *Vermont Life*, vol. 22, 1967.
(116) "The World's Largest Publisher of Books on Japan in English," *Asahi Evening News*, March 14, 1970.
(117) "Tuttle Selling Publishing Business," *Rutland Herald*, December 18, 1996.
(118) Bruce Edwards, "Used Book Shop Closes its Doors", *Herald*, July 20, 2006.

第八章

(1) William S-Y. Wang, *Proposal for Gradual Implementation of a Far Eastern Studies Curriculum*, 1961. Ohio State University, Japanese Collection.

(2) ジェイムズ・モリタ『アメリカの中の日本』(大学教育出版，2003年8月) 67頁。
(3) ジェームズ・ギャノン「米国における日本研究の推進」(山本正編『戦後日米関係とフィランソロピー』ミネルヴァ書房，2008年6月)。
(4) Wen-yu Yen, *Memorandum to Dr. Lowis Branscomb, Acqusition of East Asian materials*, 1963. Ohio State University, Japanese Collection.
(5) Robert J. Nordstrom, *Request for Funds to Purchase the Creed Collection of Chinese Materials*, March 8, 1963. Ohio State University, Japanese Collection.
(6) Maureen Donovan, *Japanese Studies Collection Report*, April 2, 2001. Ohio State University, Japanese Collection.
(7) Department of East Asian Language and Literature, *Proposal to Establish a New Option with Cocentration in Japanese Language and Literature in the Existing Ph. D. Program in East Asian Language and Literature*, 1987. Ohio State University, Japanese Collection.
(8) 1965年の「高等教育法」(Highter Education Act) は，米国外の出版物収集や目録作成等の書誌情報作成に対しての助成を行なっている。
(9) [Ohio State Univeristy], *Middle-west University Libraries Chinese and Japanese Collections*, 1968. Ohio State University, Japanese Collection.
(10) 各地の購入危機の状況については，和田敦彦『書物の日米関係』(新曜社，2007年2月) 第八章参照。
(11) Wen-yu Yen, *Annual Report 1969-70, July 10*, 1970. Ohio State University, Japanese Collection.
(12) Samuel C. Chu, Letter to Yasushi Sugiyama, November 15, 1973. Ohio State University, Japanese Collection.
(13) David Y. Hu, "The East Asian Collection in the Ohio State University Library," *CEAL Bulletin*, No. 57, December, 1978.
(14) Ning Xu, *History of the East Asian Studies Collection at the Ohio State University Librarie*, Master's Research Paper submitted to the Kent State University, November, 1995.
(15) David Y. Hu, *Annual Report 1980-81*, June 30, 1981. Ohio State University, Japanese Collection.
(16) Shizue Matsuda, *Curricurum Vitae*, February 18, 1977. Ohio State University, Japanese Collection.
(17) [Ohio State University], *Agreement Between The Ohio State University Libraries and Indiana University Libraries Regarding Resource Sharing and Cooperation Acqusitions of Japanese Materials*, September 20, 1982. Ohio State University, Japanese Collection.
(18) Maureen Donovan, *Annual Report: March 1984 - February 1985*, 1985. Ohio State University, Japanese Collection.

(19) Maureen Donovan, *Annual Report 1982–1983*, July 18, 1983. Ohio State University, Japanese Collection.
(20) Bradley Richardson, *Acqusition of Japanese Company Histories*, June 27, 1984. Ohio State University, Japanese Collection.
(21) Kodansha, *Kodansha Encyclopedia of Japan*, Kodansha, 1983.11–1986.11.
(22) Richard C. Hill, Letter to Lindley S. Sloan, November 2, 1987. Ohio State University, Japanese Collection.
(23) Maureen Donovan, *Japan-United States Friendship Commission Final & Financial Report*, 1990. Ohio State University, Japanese Collection.
(24) Maureen Donovan, *Japanese Studies Collection Report*, April 2, 2001. Ohio State University, Japanese Collection.
(25) CEAL, Statistics Data, CEAL Website, accessed November 2010.
(26) George Beckmann, Albert Feuerwerker, *Report of The American Council of Learned Societies' Steering Committee for a Study of The Program of East Asian Libraries*, 1977. Ohio State University, Japanese Collection.
(27) C. K. Huang, "Developing an East Asian Collection: Requirement and Problems," *The Library Quarterly*, Vol. 40, No. 2, April 1970.
(28) George Beckmann, Albert Feuerwerker, *Report of The American Council of Learned Societies' Steering Committee for a Study of The Program of East Asian Libraries*, 1977. Ohio State University, Japanese Collection.
(29) Sachie Noguchi,Karen T. Wei, *RLIN CJK vs. OCLC CJK: The Illinois Experience*, 1986. Ohio State University, Japanese Collection.
(30) David Y. Hu, *Annual Report 1978–79*, 1979. Ohio State University, Japanese Collection.
(31) 同上。
(32) Maureen H. Donovan, *Japan-United States Friendship Commission, Final & Financial Report*, 1990. Ohio State University, Japanese Collection.
(33) Maureen H. Donovan, *East Asian Libraries Cooperative World Wide Web, An Experiment in Collaboration to Build Interdependence,* 1996. Ohio State University, Japanese Collection.
(34) 村橋勝子『社史の研究』(ダイヤモンド社, 2002年3月) 10–11頁。
(35) 村橋勝子「アメリカにおける日本社史への関心」(『出版ニュース』2001年4月)。
(36) Cartoon Research Library, *Holiday Greeting from the Cartoon Research Library!*, December 3, 1997. Ohio State University, Japanese Collection.
(37) Maureen H. Donovan, "Challenges of Collectiong Research Materials on Japanese Popular Culture: A Report on Ohio State Manga Collection," Aaron Gerow and Abé Mark Nornes ed., 『映画学ノススメ』(キネマ倶楽部, 2001年)。
(38) 同大学アジア図書館の蔵書史については, モーリン・ドノヴァンによる論が近年

出されている（Maureen H. Donovan, “A Legacy of Values to Sustain and Uphold: The East Asian Collection at the Ohio State University,” Peter X. Zhou ed., Collecting Asia, Association for Asian Studies, Inc., 2010）。

(39) University of British Columbia, *Brief to Ford Foundation From the Committee on Asian Studies Rergarding Expansion of Asian Studies Program*, November 20, 1956. UBC Library, University Archives.

(40) Sub-Committes on Asian Studies, *Asian Studies in Canadian Unversities*, [1953], UBC Library, University Archives.

(41) ゲスト・コレクションの入手経過については，和田敦彦『書物の日米関係』（新曜社，2007 年 2 月）第一章を参照。

(42) 大窪愿二「覚書　ハーバート・ノーマンの生涯」（『ハーバート・ノーマン全集』第 4 巻，岩波書店，1978 年 2 月）。

(43) Sub-Committes on Asian Studies, *Asian Studies in Canadian Unversities*, [1953] , UBC Library, University Archives.

(44) University of British Columbia, *Brief to Ford Foundation From the Committee on Asian Studies Rergarding Expansion of Asian Studies Program*, November 20, 1956. UBC Library, University Archives.

(45) F. H. Soward, *President's Committee on Asian Stuidies*, December 9, 1956. UBC Library, University Archives.

(46) 工藤美代子『悲劇の外交官』（岩波書店，1991 年 8 月）。

(47)「私の日本社会研究　ひとつの知的自伝」（『法政』331 号，1983 年 4 月），柳原和子「日本学者 R・ドーアの戦後 50 年」（『中央公論』1995 年 7 月）。

(48) R. P. Dore, Letter to Raymond Nunn, June 4, 1957. UBC Library, University Archives.

(49) Neal Harlow, Letter to R. P. Dore, June 17, 1958. UBC Library, University Archives.

(50) Neal Harlow, Letter to Kaye Lamb, November 5, 1957. UBC Library, University Archives.

(51) Kaye W. Lamb, Lettet to Taijiro Ichikawa, June 23, 1958. UBC Library, University Archives.

(52) 国立国会図書館編『国立国会図書館三十年史』（国立国会図書館，1979 年 3 月）469 頁。

(53) Neal Harlow, Letter to the Department of External Affairs, Canada, June 9, 1960. UBC Library, University Archives.

(54) [University of British Columbia], *Personal History of Mr. Yao Wang*, December 10, 1941. UBC Library, University Archives.

(55) Neal Harlow, Letter to Kaye Lamb, August 14, 1958. UBC Library, University Archives.

(56) N. A. M. MacKenzie, Letter to Neal Harlow, December 31, 1960. UBC Library, University Archives.

(57) [University of British Columbia], *Toward The Pacific Century, The President's Report*, 1989. UBC Library, University Archives.

(58) Tung-King Ng, *Report on Study Trip to U. S. A. and Tronto*, 1959. UBC Library, University Archives.

(59) [University of British Columbia], *Asian Studies Division Report*, March 23, 1961. UBC Library, University Archives.

(60) Raymond G. Nunn, *Second Survey of Far Eastern Collectins in America*, 1960. UBC Library, University Archives. 資料にはナンの送った調査票に UBC 図書館の情報が手書きで書き込まれている。

(61) [University of British Columbia], *Toward The Pacific Century, The President's Report*, 1989. UBC Library, University Archives.

(62) Tung-King Ng, "Librarianship in East Asian Studies," *Canadian Library Journal*, Vol. 27, No. 2, April, 1970.

(63) J. F. Howes, Letter to Naomi Fukuda, December 21, 1969. Naomi Fukuda, Letter to J. F. Howes, December 9, 1969. UBC Library, University Archives.

(64) J. F. Howes, Letter to Douglas McInnes, June 3, 1986. UBC Library, University Archives.

(65) Tung-King Ng, *Report Dec. 1960 to Aug. 1970, UBC Library Asian Studies Division*, September 30, 1970. UBC Library, University Archives.

(66) The UBC Library Asian Studies Division, *Report Sept. 1971 to Aug. 1973*, September 8, 1972. UBC Library, University Archives.

(67) 同上。

(68) Nathan M. Pusey, Letter to Walter H. Gage, December 14, 1973. UBC Library, University Archives.

(69) Guy Sylvestre, Letter to Basil Stuart-Stubbs, June 27, 1977. UBC Library, University Archives.

(70) D. McInnes, Letter to Tsuneharu Gonnami, July 12, 1977. UBC Library, University Archives.

(71) Shotaro Iida, Letter to Tung-King Ng, May 20, 1986. UBC Library, University Archives.

(72) Nitobe-Ohira Memorial Conference on Japanese Studies, About the Coference, March, 1983. UBC Library, University Archives.

(73) Tsuneharu Gonnami, Japanese Collections at UBC Libraries: A Retrospective Overview (1959–2002), *Journal of East Asian Libraries*, vol. 131, 2003.

(74) B. Stuart-Stubb, "UBC Seeks Papers on JC History," September 1, 1971, *J. C. C. A. Bulletin*, Vol. 13, No. 8.

(75)『加奈陀同胞発展史』(『カナダ移民史資料』第1巻，不二出版，1995年4月)。
(76) 飯野正子『日系カナダ人の歴史』(東京大学出版会，1997年9月)。
(77) 新保満・田村紀雄・白水繁彦『カナダの日本語新聞』(PMC出版，1991年5月)。
(78) 新保満『石をもて追わるるごとく』(新版，御茶の水書房，1996年5月)。
(79) 新保満『カナダ日系移民排斥史』(未来社，1985年4月)。
(80) 新保満『石をもて追わるるごとく』(新版，御茶の水書房，1996年5月) 96頁。
(81) The UBC Library Asian Studies Division, *Report Sept. 1971 to Aug. 1973*, September 8, 1972. UBC Library, University Archives.
(82) 新保満『石をもて追わるるごとく』(新版，御茶の水書房，1996年5月)。
(83) Terry Nabata, Suza Philips, Frank Hanano, George Brandak, *An Inventory to the Papers and Records in the Japanese Canadian Research Collection*, UBC Library, 1975. Revised 1996 by Norman Amor, Tsuneharu Gonnami., Terry Nabata, George Brandak, *Japanese Canadian Photograph Collection, An Inventory of the Collection in The Library of The University of British Columbia Special Collection Division*, August 1976–1986.
(84) 同上。
(85) 油井大三郎『未完の占領改革』(東京大学出版会，1989年2月)。
(86) 長尾龍一『アメリカ知識人と極東』(東京大学出版会，1985年2月)。
(87) 工藤美代子『悲劇の外交官』(岩波書店，1991年8月)。
(88)「都留証言全文」(『中央公論』(828号，1957年6月)。
(89) 尾高煌之助・西沢保編『回想の都留重人』(勁草書房，2010年4月) 356頁。
(90)「都留証言全文」,「エマーソン証言全文」(『中央公論』(828号，1957年6月)。
(91) U.S. Senate, Committee on the Judiciary, Internal Security Subcommittee, Institute of Pacific Relations, Report of the Judiciary, 82nd Congress 2nd Session, U.S. Senate, 1952. p. 225.
(92) 渡辺一夫「ノーマンさんは殺された…」(『世界』138号，1957年6月)，あるいは加藤周一「国際感覚のにぶさ」(『中央公論』828号，1957年6月) は「自殺に追いやることによつて，日本からその一番良い友達の一人を奪つた」と記す。
(93) 工藤美代子『悲劇の外交官』(岩波書店，1991年8月) 322頁。
(94) ロバート・ベラー「ハーバードにおけるマッカーシズム」(『思想』972号，2005年，4月) 102頁。
(95) ハリー・ハルトゥーニアン『歴史と記憶の抗争』カツヒコ・マリアノ・エンドウ編・監訳，みすず書房，2010年4月)。
(96) Paul F. Hooper ed., Remembering the Institute of Pacific Relations : The Memoirs of William L. Holland, Institute of Sian Research, University of British Columbia, 1981, p.117−118
(97) ジョン・ダワー「E. H. ノーマンと自由主義的学問の現代的危機」(『思想』634号，1977年4月)。

(98) Charles O. Hucker, *The Association for Asian Studies : An Interpretive History*, University of Washington Press, 1973.

(99) 小林弘二『対話と断絶』(筑摩書房, 1981 年 12 月) 177 頁。

(100) Tsuneharu Gonnami, *List of the Gift Books from the Family of Dr. Herbert Norman*. UBC Library.

終章

(1) リテラシー史研究会ウェブサイト (http://www.f.waseda.jp/a-wada/literacy)。

(2) [リテラシー史研究会]「リテラシー史研究会について」(『リテラシー史研究』1 号, 2008 年 1 月)。

(3) 高美書店については, 鈴木俊幸『一九が町にやってきた』(高美書店, 2001 年 1 月), 同『江戸の読書熱』(平凡社, 2007 年 2 月) に詳しい。近代の同書店資料については, 和田敦彦「高美書店所蔵明治期書店資料調査報告」(『地域ブランドの手法による地域社会の活性化』平成 18-20 年度科学研究費補助金基盤研究 A 研究成果報告書, 2008 年 3 月) やリテラシー史研究会による成果がある (リテラシー史研究会「高美書店明治期発送簿目録 (I)」(『リテラシー史研究』2 号, 2009 年 1 月)。)。

(4) 和田敦彦編『国定教科書はいかに売られたか』(ひつじ書房, 2011 年 3 月)。

(5) 和田敦彦『読むということ』(ひつじ書房, 1997 年 10 月), 『メディアの中の読者』(ひつじ書房, 2002 年 5 月), 『書物の日米関係』(新曜社, 2007 年 2 月)。

情報提供・調査協力者一覧

本書の調査・執筆は，数多くの人々や機関からの情報提供・調査協力によって可能となった。聞取りや電子メール・書簡など，さまざまな方法で調査の支援を受けた，以下の方々に心から感謝したい（括弧内は現在，またはかつての関係機関）。

秋山収（丸善）／浅岡邦雄（中京大学）／石黒敦子（慶應義塾大学）／伊東英一（米議会図書館）／内海孝（東京外国語大学）／大野利夫（日本出版貿易）／甲斐美和（コロンビア大学）／金子哲夫（丸善）／岸美雪（国立国会図書館）／清野眞一（紀伊國屋書店）／栗田淳子（国際交流基金）／小出いずみ（国際文化会館，渋沢栄一記念財団）／小竹直美（スタンフォード大学）／権並恒治（ブリティッシュ・コロンビア大学）／佐藤陽一（グーグル）／鈴木伸介（チャールズ・E・タトル出版）／鈴木哲朗（日本出版貿易）／袖井林二郎（法政大学）／田中宏巳（防衛大学）／中武香奈美（横浜開港資料館）／仁木賢司（ミシガン大学）／新田満夫（雄松堂書店）／野口幸生（コロンビア大学）／野中治（富士フイルム，マイクロサービスセンター）／バゼル山本登紀子（ハワイ大学）／林理恵（国際文化会館）／平林尚子（ミシガン大学）／藤代真苗（米議会図書館）／藤巻正人（国立国会図書館）／堀田豪（シンカ）／マクヴェイ山田久仁子（ハーバード大学）／マルラ俊江（カリフォルニア大学ロサンゼルス校）／森中真弓（東京大学）／森山修司（鎌田共済会郷土博物館）／山岡道男（早稲田大学）／山口正之（ユニックス）／山本武利（早稲田大学）／吉村敬子（米議会図書館）／Bartholomew, James R.（オハイオ州立大学）／Calter, Mimi（スタンフォード大学）／Christenson, Heather（カリフォルニア・デジタルライブラリ）／Donovan, Maureen（オハイオ州立大学）／Eshghi, Shirin（ブリティッシュ・コロンビア大学）／Farb, Sharon E.（カリフォルニア大学ロサンゼルス校）／Hays, David M.（コロラド大学）／Howes, John F.（ブリティッシュ・コロンビア大学）／Ingleton, Nicholas（タトル・コーポレーション）／Keene, Donald（コロンビア大学）／Lovett, Julia（ミシガン大学）／Oey, Eric M.（ペリプラス・パブリッシング）／Pitts, Forrest R.（ミシガン大学）／Robinson, Tracy（ハーバード大学）／Roma, Mary F.（ニューヨーク大学）／Steen, Tomoko Y.（米議会図書館）／Wodarczak, Erwin（ブリティッシュ・コロンビア大学）

訳語・略号一覧

Allied Translator and Interpreter Section	ATIS	連合国軍通訳翻訳局
American Council of Learned Societies	ACLS	米国学術団体評議会
American Library Association	ALA	米国図書館協会
Army Japanese Language School	AJLS	陸軍日本語学校
Army Specialized Training Programme	ASTP	陸軍各科専門教育計画
Association of Asian Studies	AAS	アジア学会
Atomic Bomb Casualty Commission	ABCC	原爆傷害調査委員会
Billy Ireland Cartoon Library & Museum		カトゥーン研究図書館
BISAC Subject Headings List	BISAC	バイザック分類
California Digital Library	CDL	カリフォルニア・デジタル・ライブラリ
Center for Pacific and American Studies	CPAS	アメリカ太平洋地域研究センター
Central Intelligence Agency	CIA	中央情報局
Central Intelligence Group	CIG	中央情報グループ
Charles E. Tuttle	CET	チャールズ・E・タトル
Civil Affairs Division	CAD	陸軍省民政部
Civil Affairs Training School	CAT	民政官養成学校
Civil Censorship Detachment	CCD	民間検閲支隊
Civil Information and Education	CIE	民間情報教育局
Committee of East Asian Libraries	CEAL	東アジア図書館協会
Department of the Army Civilian	DAC	陸軍民間部
Department of War		陸軍省（後に国防総省に統合）参謀本部情報部
Depository		海外指定収蔵機関
Far Eastern Association		極東学会
Far Eastern Commission		極東委員会
Federal Bureau of Investigation	FBI	連邦捜査局
General Staff Section II	G-2	参謀第二部
Gest Collection		ゲスト・コレクション
Global Headquarters, Supreme Commander for the Allied Powers	SCAP/ GHQ	連合国軍最高司令官総司令部
Higher Education Act	HEA	高等教育法
Honda of America Manufacturing, Inc		米国ホンダ
Infantry Journal		インファントリー・ジャーナル社
Information-technology Promoting Agency	IPA	情報処理振興事業協会
Institutional Repository		機関リポジトリ
Intensive Language Programme	ILP	集中的語学教育計画
International Culural Center		国際文化センター
Institute of Racific Relations	IPR	太平洋問題調査会

International Federation of Library Associations and Institutions	IFLA	国際図書館連盟
Japan Foundation	JF	国際交流基金
Japan Foundation Information Center	JFIC	国際交流基金情報センター
Japan Institute		日本文化会館
Japan Society		日本協会
Japanse Book Sorting Project		日本語図書整理計画
Japanse Culture Center		日米文化学会
Japan-United States Friendship Commission		日米友好基金
Kokusai Bunka Shinkokai, Society for International Cultural Relations	KBS	国際文化振興会
Library of Congress Online Catalog	LCOC	米議会図書館オンライン目録
Meiji Studies Conference		明治研究学会
Military Information Service Language School	MISLS	軍事情報部言語学校
National Archives and Records Administration	NARA	国立公文書記録管理局
National Archives and Records Service	NARS	国立公文書記録管理室
National Defence Education Act	NDEA	国防教育法
Navy Japanese Language School	NJLS	海軍日本語学校
Office for Information System	OIS	情報システム室
Office of Naval Intelligence	ONI	海軍情報部
Office of War Information	OWI	戦時情報局
Ohio College Library Center	OCLC	オハイオ大学図書館センター
Okayama Field Station		ミシガン大学日本研究所岡山分室
Online Computer Library Center	OCLC	オンライン・コンピュータ図書館センター
Periplus Publishing		香港・シンガポール・ペリプラス
Puban Collection		蒲坂コレクション
Recreation and Amusement Association	RAA	特殊慰安施設
School of Pacific and Oriental Affairs		太平洋・東洋学コース
Scientific Investigation in the Ryukyu Islands	SIRI	琉球列島科学調査団
Society of Japanese Studies		日本学会
United States Agency for International Development	USAID	米国国際開発庁
United States Army Forces, Middle Paciffic	USAFMIDPAC	中央太平洋陸軍
United States Army Forces, Pacific	USAFPAC	米太平洋陸軍
United States Information Agency	USIA	米国広報庁
United States Information Service	USIS	米国広報局
United States International Book Association	USIBA	米国国際図書協会
Washington Document Center	WDC	ワシントン文書センター
Weatherhill Books		ウェザヒル・ブックス

著者紹介

和田敦彦（わだ　あつひこ）

1965年，高知県生まれ。
1994年，早稲田大学大学院文学研究科博士課程単位取得退学。
1996年，信州大学人文学部助教授。
2007年，早稲田大学教育・総合科学学術院准教授。
2008年，同教授，現在に至る。博士（文学）。
現在，早稲田大学図書館副館長。

主な著書：『読むということ』（ひつじ書房，1997年），『メディアの中の読者』（ひつじ書房，2002年），『書物の日米関係』（新曜社，2007年），『モダン都市文化　デパート』（編著，ゆまに書房，2005年），『国定教科書はいかに売られたか』（編著，ひつじ書房，2011年），『ディスクールの帝国』（共著，新曜社，2000年）。
『書物の日米関係』で，日本図書館情報学会賞（2007年），日本出版学会賞（2008年），ゲスナー賞銀賞（2008年）受賞。

新曜社

越境する書物
変容する読書環境のなかで

初版第1刷発行　2011年8月5日©

著　者　和田　敦彦
発行者　塩浦　暲
発行所　株式会社 新曜社
101-0051　東京都千代田区神田神保町2-10
電話（03）3264-4973（代）・FAX（03）3239-2958
E-mail：info@shin-yo-sha.co.jp
URL：http://www.shin-yo-sha.co.jp/

印　刷　長野印刷商工（株）　Printed in Japan
製　本　渋谷文泉閣
ISBN978-4-7885-1250-4　C1000